KB065818

# 더 피아트 스탠다드

# 더 피아트 스탠다드

# THE FIAT

# STANDARD

## 금과 달러부터 암호화폐까지 부의 가장 확실한 미래

사이페딘 아모스 지음 · 임경은 옮김

대선북스

어머니, 형제자매, 조부모께 이 책을 바칩니다.

# 비트코인은 저절로 부상할 것이다

로스 스티븐스
**NYDIG 설립자 겸 CEO**

　사이페딘 아모스의 『달러는 왜 비트코인을 싫어하는가』는 출간되자마자 명저 반열에 올랐다. 비트코인의 중요성과 힘을 이해하는 데 진지하게 관심이 있는 사람이라면 누구나 읽어야 할 필독서로, 먼저 화폐의 역사라는 매혹적인 여행으로 독자를 안내한 뒤 비트코인의 비교 우위가 되는 기본 원칙을 포괄적으로 설명한다. 실제로 비트코인과 관련된 여느 훌륭한 저서 중에서도 『달러는 왜 비트코인을 싫어하는가』는 비트코인 커뮤니티 사이에서 "비트코인에 관한 책을 한 권만 읽는다면 이 책을 읽으라"라는 독보적 평가를 받고 있을 정도다.

　그가 『달러는 왜 비트코인을 싫어하는가』에서 전한 통찰력은 여전히 유효하다. 비트코인은 오늘날 전 세계적으로 1억 명이 넘는 사용자의 삶에 침투해 아모스의 통찰력이 옳았음을 강력하게 입증했다. 법정

화폐와 달리 비트코인은 어떤 경우든 사용자가 자진해서 채택한다는 점을 고려하면, 수명이 짧다는 한계가 있음에도 자산을 저장할 비정부, 비금융 수단을 제공하는 중요한 글로벌 화폐제도이자 비정치적, 중립적인 거래의 매개체로 놀라울 만큼 성장했다.

비트코인의 전반적인 수치상 규모도 놀랍지만 1인당 보급률을 보면 훨씬 흥미진진하다. 비트코인의 1인당 보급률은 사하라 이남 아프리카, 라틴아메리카, 동유럽, 동남아시아에서 특히 높다. 이 지역의 국민들이 가장 열렬한 얼리 어답터라고 봐도 과언이 아닐 것이다. 심각한 인플레이션 때문이든 숨 막히는 자본 통제 때문이든, 비트코인의 1인당 보급률이 가장 높은 국가의 국민들은 정부 청렴도와 재산권, 재정적 자유가 취약한 자국의 제도에 한계를 느끼고 비트코인에 끌리고 있다.

이처럼 사람들이 비트코인에 끌리는 직관적이면서도 명백한 이유는 비트코인의 공급량이 자유 시장주의 안에서 완벽하게 정해져 있다는 점 때문일 것이다. 이 모델은 화폐가 공급되는 수도꼭지에 특권 계층이 독점적으로 접근할 가능성을 단단히 막아놓는다. 반면에 채굴자가 새로운 토큰을 얻기 위해 전기와 컴퓨터라는 자원을 소모해야 하는 비트코인의 작업 증명 과정은 자원의 실제 비용을 정한 다음, 채굴에 참여하고 싶은 구성원으로 하여금 '비용을 지불'하고 채굴자의 자격을 차지하게 한다.

저자는 여기서부터 기존의 통념을 훌륭하게 뒤집는다. 아모스의 예리한 통찰력은 법정화폐와 비트코인의 작동 원리를 비교해 설명하면서 빛을 발한다. 그의 설명을 통해 우리는 법정화폐를 알트코인과 같은 디지털 화폐에 빗대어 생각함으로써 그 품질과 특성과 강점, 약점을 파악할 수 있다. 아모스는 법정화폐 채굴을 신용 창출에, 법정화폐 채굴자를 부분 지급 준비제에 의존하는 금융기관에 비유한다. 비트코인 채굴자와 마찬가지로 법정화폐 채굴자도 토큰을 최대한 발행하려는 동기를 부여받는다. 그러나 비트코인 채굴자와 달리 법정화폐 채굴자는 난이도 조정이라는 제약을 받지 않는다. 따라서 법정화폐 채굴에는 화폐 발행을 억제할 메커니즘이 없으며, 이 점은 수십 년 후 각국의 법정화폐 토큰이 폭발적으로 증가한 원인이 무엇인지 강력하게 설명한다. 나아가 저자의 프레임워크는 법정화폐의 붕괴가 마치 부실 공사한 교량처럼 부실한 기술 설계가 낳은 불가피하고 냉혹한 결과일 뿐임을 보여준다.

이 책은 법정화폐를 일방적으로 공격하려는 의도가 아니라, 어떤 우위가 있기에 전 세계가 법정화폐를 채택하게 되었는지 그 까닭을 명확히 설명한다. 전작의 분석 프레임워크가 시간의 경과에 따른 법정화폐의 판매성을 살펴보고 금과 비트코인이 화폐로서 부상한 배경을 설명하는 데 중점을 두었다면, 이 책에서는 공간 전반에 걸친 판매성이라는 프레임워크를 이용해 법정화폐가 부상하고 금을 대체한 과정을 다룬다. 이 프레임워크는 나아가 법정화폐 세계에서 비트코인의 부상, 보안 모델, 지속적인 성공 가능성을 평가할 잣대를 형성한다.

저자는 '법화 토큰'이라는 표현을 사용해 현대 중앙은행과 상업은행이 결탁해 경제의 심각한 퇴보를 치유하기는커녕 악화시켜 온 과정을 명확하게 밝힌다. 법정화폐 채굴은 법정화폐 토큰을 더욱 풍부하고 자유롭게 발행하자는 포퓰리즘적 요구에 굴복해 경제 전반에 효율적 자본 배분을 위한 가장 중요한 메커니즘, 즉 발행량이 엄격하게 제한된 건전화폐 토큰의 상대적 가치를 제거함으로써 가장 현명한 규제 기관인 시장의 기능을 훼손한다. 법화 토큰이 고삐 풀린 듯 발행되고 있는 가운데 2020년 국가 디폴트 건수는 직전 20년을 능가해 최고치를 기록했으며, 신용등급이 강등된 국가의 비율은 상승한 국가 비율 대비 10대 1로 사상 최고 수준이었다.

저자는 법정화폐의 기술 공학적 인프라가 지닌 뿌리 깊은 결함에 이어, 더 광범위한 예상 밖의 영역으로 여정을 안내한다. 건축, 가족, 식생활, 학문, 에너지에 이르기까지 일상생활의 다양한 영역으로 절묘하게 주제를 확장해, 이들 영역에서 법정화폐의 결함이 어떤 의미를 지니는지 설명하는 재간을 발휘한다. 이 대목은 논란의 여지가 있어서 어떤 독자에게는 화를 내거나 강하게 반대하고 싶은 마음을 비롯해 그 이상의 부정적 반응을 유발할 수도 있다. 그러나 마음이 열린 독자라면 누구나 법화의 해악을 곱씹게 할 질문과 통찰력을 모른 척할 수 없을 것이다. 법정화폐를 기본부터 설명하는 저자의 프레이밍 방식은 통치자가 지배하는 통화 체제가 어떻게 거대한 불평등과 불균형, 의도하지 않은 결과를 초래하는지 논의하는 과정에서 중요하고도 독창적인 역할을 한다.

더 자세히 설명하면 재미가 반감되겠지만 맛보기 차원에서 좀 더 이야기하자면, 비트코인은 새 토큰을 생성하기 위해 작업 증명 프로세스라는 비용을 치러야 하지만, 법정화폐의 채굴 과정은 토큰 생성에 수반되는 기회비용 개념을 제거한다. 이처럼 비트코인과 상반되는 특징 때문에 법정화폐를 발권하는 당국은 필사적으로 권력에 집착한다. 화폐 토큰을 되는대로 발행해도 기회비용이 없으니 대다수의 법화 채굴자는 마치 거저 이익을 얻는 듯 행동한다. 당연히 실제로는 공짜가 아니지만 법화 채굴자들이 공짜라고 인식한 결과가 사회에 광범위하게 미칠 영향이 어떨지 생각해 보라.

저자는 비트코인이 사용자의 자발적인 힘을 빌려 법정화폐를 몰아냄으로써 법정화폐 부채를 서서히 줄일 수 있는 가능성을 거론하고, 또 법정화폐와 비트코인이 어떻게 공존할 수 있는지 탐구하면서 실용주의를 곁들인 낙관주의로 끝을 맺는다. 법정화폐의 지속적인 하강 국면 속에서 비트코인을 채택하는 움직임이 가속화하면 인류는 자발적, 단계적으로 건전화폐로 이행하기 위한 경로를 생성할 것이다. 따라서 비트코인은 법정화폐의 처참한 붕괴를 일으키지 않고도 저절로 부상할 수 있다. 게다가 비트코인이 법정화폐로 된 재산의 가치를 보전해 줄 보험의 한 형태가 될 것이라는 점은 누구나 일정량 이상의 비트코인을 보유해야 하는 이유를 설명할 논거에 강력한 힘을 실어줄 것이다.

여기서 그치지 않고, 비트코인은 일종의 생명보험 역할도 한다. 사망 시 거액을 지급한다는 전통적인 의미에서가 아니라, 일생 동안 개인의 자주권, 자유, 존엄성이라는 값을 매길 수 없는 보상을 제공한다는 점에서 그렇다. 재정적 불공정, 불의, 제도화된 도덕적 해이, 국가에 의해 길들여진 개인의 몰개성이 난무하는 세상에서 비트코인은 불변의 공정성, 정의, 진실, 미덕으로 개인의 발전과 평화를 추구하는 모든 낙관론자에게 한 줄기 등불이 되어준다.

어쩌면 지금은 전 세계의 시민들이 선택의 기로에 선 적기일 것이다. 여러분은 여러분이 아닌 다른 특정 세력이 공짜로 무제한의 신권을 찍어낼 수 있는 법정화폐 본위제에 머무를 수도 있고, 여러분을 포함해 누구도 그렇게 할 수 없는 비트코인 본위제를 택할 수도 있다. 이제 우리가 통치자의 힘 대신 규칙이 지배하는 통화 체제를 선택한다면 그렇게 선택할 기회와 개인의 책임이 주어진 것을 훗날 다행스럽게 생각할 것이다.

# 차례

## 1부 ——————————————— 섣부른 탄생

**"어째서 이토록 위험천만한 제도가 지금까지 정답으로 여겨졌을까?"**

The Fiat Standard

질서 있는 붕괴는
이미 시작되었다

주판을 쓰는 사람에게
컴퓨터를 설명하는 것보다
컴퓨터를 쓰는 사람에게
주판을 설명하기가 더 쉬운 법이다.

미국 정부가 금태환을 중단하면서 세계가 법정화폐(이하 법화) 체제로 전환한 지 53년이 지났다. 현시대를 살아가는 사람들은 대부분 법화 외의 화폐를 사용해 본 적이 없다. 설명할 수 없는 우연으로 여길 일은 아니니, 경제학자들이라면 분명 이 체제가 명백한 결함이 한둘이 아닌데도 어떻게 지금껏 작동하고 생존했는지 설명할 수 있을 것이다. 이토록 법화가 오래 존속해 온 까닭에 수십 년 동안 법화를 붕괴 직전에 처한 구제 불능의 속임수라 주장해 온 많은 반대론자의 목소리는 묵살되기 일쑤였다. 어쨌든 정부가 개입해서 시장이 크게 왜곡되는 경우야 전 세계적으로 흔하지만, 그래도 정부 개입은 여전히 굳건하다. 그리고 정부 개입이 끈질기게 존속하는 이유를 설명하는 것과 정부 개입을 정당화하는 것은 별개의 문제다.

G. K. 체스터턴의 1929년 저서 『절대적 진리The Thing』에서는 한 남자

가 울타리를 발견하고 아무 쓸모가 없어 보여서 제거하려 한다. 그러자 다른 남자가 나타나 "울타리가 왜 필요한지 모르겠다면 절대 치우면 안 되오. 잠시 물러나서 생각해 보시오. 그다음 돌아와서 이 울타리의 용도를 설명할 수 있으면 치우도록 해주겠소"라고 말한다.[1] 마찬가지로 이제는 법화가 지금의 형태를 갖춘 지 50년이 지났고 처음 탄생한 지 한 세기가 지난 만큼, 새로운 경쟁자의 등장으로 존폐의 기로에 선 법화 체제의 쓸모에 대한 평가가 가능하고 또 필요하다.

법화는 자유 시장 논리에 반하고 결점과 한계도 많지만, 많은 법화 체제가 지난 세기의 상당 기간 작동했으며 전 세계에서 무수히 많은 거래를 촉진했다는 사실은 부인할 수 없다. 특히 우리가 여전히 법화 중심으로 돌아가는 세상에 살고 있는 만큼, 법화가 꾸준히 명맥을 유지하는 이유를 이해하는 것이 중요하다. 내가 법화와 인연을 끊고 싶다고 해서 법화가 나를 떠나지도 않으니 말이다! 법화 본위제를 탐구하려면 그것이 작동하는 원리와 동시에 때로 번번이 실패하는 이유를 필수적으로 이해해야 한다.

또한 정부의 재정 지원을 받아 연구하는 학계와 대중 언론이 법화 체제의 홍보자와 수혜자로서 발표하는 학술 자료와 보도 자료를 기준으로 법화 체제를 판단하는 것은 적절하지 않다. 지금까지 글로벌 법화 체제는 반대론자들이 예측한 완전한 붕괴는 면했지만, 그렇다고 법화가 기회비용이나 대가 없이 공짜 점심을 제공한다는 찬성론자들의 선전을 정당화할 수는 없다. 지난 세기 동안 법화 체제를 채택한 국가에서는 60회가 넘는 초인플레이션이 발생했다.[2] 게다가 끔찍한 불황을 꾸준히 피했다는 사실만으로 법화 체제를 기술, 경제, 사회가 긍정적으로 발전한 결과라고 옹호하기에는 충분하지 않다.

이 책은 지치지 않는 열정으로 장점을 선전하는 찬성론자들과 맹렬한 독설을 퍼붓는 반대론자들의 관점을 넘어 새로운 관점을 제시하려고 노력한다. 즉 기술 공학과 기능의 관점에서 법화 체제를 하나의 기술로 탐구하고, 그 목적과 흔히 실패하는 이유를 설명하며, 법화의 사용에 대한 더 넓은 경제적, 정치적, 사회적 의미를 도출하고자 한다. 이 접근 방식을 적용한 전작 『달러는 왜 비트코인을 싫어하는가』는 25개 이상의 언어로 출판되어 수십만 독자에게 비트코인의 중요성과 의미를 알려 비트코인을 주제로 한 도서 중 베스트셀러가 되었다.

아마 직관에 어긋나는 듯하겠지만, 비트코인의 작동 원리를 먼저 이해하면 법화의 작동 원리도 더 잘 이해할 수 있다. 주판을 쓰는 사람에게 컴퓨터를 설명하는 것보다 컴퓨터를 쓰는 사람에게 주판을 설명하기가 더 쉬운 법이다. 진보된 기술일수록 더욱 생산적이고 효율적으로 기능을 수행하기에 상대적으로 단순한 기술의 메커니즘과 약점을 더 또렷이 드러나게 한다. 이 책의 목표는 한 세기 동안 기존의 법화 체제의 혜택을 누려온 정부와 은행의 낭만적 예찬에서 벗어나 법화 체제의 작동 원리와 공학적 구조, 그리고 법화 체제가 현실에서 돌아가는 방식을 재정의하는 것이다.

# 수백 년간 단 한 번도 검증되지 않은 시스템

이 책은 전작에서 미처 다 다루지 못한 내용을 담았다. 전작이 출간된 후 경제 패러다임에 엄청난 변화가 일어났기 때문이다. 법화 시스템은 실제로 어떻게 작동하는가? 군더더기 없고 독립적인 자유 시장 통화 체제로 작동하는 비트코인이 성공한 것을 보면 통화 체제가 작동하는 데 필요한 속성과 기능이 무엇인지에 대한 명쾌한 답이 나온다. 비트코인은 한 소프트웨어 개발자가 복잡한 통화 체제에서 정수만 뽑아 압축해서 설계했다. 현재 비트코인 체제하에서 전 세계의 수백만 명이 8000억 달러 상당의 부를 축적한 것을 보면 알 수 있듯, 그 결과물은 자유 시장을 통해 검증되었다. 반대로 법화 체제는 사용자가 중요하고도 유일하게 판단할 수 있게 자유 시장에서 검증될 기회가 없다. 법화 체제가 제도상 결함으로 실패하는 경우가 너무나 잦다는 사실은 정부의 강제 개입에 시장이 진정 어떤 심판을 내리는지 여실히 보여주는 방증이다. 우리는 비트코인을 통해 정부 통제와 완전히 별개로 작동하는 선진화된 통화 체제가 존재할 수 있다는 가능성을 확인했다. 이로써 우리는 자유 시장에서 제대로 작동하는 통화 체제가 갖춰야 할 속성을 명확히 알게 되었고, 한편으로는 법화가 지금까지 그나마 존속하며 작동할 수 있었던 이유, 또 걸핏하면 오작동하는 이유를 더 쉽게 이해하게 될 것이다.

우선 법화 체제는 비트코인과 달리 계획적, 의식적, 의도적으로 설계된 금융 운영체제가 아니라는 점부터 이해해야 한다. 그보다는 정부가 채무 불이행을 막을 편리한 방법과 정치적 제약 사이에서 복잡한 타협점을 찾는 과정에서 발전했다. 이 내용은 최근 새롭게 밝혀진 역사적 고증을 토대로 1장에서 다룰 텐데, 법화 체제가 20세기 초 영국에서 시작해 1971년 대서양을 건너 미국에 정착되며 금본위제를 밀어내는 과정을 설명할 것이다. 하지만 이전 책이 비트코인의 역사적 발전을 너무 깊게 파고들지 않았듯, 이 책도 역사책이 아닌 만큼 지난 세기 법화 체제의 역사적 발전 과정을 구구절절 설명하지는 않을 것이다. 그 대신 이 책의 앞부분에서 중점을 둔 것은 비트코인 네트워크의 작동 방식과 비교한 법화 체제의 작동 방식과 기능으로, 다양한 화폐 기술 시스템을 어찌 보면 비교 경제학의 형식으로 고찰했다고 볼 수 있겠다.

2장에서는 법화 본위제 이면에 있는 네트워크 지형과 기반 기술을 살펴본다. 현대의 법화는 그 명칭과는 다르게 정부가 어느 날 갑자기 명령을 내려 생겨난 게 아니다. 오늘날 법화는 정부가 화폐를 찍어다가 사회에 통용되도록 뿌려대면 그만이라는 단순한 문제를 넘어 훨씬 더 정교하고 복잡해졌다. 기술적 측면에서 법화 시스템의 기본 특징은 미래에 지급이 약속된 화폐가치를 정부의 보증을 전제로 현재 화폐가치와 동일하게 취급한다는 것이다. 이러한 시스템은 비록 경쟁 시스템인 자유 시장에서라면 살아남지 못했겠지만 정부의 공권력이 받쳐준 덕분에 아주 오랫동안 존속할 수 있었다.

이어 3장에서는 법화 결제망의 자체 토큰이 어떻게 성립하는지 살펴본다. 법화는 신용화폐이므로 법화로 신용을 창출하면 새로운 통화가 생성된다. 즉 대출은 마구잡이식, 구식으로 화폐를 채굴하는 방법과 같다. 채굴 주체는 정부나 중앙은행의 보증으로 법화 기반의 부채를 생성할 수 있는 금융기관이다. 채굴 난이도가 조정되는 비트코인과 달리 법화는 공급량을 통제할 정밀한 메커니즘이 설계되어 있지 않다. 대신 신용화폐인 법화의 공급량은 주기적으로 팽창과 축소를 반복함으로써 치명적인 결과를 초래한다.

다음으로 4장에서는 법화 네트워크의 잔액을 분석해 법화 체제의 고유한 특징인 마이너스 잔액 계정을 보유한 사용자가 대부분까지는 아니더라도 얼마나 많은지 살펴본다. 법화는 부채를 발행해 채굴할 수 있으므로 결국 개인이든 기업이든 정부든 부채를 지게 될 강력한 유인에 직면한다. 부채의 화폐화와 보편화는 저축에 대한 선전포고이기도 하다. 그리고 정부는 지난 세기에 걸쳐 국민을 상대로 은밀하고도 제법 성공적으로 이 전쟁을 치러왔다.

이러한 분석을 바탕으로, 이 책의 1부를 마무리하는 5장에서는 법화의 쓰임새와 법화가 해결하는 문제에 대해 논의한다. 확실히 알려진 법화의 두 가지 쓰임새 중 첫째는 정부가 스스로 재원을 조달할 수 있게 한다는 것, 그리고 둘째는 은행이 만기 불일치와 부분 지급 준비제*를 활용해 태생적 약점을 극복하게 한다는 것이다. 그러나 법화의 생존에 가장 중요한 세 번째 쓰임새가 따로 있으니, 바로 지역을 초월해 두루 사용될 수 있는 공간적 판매성이다.

---

* 은행이 예금의 일부만 고객들의 인출 수요를 위해 남겨놓고 나머지는 자유롭게 대출할 수 있는 제도.

개인적으로 고백하건대 법화 시스템을 기술 공학적 측면에서 생각하고 그것이 어떤 문제를 해결하는지 이해하려 노력했더니, 법화의 쓰임새를 인정하고 법화 체제가 출현하게 된 동기와 배경을 더 너그럽게 평가할 수 있었다. 그리고 경화를 지지하는 나로서는『달러는 왜 비트코인을 싫어하는가』를 쓰는 동안 연화로 이동한 현대 통화 체제에서 어떤 좋거나 합리적인 면을 전혀 찾지 못했지만, 이 법화 체제가 어떤 문제에 도움이 되는지 알고 난 뒤로는 금본위제에서 법화 본위제로 전환한 원인이 전만큼 기묘하거나 터무니없어 보이지 않게 되었다.

『달러는 왜 비트코인을 싫어하는가』의 분석 프레임이 시간을 초월한 판매성, 화폐로서 미래에 그 가치를 유지할 수 있는 능력, 그리고 그것이 사회에 미치는 영향을 중심으로 한 것임을 감안할 때, 법화 본위제는 얼핏 인류 문명을 파괴하려는 고의성과 악의성이 다분한 음모처럼 보인다. 그러나 이 책을 쓰느라 현실에서 법화가 작동하는 방식을 매우 깊게 생각해 보고 나서는 공간적 판매성 측면에 더 집중하게 되었고, 그 과정에서 법화 본위제가 출현한 근거를 더 명확하고 쉽게 이해할 수 있었다. 법화 본위제에는 수많은 결점이 있기는 하지만, 분명 금본위제가 쇠퇴할 수밖에 없었던 내재적, 실질적 한계, 즉 금의 공간적 판매성이 낮다는 문제를 해결했다는 점은 인정하지 않을 수 없다.

법화의 시간적 판매성이 낮다는 한계는 여전했지만, 공간에 구애받지 않고 가치를 유지하는 공간적 판매성이라는 이점이 이를 상쇄했다. 더 중요한 점은 법화 본위제하에서 전 세계 정부가 연화를 토큰으로 만들고 결제망을 지배하게 되면서, 후대를 희생시켜 현세대의 욕구를 채울 엄청난 여지를 남겼다는 것이다. 법화는 사용자들에게도 편리했지만, 노드를 유일하게 완전히 장악할 힘이 있는 정부에 더욱 편리했다. 세계무역을 촉진하겠다고 표방하며 등장한 법화 체제가 100년 동안 작동해 온 과정을 자세히 살펴보고 법화를 냉철하고도 조금은 색다르게 평가해야만 그 의의를 제대로 이해할 수 있을 뿐 아니라 정부가 어떻게 현재와 미래의 국민을 희생양 삼아 인플레이션을 일으켜 이익을 거두었는지 알 수 있다. 법화는 시간적 판매성 측면에서 커다란 후퇴였을지 몰라도 공간적 판매성 측면에서는 상당한 도약이었다.

## 시간과 공간을 초월한 불변의 오픈소스 패키지

1부에서 법화의 작동 메커니즘을 설명하고 나면, 2부에서는 불확실하고 대개 시간적 판매성도 떨어지는 법화를 통용하는 것이 사회에 경제적, 사회적, 정치적으로 어떤 의미가 있는지 알아볼 것이다. 법화는 갈수록 경제의 생산성에서 오는 경제적 보상과 멀어지는 대신 정치 논리에 충실해지고 있다. 이처럼 법화는 기회비용 개념을 의도적으로 배제함으로써 인간과 모든 동물이 일상에서 자원의 희소성과 맞서 싸워야 한다는 자연의 질서에 도전장을 내민다. 자연의 섭리가 고난을 성공적으로 극복한 인간에게만 보상을 제공하듯, 시장의 섭리는 남들이 개인적으로 가치 있게 여기는 것을 생산하는 인간에게만 보상을 내린다. 그러나 한 세기 동안 경제가치가 위협을 받은 뒤로, 이 자명한 경제 논

**도표1 법화와 비트코인의 채굴 특성 비교**

| 구분 | 법화 | 비트코인 |
|---|---|---|
| 채굴 주체 | 중앙은행 | 개인 |
| 채굴 난이도 | × | 시스템 조정 |
| 채굴 한도 | 무제한 | 2100만 개 |

리를 이제 세계 대부분의 인구는 알지 못하거나 심지어 부정한 채 자신의 생계를 정부의 구원에 의존하고 있다.

정부의 공권력으로 희소성의 법칙이 정상적으로 작동하지 않게 되었다는 사실은 개인의 시간선호₍ₜime preference₎*와 의사 결정에 막대한 영향을 끼치는 등 일상의 여러 측면에서 중요한 의미를 함축한다. 2부에서는 법화가 가족, 식품, 교육, 과학, 건강, 연료, 세계 패권, 지정학에 미친 영향을 탐구한다. 그리고 서로 인과관계에 있는 법화의 두 가지 경제적 메커니즘, 즉 정부가 부채를 아무 대가 없이 화폐로 승인하는 능력과 이 부채를 활용하는 능력이 시사하는 의미를 집중 분석한다. 마지막으로 법화 시스템의 비용편익분석으로 끝을 맺는다.

책의 전반부에는 법정화폐 시스템을 주로 다루지만 이 책의 중심 주

---

* 개인이 미래 가치 대비 현재 가치를 선호하는 비율로, 시간선호가 높을수록 미래보다 현재에 소비하려는 욕구가 강해진다.

**도표 2 금, 법화, 비트코인의 공간적·시간적 판매성 비교**

| 구분 | 공간적 판매성 | 시간적 판매성 |
|:---:|:---:|:---:|
| 금 | × | ○ |
| 법화 | ○ | × |
| 비트코인 | ○ | ○ |

제는 역시 비트코인이다. 앞의 1, 2부는 3부에 나올 분석 작업을 위한 기반을 쌓는 과정으로 몇 년 후에 법화와 비트코인이 어떤 관계에 놓일지를 탐구한다. 12장에서는 법화가 지닌 문제의 잠재적인 해결책이 될 수 있는 비트코인의 특성들을 살펴본다.

전작이 비트코인의 시간적 판매성에 초점을 맞추었다면, 이 책은 공간적 판매성이 뛰어난 비트코인 메커니즘이 공간적 판매성이 낮은 금이나 다른 실물화폐보다 법화에 더 유력한 대항마가 되는 이유를 연구한다. 비트코인은 공간을 초월해 판매성이 높으므로 금본위제에서처럼 태환권이 아니라 경질자산으로서 비트코인 자체가 화폐로 쓰일 수 있다. 가장 기본적으로 비트코인은 하루에 약 50만 건에 이르는 거래를 처리할 정도로 사람들의 장거리 국제 결제 능력을 향상시키고 이에 더해 몇 시간 안에 결제를 완료할 수 있게 한다. 이렇게 되면 국제 결제가 훨씬 더 개방된 시장에서 이루어지고 독점화하기가 훨씬 어려워지므로 금과 비교해 보면 장족의 발전이라 할 만하다.

이 점을 통해 우리는 비트코인이 금보다 더 견고한 경화일 뿐 아니라 운반하기도 훨씬 쉬운 화폐라는 가치 제안value proposition*에 수긍하게 된다. 비트코인에는 사실상 시간을 초월한 금의 판매성과 공간을 초월한 법화의 판매성이 정치성을 배제한 불변의 오픈소스 패키지로 결합되어 있다.

비트코인은 경질자산이기 때문에 부채가 생기지 않고, 부채를 지면서 채굴하라고 부추기는 세력도 없다. 비트코인은 10분마다 결제 완결성settlement finality**을 제공하므로 신용화폐로 쓰기가 매우 어렵다. 모든 비트코인의 소유권은 각 블록이 생성되는 간격마다 전 세계 수만 개의 노드에서 확정된다. 어떤 블록타임, 즉 블록이 생성되는 시간까지 비트코인을 전달하겠다는 약속이 깨졌을 때 법화로 보상해 줄 정부 당국이 없다. 비트코인으로 돌아가는 경제에서 은행이 부분 지급 준비제를 운영하다가는, 법화 경제에서 정부가 그렇듯 비트코인 현 시세를 시장 시세보다 훨씬 더 낮게 만들 수 있는 기관이 존재하지 않는 한 뱅크런***의 위협이 상존할 것이다.

13장에서는 비트코인의 확장성을 자세히 설명한다. 여기서 확장성 문제는 고속도, 대용량, 저비용에 최적화된 대신 보안성, 유동성에 상충되는 세컨드레이어second-layer**** 솔루션으로 해결될 가능성이 있다는 것이 주된 요지다. 14장에서는 이 분석을 토대로 비트코인 본위제에서

---

* 어떤 재화나 서비스에서 고객이 얻는 편익과 치러야 할 비용을 두루 포함해 가치를 설명하는 일.
** 지급 결제 시스템상 한번 결제가 완료되면 취소하거나 무효화할 수 없는 성질로, 금융시장의 안정적 운영에 필수적이다.
*** 대규모 예금 인출.
**** 기본 레이어에서 처리되는 거래량의 한계를 극복하기 위한 일종의 확장 기술.

은행의 역할이 어떻게 바뀔지를 논의하며, 15장은 비트코인의 전력 소모와 이것이 비트코인 네트워크의 보호와 어떤 연관이 있는지, 그리고 전 세계 에너지 시장에 어떤 영향을 미칠지 살펴보려 한다. 그다음 16장에서는 우리 사회가 법화에서 비트코인으로 통화 체제를 업그레이드할 때 예상되는 비용 및 편익을 분석할 것이다.

마지막 장에서는 법화 중심의 세계에서 비트코인이 어떻게 부상할 수 있으며, 이 두 가지 화폐제도가 공존한다면 어떤 의미가 있을지에 관한 질문을 다룬다. 그리고 비트코인을 향한 다양한 위협을 경제적 관점에서 평가하고 비트코인이 계속 살아남기 위해 필요한 경제적 인센티브를 제시한다.

비트코인이 부상하려면 법화가 초인플레이션으로 무너져야 하는가? 아니면 소프트웨어를 업그레이드하듯 순차적으로 개선될 것인가? 이 두 화폐의 관계에 신용 시장의 역학과 중앙은행 디지털 화폐의 부상은 어떤 영향을 미칠 것인가? 이 책은 바로 이러한 당연한 질문에 대한 대답이다.

"모든 사람은
자신이 받을 만한 합당한 가격에
비트코인을 가진다."

- 마이클 세일러

# 1부

# 섣부른

# 탄생

"어째서 이토록 위험천만한 제도가
지금까지 정답으로 여겨졌을까?"

The Fiat Standard

# 1장

**100년 만의 심판**

# 불가피한 지정학적 선택

법화 본위제는 60년간
정치와 화폐가 결합해 온 끝에
불가피하게 나타난
지정학적 결과였다.

1915년 8월 6일 영국 정부는 다음과 같은 호소문을 발표했다.

재무부는 대외결제 목적의 금보유고를 늘려야 할 중요성을 고려해, 우정국을 비롯해 현금 지불 업무와 관계된 모든 정부 부처에 가능한 한 금화 대신 지폐를 사용하도록 지시했다. 전 국민에게도 국익을 위해 재무부의 노력에 다음과 같이 동참할 것을 진심으로 요청하고자 한다. 첫째, 우체국과 은행을 이용할 시 금화로 지불한다. 둘째, 수표를 현금화할 때 금화가 아닌 지폐로 지급하도록 요구한다. 셋째, 평상시 임금을 지급하거나 현금을 지출할 때 금화 대신 지폐를 사용한다.[3]

이와 같은 영란은행의 발표는 이제는 거의 역사 속에 묻혀 모르는 사람도 많지만, 정부와 은행의 모든 채무를 실물 금으로 상환할 수 있었던 금본위제에서 사실상 벗어나 세계 통화 체제의 서막을 올린 사건이다. 당시 금화와 금괴는 여전히 전 세계적으로 널리 사용되었지만 국제무역에는 사용이 제한적이어서 각국 은행들이 그때 그때 거래를 청산해야 하는 메커니즘에 의존할 수밖에 없었다. 당시 은행 중의 은행이었던 영란은행은 전 세계에 걸친 결제망을 갖추었고, 파운드 스털링은 수 세기 동안 금 못지않게 평판이 굳건했다.

금의 특징이 예측 가능하고 신뢰할 수 있는 자연적 안정성이라면, 새로운 글로벌 통화 체제는 정부의 지배력을 특징으로 구축되었다. 그래서 명칭도 그 특징 그대로다. 라틴어 'fiat'는 '무엇을 하게 하다'라는 뜻이며, 영어로 넘어와서는 공식적인 법령이나 관허, 규칙을 의미하게 되었다. 정부의 명령이 시장의 판단을 대체한다는 점이 가장 큰 특징인 만큼, 현재의 통화 체제를 딱 맞게 설명하는 단어다. 법화의 기본 가치는 자유롭게 거래되는 실물화폐를 기반으로 하는 대신 정부가 발행, 공급, 청산, 결제를 통제할 수 있고 심지어 필요하면 언제든 압수도 할 수 있다는 점에 있다.

시장에서 평화롭게 교환되다가 사람들의 선택을 받으면 화폐의 가치가 결정되던 기존의 통화 체제는 법화 체제로의 이행과 함께 힘을 잃었다. 그 대신 시장에 참여하는 전체 거래자 중 절반이 나머지 절반에게 지급하는 교환의 매개체를 선택하고 가치를 매기는 일이 세계대전 승전국의 패권과 격변하는 국제 지정학에 따라 결정되었다. 1915년 영란은행의 발표를 비롯해 같은 취지를 지닌 당시 조치들은 제1차 세계대전에 따른 재정난을 해결할 한시적 비상조치로 간주되었지만, 한 세기가 지난 오늘날까지도 영란은행은 지폐를 금으로 태환해 주겠다는 약속을 원래대로 돌려놓지 않고 있다. 금태환을 잠정 제한하던 조치는 세기가 바뀌면서 등장한 법화 시스템이라는 금융 인프라로 영영 뿌리를 내렸다. 결국 완벽한 금태환이 가능한 통화 체제가 세계를 지배할 날은 두 번 다시 오지 않았다.

앞서 영국 정부의 포고문은 사토시 나카모토가 비트코인의 탄생을 발표하고자 암호화 메일링 리스트에 보낸 이메일에 비견할 만하다.[4] 그러나 나카모토와 달리 영국 정부의 포고문은 소프트웨어나 백서 형식도 아닐뿐더러 새로운 통화 체제의 기술 사양이 어떤 면에서 실용적이고 실행 가능한지 언급하지 않았다. 나카모토가 냉정하고 기계적인 어조로 선언문을 작성했다면, 영국 정부는 권위에 호소하고 국민의 애국심을 감정적으로 자극하는 화법에 의존했다. 또한 나카모토가 선언문을 처음 발표하고 몇 달 만에 비트코인 네트워크를 개시할 수 있었던 반면, 법화 본위제는 결국 3세대에 걸친 정부, 은행가, 경제학자들이 두 차례의 세계대전과 수십 번의 통화 회담, 여러 번의 금융 위기를 겪은 뒤인 1971년에야 본격적으로 실행할 수 있었다.

영란은행의 위기는 제1차 세계대전과 동시에 시작되었다. 1914년 7월 31일, 8월 휴무일이 되기 전에 많은 군중이 예금과 지폐를 금화로 바꾸려고 런던의 영란은행 문 밖에서 기다렸다. 오스트리아-헝가리 제국은 프란츠 페르디난트 대공이 암살되면서 유럽 전역에 긴장이 고조된 지 한 달 만에 세르비아에 선전포고를 했다. 유럽 대륙 전역의 투자자들은 정부가 전비를 조달하기 위해 통화를 평가절하할 것을 우려하고는 서둘러 금융자산을 금화로 전환하고자 했다. 운명의 7월이 되자 영국 신문들은 다가오는 전쟁을 8월의 은행 휴무일 안에 끝낼 수 있는 전쟁이라고 부를 만큼 영국군이 금세 승리하리라 기대했다. 그러나 세계 제일의 중앙은행 밖에 예금자들이 길게 늘어선 풍경은 전혀 다른 상황이 전개될 것임을 예고하고 있었다. 은행 휴무일이 자꾸 연장되며 영업을 재개할 기미가 보이지 않았던 것이다.

영란은행이 엄격한 금본위제에 따라 은행권과 예금계좌를 완전히 금으로 보장했다면 전쟁이 일어나도 유동성 문제는 없었을 것이다. 또 모든 예금자가 자신의 은행권과 예금계좌를 실물 금으로 전액 태환할 수 있을 테니 은행 밖에 줄 서서 기다릴 필요도 없었을 것이다. 그러나 영란은행은 모든 은행권을 금으로 보장하는 일에 이미 손을 뗀 상황이었다. 예금자들에게는 원래 재산을 실물 금보다는 은행권과 예금의 형태로 보유하려는 충분한 이유가 있었다. 은행권은 금화보다 휴대하기 쉬운 데다가, 높은 액면가를 작은 부피에 보관할 수 있었다. 또한 예금자는 영국에 있는 은행 계좌를 통해 실물 금보다 훨씬 빠르게 전 세계 어디로든 예금을 수표로 송금할 수 있었다. 자본의 세계화가 은행의 우수한 안전성과 청산 메커니즘을 촉진한 까닭에 은행은 엄격한 100퍼센트 금본위제에서 벗어나더라도 견고한 완충장치를 확보할 수 있었다.

당시 영란은행은 금융계의 중심이었고, 파운드화는 전 세계적으로 금과 동등한 가치가 있다고 인정되었다. 영국은 탄탄한 국가 신용도, 강력한 군대, 타의 추종을 불허하는 글로벌 결제 네트워크를 갖춘 덕분에 세계 외환보유고의 약 절반을 파운드화가 차지할 만큼 세계 금융질서에서 정상의 위치를 점유하고 있었다.

또한 전쟁 전에 영란은행은 금환본위제에 따라 식민지에 있는 중앙은행에도 지급준비금으로 자국 통화를 공급했다. 식민지들은 대외결제를 할 때 영란은행을 이용했기 때문에 영란은행은 식민지들이 이 지급준비금 중 상당액을 금으로 태환하지 않은 채 그대로 들고 있을 것이라 예상했다. 이로써 영란은행은 인플레이션이 발생해도 어느 정도 숨쉴 구멍을 확보하게 되었고 1913년에 대외준비자산 대비 부채 비율이 31퍼센트에 불과했다.[5] 영란은행은 인플레이션을 식민지에 수출해* 운영비를 조달했지만 유동성 위기를 자초했다. 유동성 문제가 일어나지 않으려면 대부분의 식민지, 예금자, 은행권 소지자가 자신들의 예금과 은행권을 금화로 바꿔달라고 요청하지 않는다는 전제가 필요했다.

## 자본주의 파괴자 케인스

당시 은행가들은 빅토리아 시대와 금본위제의 평화와 번영을 누리며 성장한 세대라서 유동성 위기도, 세계대전도 별로 걱정할 필요를 느끼지 못했다. 그러나 1914년 여름에 전쟁과 유동성 위기가 둘 다 터지고 말았다. 세계대전이 은행의 유동성 문제를 촉발한 면도 있었지만, 더 근본적 원인은 국내에 있었다. 법화 체제의 전형적인 특징으로, 정부가

---

\* '인플레이션 수출'은 공급량이 늘어난 자국 통화를 외국에도 유통되도록 해 통화량 증가로 인한 인플레이션의 압박을 해외에 분산시키는 것이다. 따라서 상대방 국가에서도 해당 통화의 가치가 덩달아 떨어진다.

결제망을 독점하면서 화폐 발행을 남용하도록 조장했기 때문이다.

유럽에 전쟁이 발발하자 많은 외국인 예금 고객이 영국에 맡긴 자산을 회수하려고 했으며, 영국인들마저 다수가 은행권보다 금을 보유하길 원했다. 7월의 마지막 6영업일 동안 은행은 총 지급준비금 2650만 파운드 중 금화로 1230만 파운드를 고객에게 지불했다.[6] 이전 같았으면 영란은행이 은행권과 예금을 금으로 태환하겠다는 약속을 불이행할 가능성을 상상할 수 없었겠지만, 갑자기 이제는 우려가 현실이 될 기미가 보였다. 그 시점에서 파운드를 평가절하하면 영란은행으로서는 국가 신용도를 유지할 대외준비자산은 충분해질 테지만, 그랬다가는 영국 국민들에게는 말할 것도 없이 환영받지 못하고 은행을 향한 믿음 또한 영원히 깨질 터였다.

1914년 11월 영국 정부는 민간 투자자들에게서 3억 5000만 파운드를 조달하겠다는 목표로 4.1퍼센트의 금리와 10년 만기의 전쟁 채권을 최초로 발행했다. 놀랍게도 채권 공모액은 기대에 못 미쳐, 목표 금액의 3분의 1도 조달하지 못했다. 영란은행은 이 사실이 외부에 알려지지 않게끔 발권국장을 비롯해 고위 관료들이 본인 명의로 채권을 매수하도록 자금을 대주었다. 영란은행을 충실히 대변했던 《파이낸셜 타임스》는 채권 공모액이 목표치를 웃돌았다는 기사를 실었다. 당시 재무부에서 근무하던 경제학자 존 메이너드 케인스는 영란은행에 보낸 기밀문서에서 "대단한 조작"이라고 일컬으며 그들을 칭찬했다. 이후 통화정책에 대한 케인스의 은밀한 집착은 전 세계에 출판된 수천 종의 경제 교과서에 줄곧 반영되게 된다. 이러한 잘못된 전통은 중앙은행과 정부가 대중 몰래 결탁하는 풍토를 형성했다. 그러다 103년이 지나서야 《파이낸셜 타임스》가 이 문제를 공론화했다.[7] 은행의 기록 보관소를 은밀히 조사한 내부 직원들이 용감하게 블로그에 진실을 폭로한 것이 그 기폭제가 되었다.[8]

영란은행은 금본위제를 계속 이어가기로 결정했다. 그러나 금의 비축량이 감소해서 줄줄이 몰려오는 태환 요구를 막을 방법을 찾아야 했다. 그 해결책은 금과의 비공식적 전쟁을 선포하는 것이었다. 이 전쟁을 흥미진진하게 다룬 세부 내용은 「1914~1921년 영란은행: 전쟁사 비화The Bank of England 1914-21(Unpublished War History」라는 논문에서 찾을 수 있다. 잘 알려지지 않았지만 몬터규 노먼 영란은행 총재가 개인 비서 존 오스본에게 대필을 지시해 1926년에 완성한 매우 상세한 논문이다. 그동안 공개된 적이 없었지만 영란은행이 2019년 9월에 웹사이트에 업로드하고 나서 세상의 빛을 보게 되었다.[9]

전쟁 채권에 무관심한 국민들을 대신해 영란은행이 이 채권을 대량으로 보유하다 보니, 영란은행은 유동성을 보강하기 위해 더 많은 금이 필요했다. 이 장의 서두에 인용된 호소문에서처럼, 재무부는 국민들에게 우체국과 은행을 이용할 때 금화로 지불하되 금이 아닌 은행권으로 지불받고, 급여를 지급하거나 현금을 지출할 때 은행권을 사용해 달라 요청했다. 이렇게 호소한 후 영란은행과 재무부는 은행들에 주화를 모아 전쟁 기간 재무부가 처분할 수 있도록 준비하라고 지시했다.

오스본은 "1915년 재무부는 영국 은행들로부터 금 2082만 3000파운드어치를 징수했고, 미국으로부터 추가로 대출받기 위해 이 금을 미국에 수출했다"라며, 이어 각주에서 "영란은행은 금 잔액이 심각하게 부족해져 242만 3000파운드만 남았다"라고 서술했다. 그리고 "1915년 11월에 정부는 외환 문제에 관해 자문할 위원회(런던 외환 거래소) 위원을 임명해야 했다. 위원회 운영비를 지원하려면 은행이 고객에게 금화를 건네주는 것을 중단해야 한다. 인출을 원하는 고객에게는 당연히 파운드화로 주면 된다"라고 덧붙였다. 이후 통화정책을 위원회가 결정하는 관습은 법화의 시대에 매우 흔한 일이 될 터였다.

오스본은 계속해서 다음과 같이 설명한다.

다음 해 은행들이 정부의 호소대로 실행에 옮기자, 국민들도 확실히 금화에 미련을 버리고 지폐 사용에 더욱 익숙해지게 되었다. 1915년 11월 미국 은행들이 런던 외환 거래소에 대출해 준 5000만 달러를 상환하기 위해, 1917년 6월 영국의 청산 은행들은 총 1000만 파운드의 금화를 재무부 계정으로 이체했다. 재무부는 이 금화를 뉴욕 연방준비은행에 보낼 몫으로 '보관'해 두었다. 1917년 7월 25일 재무장관은 은행들에 재차 호소문을 보냈다. 현재 달러 환율 사정을 고려해 정부가 사용할 몫으로 금 재고를 확보해 달라는 요청이었다. 재무장관은 국토 방위법을 동원해 강제로 명령하는 사태에 이르지 않도록, 은행들과 개별 합의를 거쳐 대외결제용으로 쓰기 위한 금화를 양도해 달라고 촉구했다. 이 호소문으로 전국의 은행들은 보유한 금화의 90퍼센트를 재무부의 몫으로 남겨두기로 동의했다.

긴급 명령이 종료되는 1919년 4월 1일자로 금 수출이 금지되었다. 은행들은 회의를 거쳐 앞으로 입수할 금을 포함해 현재 보유 중인 모든 금화와 금괴를 재량껏 처분할 전권을 재무부에 부여하되(은행이 자체적으로 수입할 수 있는 금만 제외), 필요할 때 이 금을 거두는 주체는 영란은행으로 지정하는 데 동의했다. 나아가 그들은 이미 대외 지급 용으로 예치된 모든 금도 풀리는 즉시 영란은행에 입금되어야 한다는 데도 합의했다. 그래서 은행들은 금 보유 현황을 매달 영란은행에 일일이 보고해야 했으며, 어떻게든 영란은행에서 금이 빠져나가는 일이 없도록 협조했다. 특히 달러를 필두로 외국환 환율 이 급등할 위험에 대비해, 필요시 중앙정부에서 바로 사용 가능한 금이 준비되어 있어 야 한다는 것이 은행과 국가 전체에 절대적으로 필수라는 데 의견이 일치했다. 연말에 재무부는 국내 전역에 걸쳐 보관 중인 금화를 모두 모아달라고 은행들에 요청했다.[10]

영란은행은 정기적으로 시중은행으로부터 은행권을 주고 금화를 거두어가곤 했다. 1919년 12월 재무부는 영국 은행들이 보유한 모든 금화를 회수하도록 영란은행에 요청했다. 1920년 6월까지 민간은행들은 금보유고의 거의 대부분인 4179만 3000파운드 상당의 금을 종이 은행권을 받고 내주었다. 이 작업에 소요된 총 경비는 5516파운드로, 수집된 금화 1만 파운드당 1파운드가 약간 넘는 꼴이었다. 법화는 탄생 시점부터 지난 한 세기 내내 채굴 과정에서 작업 증명을 거친 적이 전혀 없었다. 금은 대부분 전비에 조달할 차관을 도입하기 위해 미국으로 보내졌다.

1914년 8월 초부터 1921년 8월 말까지 영란은행은 순액 기준으로 총 6241만 1000파운드의 금을 거두었다. 무게로 치면 1468만 4941온스, 즉 약 455.2톤에 달했다. 현재 가치로 환산하면 1914년 대비 300배인 약 200억 파운드에 해당한다. 참고로 이 글을 쓰는 2021년 현재, 영란은행의 금보유고는 310.3톤에 불과하다.

# 금융의 새로운 연금술

이처럼 전쟁으로 금 수요가 늘어난 가운데 전쟁 때문에 대부분 항공기의 운항이 중단되었으므로 영란은행은 해외 계좌로 금을 수송할 부담이 줄어들었다. 그러다 전쟁이 끝나고 항공기 운항이 재개된 1919년 4월에 금화 유출이 금지되었다. 경제사학자 로런스 오피서는 이 시기를 다음과 같이 요약했다.

> 전쟁의 발발로 파운드화의 수요가 증가하자 영국은 극도로 엄격한 외환 통제(국내외 결제 보류)를 시행해 금본위제가 대외에 작동하지 않게 만들었다. 법적으로는 태환을 중단한 것이 아니었다. 대신 양심에 호소하는 설득, 법률만능주의식 조치, 규제를 동원해 법 못지않은 효과를 이끌어냈다. 금 수출은 적성국교역법Trading with the Enemy Act과 법 이외의 수단에 의해 제한되었고, 영란은행은 외부에서 유입된 금을 전부 압수하고 은행과 금 거래소에 도덕심으로 호소하며 설득했다.[11]

국민들의 수중에서 금을 가져가고 대신 지폐를 안겨준 결과, 영란은행은 아이작 뉴턴이 조폐국장을 지내던 1717년과 같은 수준의 금 트로이온스당 4.25파운드의 공식 환율을 지키는 데 성공했다. 영란은행은 나폴레옹 전쟁기만 제외하고 2세기 동안 이 환율로 금과 지폐를 태환하는 믿음직한 선례를 기록함으로써 국가의 자부심은 물론 세계적 명성도 지켰다. 그 결과 파운드화는 금과 대등하다는 전설적인 평판을 얻었을 뿐 아니라 '금본위제'를 우수성, 예측 가능성, 신뢰성을 대변하는 유명한 기준점이자 패러다임으로 바꾸었다. 그리고 이때만 해도 금본위제는 훗날 한 세기 동안 이어질 법화 본위제로 대체될 위협이 전혀 없어 보였다.

영란은행은 전쟁을 구실로 금태환을 대외적으로는 중단하고 대내적으로는 막았다. 그리고 법화, 규제, 세계의 주요 금융 인프라에 대한 독점권을 이용해 무사히 전쟁 자금을 조달했다. 그렇게 해서 금태환을 중단한다고 공식 선언하거나 파운드를 평가절하할 필요가 없었으므로 형식상 금본위제에 머무를 수 있었다. 정부의 주도로 금융 연금술이라는 새로운 과학이 탄생한 것이다. 중앙은행들은 시중은행을 통제하고 금을 몰수해서 법화 형태로 돈을 찍어낼 수 있었다. 파운드화와 금의 가치를 동등하게 맞추는, 뉴턴과 옛 연금술사도 하지 못한 일을 새로운 종이 연금술사들은 해냈다. 이제 파운드는 마음만 먹으면 생산할 수 있는 금이었다. 발권기와 예금계좌는 연금술사들이 오랫동안 추구해 온 현자의 돌과 같았다.

전쟁 직후에는 세계 금융의 중심인 영란은행과 파운드화가 견고한 금본위제에서 벗어나도 아무런 문제가 없어 보였다. 그러나 시간이 지날수록 정부가 이러한 계책을 점점 남용했고 결국 이는 법화 시대의 변치 않는 특징으로 고착화되어 사기성 통화 체제의 대가가 분명히 드러나기 시작했다. 단기적 안정이라는 환상을 장기적 번영과 슬쩍 맞바꾼 격이었다. 그 대신 인플레이션이 초래할 후폭풍이 수십 년 동안 영국 경제를 압박할 터였다.

영란은행이 금 대비 파운드화의 환율을 전쟁 전 수준으로 맞추려던 노력은 나중에 법화 본위제를 시행한 후 만연하게 될 몇 가지 문제의 발단이 되었다. 영란은행은 지폐와 금의 명목 환율을 유지했지만, 실제로 웬만한 재화와 서비스의 가격은 급등했다. 하원 도서관 경제정책통계과의 최근 연구에 따르면 1915~1920년 물가는 각각 12.5퍼센트, 18.1퍼센트, 25.2퍼센트, 22퍼센트, 10.1퍼센트씩 올라 5년 도합 124퍼센트 상승에 이르렀다. 물가가 상승하니 평범한 영국인의 삶은 팍팍해진 가운데, 노동조합이 부상하고 물가와 임금을 통제해야 한다는 대중의 요구가 빗발쳤다. 필연적으로 물자 부족과 배급제, 대량 실업이 뒤따랐다. 전쟁이 끝난 후 수백만 명의 군인이 귀국했지만, 물가와 임금 통제로 인해 영국 노동시장에 그들이 설 자리는 별로 없었다. 인플레이션에 맞춰 파운드를 절상한다는 말은 결국 국민의 저축이 절하된다는 것과 마찬가지였다. 그래도 재화와 노동의 가격은 시장에서 재조정될 수 있었다. 그러나 영란은행은 이러한 평가절상을 포기했다. 고평가된 환율을 유지하기로 결정했으며, 은행권을 금으로 태환하지 못하게 했다. 그래서 경제의 자연 치유 과정이 필요보다 늦춰지고 인플레이션과 물가 및 임금 통제로 인한 혼란기가 길어졌다. 또한 실업자와 빈곤층을 지원하기 위해 정부 지출이 늘어나야 한다는 압력이 커졌다. 그러나 지출 증가와 확장적 통화정책은 물가 상승을 부채질했고 대외 시장에서 파운드화에 더 큰 압박을 가했다. 그러자 영란은행에 금화를 다시 유통하고 전쟁 전처럼 금본위제로 돌아가자는 포퓰리즘적 목소리가 높아졌다.

영국의 문제는 비단 국내에만 있는 것은 아니었다. 모든 유럽 국가

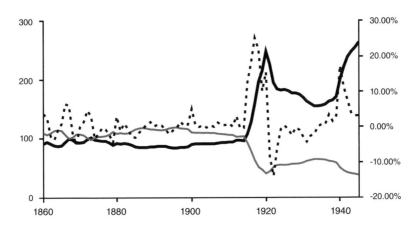

가 1914년에 금본위제를 사실상 중단한 반면, 미국은 1917년에야 금본위제를 중단해 그사이에 유럽으로부터 다량의 금을 끌어왔다. 미국 연방준비제도이사회(이하 연준)는 영란은행에 대출을 제공한 대가로 영국의 금 공급량 중 상당 부분을 확보했다. 금을 따라 패권도 이동했다. 영란은행은 미국 정부와 연준이 세계경제에서 가장 중요한 역할을 하게 될 새로운 현실에 적응하는 훈련을 하고 있었다. 미국이 세계의 리더 역할을 맡게 되면서 법화 본위제라는 영국의 연금술은 점점 수지 타산이 안 맞기 시작했고, 영국 파운드화는 다음 세기에 걸쳐 미국 달러 대비 4분의 3, 금 대비 90퍼센트 이상 가치가 떨어지는 등 어려움에 직면했다.

모든 주요 유럽 국가는 전쟁 자금을 조달하느라 엄청난 인플레이션을 감수해야 했으며, 그 후 자국 통화는 금에 대해 평가절하되어 더 이상 전쟁 전 환율로 태환할 수 없게 되었다. 따라서 이쯤 되면 법화 본위제가 전쟁 자금을 조달하기 위한 한시적인 수단으로써 그 목적을 달성했음을 인정하고 금본위제로 복귀해야 사리에 옳았을 것이다. 정부도 이 약속을 되풀이했고 유럽의 국민들은 약속이 지켜지리라 예상했다. 그러나 전쟁 전 환율의 금본위제로 돌아간다는 것은 달리 말하면 전쟁 자금을 조달하는 과정에서 신용확장으로 시작된 인플레이션 붐이 끝난다는 의미였으므로 결과적으로 고통스러운 경기 침체가 불가피해질 터였다. 미국은 이 방향을 따른 끝에 결국 1920년에 금세 가파른 침체기에 들어섰지만, 그 후 미국 경제는 역사상 가장 긴 확장기를 시작했다. 미국은 금태환을 5년 동안 중단했다가 1922년에 재개했다. 반면에 영국은 막대한 재정지출, 노동조합의 임금 인상 요구, 전쟁 전의 금본위제 복귀, 글로벌 기축통화로서 파운드화의 지위를 모두 지켜야 한다는 불가능한 도전을 해결하려 애썼다. 종이 연금술의 재미를 맛본 영란은행은 금융 공학과 정치 공학을 동원하면 금태환 의무를 지키지 않고 넘어갈 수 있다고 생각했다.

## 미국과 영국의 채무 불이행

영란은행과 재무부는 인플레이션의 실상을 공식 인정하고 파운드를 절하해 금본위제로 되돌아가는 대신, 대서양 건너편으로 문제를 떠넘기기로 결정했다. 그리고 이는 다음 세기까지도 이어져, 장기적인 건전성과 안정성을 희생하며 단기적인 구제책을 모색하는 습관이 시작되게 했다.

경제학자 머레이 로스바드는 이렇게 서술했다.

요컨대 영국은 전쟁기 및 전후기의 인플레이션을 반영해 당시 태환율보다 10~20퍼센트 높은 가치로 금본위제를 재개하기를 고수했다. 이는 또한 외국과의 무역 경쟁력을 유지하고 영국의 가장 중요한 수출 산업이 제자리를 유지하기 위해 영국산 가격이 약 10~20퍼센트 하락해야 한다는 의미였다. 그러나 노동조합이 임금 삭감을 절대 내버려두지 않았기 때문에 그런 일은 일어나지 않았다. 결국 실질 임금이 인상되었고 만성적인 대량 실업이 영국을 강타했다. 신용 수축은 디플레이션을 초래하고 실업을 더욱 위협적으로 만들 것이므로 허용되지 않았다.

실업의 부분적 이유는 전후에 정부가 실업 급여를 제정했기 때문이었다(이로 인해 노동조합이 임금 삭감에 저항할 수 있게 되었다). 그 결과 영국의 금이 빠져나가는 경향을 보였다. 영국은 실업 급여를 폐지하거나, 신용 대출을 억제하거나, 금과 파운드의 등가비율을 좀 더 현실적 수준으로 잡아 금본위제로 돌아가는 대신, 통화 공급량을 늘려 금 유출을 상쇄하고 미국에 도움을 요청했다. 미국 정부가 달러 팽창 정책을 실행한다면 영국은 더 이상 미국에 금을 빼앗기지 않을 것이기 때문이었다. 그래서 한마디로 영국 정부와 영국 노동조합을 보호하기 위해 인플레이션과 그에 따른 경제 붕괴의 부담을 떠안을 표적은 미국 국민이 되었고 그들에게 이에 익숙해지라고 강요한 셈이었다.[12]

로스바드가 저서에서 인용한 바에 따르면 뉴욕 연방준비은행의 벤저민 스트롱 총재는 다음과 같은 서한을 썼다.

이러한 재조정에 따른 부담은 주로 (영국보다) 우리 미국이 져야 합니다. 영국 정부와 영란은행이 치솟은 물가를 자국 내에서 수습하기는 정치적으로나 사회적으로나 쉽지 않을 것입니다……. 무역수지도 좋지 않고 100만 명이 넘는 실업자가 정부 지원을 받고 있기 때문입니다.[13]

영국은 글로벌 유동성 공급을 구실로 미국에 확장적 통화정책을 펴도록 설득해 파운드화에 대한 압박을 완화하려 했다. 미국은 금과 나란히 달러를 평가절하함으로써 영국에서 미국으로 금이 흘러가는 것을 막아 파운드에 대한 압박을 줄였다. 영란은행은 파운드 가치를 더욱 보호하기 위해 영란은행의 청산과 결제 메커니즘에 의존하는 다른 국가에도 파운드화를 뿌려댔다. 영국과 미국은 1922년 제네바회의를 개최해 자국 통화와 금을 중심으로 세계 통화 질서를 재건하기 위해 노력했다. 그리고 "현재 모든 유럽 국가가 채택하기로 동의할 수 있는 유일한 공통 본위는 금이다"라는 권고안을 도출했다.[14]

그러나 여전히 세계 금융의 중심에 있는 영란은행이 금과 은행권의 태환 업무를 아직 재개하지 못한 가운데 금본위제로 돌아가기는 매우 어려웠다. 그 대신 미국과 영국은 전쟁 전 일부 아시아 국가에 널리 퍼져 있던 통화제도를 모델로 해서 금환본위제를 도입하기로 했다. 그러나 금환본위제를 남용한 결과 영란은행은 전쟁 직전 금이 부족해졌다.

본질적으로 전 세계의 중앙은행들은 영란은행과 미국 연준에 금을 예치하고 그들의 국제 결제망을 이용함으로써 금의 공간적 판매성을 넓혔다. 이로써 영란은행과 연방준비은행은 금본위제에서 벗어날 수 있는 상당한 여지가 있었다. 국제무역 결제를 위해 이 두 은행의 인프라에 의존하는 다른 국가들은 실물 금을 거의 보유하지 않아도 되었기 때문이다.

미국의 인플레이션으로 달러 가치가 떨어지고, 미국이 영국에 차관을 제공하고, 외국 중앙은행들이 준비자산으로 다량의 파운드를 획득하자, 1925년 영란은행은 어떤 형태로든 금태환을 복원하는 것이 가능해졌다. 금본위제로 회귀한 건 아니지만 변형된 금본위제인 금괴본위제gold bullion standard가 도입된 것이다. 이 제도에 따라 영란은행은 400온스 정량의 골드바인 '인수도적격금good delivery'으로만 태환할 것을 제시했다. 조폐국은 더 이상 은행권을 금으로 교환해 주지 않았고 국민들이 금을 매수할 수 있는 길을 막았다. 영란은행은 대다수 자국민에게 금본위제를 적용하는 것을 사실상 포기했고, 파운드 가치는 전쟁 전보다 금 가치에 덜 얽매이게 되었다.

사람들은 더 이상 은행권을 금으로 태환할 수 없었지만, 그동안 영란은행에서 받을 수 있었던 금보다 더 높은 가치로 금을 해외에 팔 수 있었다. 하필이면 영란은행이 금을 평가절하함으로써 금이 해안을 통해 국외로 유출되게끔 부채질했기 때문이다. 금은 항상 가치가 더 높게 평가되는 곳으로 이동하기 마련이다. 머레이 로스바드가 『미국 대공황America's Great Depression』에서 자세히 설명했듯이, 영국에서 금이 더 많이 유출되는 것을 막으려면 미국의 인플레이션이 더 심해져야 했다.

　그렇게 촉발된 인플레이션이 오늘날 우리가 잘 아는 경기순환의 시초다. 1928년 말 인플레이션이 가라앉으면서 1929년 말 주식시장이 폭락했고, 1920년대의 호황은 1930년대의 불황으로 바뀌었다. 버블이 생성되고 터지는 패턴, 그리고 호황과 불황의 끝없는 순환 구조는 전 세계적으로 법화 본위제에 규칙적으로 등장하는 특징이 되었다. 그래서 이제는 경제 교과서에서 경기순환을 마치 계절처럼 당연히 찾아오는 정상적인 시장경제의 본질인 양 취급하게 되었다.

　불황과 이에 대한 반작용인 인플레이션이 순환하면서 파운드화에 대한 압박은 한계에 이르렀다. 전쟁 전의 등가비율로 금본위제를 유지하려던 구실은 1931년 영란은행이 파운드화를 25퍼센트 평가절하하면서 마침내 사라졌다. 만약 이 평가절하가 1920년에 이루어져서 견고한 금본위제로 복귀하고 인플레이션을 더 엄격히 억제해 완전한 금태환을 허용했다면 역사가 얼마나 바뀌었을지 궁금한 마음도 든다.

　1930년대의 위기 동안 미국 정부는 금융 체계와 경제가 붕괴하지 않도록 확장적 재정정책과 통화정책을 펼쳤다. 이러한 정책들은 달러 시세가 계속 금 대비 트로이온스당 20.67달러 선을 유지했다면 지속 불가능했을 것이다. 1934년 프랭클린 루스벨트 대통령은 국민들이 갖고 있던 금을 회수하라고 명령하고 금을 35.00달러에 사들여 사실상 달러를 43퍼센트 평가절하했다. 영국이 국민들의 손에서 경화를 가져가고 법화를 보급하며 법화 본위제를 시행한 지 20년도 안 되어, 미국도 그 뒤를 따른 것이다. 역사책에서는 이렇게 표현하지 않지만, 두 사건 모두 국가의 채무 불이행이었다.

이렇게 해서 법화 본위제의 프로토콜이 설정되었으며, 이후 전 세계가 따라 했다. 지속 불가능한 재정 적자를 늘리고, 금을 회수하거나 자유로운 거래를 막으며 금태환 의무를 불이행하고, 화폐 발권량을 늘리고, 가능한 한 다른 국가들도 자국 통화를 준비자산으로 보유하도록 했다. 이 모든 일을 가장 열심히 실행한 대표 주자가 미국이었다.

금태환을 중단하고 정부가 주도적으로 법화를 무한히 생성하자, 대공황이 길어지는 동시에 인플레이션에 자꾸만 의존할 수밖에 없는 기형적 관료제가 탄생했다. 유럽의 금은 1930년대와 1940년대에도 계속 미국으로 흘러갔다. 제2차 세계대전이 끝나자 미국은 다른 국가와 비교할 수 없을 정도로 많은 금보유고와 세계에서 으뜸가는 국제 결제망을 갖추며 그들만의 통화 리그를 형성했다. 새로운 통화 체제는 브레턴우즈 협정이 체결된 후 1946년 글로벌 금융 시스템의 초창기 구조로 계승되며 현실에 정착했다. 브레턴우즈 협정 이후 세계는 영국이 식민지에 시행한 방식과 유사한 금환본위제로 되돌아갔다. 영국이 남용했다가 유동성 위기를 자초하면서 현재에 이르는 추악한 역사의 모든 발단이 된 바로 그 제도로 말이다.

새로 구축된 글로벌 통화 체제는 미국 달러가 중심이었고, 달러는 다른 나라의 중앙은행들만 금으로 태환할 수 있었다. 미국 연방 정부는 여전히 국민들이 금을 소유하지 못하게 했으며 다른 대부분 국가에서도 금의 개인적 소유나 거래를 제한했다. 미국 정부는 여분의 금을 보유하고 달러를 다른 나라로 수출할 여력이 있어서 전후기 동안 지출 능력에 거의 제약이 없었다. 드와이트 아이젠하워 전 미국 대통령이 고별 연설에서 경고한 바 있는 군산복합체는 수도꼭지를 틀듯 쉽게 발행할 수 있는 법화로 이익을 거둘 구실을 찾느라 한 번씩 꾸준히 세계 전쟁을 터뜨렸다. 루스벨트 대통령의 뉴딜 복지 프로그램은 1950년대에 확대되더니 1960년대 린던 존슨 대통령의 소위 '위대한 사회Great Society(법화로 재원을 조달해야 하는 영구적인 복지국가)' 정책으로 전이되었다. 세계는 여전히 달러가 필요했기 때문에 달러를 사들였고, 미국인들은 유동성 문제를 걱정할 필요가 없었다. 그러나 1914년에 영국에서도 그랬듯, 1960년대 후반 나날이 가치가 떨어지는 미 달러화를 유럽 국가들이 실물 금으로 태환하기 시작하자 미국은 금 부족 사태에 빠졌다.

1971년 8월 15일 리처드 닉슨 대통령이 인플레이션과 실업을 억제하기 위한 일련의 행정명령을 발표해 '닉슨 쇼크'를 초래했다. 닉슨은 전국 방송에서 다음과 같이 연설했다.

새로운 번영을 건설하기 위한 세 번째 필수 요소는 새로운 일자리를 창출하고 인플레이션을 억제하는 것입니다. 우리는 전 세계 통화의 안정화를 위한 중심축으로 미국 달러의 지위를 지켜야 합니다.

지난 7년 동안 전 세계적으로 연평균 한 번꼴의 통화 위기가 있었습니다. 그럼 이러한 위기에서 누가 이익을 얻습니까? 노동자도 아니고, 투자자도 아닙니다. 진정한 부를 창출하는 사람이 소외되고 있습니다. 이득을 보는 사람들은 외국 투기꾼입니다. 그들은 위기가 닥쳐야 돈을 벌기 때문에 위기를 조장하려 합니다.

최근 몇 주 동안 투기꾼들은 미국 달러와 전면적인 전쟁을 벌였습니다. 한 국가의 통화 강세는 곧 그 나라 경제가 강하다는 뜻이고, 미국 경제는 단연 세계에서 가장 강합니다. 따라서 저는 코널리 재무장관에게 투기꾼들로부터 달러를 방어하는 데 필요한 조치를 취하라고 지시했습니다.

그리고 통화안정과 최선의 국익을 위해 필요하다고 결정된 액수와 상황을 제외하고는 달러를 금이나 그 외 준비자산으로 태환하는 것을 잠정 중단하도록 지시했습니다.

자, 지금까지 어렵게 말씀드렸지만, 결국 이 명령이 무슨 의미라고 생각하십니까?

소위 평가절하라고 하는 골칫거리에서 이제 벗어나자는 것입니다.

외국산 자동차를 사거나 해외여행을 가려 할 때 달러 구매력은 시황에 따라 약간 떨어질 수 있습니다. 그러나 여러분이 국산품을 애용하는 압도적 다수의 미국인 중 한 명이라면 여러분이 가진 달러 가치는 지금이나 나중이나 변함없을 것입니다.

다시 말해 이 조치에서 기대되는 효과는 달러를 안정화하는 것입니다.

자, 이 조치는 국제 환거래자들이라면 아무도 환영하지 않을 것입니다. 그러나 우리는 무엇보다 미국 노동자들, 그리고 전 세계와의 공정한 경쟁에 더 집중해야 합니다.[15]

닉슨 대통령의 예측과 장담은 빗나갔다. 물가는 향후 수십 년 동안 치솟았다. 달러 가치는 안정화하기는커녕 폭락했고, 금본위제에서 탈피한 새로운 교역 체제는 일종의 부분 물물교환제와 같아서 환거래를 수익성 좋은 업종이자 거대한 산업으로 변모시켰다. 미 재무부는 금태환을 중단했지만 금과 달러의 교환 비율을 일정한 수준으로 지지하겠다고 약속했다. 그러나 달러가 건전화폐라는 환상은 1973년에 깨졌다. 시민들의 생활비가 본격적으로 급등하기 시작한 것이 바로 이때부터다.

요약하면 영란은행은 1914년 금본위제를 사실상 중단했고, 1925년에야 금괴본위제의 형태로 부활했다가 1931년에 아예 폐기했다. 미국은 1917년에 금본위제를 포기했지만 1922년에 복원했다가 1934년에 재차 폐기했다. 영국과 미국은 1922년에 금환본위제를 채택하고 1971년에 이를 폐기해 달러 법화 체제를 따르게 되었다. 1914년 이후 달러와 파운드 가치는 둘 다 금 대비 95퍼센트 이상 떨어졌다. 법화 본위제가 자리 잡기까지 과정은 길었지만, 그것이 남긴 족적은 다양했다. 금 회수, 물가 상승, 물가 통제, 중앙 집중식 계획, 신용 인플레이션, 호황과 불황, 그리고 금과 연동성이 느슨해진 자국 통화를 외국 통화 체제에 퍼 나름으로써 인플레이션을 수출하려는 시도 등이 대표적으로 나타난 현상이었다.

법화 본위제는 엔지니어 한 명이 설계해서 나온 결과물이 아니다. 그보다 파산 위기에 직면한 중앙은행들이 내놓은 고육지책으로, 60년간 정치와 화폐가 결합해 온 끝에 불가피하게 나타난 지정학적 결과였다. 법화의 역사는 곧 정부가 채무 불이행에 대처해 온 역사이기도 하다. 건전화폐를 공급하겠다거나 국제 결제를 용이하게 하고자 의도적으로 설계된 기술은 아니라는 얘기다.

이로써 전 세계의 중앙은행은 영국과 미국이 설정한 시범 운영 모델을 그대로 따르며, 금태환 약속을 저버리고 법화 사용을 의무화하게 되었다. 1914년 처음으로 시작된 법화 본위제는 실질적으로 1971년에 이르러서야 자리를 잡았다. 처음 생긴 지 한 세기, 그리고 현재의 형태로 정착된 지 반세기가 지난 지금이야말로 법화 본위제를 평가하기에 적기다.

# 2장

**미래라는 부채**

# 오늘을 살기 위해
# 내일을 죽인다

거래가 성립하려면
구매자, 판매자, 은행을
채무 불이행 위험으로부터
보호하기 위해 위험을 사회 전반에
분산시키는 수밖에 없다.

1장에서는 왜 하필 21세기인 지금, 우리가 사용하는 통화 시스템인 법화 체제에 대해 의문을 제기하는지를 설명했다. 1914년부터 1971년까지 세계의 통화 체제는 어쩌다 보니 서서히 금본위제에서 법화 본위제로 옮겨갔다. 정부는 사실상 모든 부문에서 은행계를 장악했고, 혹은 관점에 따라서는 은행계가 정부를 장악했다고 볼 수도 있다. 아무튼 여기서는 정부와 은행 중 누가 주도권을 잡았는지가 중요한 것이 아니니, 그다음으로 나타난 얄궂은 결과에 집중하고자 한다. 법화의 발전 과정을 자세히 설명하는 대신, 오늘날 우리가 마주한 법화 체제의 특성과 치명적 모순점을 탐구하는 데 중점을 둘 것이다.

법화는 전 세계의 금융 및 통화 서비스를 독점하는 부채 기반의 중앙 집중식 장부를 강제로 구현한 기술이라고 정의할 수 있다. 법화 본위제는 정부들이 금태환 의무를 사실상 이행할 수 없게 되자 이를 수습하는 과정에서 탄생했다. 그래서 통화, 거래, 은행 업무 측면에서 사용자 경험을 최적화하는 방향으로 설계되지 않았다. 이 점을 염두에 두고 3장에서는 오늘날 세계무역의 대부분을 움직이는 법화 기술의 내부를 자세히 살펴볼 것이다. 명칭에서 풍기는 뉘앙스와 달리, 현대의 법화는 어느 날 갑자기 정부가 명령해서 생겨난 것이 아니다. 정부는 마냥 화폐를 인쇄해서 이 돈이 우리나라의 공식 화폐라고 선언하며 사회에 뿌리지 않는다. 현대의 법화는 이보다 훨씬 정교하고 복잡하다. 법화 본위제의 근본적, 기술적 특징은 정부 혹은 정부로부터 은행업 허가를 받은 대출 기관에서 생성한 화폐라면 현재 수중의 화폐뿐 아니라 미래에 그 화폐를 지불하겠다는 약속도 돈으로서 가치가 있다고 취급하는 것이다.

## 나의 부채는 너의 부채

비트코인 네트워크에서는 이미 채굴된 코인만 거래를 정산할 수 있다. 또 금본위 경제에서도 기존의 금화나 금괴만 가지고 거래를 정산하고 부채를 상각할 수 있다. 두 경우 모두 판매자나 대출자는 미래에 비트코인이나 금을 주겠다는 거래 상대방의 약속을 믿고 외상으로 현물을 인도할 수 있지만 그만큼 개인적으로는 위험을 감수해야 한다. 가령 상대방이 제때 코인을 돌려주지 못하면 빈손이 된 대출자는 앞으로 대출에 더 신중해져야겠다는 귀중한 교훈을 깨닫게 된다. 한편 법화 경제에서는 정부 신용을 통해 실재하지 않는 미래의 토큰에 효력이 부여되므로 대출과 동시에 바로 거래를 완료할 수 있다. 따라서 차용자와 대출자가 거래 전보다 더 많은 금액의 법화 토큰을 가질 수 있으므로 네트워크에 있는 나머지 토큰의 가치가 하락한다. 법화 네트워크에서는 정부로부터 대출업 허가를 받은 경제주체가 누군가에게 법화 토큰을 대출해 줄 때마다 더 많은 토큰이 생성된다.

정부가 금태환 의무를 이행하지 못해 탄생한 법화 본위제의 본질적 특징은 그 나라의 통화 체제와 결제망에서 가치의 표상인 토큰이 정부의 명령으로 통용된다는 점이다. 정부는 네트워크에서 통용되는 화폐 가치를 법령으로 정할 수 있기 때문에 사실상 자체적으로 신용화폐를 만들어낼 수 있다. 정부가 은행 시스템 전체를 뒷받침하는 만큼, 은행에서 창출된 모든 신용은 사실상 정부 신용이자 통화량의 일부가 된다. 다시 말해, 무에서 유를 창조하듯 돈을 찍을 수 있는 기관은 미국 의회와 연준만이 아니다. 모든 대출 기관도 대출을 통해 통화량을 늘릴 수 있는 능력이 있다.

이처럼 현금과 신용의 경계가 모호하면 정확한 통화량을 측정하기가 사실상 불가능하다. 금이나 비트코인과 같은 결제 시스템에서는 현재 가용성이 있는 화폐(즉, 일정 기간이 지나고 미래가 되어서야 완전한 유동성 가치를 획득한다는 조건이 없는 화폐)만이 결제나 대출 용도로 쓰일 수 있다. 반면에 법화 체제에서는 당장은 가용성이 없고 미래가 도래해야 사용할 수 있는 화폐라도 대출업이 허가된 상업 금융기관이 보증하는 한 결제 수단으로 인정될 수 있다.

순수한 금본위제나 비트코인과 달리 법화는 공급량이 네트워크 구성원 간에 거래되는 객관적인 단위 수로 정해져 있지 않다. 게다가 수명이 짧으며, 끊임없이 생성되고 파괴된다. 또 그 돈을 사용하는 주체가 규정하는 화폐의 불완전하고 주관적인 정의에 따라 공급량이 달라진다. 그래서 비트코인과 달리 객관적이고 합의된 기준에 따라 화폐 공급량을 평가하거나 감시하기가 사실상 불가능하다.

예를 들어 고객이 집을 사려고 100만 달러를 대출받을 때 대출 은행은 미리 구비해 둔 현금 준비금에서 100만 달러를 꺼내주지 않는다. 그냥 대출을 승인하고 집주인에게 지불할 달러를 생성하면 그만이다. 이 100만 달러는 대출 전에는 존재하지 않았던 돈이다. 그러다가 대출 고객이 거래를 마무리하고 미래에 정기적으로 대출을 갚아나가기로 약속하면서 생명력을 얻는다.

이처럼 집을 사는 과정에는 현물 거래가 필요하지 않다. 주택 구매 대출을 받은 차용인은 집주인에게 대금을 현금 지불하기 위해 은행에 보관된 남의 저축을 끌어올 필요가 없다. 집주인도 집이라는 현물을 차용인에게 현장에서 인도할 필요가 없고, 차용인의 신용등급을 매기거나 채무 불이행 위험을 부담하는 일에 관여하지 않아도 된다. 그 대신 은행이 신용을 부여하고, 신용 위험은 은행, 대출, 화폐의 파수꾼인 중앙은행이 최종적으로 부담한다. 만약 집주인이 신용을 부여하는 주체라면 그들이 직접 상대방의 채무 불이행 위험을 감수하고 현물을 넘겨주되, 다른 제삼자는 거래에 관여하지 않을 것이다. 그러나 법화 본위제 덕분에 집주인은 매매금 전액을 선불로 받고 구매자도 온전한 집 한

채를 미리 받는다. 거래가 발생하기 전에는 집과 돈이라는 두 거래 요소 중 집만 존재했다면, 거래가 완료된 후에는 거래 당사자 둘 다 집과 돈을 각각 현물로 받아 든 채 헤어진다. 이 거래를 성사하기 위해 새로 생성된 법화 토큰은 주택 구매자, 즉 차용인의 채무 불이행 위험을 모든 화폐 보유자에게 부과한다.

집 거래에 관련된 세 당사자는 모두 만족하지만 이러한 시스템이 자유 시장에서 생존할 수 있을까? 얼핏 보면 거래 대금의 전액을 선불로 지불하지 않고도 집을 살 수 있으니 구매자에게 유리해 보인다. 또한 더 많은 잠재 구매자에게 자금을 조달할 수 있어 집값도 올릴 수 있으므로 판매자에게도 유리해 보인다. 은행은 신규 대출 건수가 생길 때마다 거의 0의 한계비용으로 새로운 법화 토큰을 채굴할 수 있으니 은행에도 유리한 듯하다. 그러나 거래가 성립하려면 구매자, 판매자, 은행을 채무 불이행 위험으로부터 보호하기 위해 위험을 사회 전반에 분산시키는 수밖에 없다. 결국 기존의 법화 보유자가 통화 공급 인플레이션이라는 형태로 사실상 위험 프리미엄을 떠안는다. 이처럼 거래에서 현물 개념을 제거하면 구매자와 판매자 양측의 구매력을 만족시키는 대신 훗날 화폐가치가 절하된다는 대가를 치르게 된다.

만약 법화 체제가 자유 시장에서 경화 체제와 공존한다면, 합리적인 투자자는 신용 창출로 인한 가치 하락을 염려하지 않아도 되는 경화의 형태로 재산을 보유하는 쪽을 선호할 것이다. 그러나 투자자의 합리적 이기심을 차치하더라도, 한 화폐의 가치는 시간이 지날수록 인플레이션 때문에 상대적으로 경도가 더 높은 다른 화폐보다 떨어지게 된다.

그래서 장기적으로 보면 대부분의 경제가치는 경화로 수렴하는 것이 불가피하다. 그러나 현대 분업의 원리에 필수 요소인 결제망을 정부가 독점하는 바람에 화폐 보유자가 상당 기간 그 위험을 감수해야 한다.

비트코인의 작동에 비유하자면, 법화 네트워크는 각 블록마다 여러 개의 새로운 토큰을 생성하거나 파괴한다고 볼 수 있다. 그 규모는 신규 대출 금액에서 상환 및 채무 불이행 금액을 뺀 것과 같다. 각 채굴 시간에 생성되는 법화 토큰의 수는 비트코인 프로토콜과 같이 각 블록에 추가되는 새로운 코인 수라기보다는 부채를 생성한 최종 결과치라고 봐도 무방하다. 게다가 이 값은 큰 폭으로 변할 수 있으며 양수가 되기도 하고 음수가 되기도 한다.

## 법화 본위제의 매커니즘

이른바 법화 네트워크는 약 190개 국제통화기금IMF 회원국의 중앙은행과 오프라인 지점을 여럿 거느린 수만 곳의 민간은행으로 구성된다. 이 글을 쓰는 현재 법화 네트워크는 거의 보편적으로 채택되었으며 지구상의 거의 모든 인구가 법화 노드와 거래하거나 이 노드에서 발행된 법화 지폐를 사용하고 있다. 법화 네트워크는 자발적인 참여가 아니라, 강제로 설치한 악성 소프트웨어에 비유하면 가장 적절할 것이다. 아직 법화를 채택하지 않은 소수의 원시적이고 고립된 부족을 제외하면, 지구상의 모든 인류는 자국의 노드에 할당되어 자국의 '법화코인'으로 세금을 내야 한다. 어떤 결제나 납부를 현지 법화코인으로 하지 않으면 신체 구속, 투옥, 심지어 살인까지 당할 수 있다. 이는 비트코인과 금에는 없는 법화만의 특징이자, 사람들이 채택하지 않을 수 없게 하는 강력한 유인이다.

법화 네트워크는 지불 청산을 위한 계층화된 결제 시스템을 기반으로 한다. 각 은행은 자체 대차대조표 안에서 고객 간의 이체를 처리한다. 또 각국의 중앙은행은 관할 지역의 은행 간 청산과 결제를 감독한다. 중앙은행과 전 세계 수백 곳의 제휴 은행은 스위프트SWIFT 결제망에서 국경을 넘나드는 결제 청산을 감독한다.

법화 네트워크는 거래와 잔액의 전체 기록을 확인하고 결정하는 데 필요한 풀노드full node*가 하나뿐이어서 매우 효율적인 중앙 집중식 장부 기술을 활용한다. 그 주체는 미국 정부의 영향과 감독하에 있는 미국 연방준비제도이사회다. 법화의 열렬한 옹호자들이 알다시피, '연준'은 법화 네트워크의 핵심이자 구심점 역할을 한다. 연준은 어떤 거래라도 무효화하고 다른 모든 법화 노드의 잔액을 강제로 거둬 갈 수 있는 유일한 기관이다. 연준은 스위프트 결제망을 일방적으로 점유해 한 국가 전체를 스위프트 결제망에서 배제해 다른 국가와 거래하지 못하게 막을 수도 있다.

법화 네트워크의 기본 레이어는 미국 달러 표시 부채를 기본 토큰으로 사용해 작동한다. 법화 옹호자들은 이 법화 네트워크가 각기 다른

---

* 블록체인 네트워크의 모든 거래 내역을 저장하는 노드.

국가 또는 지역마다 다양한 토큰으로 운용된다고 주장하지만, 미국 달러를 제외한 모든 통화는 달러에서 파생한 세컨드레이어 토큰에 불과한 것이 현실이다. 미국 달러를 제외한 타국 법화의 가치는 기축통화인 미국 달러와 견주어 그 나라의 신용도에 상응하는 할인율을 적용한 가치로 대략 파악할 수 있다. 이러한 토큰은 오랫동안 다양한 역사적, 화폐적, 재정적, 지정학적 이유로 미국 달러보다 고평가된 적이 없었다. 실질적인 의도와 목적이 무엇이 됐든, 각국의 통화를 관리하는 중앙은행은 자국 환율을 달러에 맞춰 유지하거나 달러보다 빨리 평가절하하기도 한다.

은행은 불가사의하고 수동적이고 위험하고 무계획적인 중앙 집중식 대출 과정을 통해 네트워크의 기본 토큰, 즉 법화코인을 채굴한다. 정부의 규칙과 규제로 복잡하게 얽힌 법화 네트워크에 따라 어떤 기관이 은행업 허가를 받고 대출 업무를 수행할 수 있는지 결정된다. 이러한 규칙과 규제는 일반적으로 중앙정부, 중앙은행, 국제결제은행, IMF에서 공표한다. 법화코인은 비트코인과 달리 쉽게 검증 가능한 작업 증명 프로토콜이 없으며, 공급량이 투명하게 공개되고 관리 감독이 가능한 범위 내에서 유지되도록 하는 알고리즘 조정도 없다.

중앙 집권적 시스템인 법화 본위제는 자본과 화폐에 자유 시장 논리를 적용하지 않으므로 이자, 즉 자본의 가격이 수요와 공급 법칙으로 결정되지 않는다. 결국 대출이 화폐 공급량을 결정하고, 대출 수준은 금리와 연준의 정책에 의해 정해진다. 연준이라는 법화 풀노드는 정례 회의를 개최해 중앙 계획 위원회가 다른 노드에 청구할 최적의 금리를 결정하도록 한다. 이처럼 비선출직 관료들이 정하는 금리를 연방기금 금리라고 부르는데, 다른 모든 금리는 이 연방기금금리라는 중앙 노드의 기준에서 멀어질수록 올라간다. 차용인이 연준에 접근하기 용이할수록 적용 금리가 낮아지고 통화 공급 인플레이션의 이득을 볼 가능성이 높아진다.

법화코인 중 각국의 고유 문양이 찍힌 실물 지폐로 인쇄되어 나오는 비중은 얼마 안 되고, 대부분은 중앙 노드나 주변 노드의 장부에 디지털 형태로 저장된다. 디지털 법화 네트워크는 모든 잔액이 항상 잠정적이고, 부분 또는 풀노드 자체가 언제든지 모든 장부의 거래를 취소하거나 잔액을 압수할 수도 있어서 결제 완결성이 제한적이다. 이때 결제 완결성을 높이는 방법 하나는 법화를 지폐로 인출하는 것이다. 그러나 중앙은행에서 지폐를 항상 회수할 수 있고 각국의 법화 노드나 연준의 풀노드에서 쉽게 평가절하될 수 있기 때문에 이때도 결제 완결성이 꼭 절대적이라는 보장은 없다.

법화 본위제의 핵심 기능성은 네트워크 노드의 기능에 있다. 법화 프로토콜에서 각국의 중앙은행은 다음과 같은 네 가지 중요한 기능을 수행한다.

1. 국내 법화코인을 발권하고 공급량과 가격을 독점적으로 결정
2. 대외결제망의 독점
3. 국내 은행의 영업 허가 및 규제, 지급준비금 보유, 은행 간 결제 청산에 대한 독점적 권한

4. 국채 매입으로 자국 정부에 대출

이와 같은 기능을 수행하기 위해 각 중앙은행에서는 일반적으로 대외준비자산이라고 하는 현금 계정을 두고 있다. 이는 기본 레이어의 법화 토큰에 해당하며, 각국 중앙은행 간에 대외결제가 가능해 공간적 판매성이 가장 높다. 인류 역사상 가장 파국적인 화폐 기술이라고 할 수 있는 이 현금 계정은 네 가지 기능을 동시에 수행하는 데 쓰인다. 그리고 이 기능들이 한데 뒤섞여 있다 보니 지난 세기에 온갖 금융 위기나 통화 위기를 초래한 원흉이 되었다. 그 네 가지는 다음과 같다.

1. 자국 통화 방어
2. 국제무역의 결제
3. 모든 은행예금의 보호
4. 정부 지출의 재원을 마련하기 위한 국채 매입

지금부터 각 기능을 더 자세히 살펴본 후, 이 기능들이 합쳐졌을 때 시사하는 바를 탐구해 보자.

## 1. 자국 통화 방어

지금까지 어떤 형태의 화폐도 순전히 정부 명령으로 등장한 적은 없다. 국가통제주의를 옹호하는 경제학자들은 화폐를 규정하는 정부의 능력을 정당화하기를 좋아하지만, 중앙은행의 지급준비금을 보고 알

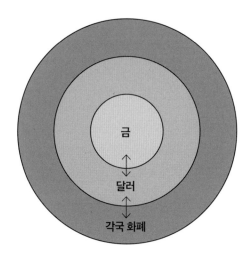

수 있듯이 그러한 견해에는 한계가 있다. 마음껏 찍어낼 수 없는 다른 준비자산 없이는 어떤 정부도 자체 국채나 지폐를 화폐라고 법령으로 규정하고 시장에 통용할 수 없다. 아무리 정부가 인위적으로 가치를 정한 지폐를 국민들에게 쓰라고 강요한다 해도 외국인들에게까지 강요할 수는 없다. 그래서 정부는 세계의 나머지 지역과 거래하고 싶어 하는 국민을 위해 자국 통화를 다른 나라 통화로 교환할 수 있는 시장을 구축해야 한다. 정부가 자국 통화와 외화를 교환하려 하지 않으면, 중앙은행이 달러를 시세로 공급하지 못할 때 모든 법화의 특성상 자국 통화의 가치는 금세 절하될 것이다. 그러면 모든 사람이 공간적 판매성이 높으면서 더욱 견고한 경화로 눈을 돌릴 것이다.

소위 금본위제의 종말로 특징지을 수 있는 법화의 시대에도 각국의 중앙은행은 금보유고를 크게 늘렸고 여전히 급속도로 늘리는 중이다. 법화 본위제에서는 기축통화가 중앙은행 간의 거래를 결제하는 데 사용된다. 그러나 중앙은행들은 여전히 금의 화폐 기능이 명시적으로 폐지되었다고 생각하지 않고 자국 통화가 미래에 그 가치를 유지할 수 있다고 믿지도 않으므로 계속 금보유고를 늘리고 있다.

현존하는 모든 법화는 금을 준비자산으로 보유하는 중앙은행, 혹은 금을 보유한 다른 중앙은행이 발행한 기축통화를 준비자산으로 보유하는 중앙은행에서 발행된다. 이를 통해 국가화폐론의 부조리를 알 수 있음은 물론, 정치성이 다분한 법화가 국제적 차원에서 제대로 작동하지 못하는 근본적 이유도 드러난다. 그렇다면 모든 국가의 정부가 자체 화폐를 발행할 수 있는 가운데 그 화폐들은 어떻게, 그리고 얼마큼의 가치로 서로 교환할 수 있을까?

각국의 중앙은행은 모두 자신들이 발행하지 못하는 세계의 기축통화에 맞춰 자국 통화의 가치를 방어한다. 대부분 국가에서 이 기축통화는 미국 달러이고, 미국에서는 금이 이에 해당한다. 2020년 3분기 말 기준으로 달러가 세계 준비자산의 약 51퍼센트, 유로는 18.3퍼센트, 금은 13.7퍼센트, 엔화는 5.2퍼센트, 파운드화는 4.1퍼센트, 위안화는 1.9퍼센트를 차지한다. 그 밖의 통화는 비중이 더 작다. 이처럼 달러가 외환시장에서 가장 큰 비중을 차지하며, 전체 외환시장의 일일 거래량 중 88.3퍼센트를 차지한다.[16]

달러가 글로벌 법화 네트워크의 기본 토큰이라면 각국의 통화는 파

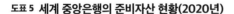

**도표 5 세계 중앙은행의 준비자산 현황(2020년)**

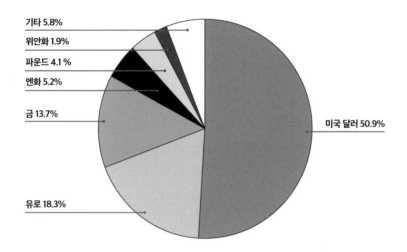

기타 5.8%
위안화 1.9%
파운드 4.1%
엔화 5.2%
금 13.7%
유로 18.3%
미국 달러 50.9%

생 상품인 셈이다. 오늘날 세계에는 180개의 국가 통화가 있다. 이 중 달러와 유로를 제외하면 대부분 자국 내에서만 통용되는 국가 법화 금융의 세컨드레이어에서 쓰인다.

## 2. 세계의 현금 계정

또한 중앙은행의 준비금은 경상 계정(대외 무역 거래)과 자본 계정(자본의 국제 이동)을 결제할 때도 쓰인다. 국가 간에 주고받는 대외결제는 전부 중앙은행을 거쳐야 하므로 중앙은행은 모든 국제무역과 투자 활동을 매우 강력히 통제할 수 있다. 중앙은행의 대외준비자산은 외국인 투자가 유입되거나 수출이 늘어나면 증가하지만, 외국인 투자가 빠져나가거나 수입이 증가하면 감소한다. 독일의 경제학자이자 정치철학자인 한스 헤르만 호페가 부분 물물교환이라 표현했듯이,[17] 한 개인이 외국의 상대방과 거래하려면 외국 상품을 사기 전에 외화를 먼저 준비하는 시스템에 의존해야 한다. 그 결과 환거래 산업이 엄청나게 성장했다. 환거래의 유일한 목적은 각국의 통화가치가 수시로 변하는 틈을 타 차익을 실현하는 것이다. 또한 이런 이유로 국민이 외국인과 수행하는 모든 국제 거래에서 정부와 중앙은행은 사실상 빠지지 않는 제삼자가 된다.

국제무역에서 결제할 때도 대외준비자산을 사용하기 때문에 한 국가의 무역 실적은 중앙은행이 환율 관리를 얼마나 잘하느냐에 좌지우지된다. 신용 창출의 속도가 빠르면 그 나라의 통화는 다른 통화에 비해 가치가 하락할 것이다. 중앙은행이 통화가치를 안정적으로 지키려면 대외준비자산을 본격적으로 소모해야 하나, 그 대신 국민들이 수입 대금을 결제할 때 손해를 봐야 한다.

### 3. 은행의 지급준비금

중앙은행의 지급준비금은 궁극적으로 시중은행들의 지급준비금을 뒷받침한다. 중앙은행은 시중은행이 본사들끼리 실제 현금을 주고받지 않고도 서로 결제할 수 있게 지급준비금을 보유한다. 또한 부분 지급 준비제에 따라 유동성이 부족한 개별 은행에 유동성을 공급할 때도 지급준비금을 사용한다. 다시 말해 금융 시스템상 신용으로 촉발된 호황 뒤에는 신용 경색이 따라올 수밖에 없으므로, 이때 중앙은행이 유동성이 부족한 은행에 지급준비금을 주입해 통화 공급량을 늘리는 방식으로 해결한다. 중앙은행이 외환시장조성자의 역할을 담당한다는 점을 감안할 때, 신용 창출로 국내 통화 공급량이 증가하고 중앙은행의 외환보유고가 변동 없이 유지된다면 국내 통화는 외화와 비교해 가치가 절하될 것이다.

### 4. 국채 매입

오늘날 전 세계적으로 중앙은행과 정부의 오지랖이 넓어지게 된 이유는 중앙은행이 지급준비금으로 국채를 매입해 정부의 재원을 마련할 수 있게 돕는다는 사실과 관련이 있다. 중앙은행은 국채의 중요한 시장조성자이며, 중앙은행이 국채를 얼마나 매입하느냐에 따라 국내 통화의 가치가 결정된다. 그런데 반대론이 끝없이 등장하는 가운데서도 중앙은행은 결국 정부에 소속되어 있기 때문에 정부는 재정지출을 더 늘리기 위해 국채를 매입해 줄 중앙은행에 의존한다. 중앙은행이 국채를 대거 매입하면 이 매입 자금을 조달하느라 통화량을 늘려야 하므로 통화가치는 하락한다. 갈수록 자제력을 잃어가는 중앙은행은 더 이상 국채만 매입하지 않는다. 이제 주식에서 회사채, 부도 채권, 주택 등에 이르는 모든 종류의 자산까지 화폐화하고 나선다.

시장 경쟁으로부터 보호되는 하나의 독점체가 이 네 가지 기능을 도맡고 있다는 점이 결국 전 세계 대부분의 경제 위기를 일으키는 근본적 원흉이다. 이 네 가지 기능이 어떻게 서로 충돌할 수 있는지, 그리고 한 독점체가 왜 화폐의 장기적 가치와 그에 따른 국민의 부를 희생해 가며 자신들의 이익을 보호하려는 비뚤어진 동기에 이끌리는지 이해하기란 어렵지 않다.

화폐가치를 일정하게 유지하려면 경질자산, 특히 금을 지급준비금으로 사용해야 가장 좋다. 그러나 두 번째 기능인 대외결제에서는 미국 달러와 그 외 국제 결제에 사용되는 소수의 국가 통화만 그 역할을 수행할 수 있다. 이러한 충돌 지점에서 중앙은행이 제일 먼저 직면하는 고민은 미래의 필요와 현재의 필요 중 어디에 맞춰 본위 화폐를 선택하느냐다. 물론 이 딜레마는 시간적, 공간적 판매성을 둘 다 충족하는 순수한 금본위제와 같이 전 세계 공통의 통화 체제에서라면 존재하지 않았을 것이다.

정부는 중앙은행에 국채를 매수하라고 강요할 뿐 아니라, 경기를 '부양'하기 위해 확장적 통화정책에 가담하도록 압력을 가하기도 쉽다. 그러면 통화량이 팽창하고 자국 통화가치가 타국 통화보다 떨어진다. 이렇게 정부는 통화팽창 정책으로 외환 위기를 초래한다. 개인은 자국 통화를 경화와 맞바꿔 팔 기회를 노리기 시작하고, 그로 인해 외국 통화와 비교해 자국 통화에 작용하는 매도 압력이 더 강해진다. 그러면 중앙은행은 환율을 방어하기 위해 대외준비자산을 어느 정도 매각할 수밖에 없게 된다. 또한 외국 통화를 새로 매입한 개인들은 그 돈으로 해외에 투자하려고 한다. 그 결과 정부는 이러한 자본 유출을 막고 외환보유고를 지키기 위해 자본 통제를 부과할 것이다.

마찬가지로 개인은 자국 통화의 가치가 하락할 것으로 예상하면 현금을 들고 있기보다 실물 자산을 매입할 가능성이 더 높다. 그러면 값비싼 외국 상품의 수입이 증가할 수 있으며, 결과적으로 중앙은행의 외환보유고는 고갈된다. 따라서 그다음 정부는 무역 장벽, 관세, 보조금으로 대응할 것이다. 이 중 먼저 무역 장벽은 자국민이 국내 통화를 외화로 환전해 해외로 유출하지 않게 하기 위한 것이다. 관세는 준비자산의 해외 유출을 줄이고 수입업자가 수입할 때마다 정부에 준비자산을 넘기도록 하기 위한 목적이다. 그리고 수출 보조금은 수출업자가 수출을 늘려 외화 축적에 기여하게끔 장려하기 위한 것이다. 이러한 맥락에서 보면 1929년 법화 체제가 붕괴하면서 결국 1930년대에 보호무역주의가 부상한 것은 경제 불황이 깊어지고 적대적 민족주의가 촉발되는 신호탄이었음을 알 수 있다.

마지막 두 기능은 경제성장과 변혁의 세 가지 원동력인 자본축적, 무역, 기술 발전에 막대한 영향을 미치기 때문에 특히 개발도상국에서 매우 중요하다. 자본과 재화를 축적하거나 이전하는 자유를 정부가 제한할수록, 개인들은 자본을 축적하고 교역하고 특화하고 첨단 기술을 도입하기가 더욱 어려워진다. 현재 글로벌 통화 체제는 정부가 통제하는 중앙은행을 중심으로 구축되어 있어서 각국의 자본시장과 모든 수출입이 사실상 정부의 통제를 벗어나지 못하는 실정이다. 정부는 국가의 금융 부문을 통제함으로써 자국에 무엇이 들어오고 무엇이 나가야 하는지를 지시할 수 있다. 정부는 국제수지를 개선하기 위해 언제라도 수입, 수출, 자본시장을 압박할 수 있다는 점에서 국제 대출 기관이 보기에 아주 매력적인 대출 고객이다. 그리고 이제 국가의 전체 민간 경제는 정부가 글로벌 자본시장에서 차관을 들여오기 위한 담보가 된다.

본질적으로 법화 본위제는 국제 결제망을 원활히 운영하기 위해 개인의 저축을 희생하고 미래를 계획하는 능력을 해친다. 가령 산업자본을 충분히 축적하기 전에 법화 본위제를 채택한 국가에 어떤 일이 일어날지 생각의 실험을 해보자. 이것이 오늘날 개발도상국이 처한 현실이며, 이는 10장에서 더 자세히 논의할 것이다.

# 3장

**신용확장**

# 이제 물가 폭등은
# 우리 삶의 일부가 된다

법화 본위제는 먼저
개인의 저축 능력을 없앤 다음,
사람들이 주택을 저축 계좌처럼
취급할 수밖에 없게 만들었다.

이전 책에서 지난 수십 년간 법화의 공급량이 증가해 온 과정을 실물화폐나 비트코인과 비교해 살펴보며, 법화를 양적 관점에서 논의한 바 있다. 시간적 판매성의 척도로 20세기 중반 이후 법화의 공급 증가율은 평균적으로 금과 은의 공급 증가율보다 훨씬 높은 것으로 나타났다. 그러나 법화 본위제가 굴러가는 세부적 측면과 새로운 화폐단위를 생성하고 또 파괴하는 과정 등에 대해서는 아주 깊게 파고들지 않았다. 이 장은 대출 과정을 통해 법화가 생성되는 역학과 이 과정이 어떻게 불규칙하고 예측 불가하게 통화량을 늘리는지 설명하는 것으로 시작한다. 이어서 이 통화량이 물가 상승으로 이어지는 이유와 그 장기적 영향을 탐구할 것이다.

# 대출로 채굴하기

법화는 현금이라는 실물 형태로도 일부 존재하지만, 대부분은 중앙은행이 후방에서 지원하는 은행들이 대출 업무로 창출한 디지털 형태를 띤다. 따라서 새로운 화폐는 발권기로 찍어서 나오는 것이 아니라 새로운 부채가 생성될 때마다 만들어진다. 화폐 발권은 기존의 통화량 중 일부를 디지털 형태에서 실물 형태로 바꾸는 것일 뿐이다.

다른 사람들을 부채의 늪에 빠뜨려 수익을 추구하는 사람은 모두 이자 수익뿐 아니라 새로운 화폐 창출을 통해서도 이익을 얻는다. 과거에는 금을 탐광했다면 대신 현대 법화 본위제에서는 다른 사람들로 하여금 채무를 지게 한다.

옛날에 미크로네시아에서는 라이Rai라는 돌을 화폐로 사용한 적이 있었다. 그러던 중 미국에서 온 오키프 선장이 선진 기술의 힘으로 돌을 잔뜩 들여와 이곳 시장에 새로운 화폐로 풀었다. 마찬가지로 조개껍데기도 현대식 선박이 등장한 이후 공급 과잉으로 화폐의 기능을 잃었다. 광부들은 꾸준히 금, 은, 구리의 공급을 늘리려고 노력하지만, 금 특유의 불멸성과 희소성 때문에 공급 속도가 급격히 빨라지는 일은 없다. 비트코인 채굴자들은 가능한 한 많은 비트코인을 채굴하려고 노력하지만 채굴 난이도 조정 시스템과 나카모토가 개발한 합의 매개변수를 따르는 전 세계 수천 개의 노드 네트워크로 인해 다행히도 한계가 있다.

이와 반대로 정치권과 금융권에서는 정부 자금으로 신용을 확대할 새로운 구실을 부지런히 찾는다. 인플레이션을 억제하려는 다양한 정치적, 헌법적, 지적 보호 장치는 중앙은행이 보증하는 신용 창출을 통제하는 데 우발적이고 일시적인 선에서만 불완전한 효과를 발휘했다. 법화 체제에서 걷잡을 수 없이 증가하는 신용 대출을 가장 효과적으로 억제하려면 그 뒤에 불가피하게 따라오는 디플레이션과 경기 침체, 그리고 그에 따른 통화 공급의 붕괴가 필요했다.

대출은 사실상 법화 토큰을 새로 채굴하는 것이기 때문에 시장에는 부채를 생성하려는 강한 경제적 인센티브가 존재한다. 은행은 새로운 통화를 창출함으로써 이익을 얻을 수 있으므로 다들 앞다퉈 대출업 허가를 받으려 한다. 정치인과 정부 기관들도 대출이 늘어나면 투자와 소비가 활발해진다는 것을 알기 때문에 대출을 장려하려는 강력한 동기부여에 직면하게 된다. 정계와 학계의 지도층 사이에서 정설로 통용되는 케인스식 초단순 경제모델에 따르면 이러한 과정을 단기간에 촉진하는 것이 언제나 모든 경제 문제를 해결하기 위한 첫걸음이다. 정치인들은 신용확장으로 단기간에 경제 호황을 일으키는 데만 관심이 있지, 장기적 영향은 차기 정부가 해결하면 된다고 생각한다. 게다가 이러한 장기적 영향에 대처하는 방법도 과거의 잘못된 신용 정책을 덮어 감추기보다 현재 책임을 돌릴 희생양을 찾는 쪽이 항상 더 편리하다.

1912년 루트비히 폰 미제스는 경제학의 기초 이론서인 『화폐와 신용의 이론』을 출판했다. 그는 핵심 결론을 '신용확장은 자본을 대체할 수 없다'고 정리했다.[18] 1912년 이래로 법화 본위제는 경제학자들에게 미제스의 주장을 뒷받침하는 실제 사례를 제공했다. 자본은 다른 경제재를 생산하기 위해 투입되는 경제재를 가리킨다. 화폐는 자본재와 교환될 수 있어도 자본재를 대체하거나 보완할 수는 없다. 특정 시점에서 사회에 존재하는 자본의 저량이 증가하려면 기존 자원의 소비를 나중으로 미뤄야만 한다. 즉, 필요하면 그때그때 늘릴 수 있는 성질이 아니다.

법화 체제에서는 예금을 모아 자본을 축적하고 그 돈을 대출하는 대신, 기존의 자본에 대한 소유권을 새로 생성해서 대출로 나눠준다. 그러니 사람들로서는 저축할 동기가 거의 없으며, 정치적 연줄이 든든한 사람들은 더 이상 실질자본이 부족할 일도 없다. 바꿔 말하면 연줄이 비약한 사람들은 자본 부족에 시달린다. 이러한 형태의 금융은 자유시장에서라면 살아남지 못했겠지만 법화 본위제를 바탕으로 살아남을 수 있었다.

신용확장을 통해 얻을 수 있는 성과는 기껏해야 기업가가 마음속으로 인지하는 부의 크기를 키우는 것이다. 그래서 기업가는 대출 능력에 따라 필요한 자본을 확보할 수 있다고 생각한다. 그러나 소비를 선호하는 풍조로 저축이 늘지 않는 상태에서 신용만 확장되다 보니, 자본가들은 사회에 얼마 남지 않은 자본을 놓고 사실상 입찰 경쟁에 뛰어든 셈이 되었다. 이 입찰 경쟁이 격심해질수록 많은 자본가의 투자 수익이 증발해, 결국 그들은 은행에서 받은 대출을 상환하지 못하고 파산을 선언하게 된다.

중앙은행은 자신들의 관리 감독하에 있는 모든 은행에 구석구석 영향력을 행사한다. 따라서 법화 본위제에서 사회의 모든 부와 화폐 및 금융 시스템은 중앙은행의 무모한 중앙 집중식 계획과 개별 금융기관의 속임수에 좌지우지되는 취약한 상태에 놓인다. 한 은행이 이 속임수에 연루되어 뱅크런에 직면하면 자기네 고객뿐 아니라 다른 은행과 그 고객에게도 피해를 입힐 것이다. 아무리 지급 능력이 온전하고 수익성 좋은 기업이라도 은행들이 마비되면 거래 상대방이 유동성 위기에 처하기 때문에 경영을 제대로 지속할 수 없다. 이처럼 팽창성이 다분한 화폐를 누구나 똑같이 의무적으로 사용해야 한다면, 가장 약한 연결 고리가 끊어지는 순간 전체가 끊어지는 사슬처럼 아슬아슬한 금융 시스템에 모든 사람이 노출될 것이다.

이러한 채무 불이행이 경기순환의 불황 단계에서 누적되고 통화 공급량이 축소되기 시작하면 은행들의 지급 능력이 위태로워진다. 부실 기업이 줄줄이 도산한다면, 그들에 대출해 준 많은 은행도 당연히 파산할 것이다. 그러나 은행은 경제에서 중요한 기능을 독점하고 있기 때문에 은행이 무너지면 정치인도 국민도 원치 않는 재앙으로 이어진다. 그래서 중앙은행과 정부가 개입해 금융 시스템에 유동성을 주입해야 한다는 목소리가 높아진다.

리플레이션reflation(통화 재팽창) 논리는 외견상 설득력이 있어 보인다. 단지 금융기관과 금융 시스템이 거래 상대방 위험(거래 상대방이 계약을 제대로 이행하지 않을 리스크)을 안고 있다는 이유로 애꿎은 민생만 파탄나선 안 된다는 것이다. 중앙은행이 이미 각 은행에 지급준비금을 할당하고, 화폐가치를 현저히 떨어뜨리지 않으면서 신용을 공급해 줄 수 있다면 사람들의 사업과 생계가 망가지는 잔인한 결과를 초래하지 않아도 될 것이다. 마음만 먹으면 법화로 유동성을 조절할 수 있는 중앙은행이 유동성 위기를 완화하면 많은 국민의 생계가 위협받는 것을 막을 수 있다. 그러다 결국에는 중앙은행이 독점적으로 결정하는 통화정책이 경기 침체 국면을 일으키고, 여기에는 어떤 기업도 선택의 여지가 없다. 디플레이션에 반대하고 리플레이션을 지지하면 자연스럽게 국민과 기업들 사이에 있는 많은 유권자층을 포섭할 수 있으므로 이는 정계와 학계에서 커리어를 쌓는 확실한 방법이기도 하다.

## 프리드먼의 거짓말

이같이 법화 시대 들어 상당수의 어용 경제학자가 정부, 은행, 중앙은행이 특히 좋아할 만한 입장을 견지함으로써 생애의 경력을 쌓고 연준에서 요직을 거쳤다. 밀턴 프리드먼이 숨 막히는 통계의 향연으로 공들인 저서 『미국 화폐사A Monetary History of the United States』에서 내놓은 조언 중 유일한 옥의 티는 금융 위기 때 통화수축을 방치하지 말라는 것이었다.[19] 그가 내린 결론의 핵심은 대공황이 일어난 이유가 1929년 주식시장이 붕괴한 이후 연준이 리플레이션 정책을 펼치지 않았기 때문이라는 것이다. 반면에 금융이 붕괴한 원인을 1920년대의 확장적 통화정책, 혹은 탄력적으로 통화량을 증감할 수 있는 불태환 화폐를 기반으로 몹시 불안정하게 구축된 부분 지급 준비제에서 찾으려는 언급은 없다. 벤 버냉키 전 미국 연준 의장도 이 에피소드를 주제로 논문을 쓰고는 프리드먼과 같은 결론을 내렸다.

100년 동안의 법화 본위제 이후, 학계와 정책 입안자들 사이에서 어떤 대가를 치르더라도 통화수축을 막아야 한다는 합의가 이루어졌다. 그러나 신용 인플레이션 자체가 그 신용이 붕괴할 경우 디플레이션이 찾아올 가능성을 함축하고 있다는 점을 고려하지 않으면 이러한 합의는 개념상 사상누각에 가깝다. 그들이 생각하는 해결책은 신용 붕괴가 애초에 일어나지 않게 미리 대비하지도, 리플레이션의 장기적 영향을 고려하지도 않는다는 점에서 미래의 버블을 부추기기 때문이다. 따라서 신용화폐를 기반으로 하는 법화 시스템은 계절이 바뀌듯, 인플레이션 버블과 그 버블이 터지는 디플레이션이 번갈아 가며 한 주기에서 다음 주기를 향해 어기적어기적 나아간다. 그리고 각 주기에는 사라져야 마땅한 쓸모없는 사업에 사회 자본의 상당 부분이 잘못 할당되어 많은 사람의 생계를 송두리째 뒤흔들기도 한다. 경기순환은 법화 본위제가 인플레이션뿐 아니라 디플레이션 문제도 일으킨다는 것을 보여준다.

이러한 디플레이션은 경제에 나타나는 끔찍한 영향으로 널리 인식되지만, 흔히 간과되는 또 다른 영향은 디플레이션이 통화량의 지나친 확장을 막는 중요한 견제 도구라는 것이다. 디플레이션이 가끔 터져서 통화량을 정기적으로 한꺼번에 일소하지 않는다면 통화가치는 훨씬 더 빠른 속도로 하락할 것이다. 이러한 경기 침체, 그리고 중앙은행의 예측이 있기에 법화 시스템에서 초인플레이션은 별로 발생하지 않는다. 법화 시스템에서 신용 창출은 어느 정도 자정 능력이 있다. 지난 세기에 약 60번의 초인플레이션이 발생했고,[20] 그 영향도 파괴적이었지만 초인플레이션은 이 시기에 정상이라기보다 예외에 가까웠다는 사

**도표 6 1960~2020년 평균 통화량 증가율이 가장 낮았던 4개국의 통화량 추이**

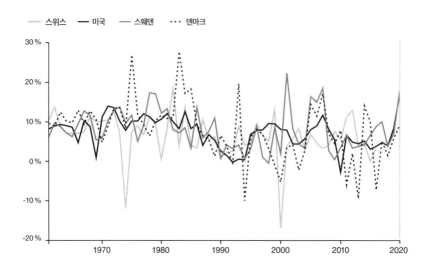

실은 부정할 수 없다. 그보다 변동적 인플레이션이 일상적이었고, 초인플레이션은 대개 지급 능력이 심각한 상태에 이른 정부가 말 그대로 지폐를 마구 찍어내서 부채를 화폐화한 경우에 나타나곤 했다.

167개국의 데이터에 따르면 1960년부터 2020년까지 통화량의 연평균 증가율은 29퍼센트였다. 이 기간 스위스의 연평균 증가율이 6.5퍼센트로 가장 낮았다. 미국이 7.4퍼센트를 기록해 두 번째로 낮았다. 뒤이어 스웨덴이 7.9퍼센트로 세 번째, 덴마크가 8.2퍼센트로 네 번째로 낮았다. 전체 데이터 세트로 조사한 모든 국가 중 이들 4개국은 법화 본위제에서 가장 낮은 통화 인플레이션을 기록한 모범 사례다. 1960년부터 2015년까지의 통화량 증가율을 자세히 살펴보면 법화를 발행할

1부 섣부른 탄생

때 최상의 시나리오가 무엇인지 알 수 있다. 이 국가들은 연간 통화량 증가율이 가장 낮았을 뿐만 아니라 증가율의 변동성도 비교적 작았다.

비트코인은 공급 증가율이 갈수록 감소하는 데다가 공급량을 완벽히 예측하고 관리 감독할 수 있다. 금의 공급 증가율은 연평균 1~2퍼센트 정도로 안정적이다. 반면에 법화의 연간 공급 증가율은 매우 변동성이 크다. 가장 양호한 4개국조차 인플레이션, 디플레이션, 리플레이션이 끝없이 돌고 도는 경기순환 때문에 통화 공급량이 연 10퍼센트 이상 증가하기도 하고 때로는 음수로 바뀌기도 한다.

## 디플레이션 공포증

오늘날 경제학자와 정책 입안자들의 디플레이션 공포증은 단순히 금융 붕괴를 걱정하는 정도를 넘어선다. 그들은 생산성이 향상되어 자연스레 물가가 하락하는 경우조차 경제적 파국으로 취급할 만큼 병적으로 우려한다. 신용 팽창으로 인한 버블이 터져야 발생하는 경기 침체형 디플레이션과 생산성의 향상에 따른 긍정적인 디플레이션은 천지차이다. 저량/유량stock-to-flow* 비율은 가장 높고 공급량 증가율은 가장 낮은 화폐를 사용하는 자유 시장 시스템에서라면, 생산성 향상으로 인

---

* 저량은 지금까지의 순 공급량, 유량은 미래의 어느 기간에 공급될 양을 나타낸다. 저량/유량 비율이 낮을수록 예상 공급량이 많아 나중에 가치가 하락하기 쉽다.

한 디플레이션은 건전하고 정상적이며 지속 가능한 특징이다. 자산이나 상품 등 어떤 시장에서든 교환의 매개체로서 화폐가 다른 어떤 자산보다 공급량 증가 속도가 느려야 장기적으로 그 시장가치가 대부분의 재화와 비교해 올라갈 것이다. 그리고 시장 참여자들이 더 많은 재화를 생산함에 따라 시중에 나오는 재화의 총량은 교환의 매개체인 화폐의 총량보다 더 빠르게 증가할 것이다. 금은 특유의 경질이 있어 화폐로 등장했고, 따라서 금본위제하에서 다른 어떤 화폐보다 장기적 가치를 지닌 것으로 평가되었다.

따라서 화폐도 일종의 재화나 서비스라고 본다면 이 재화는 시간이 갈수록 가치가 높아지는 경향이 있다. 그래서 소비를 유예하고 저축을 하면 나중에 더 많은 화폐를 소비할 수 있다. 반면 재화나 서비스 생산이 증가할 때 그 가치가 하락하는 것은 시장에 자연스럽게 나타나는 반응이다. 법화 시대의 경제학자들이 수십 년에 걸쳐 주장한 바와는 달리, 생산성 향상의 디플레이션으로 인한 정상적인 물가 하락은 사회에 치명적인 결과를 가져오지 않는다(법화로 먹고사는 그들의 직업에는 치명적이지만 말이다). 미래에 더 많은 재화를 구매할 수 있다고 해서 사람들이 현재 소비를 포기하는 것은 아니다. 시간선호는 항상 0보다 크고, 원래 사람들은 미래의 소비보다 현재의 소비를 선호한다.

인간이라면 누구나 생존을 위해 식량이 필요하며, 여기에 대부분 반반한 주거, 의복, 기타 소비재도 갖고 싶어 하므로 이들 재화도 구매한다. 디플레이션기에는 경솔한 소비가 줄어들 가능성이 높을 뿐이지, 그래도 어느 정도 소비는 필요하다. 게다가 소비하고 남은 돈도 저축이나 투자로 흘러가 미래의 수요와 생산을 기약한다. 실은 법화 시대의 요즘 경제학자들도 경화 체제로 전환할 경우 어떤 효과가 나타날지 정확히 알고 있다. 그러나 그들은 소비지출이 감소하면 주변적이고 이로운 영향이 아니라 어떤 이유로든 절대적이고 끔찍한 영향이 나타난다고 결론 지으면서 한계분석(즉, 한계비용과 한계 편익의 비교)에 대한 무지를 드러낸다. 돈의 가치가 오를 것으로 기대하면 돈을 더 많이 보유할 가능성이 높지만 사람들은 생계를 위해 역시 어느 정도는 돈을 써야 한다. 경화를 사용하면 다른 모든 조건이 동일할 때 현재 지출이 줄어들지만 미래에는 지출이 늘어날 것이다.

이 점을 가장 잘 설명하는 예는 법화 체제의 인플레이션 속에서도 제품 가격을 매우 빠르게 낮출 수 있는 컴퓨터 산업이다. 1980년에 1MB짜리 외장 하드 드라이브의 가격은 3500달러였지만 2020년에는 그 정도 저장 용량으로는 1센트의 가치도 없었다. 그러나 수십 년째 가격이 계속 하락하는데도 사람들은 여전히 하드 드라이브를 구매하고 그로부터 편익을 얻고 있다. 그들은 어떤 제품을 구매할 때 그 가격을 미래에 예상되는 가격과 비교하는 대신, 그 제품에서 당장 얻을 수 있는 편익을 측정해 비교한다. 제품의 가격이 나중에 하락하더라도 그때까지 기다리느니 지금 구매하는 편익이 더 클 수 있고, 그럴 경우 소비자는 제품을 구매하기로 결정한다. 당장 휴대폰이나 노트북을 구입하는 사람들은 모두 1년만 기다리면 가격이 떨어질 것을 분명히 알지만 지금 구입하는 쪽을 택한다. 여전히 해마다 전 세계에서 수십억 명의 소비자가 미래가 아닌 현재에 필요하다는 이유로 휴대폰과 노트북을 구입한다. 인생은 유한하고, 시간선호는 0보다 크며, 사람들은 소비의 편익을 즉시 누리고 싶어 한다. 그리고 케인스주의의 인플레이션 옹호론은 5분만 곰곰이 생각하면 타당성을 잃는다.

인류의 진보는 화폐가 경화를 향해 발전한 과정과 밀접한 관련이 있다. 화폐의 경도가 높을수록 공급량이 팽창하기 어려우며, 화폐 보유자는 시간이 지나도 화폐의 가치가 유지되거나 잘하면 오를 것이라고 기대할 수 있다. 또 시간이 흘러 화폐가치가 올라갈 것이라는 기대감이 클수록 보유자는 더 안심하고 미래의 자신을 위해 돈을 계획적으로 사용할 것이다. 그리고 더 안심하고 미래에 대비할수록 미래의 불확실성을 더 크게 줄일 수 있다. 미래의 불확실성이 축소되면 사람들은 미래 가치를 덜 할인하고, 미래를 계획적으로 대비할 가능성이 커진다. 다시 말해, 경화 자체가 시간선호를 낮추는 원동력이다. 경도 높은 화폐를 통용할수록 사람들은 효율적으로 저축할 수 있게 되어 미래에 더 수월하게 대비하고 미래 지향적으로 사고할 수 있다.

인류의 역사를 통틀어 교환의 매개체 간의 경쟁은 연화의 가치를 낮추고 경화의 가치를 높이는 결과를 낳았다. 그래서 연화는 서서히 화폐로서 퇴출되었고, 경화가 대안으로 꾸준히 그 자리를 꿰차기 시작했다. 예컨대 조개껍데기, 유리구슬, 라이, 소금은 생산하기 까다로운 금속 화폐에 자리를 내주었고, 그중에서도 비교적 생산과 공급을 늘리기 쉬운 금속은 더 견고한 금속에 자리를 내주었다. 철이 수천 년 전에, 구리가 수백 년 전에 화폐로서 가치를 상실한 데 이어 은도 19세기에 화폐의 기능을 잃기 시작했다. 20세기 초에는 거의 모든 인류가 금본위제에 들어서면서, 공급량이 연간 약 2퍼센트씩 증가하고 시간이 지날수록 확실히 가치가 상승할 것으로 예상되는 금화를 부의 저장 수단으로 사용하게 되었다.

그러나 더 견고한 화폐로 거침없이 향하던 이러한 진보는 법화의 도입으로 후퇴하더니 결국 중단되었다. 현재 세계 최고의 화폐는 매년 약 7퍼센트씩 공급량이 증가한다. 미래를 위해 가치를 저장할 여력은 줄어들고, 미래의 불확실성은 크게 확대되었다. 미래의 불확실성과 불안이 더욱 커진 만큼, 필연적으로 미래에 대한 할인율은 높아지고 시간선호는 높아진다.

## 소비자 물가지수를 믿을 수 있을까

법화의 열렬한 옹호자들은 정부가 만든 소비자 물가지수CPI라는 지표에 이상하리만치 집착한다. 정부에 소속된 통계학자들은 대표적인 재화 품목으로 소비 바스켓을 구성하고 매년 이들 재화의 가격 변동을 물가 상승의 척도로 측정한다. 그런데 바스켓에 포함되는 품목 선정의 기준, 기술의 발전을 감안해 가격이 조정되는 방식, 대표적 재화로 구성된 바스켓이라는 개념 자체 등 문제가 한둘이 아니다.

거시경제학 같은 사이비 과학에서 사용되는 많은 지표가 그렇듯, CPI에는 측정과 정의가 가능한 단위가 없다. 따라서 측정 결과는 수치상 정밀도가 아닌 주관적 판단의 문제가 될 수밖에 없다. 무엇이든 측정하려면 정의와 크기가 정확하게 알려져 있고 독립 검증을 거친 상수 단위를 사용해야만 한다. 단위를 확실히 규정하지 않으면 어떤 것의 양을 수치화하거나 크기를 다른 것과 비교할 기준이 없다. 무엇이든 단위 없이 측정하려고 한다 상상해 보자. 만약 집의 크기를 측정할 일정한 기준이 없다면 두 집의 크기를 어떻게 비교하겠는가? 시간에는 초, 무게에는 그램과 파운드, 길이에는 미터와 인치라는 매우 정확하고 논쟁의 여지가 없는 단위가 있다. 불변의 단위를 사용하지 않고 시간, 길이, 무게를 측정한다는 것을 상상할 수 있겠는가? 하지만 CPI는 확실한 단위가 없다. CPI는 어이없게도 물가 측정에 사용되는 단위, 즉 달러의 가치 변동을 측정하려 시도하는데, 이는 그 자체로 일정하지도 않고 정의할 수도 없는 성질이다.

이처럼 단위 없이 측정할 수 있다는 모순 때문에 CPI의 근본적 결함, 즉 상품 바스켓의 구성 자체가 물가와 함수관계에 있으면서 달러 가치와 함수관계에 있으므로 달러 가치를 측정할 잣대로 쓰기에 부적합하다는 점이 잘 드러나지 않는다. 달러 가치가 하락하면 사람들은 이전과 동일한 구매력을 유지하지 못하므로 어쩔 수 없이 품질이 열등한 대체재를 찾게 된다. 시장가격은 소비자의 구매 결정에 따른 결과지만, 구매 결정은 다시 시장가격의 영향을 받는다. 상품 바스켓의 가격은 '물가 수준'이라는 어떤 마법 같은 힘으로 정해지는 것이 아니라 개인이 자신의 소득 범위 내에서만 소비할 수 있는 구매 결정에 따라 정해진다. 이러한 구매 결정 자체는 물가에 민감해 물가 변동에 따라 조정된다. 따라서 CPI의 중요하고도 치명적인 결함은 그것이 대체로 수학적 동어반복이자 무한 루프라는 것이다. 이 점은 7장에서 법화와 식량의 관계를 예로 들어 설명하겠다.

물가 변동에 따라 CPI 바스켓이 변하기도 하지만, 바스켓의 품목을 규정하는 당국의 판단과 동기에 따라 품목 구성이 변하기도 한다. 1970년대 당시 연준에서 연구원으로 경력을 막 시작한 경제학자 스티븐 로치는 아서 번스 의장이 CPI의 상품 바스켓 중에서 가격이 오르는 품목을 제거함으로써 인플레이션에 대항하는 한편, 물가 상승을 편리하게 설명할 수 있는 요인을 항상 통화적 측면 이외에서 찾으려 했다고 밝혔다. 막판에 번스 의장은 CPI에서 식량, 석유, 에너지 관련 품목을 포함해 약 65퍼센트의 품목을 제거했다.[21] 이 조치가 식량과 에너지 시장에 미치는 영향은 나중에 7~9장에서 자세히 논의할 것이다.

CPI 측정을 조작하는 가장 주된 방법 중 하나는 주택이 투자재라는 터무니없는 구실을 갖다 붙여 바스켓 품목에서 주택 가격을 제거하는 것이다. 그러나 투자라면 현금 흐름이라는 수익을 생성해야 하는데 개인의 주택은 그렇지 못하다. 반대로 소모와 감가상각의 대상이어서 유지비가 꾸준히 나가는 재화다. 그러나 법화 본위제는 먼저 개인의 저축 능력을 없앤 다음, 사람들이 주택을 저축 계좌처럼 취급할 수밖에 없게 만들었다. 주택은 판매성과 가분성이 낮아서 저축 수단으로 형편없지만, 사람들에게 저축 계좌라는 인식을 심어주고 CPI 품목에서 제외시키면 마법처럼 인플레이션이 유익해 보이는 효과를 낼 수 있다.

# 인플레이션의 빈익빈 부익부

마이크로스트레티지Microstrategy의 CEO이자 최근 비트코인에 입문한 마이클 세일러는 인플레이션 측정 방법을 내가 지금까지 본 중 가장 탁월하게 분석했다. 그의 통찰력 중 핵심은 인플레이션은 지표로 측정할 수 없다는 것이다. 그보다 크기와 방향만 갖는 벡터로 표시하면 더 이해하기 쉽다고 한다.[22] 인플레이션은 다양한 상품에 다양한 방식으로 영향을 미치기 때문에 모든 재화와 서비스의 가격 상승을 아울러 측정하는 보편적인 물가 상승률이란 없다. 그 대신 인플레이션을 각 상품에 고유한 가격 상승률이 있는 벡터로 간주하면 인플레이션이 개인의 생활과 그들이 미래를 대비하는 방식에 미치는 영향을 훨씬 쉽게 식별할 수 있다.[23]

세일러가 말한 인플레이션 벡터를 사용하면 생산의 가변비용과 수요 등 몇 가지 주요 변수에 따라 상품마다 가격 상승률이 얼마나 달라지는지 알 수 있다. 공급량은 풍부하되 수요량은 많지 않고 생산의 가변비용은 낮은 재화일수록 가격 상승률이 낮다. 이러한 재화는 현대에 들어 산업화와 자동화로 원가가 꾸준히 떨어져 한계비용, 즉 한 단위를 추가로 생산할 때 드는 비용을 비교적 적게 들이고도 공급량을 늘릴 수 있으므로 물가 상승 압박에 아주 잘 견딘다.

가변비용의 관점에서 생각하면 재화는 저마다 다양한 가격 상승률을 보일 수 있다. 디지털 및 정보화와 관련된 상품은 생산의 가변비용이 0에 가깝다. 세일러가 지적했듯이 내일 당장 구글 직원이 아무도 출근하지 않아도 검색 엔진은 계속 가동되며, 일반 사용자는 나중에 업그레이드가 중단되고서야 문제를 알아차릴 것이다. 늘 그래왔듯 디지털 상품은 가격 상승률이 0보다 작을 가능성이 높다.

반면에 대개 대량생산이 필요한 공산품은 디지털 및 정보 상품보다 가변비용이 더 많이 든다. 그러나 생산비에서 대부분을 차지하는 것은 가변비용인 운영비가 아니라 초기에 투자하는 자본 지출이다. 공산품은 어느 정도 가격이 상승하기는 해도 그리 높게까지 오르지는 않는다. 가공식품이 가장 대표적인 예다. 지난 수십 년간 온갖 통화 인플레이션 속에서도 탄산음료, 시리얼 등 가공식품의 가격 상승률은 연간 1~4퍼센트 정도에 그쳤다.

노동력이 대거 투입되는 등의 이유로 상당한 가변비용이 드는 재화는 공산품보다 물가 변동에 더 민감할 것이다. 또 유기농 농산물이 가공식품보다 인플레이션에 더 민감할 테고, 고급 레스토랑이 자동화된 패스트푸드점보다 더 민감할 것이다. 이와 같은 재화는 디지털 상품이나 공산품보다 높은 수준의 가격 상승률을 보인다. 생산과 관련된 기술 수준이 높은 분야일수록 노동력의 희소성이 크고 가격 상승률이 가파르다. 고도로 숙련된 노동력을 고용하는 비용은 CPI에 나타나는 수치보다 훨씬 빠르게 증가한다.

인플레이션 벡터가 가리키는 또 다른 기울기는 희소성이며, 여기서 가격 상승폭이 더 강하게 나타나기 시작한다. 본질적으로 희소한 재화는 가격 인플레이션이 가장 크게 나타난다. 주택 가격은 공산품 가격, 그리고 특히 주택 가격을 포함하지 않는 CPI보다 더 빠르게 상승하며, 인기 있는 주택일수록 가격 상승세가 더 가파를 것이다. 인기 지역의 부동산은 인기가 덜한 지역의 부동산과 공식 CPI 수치를 훨씬 능가하는 속도로 값이 오른다. 고급 부동산과 마찬가지로 일류 대학의 등록금, 사치품, 예술품 등도 가격이 급등한다. 법화 체제하에서 희소성 프리미엄이 요구되는 재화는 무엇이든 가치를 저장하는 매력적인 장치가 되므로 수요자의 구미를 점점 끌어당긴다. 공산품은 공급량을 늘려서 수요 증가에 쉽게 대응할 수 있지만, 희소재, 사치재, 지위재 등은 공급량이 늘지 않아 가격이 계속 오르게 된다. 희소하고 인기 높은 자산의 가격 상승률은 연간 약 7퍼센트다.

세일러의 인플레이션 벡터 범주에 덧붙이자면, 벡터값에 따라 달라지는 내구성을 지표로 추가할 수도 있겠다. 내구재는 미래까지 가치를 저장하기에 좋아 가치 저장의 수단으로서 수요를 끌어들이고 가격이 오를 가능성도 더 높다. 반대로 소모되기 쉬운 비내구재는 내구재보다 가격 상승률이 낮을 것이다.

이 주제와 관련해 세일러의 가장 뛰어난 통찰력은 인플레이션의 양상이 미래 소득을 보장하는 금융자산의 구매 비용이 오르는 방식으로 나타난다는 점을 정확히 지적한 것이다. 채권 수익률은 이자율과 함께 하락해 은퇴 후를 감당하는 개인들의 능력을 감소시켰다. 수익원이 사라지면서 시장은 미래의 실질 구매력 측면에서 현재의 화폐가치를 사실상 대폭 할인하고 있다. 미래가 더욱 불확실해짐에 따라 시간선호가 현저히 높아지는 추세는 놀라운 일이 아니다.

4장

**영원한 불일치**

저축은 어떻게 붕괴되고
부채는 어디까지 확산되는가

법화의 문제는
이미 보유하고 있는 부를
단순히 유지하는 데만도
아주 적극적인 관리와
전문적인 의사 결정이 필요하다는 것이다.

비트코인 화폐 시스템은 사용자의 잔액을 깔끔하고 간결하게 관리하는 메커니즘을 갖추고 있다. 각 사용자는 풀노드를 실행하기로 선택할 수 있는데, 이 노드는 모든 비트코인과 비트코인 공개 주소 사이에서 소유권을 지속적으로 추적한다. 비트코인 네트워크는 특정 시점의 정확한 코인 수를 마지막 사토시(1억 사토시 = 1비트코인)까지 흠잡을 데 없이 정밀하게 측정한다. 모든 네트워크 노드는 10분마다 모든 주소 간의 코인 분배에 대한 합의에 도달한다. 개인의 코인 소유권은 전적으로 코인이 포함된 주소의 개인키 명령에 달려 있으며 어떤 당국에서도 취소할 수 없다. 그러나 법화 본위제에서는 잔액 계산이 훨씬 더 복잡하며, 이는 사용자가 저축하고 대출받는 방식에 상당한 영향을 미친다.

이 장에서 설명하는 법화 잔액의 네 가지 고유한 특성은 다른 모든 화폐 기술과 구별된다. 특히 네 번째 특징은 법화 시스템이 어떻게 부채가 확산되고 저축이 붕괴하도록 유도하는지 이해하는 데 도움이 될 것이다.

## 1. 계량화 불가

이 세상에 돈은 얼마나 있을까? 법화가 얼마나 현존하는지 정확한 규모를 아는 사람은 없으며 통화 공급량을 계산하는 올바른 방법에 대해서도 의견이 상당히 엇갈린다. 각국의 중앙은행들은 시간과 국가에 따라 정의가 다양해지는 통화량을 측정하고자 몇 가지 통계를 발표한다. M0(본원통화)는 일반적으로 실물 지폐와 동전으로 발행되어 유통되는 총 법화 토큰 수를 나타낸다. M1(협의통화)은 M0와 요구불예금계좌를 합친 것으로, 소유자가 필요하면 바로 사용할 수 있는 모든 형태의 화폐를 계산한 값이다. M2(광의통화)는 M1에 모든 저축예금과 정기예금을 추가한다. 이는 개인이 보유하되 당장은 가용성이 없는 돈으로, 보유자가 바로 지출할 수 있을 만큼 유동적이지는 않으나 어렵지 않게 현금화할 수 있다. M3(총유동성)는 M2에 머니마켓 뮤추얼 펀드(MMF)와 그 외 대규모 유동자산을 포함한다.

법화는 본질상 미래의 화폐와 현재의 화폐가 섞여 있기 때문에 진정한 화폐를 정의하려면 어떤 척도를 적용해야 하는지 명확한 답은 없다. 정부는 미래에 화폐를 사용할 권리를 현재의 화폐로 변환해 현재 거래를 결제할 수 있게 하므로 미래와 현재 사이의 경계를 모호하게 만든다. 따라서 결제 시점과 결제 수단의 가용 시점 사이에 어떻게 경계선을 그어 통화량을 계산할 것인지가 불분명해진다.

**도표 7 통화의 구조**

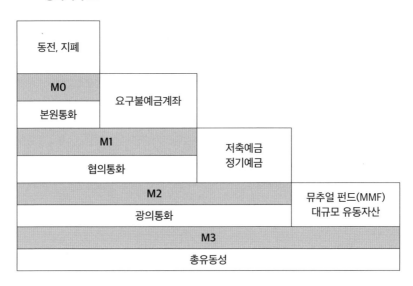

이 책은 귀금속과 비트코인을 편리하게 비교하기 위해 M2를 통화량의 기준으로 삼는다. M2는 세계은행과 OECD가 수집한 통화량 증가율을 가장 광범위하고 일정하게 측정한 값이어서 어느 정도 일관된 기준으로 국가 간 비교가 가능하다. 국가마다 다른 통화의 정확한 공급량은 수년간의 증가율에 비하면 중요하지 않으며, 시공을 초월한 M2의 일관성 있는 측정을 통해서만 더 정확하고 일정한 비교가 가능하다.

## 2. 불일치성

비트코인과 달리 법화는 전체 네트워크의 발행량과 통화량이 일치하지 않는다. 그래서 법화의 총액을 계산할 수 없다. 모든 부채, 자산,

통화 발행량을 정확히 추적할 방법이 없기 때문에 전체 시스템 차원에서의 통화 조정이 불가능하다. 법화의 채굴량에는 신규 대출도 포함되며, 동일한 자산을 여러 번 재담보로 잡을 수도 있다. 결과적으로 대출이 얼마나 많이 발생하든 엄격한 제약이 없고, 모든 금융기관에서 승인되는 대출 건수를 전부 실시간으로 쉽게 추적할 방법도 없다.

### 3. 잠정성 및 취소 가능성

대부분 법화 잔액은 정식으로 대출업 허가를 받은 은행들의 대차대조표 안에 있으므로 미국의 법화 노드이자 전 세계의 풀노드인 연준이 언제든 취소할 수 있다. '소유권'을 무언가를 지배하고 통제할 수 있는 능력으로 정의한다면, 완전히 자주적인 통제력의 측면에서 법화는 영원히 소유권의 대상이 될 수 없다. 일반 국민은 사실상 모든 유동자산을 소유한 정부가 시혜를 베푼 덕에 그저 잠시 법화를 보유할 수 있을 뿐이다.

법화 시스템에는 사실상 결제 완결성이 없다. 통화 인플레이션으로 법화가 평가절하되면 실물 현금 지폐는 실질 가치가 하락해 고액 거래에 사용하기 매우 불편해진다. 게다가 거액의 재산을 법화 지폐로 보유하는 것은 비실용적이다. 중앙은행과 시중은행은 갈수록 예금자가 자신의 계좌에서 거액을 현금으로 인출하기 어렵게 만들고 있다. 그러나 예금자가 실물 지폐를 인출할 수 있다 하더라도 정부가 언제든지 취소할 수 있기 때문에, 예금자에게 지폐는 부를 안전하게 저장할 수단이 되지 못한다.

## 4. 음의 값

내가 알기로 모든 통화 체제 중에서 특히 법화는 특정 시점의 총 잔액이 음수가 될 수 있는 유일한 시스템이다. 부채를 늘려야 할 사회적 동기가 무척 강하고 법화의 자체 토큰이 말 그대로 실물 형태를 띠거나 희소하지도 않기 때문에, 은행들은 고객에게 계속 마이너스 통장을 발급한다. 모든 부채 금액을 합치면 시중에 유통되는 화폐 규모보다 훨씬 크다. 반면에 법화를 제외한 모든 교환의 매개체는 현물 화폐이므로 일단 대출자가 화폐를 갖고 있어야 남에게 빌려줄 수 있다는 점에서 어떤 부채를 포함하든 잔액은 언제나 양수가 된다.

이전 장에서 설명했듯이 법화 본위제의 기반 기술은 대출 과정을 통해 화폐단위를 생성하는 능력이다. 이처럼 부채를 화폐화하면 시장의 어떤 재화를 화폐화하는 것과 동일한 효과가 발생한다. 바로 화폐 토큰이 더 많이 생성되도록 부추긴다는 것이다. 달리 말하면 법화의 경제체제가 더 많은 부채를 창출하는 데 중점을 두는 만큼, 법화 사용자는 가능한 한 부채를 지려는 유인에 이끌리게 된다.

또한 법화는 계층화된 시스템이다. 저차원의 사용자는 실물 지폐에만 접근할 수 있다. 반면에 고차원 사용자는 은행 계좌를 개설하고 부채를 생성할 수 있으며, 특히 신용이 좋은 사용자라면 많은 금액을 빌릴 수 있다. 그래서 전 세계적으로 법화 사용자의 대부분을 차지하는 하위 계층은 잔액이 양수다. 그러나 전 세계의 금융자산 대부분을 차지하는 최상위 계층은 잔액이 대개 마이너스다. 이처럼 법화 본위제에서 부유하다는 것은 일반적으로 법화라는 토큰을 많이 가지고 있다는 의미가 아니다. 그보다 법화로 표시된 부채가 많다는 의미이며, 이 때문에 시중에 유통되거나 계좌에 예치된 법화의 양은 보잘것없어 보인다.

현금으로든 예금으로든 현재 법화 토큰의 보유자는 자신이 들고 있는 토큰의 가치가 계속해서 감소하는 경험을 하기 쉽다. 대출 기관이 미래에 법화 토큰을 돌려받는다는 전제하에 대출을 승인해 현재에 새로운 토큰을 생성할 수 있기 때문이다. 따라서 어차피 돈의 가치는 인플레이션으로 절하될 것이므로 개인, 기업, 정부 등 누구든 양의 잔액을 유지하는 대신 빚을 지는 편이 가장 합리적이다.

잔액이 마이너스인 사용자, 즉 채무자는 불안정한 상황에 놓이고 치명적인 손실을 감수해야 한다. 미래를 위해 양의 유동자산을 안정적으로 저축한다는 의미에서의 금융 안정성은 현재 체제에서는 더 이상 찾아볼 수 없다. 인플레이션으로 재산 가치가 소실되는 것을 속수무책으로 바라보거나, 대출을 받고 이자 납부를 몇 번 이행하지 못하면 담보를 빼앗길 수 있다는 불안 속에 살거나 둘 중 하나가 될 것이다. 법화는 재정 관리의 수단 중 하나인 저축을 사실상 파괴하면서 엄청나게 부정적인 결과를 초래했다.

## 법화 시대의 저축

저축은 소비를 현재에서 미래로 연기하는 것이다. 사람들은 어떤 재화나 그 가치에 상응하는 화폐를 나중에 누리기 위해 현재의 소비를 포기하곤 한다. 인류에게 최초의 저축 형태는 내구재를 보유하는 것이었다. 그러다 시간이 흘러 인류가 다른 재화와 쉽게 교환할 수 있는 유동적이고 대체 가능한 화폐를 저축할 수 있게 되자, 화폐는 가장 효율적인 저축의 수단으로 발전했다. 화폐는 경도가 높을수록 저축에 적합하다. 우리의 문명은 점점 더 견고한 경화를 보유하는 방향으로 나아갔고, 그만큼 가치를 미래로 이전하기 위한 메커니즘도 점점 탄탄하게 발전했다. 화폐가 견고할수록 수요 증가에 대응해 화폐를 새로 찍어내기가 어려워지므로 가치를 오롯이 유지할 수 있다. 그러면 개인은 시간선호를 낮추고 미래에 더 많은 부를 축적할 수 있다. 이런 식으로 저축이 늘어나야 위험을 감수하며 생산성 향상에 기여할 벤처 캐피털리스트에게 흘러가는 투자금도 늘어난다. 한마디로 경화는 미래의 불확실성을 줄이고 개인이 장기적인 관점에서 행동하게끔 이끈다.

실물화폐를 저축하는 관습은 수천 년 전부터 존재해 왔다. 그중 으뜸은 시공을 초월해 우수한 판매성을 지니고, 전 세계적으로 인정받았으며, 천년이 지나도 그 가치를 잃지 않은 금이었다. 금은 누구나 저축할 수 있고, 장기간 저축해도 비교적 가치가 잘 유지될 것으로 기대할 수 있다. 전통적으로 아이들은 부모가 친구나 친지에게서 받은 출산 축하금까지 포함하면, 태어나자마자 저축을 시작하는 셈이었다. 그다음 자라면서 본격적으로 저축하는 법을 배웠다. 어릴 때부터 일하면서 돈을 벌어 저축하라고 배우고, 성인이 되어서는 더 생산적으로 일해서 더 많이 벌고 저축하라는 동기부여를 받았다. 어느 정도 저축이 모이면 자본재에 투자해 스스로 노동생산성을 높이거나, 다른 사업에 투자해 수익을 창출할 수 있었다. 그리고 자립할 수 있는 수준에 도달하면 결혼하고, 집을 사고, 가정을 꾸렸다. 그들은 평생 저축을 계속해 다음 세대에게 물려주었다. 인간은 다음 세대에게 더 나은 삶을 제공함으로써 진보하는데, 그 과정에서 저축이 중요한 역할을 했다. 인간은 저축을 통해서만 시간선호를 낮추고 미래를 준비할 수 있다. 일단 저축해야만 자본을 축적하고 투자할 수 있는 법이다. 구성원이 더 많이 저축하는 사회일수록 미래 세대의 삶은 더 나아진다. 이처럼 저축이라는 개념의 발전은 인류 문명의 발전에서 중요한 부분을 차지한다. 화폐가 점점 경화 중심으로 발전하면서 사람들은 점점 더 열심히 저축하기 시작했고 이는 일종의 문화이자 종교, 전통이 되었다.

인류는 자연스레 가장 견고한 돈을 사용해 그 가치를 최대한 유지하는 방향으로 진화했다. 저축은 많은 전문 지식이나 노력이 전혀 필요하지 않았다. 금화를 벌어서 보유하던 시절에는 누구나 매년 가치가 약 1~2퍼센트 상승하는 것을 경험할 수 있었다. 금본위제에서 금과 연결된 화폐는 가끔 가치가 떨어져도, 실제로 금 자체는 가치가 절대 떨어지지 않았다. 금의 가치가 하락하는 일은 매우 드물었으며, 설령 하락하더라도 그 정도가 크거나 오래가지 않았다.

이러한 관점이 경화의 시대에 주류였다면, 중앙은행이 법화를 과다하게 찍어내는 시점인 1980~1990년대에 들어서는 대부분 사람들이 부채는 불가피하고 저축은 무의미하다고 여기기 시작했다. 사람들은 중요한 지출을 위해 저축하는 대신 빚을 지고, 또 이 빚을 갚기 위해 더 큰 마이너스 잔액을 쌓게 된다. 사람들은 채무자 가정에서 태어나 본

인도 채무자가 되어 평생을 살아간다. 이제 성공이란 인생의 각 단계를 거치면서 부채를 계속 늘리는 것과 동의어가 되었다. 거액의 학자금 대출을 받아 대학을 졸업하면 최고의 연봉을 자랑하는 직장에 취업할 수 있고, 그 연봉으로 더 많은 돈을 대출받아 큰 집과 자동차를 장만할 수 있다. 이어서 직장에서 더 열심히 일하고 헌신하면 더 큰 집으로 이사하고 멋진 차로 바꾸기 위해 마이너스 잔액을 훨씬 크게 늘릴 것이다. 여기서 더 큰 성공을 거둔 후 자기 사업을 시작한다면 그 사업 자금은 십중팔구 지금껏 모아둔 돈이 아니라 더 많은 돈을 대출받아서 하는 것이다. 더 크고 성공한 사업일수록 자금도 더 많이 빌릴 수 있다. 요컨대 법화 체제에서 성공의 개념은 마이너스 잔액을 더욱 확대하고, 평생 불어난 빚을 진 채 살아간다는 의미다.

각국 정부들이 실물 금과 은행권의 태환을 중단하고 금 유통을 금지하면서 법화 예금계좌가 금화의 저축 기술을 대체했다. 요즘은 장기 저축의 수단으로 지폐를 들고 있는 사람이 거의 없다. 종이 그 자체가 훼손되거나 불에 타기도 쉬울 뿐 아니라, 발권을 담당하는 중앙은행이 통상 확장적 통화정책을 펴기 때문에 인플레이션으로 가치가 떨어지게 되기 때문이다. 따라서 예금 금리는 물가 상승분을 감안해도 예금자에게 양의 이자 수익을 제공할 수준으로 결정되어야 했다.

그러나 3장에서 논의했듯이 세계가 금본위제에서 이탈한 이후, 통화팽창은 더 심각해지고 화폐가치는 절하되었다. 뒤이어 1920년대에 그랬듯, 수익을 좇으려는 욕구와 통화 인플레이션이 합쳐져 경제에 버블이 형성되었는데, 은행들도 이 버블의 유혹에 완전히 넘어가 1929년 주식시장 붕괴와 잇따른 금융 위기를 초래해 많은 사람의 저축을 파괴했다.

1934년 미국 의회는 글래스 스티걸Glass-Steagall 법을 통과시켰다. 이에 따라 상업은행과 투자은행이 분리되고, 연준이 상업은행의 예금을 보호할 의무를 지게 되었다. 이로써 개인들에게는 기존의 실물 금과 비슷한 장치가 생겼다. 바로 물가 상승분을 상쇄하는 이자 수익이 보장된 예금 상품이었다. 한편 위험을 감수하고라도 수익을 추구하고자 하는 사람들은 정부의 보증이 없는 투자은행 상품에 투자할 수 있었다.

그러나 이 계획은 은행이 화폐가치절하를 따라잡는 동시에 위험 없이 양의 실질 수익을 제공하는 것이 불가능했기 때문에 장기적으로 결코 실용적이지 못했다. 제2차 세계대전 직후에는 분명 효과가 있었다. 그러나 그때는 미국에 전 세계로부터 막대한 양의 금이 유입되었고, 세계의 대부분 국가가 달러 본위제를 채택해 달러를 대거 매입한 특수한 시기였다. 게다가 뉴딜 정책이 대부분 완료되어 정부 지출이 상당히 감소한 1940~1960년대에는 대부분 미국인에게 효과가 있는 것처럼 보였을 법도 했다. 그러나 1960년대 베트남 전쟁과 '위대한 사회' 복지 프로그램의 자금을 조달하느라 정부 지출이 다시 증가하고 부채의 화폐화 현상이 나타나면서 물가가 눈에 띄게 오르기 시작했고 예금 금리는 물가를 따라잡지 못했다. 1971년 인플레이션으로 미국 달러가 금본위제를 유지할 수 없게 되자 법화로 저축하는 것이 무의미해졌다. 그래서 미래를 위해 부를 저축하고 싶은 사람들은 규제와 감시를 받지 않는 그림자 금융권을 통해 투기에 뛰어들고 투자 포트폴리오를 구성해야 했다. 그리고 인플레이션을 상쇄하는 수익을 제공할 수 있는 사이비 저축 기술로서 주식과 채권 시장이 부상하기 시작했다. 반면에 시중은행들은 점점 요구불예금 취급과 결제 처리 업무에 치중하게 되었고, 장기 저축예금은 갈수록 쓸모가 줄어들었다.

## 강요된 재테크 공부

1970년대부터 1990년대까지 국채는 세계의 예금계좌 역할을 해 물가 상승분을 능가하는 수익을 제공했다. 그러나 국채는 유용한 화폐성 자산이 아니고 공급량 증가를 억제할 효과적인 메커니즘이 없기 때문에 장기적인 가치 저장의 수단으로는 부적합하다. 가치 저장의 수단으로서 채권에 대한 수요가 증가하면 가격은 상승하고 수익률은 하락한다. 채권 발행자가 돈을 빌리는 조건이 갈수록 완화되다 보니, 그들의 재정적 책임감은 약해지는 형국이다. 이를테면 정부는 금을 화폐로 사용하는 것을 금지한 후 자체 신용도를 훨씬 뛰어넘는 국채 수요를 창출하고 증폭했다.[24] 국채 수요의 증가는 지난 수십 년 동안 계속 부풀어 오른 국채 버블을 더욱 부채질해 왔다. 2000년대 후반이 되자 서구 국가들의 국채 수익률은 더 이상 인플레이션을 능가하지 못해 저축의 수단으로 삼기에 매력도가 떨어졌다. 그러자 2009년 이후에는 주식이 전 세계에서 새로운 저축 수단으로 각광받기 시작했다.

투자는 시장경제에서 필수적인 요소지만 저축과 전혀 다르기에 저축을 대신할 수 없다. 그러나 현대 어법에서 투자와 저축은 동의어가 되다시피 했으며, 요즘 거시경제학에서 이 두 용어는 외견상 어떤 합리적 이유도 없이 혼용되고 있다. 사실 저축과 투자의 차이는 매우 중요하다. 저축은 미래의 불확실성에 대비하기 위해 현금 계정에 돈을 모으는 것을 의미한다.[25] 기본 회계의 관점에서 투자는 현금의 유출이고, 저축은 대차대조표에 남아 있는 현금이다. 현금을 갖추는 이유는 판매성(시간과 공간을 초월해 쉽게 매도할 수 있는 성질) 때문이다. 그러나 투자와 저축의 가장 중요한 차이점은 투자가 본질적으로 더 큰 위험을 수반한다는 것이다. 위험 없는 투자는 없으며, 모든 투자는 자본을 완전히 잃을 만큼 치명적인 손해까지 감수해야 한다. 반면에 저축은 가장 유동적이고 위험이 적은 자산이다. 따라서 저축에서 투자로 전환하는 결정은 수익을 높이는 대가로 유동성을 희생하고 더 높은 위험을 떠안겠다는 결정과 같다.

저축과 투자는 양자택일의 문제가 아니라서, 포트폴리오에 각각 공존할 수 있다. 안정성을 원하는 사람은 현금을 저축하고, 수익을 추구하는 사람은 위험을 무릅쓰고 투자할 것이다. 금과 같은 경화 본위제하에서 경화는 약간이나마 가치가 꾸준히 오른다는 점을 감안할 때 그 자체로 저축으로 간주된다. 반면에 현대의 연화 경제에서 현금은 자산 관리자라면 다들 공감하듯이 휴지 조각이나 마찬가지다. 사람들은 현금을 보유하느니 그 돈으로 위험이 낮은 주식 종목이나 국채를 매수한다. 예금자는 자신이 번 소득이 인플레이션으로 가치가 떨어지는 일을 막기 위해 금융자산에 투자하는 법을 공부해야 한다. 그 결과 예금자들은 현금 잔액을 안정적으로 유지하고 미래를 계획하기가 어려워졌다.

정부가 연화를 사용하도록 강제하며 케인스주의를 합리화하는 근거 중 하나는 화폐가치가 하락하면 그러지 않을 때보다 사람들의 투자를 더 많이 유도해 고용과 지출이 활성화된다는 것이다. 그러나 이처럼 인플레이션을 옹호하는 논리는 자본과 신용을 혼동한다. 투자가 일어나려면 소비자가 소비를 연기해 자원이 생산에 투입되도록 해야 한다. 반면에 화폐가치 절하는 생산에 투입될 자본과 자원의 양을 절대 마법처럼 늘리지 못한다. 대신 이는 실질 수익률 측면에서 적자가 나는 사업계획이라도 명목 수익률이 흑자라면 현금을 보유하기보다 투자하는 편이 낫다는 비뚤어진 시나리오를 유발한다. 법화의 가치 하락은 일반적으로 신용확장이 수반되며, 이는 호황과 불황이 반복되는 경기순환의 원인이 된다.

안정적인 유동성이 있고 위험이 낮은 금융자산은 사람들에게 미래의 불확실성을 줄여줄 수 있기 때문에 매우 가치 있는 저축 수단이다. 미래의 확실성이 비교적 높고 구매력이 어느 정도 보장된다면, 사람들은 경제적으로 자유로워지고 그만큼 위험한 투자에도 적극적으로 참여하게 될 것이다.

아이러니하게도 화폐가치가 변함없이 유지되는 경화 본위제에서는 저축 수요가 적을 수도 있다. 만약 어떤 사람이 지난 10년 동안 소비를 자제하고 모은 돈의 가치가 시간이 지나도 변함없다고 확신한다면, 저축을 더 늘리려는 압박감을 덜고 이제부터는 모험적인 투자로 관심을 돌리기로 결심할 수 있기 때문이다. 반면에 화폐가 가치 저장의 수단으로 제대로 기능하지 못하고 주식과 채권은 투자하기에 위험하다면, 10년 치 소비의 기회비용을 투자자산에 쏟아붓기에 확신이 서지 않을 것이다. 그러면 개인의 위험 회피 성향과 불안감이 높아져 저축이 늘어나는 결과를 초래할 수 있다.

법화의 문제는 이미 보유하고 있는 부를 단순히 유지하는 데만도 아주 적극적인 관리와 전문적인 의사 결정이 필요하다는 것이다. 이를테면 포트폴리오 자산 배분, 위험관리, 주식과 채권의 평가, 부동산 시장, 신용 시장, 글로벌 거시경제의 동향, 국내외 통화정책, 원자재 시장, 지정학, 그 외 여러 난해하고 고도로 전문화된 분야에 대한 전문 지식을 쌓아야 정보에 입각한 투자 결정을 내리고 그동안 모은 재산을 보전할 수 있다. 그래서 법화 체제에서는 근로소득, 그리고 인플레이션을 극복할 투자소득이라는 사실상 두 가지 경로를 통해 돈을 벌어야 한다. 그 전의 단순한 금본위제에서는 이 모든 노력을 할 필요가 없었다. 왜 의사, 운동선수, 엔지니어, 기업가, 회계사 등 각자의 분야에서 성공한 사람들이 자유 시장에서 생산 활동으로 이미 획득한 부를 단순히 지키겠다는 이유로, 이토록 많은 분야에서 전문 지식을 쌓아야 하는가?

법화 체제는 투자 관리 산업의 성장에 큰 도움이 되었다. 국민계정 중 총투자 섹터에 속하는 돈의 대부분은 위험을 감수하며 투자하기보다 미래를 위해 가치를 저장하는 쪽을 선호하는 사람들의 손안에 있다. 이러한 가치 저장의 수단이 없다면 사람들은 원하는 만큼 돈을 모으기 위해 전문가를 고용해야 한다. 낭비성 정부 지출이 통화 인플레이션을 자극하는 속도와 투자 관리 업계가 부과하는 높은 수수료를 감안할 때 소수의 투자자만이 통화 인플레이션을 안정적으로 극복할 수 있다. 그에 반해 대다수 국민은 재산을 지키기 위해 계속 더 열심히 일하고 더 부지런히 벌어야 한다.

많은 사람이 인덱스 투자나 부동산 투자가 인플레이션을 극복하는 신뢰할 만한 방법이라고 오랫동안 믿어왔지만, 특히 지난 1년 동안 이 믿음은 타당성을 점점 잃고 있다. 금리가 마이너스로 떨어지면서, 물가 상승률을 능가하는 수익률이 보장되는 투자를 찾기란 매우 어렵다. 요즘은 고위험 국가 국채에 투자하더라도 명목 수익률이 마이너스여서, 사실상 투자자들은 부를 빼앗기는 동시에 커다란 리스크도 짊어지고 있다.

## 법화 시대의 수혜자

법화 본위제에서 올바르고 성공적인 재무 전략을 짜려면 가능한 한 많은 부채를 지속적으로 떠안고, 원리금 전액을 착실하게 때맞춰 상환하며, 빚을 내서 미래 수익을 창출하는 실물 자산을 구입해야 한다. 이렇게 하면 신용 점수가 올라가고 더 낮은 금리로 대출을 받을 수 있으며, 법화처럼 쉽게 팽창하지 않는 상품의 형태로 자산을 보관할 수 있다. 그러므로 법화 시스템은 저축하는 사람에게 세금을 부과하고 대출받는 사람에게 보조금을 지급하는 셈이다. 그리고 모든 사람에게 불안정한 삶을 살고 적잖은 재정적 위험을 감수하도록 권장한다. 그러지 않고서는 부의 가치가 서서히, 그리고 꾸준히 빠져나가도록 놔두는 수밖에 없다.

위험을 무책임하게 감수할수록 재정적 성공이나 실패의 가능성이 커진다. 다시 말해 실패는 물론 성공으로 가는 과정에도 결국 무책임한 결정이 따른다는 얘기다. 무모하게 부채를 지는 기업이 그러지 않는 기업보다 실패할 가능성이 더 높지만, 또한 그렇게 해야 경쟁자를 시장에서 몰아내고 성장할 가능성도 훨씬 높다. 현금 흐름이 통화량의 증가 속도보다 천천히 증가하는 기업은 사실상 현금 가치의 하락에 직면한다. 통화량 팽창이 인플레이션을 일으켜 기업의 보유 현금, 자산, 미래 수익의 가치를 모두 잠식하기 때문이다. 개인도 소득이 통화량 증가 속도보다 빠르게 증가하지 않으면 생활수준이 저하된다. 이처럼 기업과 개인은 경제적 형편을 유지하기 위해 부단히 수입을 늘려야 한다.

법화 본위제에서 부채를 지지 않는 길을 선택한 사람들은 남들이 생성하는 부채 때문에 법화의 구매력이 떨어져서 부를 침범당하는 손해를 본다. 반대로 부채를 지는 사람들은 시뇨리지seigniorage*의 혜택을 어느 정도 누린다. 그러므로 부채를 지지 않으면 재정적으로 무모하고 무책임한 태도를 취하는 셈이 된다. 18세기 아일랜드 경제학자 리처드 캔틸런은 인플레이션의 재분배 효과를 가리켜 새로 찍은 돈을 먼저 받는 사람들이 수혜자이고 나중에 받는 사람들이 희생자가 되는 것이라

---

* 중앙은행이나 정부가 화폐를 발권해 얻는 독점적 이득.

고 설명했다. 현대 법화 본위제에 적용하자면, 캔틸런 효과*의 수혜자는 차용인이고 피해자는 저축자다. 버는 것보다 적게 지출하고 부지런히 저축하는 것은 더 이상 최적의 재무 전략이 아니다. 오히려 대부분 사람들이 감당할 형편이 안 되는 값비싼 사치재다.

법화 본위제는 사용자들에게 가치를 꾸준히 상실하는 법화를 저축하기보다 현금 소득을 창출하는 실물 자산을 축적하도록 장려한다. 유동적이고 국제적으로 태환 가능한 금융자산에 저축한 부는 종류가 무엇이 됐든 지속적이고 체계적으로 가치가 절하된다. 역사 속의 경화인 금으로 저축하더라도 상당한 거래 비용이 들고 공간적 판매성에 제약이 따른다.

법화 본위제에서 재산을 잘 불리려면 실물 자산을 획득해야 한다. 그리고 이러한 자산을 획득하기 위한 자금은 부채로 조달하는 편이 훨씬 유리하다. 인플레이션은 자산 가치보다 자산을 취득하기 위한 대출 가치를 더 절하할 가능성이 높을 뿐 아니라, 대출 기관과 차용인이 법화 채굴에 같이 참여하기 때문에, 차용인은 실물 자산을 저금리로 구매할 수 있어 시뇨리지 이득을 충분히 누린다. 그러나 가장 수익성 있는 방법은 법화를 발행하고 다른 사람들을 채무자로 만드는 것이다. 부채를 발행하는 가장 효과적인 방법은 고객에게 금융 서비스를 제공하는 방향으로 사업 모델을 전환하고 구축하는 것이다. 이러한 이유로 다양

---

* 오스트리아학파에서 주장하는 학설로, 통화량에 따라 재화나 서비스의 상대가격이 변해 물가가 오르는 정도도 품목마다 차별적으로 나타나는 현상.

한 분야에서 여러 기업이 고객에게 신용 상품을 제공한다.

법화 본위제하에서는 모든 사업 모델이 금리 차익 거래로 전락한다. 사업을 시작하는 이면의 목적은 고객에게 서비스를 제공하기보다는 고객과 채권자 대 채무자 관계를 구축해서 돈을 벌겠다는 의미다. 저금리로 채무 관계를 확보하면 시장에서 가장 중요한 수익원이 된다. 이렇게 부채를 이용한 차익 거래에서 수익을 올리는 능력에 따라 기업의 흥망성쇠가 결정된다.

이 현상은 오늘날 많은 기업에서 분명히 드러난다. 자체 신용카드를 출시한 대부분 기업은 고객이 자체 신용카드로 자사의 제품을 구매할 경우 상당한 혜택을 제공한다. 그렇게 하는 동기는 분명하다. 대기업은 매우 낮은 금리로 대출을 받을 수 있지만 고객에게는 신용카드로 20퍼센트가 넘는 이자율을 청구할 수 있기 때문이다. 미국의 메이시스 Macy's 백화점이 파산 보호를 신청하기 전까지 고객에게 발급한 자체 신용카드로 창출한 수익은 의류를 판매해 벌어들인 수익 못지않았다.

법화 잔액이 마이너스라는 것은 누구나 끊임없이 채무자가 되고 있다는 뜻이다. 내 집을 마련하려면 수십 년 동안 빚을 갚아야 할 의무를 이행해야 하기 때문이다. 한 사람의 미래가 본인뿐 아니라 다른 많은 사람이 적시에 채무를 이행하는지 여부에도 달려 있다. 그리고 미래의 불확실성은 경화에 부를 투자하던 때보다 더 커졌고, 따라서 시간선호도 높아졌다. 결과적으로 모든 사람의 안정과 평화가 흔들리게 되었다.

법화 본위제에서 돈은 미래를 위한 보장이 아니라 부채가 된다. 사람들은 미래에 필요한 비용을 지불할 달러를 보유하는 대신 많은 부채를 지고 있으니 이를 갚기 위해 평생 일해야 한다. 우리 조부모 세대의 오랜 지혜가 모두 뒤집혔다. 법화는 만약의 경우를 대비해 저축하는 대신, 밝은 미래를 대비해 돈을 빌리도록 재촉한다.

부채가 산더미처럼 계속 불어나는 이 부조리 속에서 사람들에게 공급량이 제한적이고 리스크가 낮은 경화를 가치 저장의 수단으로 삼을 선택권이 있었다면 어땠을지 궁금하다. 이러한 가상의 사고실험은 최근 내로 뱅크the Narrow Bank의 설립 시도가 무산되면서 현실로 나타났다.

## 연준이 내로 뱅크를 허가하지 않은 이유

내로 뱅크는 2018년에 미국 연준에 은행업 허가를 신청한 신생 금융 기업이었다.[26] 이 은행의 비즈니스 모델은 독특하고도 매우 단순했다. 고객의 예금을 모아 세계의 금융기관 중 가장 안전한 대차대조표를 자랑하는 연준에 예치하고 이자를 거두는 것이다. 고객에게는 연준으로부터 받은 이자에서 약간의 수수료를 차감한 금액을 이자로 전달하면 되었다.

이 비즈니스 모델은 모든 관계자에게 획기적으로 보였다. 예금자는 커다란 위험을 감수하지 않으면서 소소하게나마 안정적인 수익을 챙긴다. 현재 글로벌 자본시장을 둘러싼 불확실성을 고려할 때 많은 사람이 관심을 보일 법한 거래다. 내로 뱅크는 적자가 날 일이 없을 테고, 연준은 내로 뱅크의 지급 능력과 유동성을 걱정할 필요가 거의 없을 것이다. 그러나 내로 은행의 영업 허가 신청은 사실상 거부되었다.

근본적인 거부 이유는 내로 뱅크의 안전성과 신뢰성이 도리어 금융 시스템 내의 다른 은행에 위협이 될 수 있다는 것이었다. 연준의 대차 대조표라는 믿음직한 안전판을 쉽게 이용할 방법이 있는 한, 자신의 금융자산을 전통적인 방식의 투자보다 연준이 버팀목으로 있는 저축에 맡기려는 쪽을 택할 투자자가 많을 것이다. 물론 모든 사람이 전 자산을 투자할 정도로 내로 뱅크에 쏠리지는 않더라도 적잖은 금액, 특히 제도권 금융 자금 중 상당 금액이 위험은 낮고 유동적인 내로 뱅크 저축으로 유입될 것이다. 대체로 거래 상대방 위험이 매우 낮은 데다가 이자율이 약 2퍼센트면 무시할 수 없는 저축 수요가 형성될 것이다. 높은 이자율은 아니지만 위험이 낮아 저축 수단으로 매우 매력적이다.

이런 은행이 등장한다면 모든 사람이 자기 재산을 지키고 싶어 하는 위기 시에 더욱 빛을 발할 가능성이 높다. 내로 뱅크의 안전성을 추구하는 사람이 많아질수록 전통적인 금융기관에 대한 투자는 줄어들 테고, 그러면 기존 금융기관의 유동성 상태는 더욱 불안정해질 것이다. 연준이 내로 뱅크에 은행업 허가를 거부한 결정은 자유 시장에서 위험을 무릅쓰고 약간의 추가 수익률을 추구하느니 확실히 보장된 안정적 수익을 선호하는 투자자가 더 많다고 인식하고 있음을 보여준다.

중앙 집중식 법화 금융은 화폐가치가 절하되면 사람들이 더 활발히 투자하게 되어 경제에서 생산을 촉진한다는 근거 없는 발상에 기반을 두고 있다. 그러나 정부가 강제로 시장에 개입할 때 늘 그렇듯, 세상에 공짜 점심은 없기에 처음에 비용이 명확하게 드러나지 않을 뿐 어쨌든 대가는 치르게 된다. 더 많은 투자를 장려하는 연준의 정책은 사람들이 자신의 위험 선호 성향 이상으로 위험한 투자에 뛰어들게 해 금융 버블과 위기를 초래한다.

유동성과 안전성은 있어도 수익성은 낮거나 전혀 없는 금융 상품에 자기 재산의 대부분을 투자하는 사람이 많아지면 어떻게 될까? 경제에서 생산 활동이 위축될까? 투자자와 기업가의 실질자본이 줄어들까? 아니다. 틀림없이 그 반대가 정답이다.

저축과 투자는 한데 모여 있는 고정된 자금을 놓고 경쟁하지 않는다. 둘이 합쳐 현재의 소비와 경쟁한다. 저축은 투자의 선결 조건이어서 저축이 증가하면 투자도 증가한다. 둘 다 소비자의 낮은 시간선호와 만족 지연 능력에 의해 발생하고 또 촉진된다. 화폐가치가 오를 것으로 예상되면 사람들은 소비를 미루고 저축할 가능성이 더 크다. 만약 저축자들이 자신의 현금 가치가 시간이 지나도 떨어지지 않으리라 확신한다면 얼마든지 더 위험을 감수하고 적극적으로 투자에 뛰어들 것이다. 이렇게 저축의 가치가 증가하면 저축자들이 투자할 기회가 늘어난다. 경화의 세계에서 유일하게 타당한 투자는 양의 실질 수익률을 제공하는 투자일 것이다. 이와 반대로 연화의 세계에서는 투자의 명목 수익률은 양수지만 실질 수익률이 음수이므로 실질자본이 잠식된다. 또한 연화 시스템에서는 자본이 잘못 배분된 경우에도 거액의 자본이 증발할 수 있다.

연준이 내로 뱅크에 영업 허가를 내주지 않은 이유는 내로 뱅크 자체가 위험해서가 아니라 금융 시스템의 나머지 영역이 얼마나 위험한

지, 그리고 안전한 저축을 원하는 수요가 얼마나 존재하는지 만천하에 드러날 것이기 때문이었다. 3부에서는 이러한 맥락에서 비트코인의 부상을 살펴볼 것이다. 비트코인은 전 세계 누구나 자신의 부를 축적할 수 있는 새로운 저축 기술로, 내로 뱅크와 달리 연준의 승인도 필요하지 않다.

5장

피아트 스탠다드
부정할 수 없는 존립 근거

화폐에 대한 수요량이
항상 공급량을 초과하는 이유는
어떤 재화든 인간의 욕망이 생산량을
능가하고 또 생산하기보다 욕망하기가
훨씬 쉽기 때문이다.

법화가 세계에 일으킨 대혼란과 파괴를 목격한 경제학자라면 순전히 법화 시스템의 많은 단점과 예상 가능한 문제에만 초점을 맞추고픈 생각이 강하게 들 것이다. 그러나 그보다 나는 이 책을 쓰면서 화폐 기술의 측면에서 법화가 지닌 장점을 고찰해 보기로 마음먹었다. 나는 법화의 도입이 기술 발전에 일조했음을 인정한다. 20세기 초 세계의 기술 발전을 고려하면, 법화는 다수를 빈곤에 몰아넣고 소수의 배를 불리려는 사악한 음모보다는 경제적, 기술적 측면에서 부정할 수 없는 존립 근거가 있었다.

전작은 시간적 판매성에 초점을 맞춰 분석하고 기술했는데, 시간적 판매성은 시간의 흐름에 따라 화폐가 본연의 가치를 유지하는 정도라고 보면 된다. 나는 얼마 전 고인이 된 헝가리 출신 경제학자 안탈 페케트의 연구 결과를 바탕으로, 저량/유량 비율이 수요 증가에 맞춰 공급을 얼마나 늘릴 수 있는지를 가리킨다는 점에서 시간적 판매성의 좋은 대리 지표가 된다고 주장했다. 역사에서 원시 화폐와 정부 화폐의 예를 보면 저량/유량 비율이 높은 화폐가 그 비율이 낮은 화폐를 대체해 온 과정을 알 수 있다.

그러나 시간적 판매성이라는 프레임만으로는 세계가 금본위제에서 저량/유량 비율이 훨씬 더 낮은 법화 본위제로 옮겨간 원인을 충분히 설명하기 어렵다. 그래서 이 책은 이러한 변화의 이면에 있는 기술적, 경제적 원동력을 설명하기 위해 공간적 판매성 측면을 분석하는 방법을 사용한다. 법화의 뛰어난 공간적 판매성은 20세기에 전 세계에서 경제와 기술 발전의 추진력으로 작용했다. 그 외에도 법화가 널리 채택된 원인이 하나 더 있다. 바로 부분 지급 준비제를 비롯해 정부가 은행을 보호하기 위해 수많은 제도적 장치를 개발했다는 점이다. 이 장치들이 정부와 은행의 목표 달성에 어떻게 자연스럽게 기여해 왔는지를 이해한다면 20세기에 법화가 대대적으로 수용된 경위를 공부하는 데 큰 도움이 될 것이다.

이 장에서는 법화가 금을 몰아내고 세계를 지배할 수 있도록 기여한 결정적 계기 두 가지를 설명하고자 한다.

## 하나, 공간적 판매성

화폐는 두 당사자의 욕구 일치 문제coincidence of wants를 경제적으로 해결해 준다. 이 욕구 문제를 검토하면 잠재적인 해결책의 특성이 어떠해야 바람직한지 판단할 수 있다. 예를 들어 앨리스는 밥에게서 어떤 물건을 사고 싶어 하지만, 밥은 앨리스가 가진 물건을 원하지 않는 경우 유일한 해결책은 간접 교환에 참여하는 것이다. 앨리스는 다른 데서 자신의 물건과 밥이 원하는 물건을 미리 교환해 둔 후, 그 물건을 가지고 밥과 거래한다. 앨리스가 앞서 구입한 물건은 순전히 다른 재화와 재교환하려고 구입한 매개체일 뿐, 그 자체가 좋아서 구입한 것은 아니다. 경제에서 생산되는 재화가 다양해질수록 간접 교환은 거래를 촉진하기 위해 불가피한 해결책이다. 시간이 지나면 어떤 물건이 이러한 역할을 유독 잘 수행하는지 드러나기 마련이다. 다시 말해 교환의 매개체 기능을 수행하기에 적합할수록 '판매성'이 높은 물건이 된다.

오스트리아학파의 창시자인 카를 멩거는 판매성을 시장가격의 큰 손실 없이 시장에 내놓을 수 있는 정도로 정의한다.[27] 판매성이 높은 상품은 가격이 변동되기 어렵고 유동성이 높은 편이라, 보유자가 팔고 싶으면 언제든 그때의 시세대로 값을 받을 수 있다. 오늘날 판매성이 뛰어난 상품의 좋은 예는 전 세계적으로 다른 어떤 교환의 매개체보다 상거래와 환거래에서 인정받는 100달러 지폐일 것이다. 100달러짜리 지폐를 소지한 사람은 재화와 서비스를 구매하기 위해 미리 지폐를 누군가에게 판매할 필요가 거의 없으며, 팔더라도 가치를 할인할 필요가 없다. 웬만하면 액면가 그대로 받아들일 사람을 빨리 찾을 수 있기 때문이다. 이에 반해 판매성이 낮은 상품은 시장의 수요가 간헐적, 변동적이어서 빨리 판매하기 어렵거나 보유자가 할인을 해줘야 판매가 가능하다. 여기에 해당하는 좋은 예로는 주택, 자동차, 그 외 내구재 등이 있다. 주택을 팔려면 직접 현장에 나가야 하고, 상당한 거래 비용이 포함되며, 매도자가 부르는 가격에 동의할 적정한 매수자가 나타나기를 기다려야 하는 등 100달러짜리 지폐를 파는 것보다 훨씬 복잡하다. 집을 빨리 팔고 싶으면 매도자는 집값을 대폭 할인해 줘야 할지도 모른다. 한편 자본시장에서 가장 판매성 높은 상품은 미국 국채로, 이 글을 쓰는 현재 기준으로 총 가치가 약 28조 달러에 달한다. 대부분 대형 기관 투자자가 미국 국채를 가치 저장의 수단이자 준비금으로 사용하는 이유는 시장에 큰 변동을 일으키지 않으면서 거액을 현금화하기 쉽기 때문이다.

멩거가 분석한 판매성의 핵심은 자산에 대한 매수 호가와 매도 호가 사이의 스프레드, 즉 매수자가 지불할 의사가 있는 최고가와 매도자가 취할 의향이 있는 최저가의 차이를 측정하는 것이다. 어떤 재화가 대량으로 시장에 쏟아지면 매수 호가와 매도 호가 사이의 스프레드가 벌어진다. 공급량이 늘어날수록 각 단위당 한계효용이 감소하면서 잠재적 구매자가 매수가를 더 낮게 부르기 시작하기 때문이다. 공급량의 증가로 한계효용이 감소하는 재화일수록 화폐로 쓰기에 덜 적합하다. 반대로 공급량 증가에 따라 한계효용이 적게 감소하는 재화일수록, 즉 호가 스프레드가 덜 벌어질수록 판매성이 높아 화폐로 쓰기에 더 적합하다. 또한 우리는 판매자와 구매자를 이어주는 중개상의 관점에서 이 과정을 이해할 수도 있다. 중개상의 입장에서는 재화의 비축량이 쌓일수록 각 재화 한 단위의 판매 가능성이 줄어들고 단가가 하락해 판매자에게 손해를 끼칠 위험이 커진다. 즉, 재고가 늘어나는 만큼 가격을 더 낮게 매겨야 팔린다. 매수 호가와 매도 호가 사이의 스프레드가 더 빨리 벌어질수록 판매성은 낮아진다. 반대로 스프레드가 천천히 벌어지는 재화는 판매성이 더 높으며, 이러한 재화는 대개 시공을 초월해 부를 저장하려는 사람들이 비축한다.

판매성은 시간, 공간, 규모라는 세 가지 축에 걸쳐 존재한다고 보면 된다. 시간을 초월하는 판매성은 재화가 미래에도 시장가치를 유지할 수 있는 능력의 척도다. 금이 전 세계의 공통 화폐로 출현한 것은 우연이 아니라 모든 금속 중에서 저량/유량 비율이 가장 높았기 때문이다. 이는 금이 수요와 가격 충격에 대해 공급탄력성이 가장 낮다는 의미다. 가치 저장의 수단으로 금을 선택하는 시장 참여자가 늘어나도 금 채굴자는 시장에 있는 기존의 비축량에 더해 공급량을 빠르게 늘릴 방법이 없다. 채굴자가 더 많은 금을 찾기 위해 어떤 신기술을 도입하든 연간 채굴량은 항상 전 세계 비축량의 아주 작은 부분에 불과하기 때문이다. 금은 물리적으로 부식하지 않는 성질이 있는 만큼, 현재의 비축량은 수천 년에 걸쳐 축적되어 온 결과다. 다른 금속은 세월이 흐를수록 부식하는 성질이 있어서 전 세계 비축량의 수명이 생산된 후 몇 년에 불과하다. 이러한 금속은 화폐 수요가 늘어나 가격이 상승하면 광부들이 생산량을 늘려 비축량을 크게 늘리면 된다. 반면에 금은 고대부터 이어져 온 금속 중 유일하게 부식성이 없다. 그 외의 백금, 팔라듐, 티타늄 등 수명이 영구적인 다른 귀금속은 모두 발견된 지 몇 세기밖에 지나지 않았다. 바꿔 말하면 인류가 이들 금속을 지금까지 비축해 온 양은 금에 비해 훨씬 적다. 또 이러한 비축량의 편차는 곧 금 이외의 금속은 저량/유량 비율이 훨씬 낮다는 뜻이기도 하다. 그중 저량/유량 비율이 두 번째로 높은 귀금속인 은은 역사적으로 특히 금으로 거래하기 부적합한 소액 거래를 중심으로 화폐 기능을 유지하며, 규모에 따른 판매성이 제한적인 금의 한계를 보완했다.

공간을 초월하는 판매성은 판매자와 구매자 사이의 거리 때문에 시장가격이 하락해 판매자가 손해를 보는 정도로 측정할 수 있다. 건물을 옮기려면 허물어야 하듯, 한 장소에 고정되어 있는 주택은 공간적 판매성이 전혀 없다. 그리고 부피가 큰 상품은 수송비가 많이 들어 공간적 판매성이 낮기 때문에 판매자에게 매출 손실이 발생한다. 이처럼 공간적 판매성은 금속화폐가 성공한, 특히 금이 다른 금속보다 화폐로서 우월한 이유를 이해하는 데 도움이 된다.

금속은 소나 작물보다 단위 중량 및 부피당 가치가 비교적 높다. 통일된 금속으로 주화를 규격화하면 가벼운 무게에 많은 양의 가치를 담을 수 있어서 더 폭넓은 지역에 걸쳐 더 많은 사람들이 이 주화를 공식 화폐라고 쉽게 인식할 수 있다. 사람이 휴대하기 편리하고 규격화된 주화를 사용하면서, 비교적 쉽게 검증 가능한 주화의 순도를 믿을 만한 것으로 생각하게 되었다. 그 결과 주화는 지리적으로 더 광범위하게 보급되고 공간적 판매성에서 우위를 확보할 수 있었다. 로마제국의 아우레우스라는 금화는 쉽게 눈에 띄는 각인과 표준화된 순도 및 무게 덕분에 세계 최초의 화폐가 되었다.

금은 무게당 가치가 높아 은보다 더 저렴하게 가치를 이전할 수 있는 수단이 되었다. 19세기에 금은 은보다 15배 더 비쌌으므로 가치를 저장하고 운송하는 수단으로서 은의 비용이 더 비싼 셈이었다. 오늘날 그 비율은 격차가 더 벌어져 약 70배에 달한다. 따라서 운송하기에 훨씬 가벼운 금으로 결제하면 은이나 구리, 철을 사용할 때보다 비용이 더 적게 든다. 금은 화학적 안정성과 영구적 수명으로 인해 상대적으로 더 안전하게 운반할 수 있었다. 더 가벼운 무게에 더 높은 가치를 순도 높게 담을 수 있다는 점은 분명 수송비를 낮출 수 있는 장점으로 이어졌다. 그러면 구매자는 거래할 때 화폐를 장거리로 주고받는 과정에서도 화폐가치를 잃을 걱정을 별로 하지 않아도 된다. 이처럼 금이 다른 귀금속보다 화폐로서 우위를 차지했던 비결은 바로 공간적 판매성이었다.

그러나 거리가 멀어질수록 수송비가 증가하는 만큼, 금화의 판매성은 거리에 반비례한다. 금은 물리적 형체가 있다는 특성상, 수송 거리가 멀어질수록 항상 공간적 판매성이 떨어질 수밖에 없었다. 그러다 19세기 후반에는 전 세계적으로 증기선, 자동차, 철도가 보급되었고 곧 뒤따라 비행기도 등장했다. 그때부터 수송비가 크게 떨어진 덕분에 세계 곳곳에서 무역의 가능성이 확대되고 상호 이익을 도모하게 되었다. 이렇게 해서 대부분 국가는 글로벌 시장으로 통합되는 동시에 거래처를 다변화하기 시작했다. 금은 여전히 모든 금속 중에서 공간적 판매성이 최고였지만, 도시와 국경을 넘어 개별 무역 거래를 일일이 현금으로 결제할 만큼 빠른 속도를 자랑할 수준은 되지 못했다. 그 결과 은행들은 자연스레 모든 거래에서 실물 금의 운송과 관련된 거래 비용을 절약하기 위해 서로 간에 청산하고 결제하는 시스템에 의존하면서 이 문제를 해결하게 되었다. 앞서 언급한 예를 다시 들자면, 앨리스가 A 은행에 있는 자신의 계좌에서 밥의 B 은행 계좌로 돈을 지불할 때 두 은행은 해당 금액만큼 금을 옮길 필요가 없다. 대신 A 은행은 앨리스의 계좌에서 금액을 인출하고 통장에 기록을 남기며 앨리스의 잔액에 지불할 금액이 충분하다는 사실을 B 은행에 확인시켜 준다. 그러면 B 은행은 해당 금액을 밥의 계좌에 입금한다. 이처럼 한 번의 결제가 마무리되기까지 은행 간에 무수히 많은 거래가 발생할 수 있다.

분업과 교역이 전 세계로 확대됨에 따라 은행에서 금 결제의 비용을 절감해야 할 동기가 더욱 강력해졌다. 중앙 집중화가 더 심화될수록 상당한 비용을 절감했기 때문에 은행 업무는 더욱 중앙 집중화된 산업으로 변해갔다. 그 후 외국과의 무역에서 결제 문제를 해결하기 위해 국가가 운영하는 중앙은행이 등장하면서, 엄청난 수송비를 들여 국가 간 금을 옮기는 대신 중앙은행끼리 정기적으로 국제 결제를 통해 화폐를 이전하는 비용을 절감할 수 있었다.

현대 운송 수단의 발전으로 빨라진 수송 속도만큼 금을 빠르게 이동시키려다 보니 금고에 금을 부지런히 준비해 둬야 했다. 이렇게 비축해야 할 금의 규모가 점점 더 늘어나면서 금융기관과 개인은 은행에 보관된 금 대신 그 금에 대한 청구권을 거래하기 시작했다. 시간이 지날수록 시장 참여자들은 결제 후 실물 금을 인도해 거래를 완료하는 관습에서 탈피했고, 이로써 화폐는 점점 금융기관의 채무로 그 성질이 변모하면서 필요할 때 바로바로 전송하기가 간편해졌다. 효율적인 시스템일수록 금이 이동해야 할 필요성이 줄어들어 수송비가 크게 절감되었다. 그러나 중앙 집중화를 통해 비용 절감 효과가 생긴 대신 금융 시스템의 보안성과 감시 가능성은 낮아졌다.

은행은 금태환 의무를 이행할 수도 있었으나 금의 제한된 공간적 판매성 덕분에 보유한 금보다 더 많은 액수로 금태환 증서를 발행할 수 있었다. 이러한 초기 형태의 부분 지급 준비제가 탄생한 배경에는 몇 가지 요인이 있다. 먼저 점점 더 거래가 세계화되는 가운데서도 여전히 금으로 결제하고 싶어 하는 은행 고객들이 있었지만, 그들이 쉽고 편리하게 금을 태환할 만한 장소가 없었다. 도시에 하나의 독점 은행이 있거나 국가에 하나의 중앙은행이 있는 경우, 금화는 실물로 소유하는 한 공간적 판매성이 거의 없었다. 다시 말해 밥이나 앨리스가 국제무역에 참여하고 싶다면 중앙은행에 기대지 않고는 다른 방도가 없었다.

금본위제에서 교환의 매개체에는 금본위제의 기초 자산에 해당하는 금뿐 아니라, 금이 전 세계로 이동할 수 있도록 공간적 판매성을 부여하는 결제 및 청산 플랫폼도 포함되었다. 은행이 보유한 금은 개인이 실물로 보유한 금과 비교해 공간적 판매성의 우위로 인해 사실상 프리미엄이 붙었다. 은행은 이 높은 판매성의 프리미엄을 개인에게 청구하는 대신, 금태환 비율은 액면가 그대로 유지하되 그 금을 토대로 부채 발행 한도를 늘리는 쪽으로 활용했다. 이 정책은 불안을 야기하는 자충수였다. 은행으로 많은 돈이 유입될수록 은행이 금을 보관하는 프리미엄이 높아졌다. 그리고 은행에 금이 많을수록 그만큼 부채도 더 많이 늘렸다. 이러한 역학 관계가 유동성 부족과 금융 위기를 초래하는 버블과 경기순환의 등장을 촉진할 것이었다.

금은 공간적 판매성의 제약 때문에 정부가 발행하는 법화에 자리를 내주었다. 금 보유자들은 영란은행의 금융 인프라와 결제 플랫폼에 기대지 않고서는 판매성이 매우 낮은 금을 가지고 장거리 결제를 처리할 방도가 없었다. 덕분에 영란은행은 국민의 수중에서 금을 빼 오기가 별로 어렵지 않았다. 국제무역에 참여하면서 더 큰 효용을 얻으려면 사람들은 실물 금을 보유할 때 느낄 수 있는 든든함을 포기해야 했다.

금은 시간적 판매성은 높지만 공간적 판매성은 법화보다 훨씬 낮다. 이 점은 낮은 저량/유량 비율 못지않게 중요한 결함이다. 저량/유량 비율이 낮으면 시간의 흐름에 따라 상품을 거래할 때 가치가 손실되는 반면, 공간적 판매성이 낮아 수송비가 많이 들면 지역을 가로질러 재화를 거래할 때 가치가 상당히 손실된다. 경화 옹호자들은 시간이 지나면서 가치를 상실하는 법화를 비웃겠지만, 금 1온스를 전 세계로 옮기려면 수송비 때문에 도착 시점에 제 가치의 상당 부분이 손실된다는 현실은 생각하지 않는다.

엔지니어가 통화 체제를 설계한 이성적인 세계였다면 그는 금의 시간적 판매성이 최고의 공간적 판매성으로 발전되도록 연결할 금융 인프라를 발명했을 것이다. 그러나 중앙 집중식 정부가 통화 체제를 설계한 작금의 현실 세계에서는 정치적으로 운용되는 통화 체제의 특성상 공간적 판매성이 높은 경화가 사용되리라 기대하는 것은 희망 사항에 가깝다. 청산 업무를 담당할 오프라인 은행이 따로 필요한 경화라면 언제든 정부가 거둬 가거나 법화로 대체할 수 있다. 정치적, 기술적 현실의 측면에서 봤을 때 금이나 여타 실물화폐의 공간적 판매성이 낮다는 점은 버그가 아니라 그저 하나의 특징이라 봐야 한다.

또한 공간적 판매성은 미국 달러가 세계적으로 계속 수요가 증가하는 동안 다른 국가화폐는 가치 면에서 비교 우위를 지키기 위해 분투하는 이유를 이해하는 데 도움이 된다. 달러는 국제 결제에서 기본으로 쓰이는 화폐이기 때문에 모든 정부 화폐 중에서 공간적 판매성이 가장 뛰어나다. 거의 모든 국가에 미국 달러와 미국 국채를 거래하는 시장이 존재할 정도다. 반면에 다른 국가의 화폐는 자국 국경을 벗어나면 거의 받아들여지지 않으며, 달러를 제외한 화폐가 해외에서 거래될 때는 대개 대폭 할인된다.

## 금을 옮기는 데 얼마가 들까

이 질문에 답하는 데 필요한 가장 좋은 지표는 대서양 건너편의 LBMALondon Bullion Market Association(런던금시장연합회)의 인수도적격금 골드바를 결제하고 청산하는 비용이다. LBMA 인수도적격금을 기준으로 분석하면 좋은 이유는 그것이 과거 금본위제하에서 금융기관끼리 국제 거래를 할 때 전통적인 표준 결제 단위였기 때문이다. 게다가 오늘날에도 중앙은행, 금융기관, 개인 모두 금을 결제할 때 LBMA 규격 또는 이에 준하는 크기의 골드바를 사용한다.

LBMA 골드바는 금괴의 표준이다. LBMA가 지정한 인수도적격금은 무게가 약 400트로이온스, 즉 12.5킬로그램이며, 2021년 기준으로 시세는 약 75만 달러다. 만약 세계가 금본위제로 돌아간다면, 이 규격의 골드바가 국제 금융의 결제 단위로 쓰일 것이다. 그러나 금본위제가 운용되지 않는 지금의 현실에서는 이 골드바를 수송하는 비용이 걸림돌이라는 것을 알 수 있다. 법화가 부상한 원인이 금의 자유로운 이동을 정부가 규제해서라고 지적하는 사람도 있겠지만, 이는 핵심을 놓친 주장이다. 만약 금의 공간적 판매성이 높았다면, 정부가 금의 화폐 역할을 보증할 필요가 없었을 것이기 때문이다.

3장에서 논의했듯 금이 영란은행에서 미국과 캐나다로 건너간 과정을 통해, 법화의 출현 초기에 대서양 건너편 지역으로 금을 결제하는 비용이 얼마였을지 짐작해볼 수 있다. 1919년 영란은행은 전쟁이 끝나자 캐나다에 있는 자국의 금을 일부 돌려받기를 원했다. 그래서 존 오스본이 남긴 기록에 의하면 영란은행은 캐나다의 세인트존스에 있는 도미니언 익스프레스 컴퍼니Dominion Express Company에 금 1000달러당 2달러의 비용으로 영국 리버풀로 운송해 줄 것을 의뢰했다. 따라서 금본위제가 끝날 무렵에 대서양을 가로질러 금을 운송하는 비용은 거래된 금 가치의 약 0.2퍼센트였다는 계산이 나온다.[28]

그러나 그 과정은 더 복잡할 때가 많았다. 영국에서 미국으로 수많은 금괴가 건너갔지만 그중에서도 1917년 무게가 약 40톤, 즉 128만 5000온스인 3211개의 금괴가 선적된 적이 있었다. 이 금괴들은 리버풀 근처의 버켄헤드에서 캐나다의 퀘벡시까지 SS 로렌틱SS Laurentic호에 실려 운송되었다.[29] 영란은행이 로렌틱호에 실어 보낸 금은 당시 가치가 약 500만 파운드에 달했는데, 현재 법화로 환산하면 약 24억 달러에 달한다. 그러나 로렌틱호와 그 안에 실린 엄청난 보물은 아일랜드 북부

해안에 독일이 설치한 지뢰를 들이받고는 바다 밑으로 침몰해 버렸다.

영국 해군성은 가이본 대먼트 대령에게 잠수함을 이끌고 금을 인양하도록 명령했다. 대먼트의 부대는 7년간의 인양 작업 끝에 3211개 금괴 중 25개만 제외한 3186개를 건져낼 수 있었다. 1930년대에 세 개가 더 회수되었지만 나머지 22개는 침몰 후 100년 넘게 여전히 행방불명 상태다. 대먼트 대령이 인양 작업에 사용한 비용은 총 12만 8000파운드에 이르렀다. 이는 선적된 금의 총 가치 대비 약 2~3퍼센트에 해당한다. 이 인양 작전은 역사상 가장 대규모의 금을 인양한 사건으로 기록되어 있다.[30]

한 세기 후 독일도 뉴욕과 파리에 예치된 금을 자국으로 회수하기로 결정했다. 독일이 요청한 규모는 무게가 개당 12.5킬로그램인 약 5만 4000개의 금괴였고 당시 가치로 약 270억 달러였다. 2013년부터 2017년까지 4년에 걸쳐 진행되었으며, 금괴를 녹이고 다시 주조해 검사와 인증을 받는 과정까지 포함해 총 910만 달러가 소요되었다.[31] 거래 비용으로 총 가치의 약 0.03퍼센트가 든 셈이다. 뉴욕과 파리에서 출발해 독일로 가는 데 드는 수송비는 뉴욕에서 대서양을 횡단하는 수송비보다 낮을 가능성이 크니, 금 가치의 약 0.05~0.1퍼센트 정도로 추정하면 될 것이다.

내가 스위스 취리히에 있는 어느 금 딜러에게 견적을 문의한 결과에 따르면 대서양을 가로질러 골드바 낱개를 운송하는 비용은 약 3000달러라고 한다. 인수도적격금의 현 시세가 약 75만 달러니까 대서양을 건너 운송하는 동안 경제가치의 약 0.5퍼센트가 사라지게 된다. 결제는 완료되기까지 2~3일이 걸리며, 금을 검수하는 과정은 포함되지 않는다.

한 세기에 걸친 이 세 가지 사례의 측정값을 종합해, 일정량 이상의 금을 대서양 건너편으로 운송하는 비용을 대략 계산하면 금 가치의 0.05~0.5퍼센트 정도가 된다. 또 수송비는 둘째 치고, 실물 금은 분실 위험이 크기 때문에 국영 공항, 항만, 철도와 같이 중요하고 믿을 만한 인프라 시설로 운송해야 한다. 게다가 어지간한 양의 금을 국경 넘어로 반출하려면 세관의 허가가 필수다 보니, 장거리에 걸친 금 거래 비용은 특히 은행의 결제망 비용과 비교해 갈수록 비싸졌다. 금으로는 불가능한 국가 간 장거리 거래를 오직 각국의 중앙은행만이 결제할 수 있었던 만큼, 중앙은행의 법화와 정부 공권력이 화폐의 역할을 하기 시작했다. 정부와 중앙은행은 국가 간 금 거래 시스템을 중앙 집중화했고, 그 직접적인 결과로 경제를 주무르는, 전례 없이 강한 권력을 얻었다.

## 법화의 공간적 판매성은 얼마일까

법화는 대부분 부채, 즉 대차대조표에 무형의 항목으로 구성되어 있으므로 거래할 때 금과 같은 물리적 실체를 대량 선적할 필요가 없다. 지폐나 주화처럼 일부 물리적 형태의 법화가 시중에 돌아다니지만 이들은 전체 통화량에서 비중이 점점 줄어드는 추세다. 대부분의 경우 법화를 정산하려면 장부의 다양한 항목을 차변과 대변에 나눠 기입하면 된다.

개인이 법화 네트워크를 통해 해외로 전신 송금을 하려는 경우 송금인의 은행 계좌는 벨기에에 기반을 두고 전 세계 회원 금융기관이 소유하고 있는 협동조합인 스위프트 결제망에 지불 명령을 내린다. 스위프트는 현금 이체 플랫폼이라기보다 메시징 플랫폼에 가깝다. 수취인 은행에 결제 메시지를 보내지만 실제로 돈을 보내지는 않기 때문이다.

대서양을 가로질러 송금하는 수수료는 일반적으로 10~50달러이며 수취인이 돈을 받기까지 걸리는 시간은 영업일 기준으로 2~5일이다. 그러나 두 은행 간의 정산은 관련된 다양한 은행 관계에 따라 결제 완결성이 달라지므로 확정되기까지 훨씬 오래 걸리기 일쑤다. 두 은행이 서로 환거래 계좌를 두고 있다면 일, 주, 월 등 기간을 정해 모든 거래를 일괄 처리해 결제하면 된다. 그러나 환거래 은행의 중개를 거쳐야 하는 경우라면 환거래 은행의 정기적인 정산 일정에 따라 순차적으로 처리된다. 송금 은행은 해당 환거래 은행의 계좌로 빠져나간 돈을 대차대조표 대변에 기입하고, 돈을 받은 환거래 은행은 최종 수취 은행 또는 다음 중개 은행의 계좌로 빠져나간 돈을 다시 자기네 대변에 기입한다. 이러한 환거래 은행들은 환전 수수료도 받는다. 수수료가 비쌀수록 전신 송금 비용이 증가하며, 이 비용은 송금인과 수취인 양쪽이 부담한다. 개별 사용자는 며칠 만에 대차대조표의 현금 계정에 표시된 입금 내역을 확인하지만, 거래의 최종 결제는 송금 후 며칠에서 길게는 몇 주, 몇 달 후에 완료된다. 신용카드를 이용한 법화 결제는 더 여러 군데의 중개 기관이 필요한데, 수수료는 결제 비용의 약 1~3퍼센트에 최초 결제는 몇 초 만에 처리되지만 결제 완결성이 확정되기까지는 몇 달이 걸리기도 한다.

법화 시스템에서는 결제 비용과 결제 완결성, 즉 최종 정산 비용을 구별하는 것이 중요하다. 이제는 금 계좌를 보유하거나 금으로 국제 결제를 맡길 은행이 없기 때문에 금과 법화를 나란히 비교할 수도 없고 더 이상 금 결제의 존재 의미도 없다. 실물 금 거래와 달리 법화로 결제하는 소비는 결제 완결성이 없다. 결제 완결성 측면에서 보면 법화 결제가 실물 금의 운송 속도보다 딱히 빠른 것도 아니지만, 전자 데이터만 전송하면 되므로 비용은 훨씬 저렴하다.

금본위제 결제가 현금 결제가 아닌 신용 결제로 넘어감에 따라 시중은행과 중앙은행의 결제 플랫폼이 금융 인프라에서 점점 더 중요한 역할을 차지하게 되었다. 플랫폼의 운영자 격인 이들 은행이 실물 금의 역할이 축소되길 바란다는 것은 이제 와서 돌이켜보면 명백하고 불가피해 보인다. 은행 시스템을 거치지 않고는 금으로 신속하게 결제할 방법이 없으니 이 단계에서 신용 결제로 가는 추세는 더 이상 막을 수 없었다. 이처럼 공간을 넘나들며 속전속결로 거래를 처리하려면, 파우스트가 악마와 손잡았듯 미래를 위해 저축할 여력을 희생해야 했던 건 어쩔 수 없는 선택으로 보이기도 한다. 나중에 다시 논의하겠지만, 정부와 은행이 법화에서 큰 혜택을 본 것은 법화의 기술 덕이다. 그러나 무엇보다 법화를 자신들의 목적에 맞게 활용할 수 있게 된 것은 법화의 공간적 판매성이 한몫했다.

공간적 판매성은 법화 본위제의 진화와 생존을 이해하는 열쇠이자 정부와 중앙은행을 위협할 비트코인의 경쟁력을 평가하는 가장 중요한 기준이다. 비트코인은 거리에 상관없이 전 세계적으로 수십만 건의 거래를 결제할 수 있어 금보다 훨씬 우수한 공간적 판매성을 자랑한다. 게다가 법화의 정치적 강제력에 구애받지 않고 몇 시간 만에 국경을 넘어 결제를 완결할 수 있다.

## 둘, 부분 지급 준비제

법화 본위제의 두 번째 '킬러앱'은 은행이 요구불예금을 그만큼의 가치에 해당하는 가용 현금 없이도 보유할 수 있는 수상한 관행, 즉 부분 지급 준비제가 가능하다는 점이다. 법화 본위제의 은행들은 자기네가 보유한 현금보다 몇 배나 많은 금액을 고객에게 대출해 주고 계좌를 개설한다. 이 시스템은 비트코인에 비유하면 이중 지불과도 같아서, 한쪽에 대출해 주는 동안에도 다른 쪽에 돈을 가지고 있을 수 있으므로 은행으로서는 짭짤한 수익원이다. 은행은 고객이 한꺼번에 몰려와 인출을 요구하는 최악의 상황에 다다르지 않는 한, 부분 지급 준비제를 완벽하게 운용할 수 있다. 그러나 혹시 그러한 최악의 상황이 오더라도 은행은 최종 대부자인 정부와 중앙은행이라는 든든한 안전망이 있다는 것을 알고 있다.

또한 마치 사상누각과도 같은 부분 지급 준비제가 언젠가 겪어야 할 붕괴를 맞이하더라도 은행은 정부가 그저 구제금융으로 뚝딱 도와줄 것이라는 사실도 알고 있다. 반대로 금본위제 시절의 은행은 부채를 생성하는 능력에 비교적 더 엄격한 제약을 받았다. 고객은 언제든지 은행권과 예금을 실물 금으로 태환해 달라 요청할 수 있었고, 은행에 금이 부족해도 태환 의무를 이행하기 위해 당국이 금을 찍어낼 수도 없는 노릇이었다. 물론 금본위제에서도 호황과 불황이 여러 번 있었다는 사실은 이 메커니즘이 완벽하지 않다는 것을 암시하지만 법화보다는 훨씬 덜 심각했다.

1907년의 금융 위기에 대한 대응으로 미국 의회는 1913년 우드로 윌슨 미 대통령의 서명을 거쳐 연방 준비법Federal Reserve Act을 통과시켰다. 당시 부분 지급 준비제를 남용하는 은행들은 유동성 위기에 빠지곤 했다. 그러자 월스트리트의 대표적인 은행인 JP모건이 최종 대부자로 나서서 파산 위기에 처한 은행들에 대출을 제공함으로써 유동성 위기를 완화했다.

이 사건을 계기로 은행들이 앞으로의 유동성 위기에 대비하고 전체 경제가 한 대형 은행의 구제금융에 의존하지 않도록 연방준비은행의 설립을 모색해야 한다는 필요성이 대두되었다. 이 법안을 발의한 의원들은 연방 은행이 중앙은행을 설립해야 할 이유로 두 가지를 들었다. 첫째는 뱅크런이나 금융 위기로부터 은행 시스템을 보호하고, 둘째는 미국 달러 가치를 견고히 하기 위해서였다. 이 두 가지 목표가 직접적으로 모순된다는 것은 프리드리히 하이에크와 같은 경제학자들만이 알아차린 명명백백한 사실이다.

특권적 위치에 있는 중앙은행이든 그 외 수많은 혹은 모든 은행이든 특정 기관이 없었다면, 다양한 교환의 매개체 중 은행예금이 지금처럼 지배적 역할을 차지하거나 은행의 보유 잔액이 지급준비금의 10배 이상으로 불어나는 일은 절대 불가능했을 것임을 강조하고 싶다. 그들은 가령 고객이 예금 잔액의 상당 부분을 현금으로 인출하고자 하는 등 긴급한 경우가 발생하더라도 충분한 양의 지폐를 추가로 발행할 자격이 있었기 때문이다.

……모든 중앙은행 정책의 근본적인 딜레마가 실제로 현실화된 적은 거의 없다. 중앙은행이 통화량 팽창을 사전에 효과적으로 제어할 유일한 수단이자 사후에 필연적으로 꺼내야 할 대책은 현금(좁은 의미의 화폐)의 신규 공급을 중단하겠다고 사전에 명확히 선언하는 것이다. 하지만 동시에 일단 팽창한 은행예금을 고객들이 지폐나 금으로 바꿔달라 요구하기 시작하면 현금을 공급하는 것도 중앙은행의 가장 중요한 의무라는 게 세간의 인식이다.[32]

화폐가치를 보호한다는 목표는 은행을 뱅크런으로부터 보호한다는 목표와 불가피하게 충돌했고, 그중 중앙은행은 거의 언제나 화폐가치보다 은행을 보호하는 쪽에 손을 들어주었다. 법화 본위제에다 최종 대부자까지 기댈 언덕이 있으니 도덕적 해이에 빠진 전 세계 은행들은 큰 혜택을 입었다. 연방 준비법은 은행들에 없는 돈을 만들어낼 수 있는 자격과 그 결과로부터 보호받을 안전망도 부여했다.

## 부분 지급 준비제가 경제성장에 필수인가

부분 지급 준비제의 필요성에 대한 논거를 한마디로 정리하자면 결국 케인스주의자, 인플레이션 옹호론자, 그 외 모든 괴짜 통화론자가 일반적으로 통화팽창을 변호할 때 즐겨 쓰는 논거와 같다고 보면 된다.

바로 통화량이 증가해야 경제성장이 활발해진다는 것이다. 이 논리에 따르면 은행이 지급준비금을 초과해 대출할 수 있어야 더 많은 자본을 끌어들이고 더 많은 투자금을 조달할 수 있으므로 실업이 줄어들고 경제가 번영한다고 한다. 반대로 이러한 부분 지급 준비제가 없다면 경제에 신용이 부족해 경제활동이 침체되고 생산이 위축되며 삶의 질이 떨어진다는 것이다. 그래서 부분 지급 준비제를 활용해 가용 신용을 저축과 분리하면 사회 전체에 혜택을 준다고 주장한다. 적어도 케인스주의자들은 그렇게 믿는다.

이 논리에는 모든 인플레이션 옹호론과 똑같은 문제점이 있다. 즉, 돈과 신용은 그 자체로 생산적 자산이 아니다. 단지 보유자가 생산적 자산을 구매할 수 있는 증서일 뿐이다. 축구 경기 티켓을 많이 발권할수록 경기장 자체의 관객 수용력이 확대되는 것이 아니듯, 통화량이나 신용 공급이 증가한다고 생산에 투입되는 자산이 증가하지는 않는다. 티켓이 단지 경기장 내 좌석에 앉을 권리를 나타내는 대용물일 뿐이듯, 돈과 신용은 생산에 투입된 자본재나 최종재를 사용할 수 있는 권리에 불과하다. 구단이 티켓 판매량을 최대한 늘리고자 한다면 단순히 티켓 발권량을 늘릴 게 아니라, 토목 기사와 건설 노동자를 더 고용하고, 중장비 설비 등을 더 동원해서 경기장의 규모를 확충해야 한다. 경기장의 수용 인원을 초과해 티켓을 발권하면 좌석보다 더 많은 관중이 입장할 것이므로 자리싸움이 치열해질 것이다. 하지만 이 상황이 이미 벌어진 후에는 아무리 머리를 써도 좌석 수를 늘릴 묘안이 없다.

화폐나 신용이 부족한 경우란 절대 있을 수 없다. 한 경제에 유통되는 통화량이 얼마든 간에 화폐 자체가 충분히 가분성이 있는 한, 언제라도 경제에 필요한 양을 모두 충족할 만큼 공급할 수 있다. 화폐에 대한 수요량이 항상 공급량을 초과하는 이유는 어떤 재화든 인간의 욕망이 생산량을 능가하고 또 생산하기보다 욕망하기가 훨씬 쉽기 때문이다. 법화 본위제에서 이러한 욕망은 돈이 많으면 충족될 수 있을 듯 보이지만, 돈을 찍는다고 욕망의 대상이 되는 재화 생산량이 더 늘어나는 것은 절대 아니다. 수요에 부응하고자 재화를 늘리려면 오직 희소한 자원을 투입해 생산 활동을 해야 한다. 예를 들면 자유 시장에서 사람들은 돈을 벌기 위해 자신의 시간을 생산 활동에 투입해야 한다. 그렇게 해서 재화의 수와 생산량이 늘어나고, 통화량이 증가할 필요 없이 화폐 가치가 자연스럽게 올라가는 것이다.

부분 지급 준비제는 자본, 노동, 자원을 더 많이 창출하는 마법이 아니다. 생산과 저축 활동으로 열심히 경제활동을 한 사람들이 아닌 중앙은행에 자본, 노동, 자원을 배분할 것을 맡기는 제도에 불과하다. 부분 지급 준비제는 사회 전체를 빈곤하게 하지만 은행과 정치적 기득권층의 배는 불려주는 중앙 집중식 계획의 한 형태다. 부분 지급 준비제와 그것을 받쳐주는 법화가 없다면 자본과 노동은 자유 시장에서 가장 높은 값을 매기는 경제주체에게 흘러갈 것이므로, 결과적으로 자본과 노동을 언제나 가장 생산적으로 사용하는 기업가의 손으로 들어갈 공산이 크다. 그렇다면 자유 시장의 힘에 따라 가장 생산적이고 가치 있는 활동에 자원이 효율적으로 배분될 테니 사람들은 저축하려는 동기가 더욱 강해질 것이다. 그러나 법화 본위제에서는 은행의 신용 창출 때문에 자본이 점점 더 정치적이고 중앙 집중적으로 배분된다. 그리고 실패한 자본가도 대출이 허락되는 한 계속 시장에서 살아남을 수 있다. 신용이 저축에서 나오기보다 강한 정치적 동기로 창출될수록, 창조적 파괴와 자원의 재배분이라는 시장의 자연스러운 과정은 좀처럼 일어나기 어려워진다.

## 부분 지급 준비제가 자유 시장에서 살아남을 수 있는가

부분 지급 준비제는 경제가 돌아가기 위한 필수 요소가 아님에도 전세계적으로 널리 퍼져 있다. 이 명백한 모순을 어떻게 설명해야 할까? 특히 부분 지급 준비제를 채택한 국가가 외견상 번영하고 이 제도를 활용하는 대다수의 은행이 절대 망하지 않는 현실을 어떻게 설명할 수 있을까? 이 질문에 답하려면 부분 지급 준비제로 운영되는 은행의 최종 대부자인 중앙은행의 역할부터 살펴봐야 한다.

자유 시장에서 부분 지급 준비제로 운영되는 은행이라면 자산과 부채가 일치하지 않는 대차대조표를 마주하게 될 것이다. 예를 들어 예금 고객에게 요구불예금으로 100달러의 부채를 지고 있어도 동시에 그 돈의 일부를 대출 고객에게 빌려줄 것이다. 만약 대출 고객이 그 돈을 가지고 있는데 예금 고객이 전액을 찾겠다고 요구하면 은행은 곤란해진다. 그러나 은행은 고객이 이 두 명만 있는 게 아니어서 예금 고객이 돈을 찾겠다면 다른 고객의 예금을 가져다가 지급해 주는 식으로 계속 운영을 이어갈 수 있다. 대출 규모가 (예금 중 대출에 쓰인 돈의 비중과 함께) 점점 증가함에 따라 은행은 점점 위태로워지고 뱅크런에 취약해진다.

설상가상으로 은행이 점점 무분별하게 대출을 제공하고 있다는 사실을 고객들이 알게 되면 자기 예금이 안전한지 의구심이 커져 인출을 요구할 가능성이 높아진다. 인출 요구액이 은행이 보유한 지급준비금을 초과하면 은행은 '유동성 문제'가 생긴다. 은행은 모든 예금의 인출에 대비할 충분한 자산을 보유하고 있지만 그 자산의 실체는 갖고 있지 않다는 점에서 유동성 문제는 지급 능력의 문제와는 완전히 다르다고 볼 수 있다.

유동성 문제를 해결하는 몇 가지 다양한 방법이 있다. 첫째, 은행은 현금이 소진될 때까지 고객의 인출 요구를 선착순으로 처리할 수 있다. 아니면 둘째, 각 예금의 잔액에서 일정 비율의 가치를 차감해 새로 조정된 총 예금 잔액과 은행의 총 지급준비금을 일치시킴으로써 유동성 문제를 모든 고객에게 나눠 전가하는 방법도 있다. 실제로 두 방법 모두 은행을 전액 지급 준비제로 전환하게 하는 효과가 있어 모든 예금자가 한꺼번에 전액 인출해도 문제가 되지 않는다. 다만 둘 다 자산이 예금 및 대출 고객에 대한 부채를 충족하지 못하는 상황이므로 은행은 파산을 면할 수 없다. 이 두 방법은 은행과 예금자 양쪽에는 끔찍한 시나리오겠지만 실제로는 유동성 문제를 해결할 가장 건전한 방법이다. 적어도 두 가지 모두 다시 써먹을 방법은 못 된다는 뼈아픈 교훈을 예금자도 은행도 깨달을 테니 말이다. 그러나 그렇게라도 하지 않으면 앞으로는 이 두 방법을 시도조차 못할 만큼 자본도 평판도 잃을 것이다.

그 대신 지난 세기에 도입된 대안은 법에 따라 중앙은행을 설립해서, 어려움을 겪는 은행에 '유동성을 주입'해 예금자에게 예금을 돌려줄 의무를 이행할 수 있게 하는 것이었다. 이제 중앙은행은 화폐를 발행할 독점권으로 은행의 부채를 사실상 화폐화하고, 은행이 무모하게 행동해도 그 위험을 예금 고객뿐 아니라 자국 화폐를 보유한 전 국민에게 전가할 수 있게 되었다. 반면에 완전 지급 준비제는 책임감 있게 위험을 관리해야 할 부담을 짊어져야 하는 만큼, 부분 지급 준비제보다 수익에 한계가 있어서 수익성은 더 낮다.

부분 지급 준비제가 야기하는 문제는 현대 중앙은행의 출현과 별개라고 볼 수 없다. 독일의 경제학자 귀도 휠스만은 이렇게 서술했다.

> 부분 지급 준비제는 중앙은행과 법화 체제, 그리고 IMF와 같은 국제기구의 탄생과 무관하지 않다. IMF 같은 통화 관련 국제기구는 지급준비금을 중앙 집중화하고 현금으로 태환하기를 거부함으로써 부분 지급 준비제의 문제를 해결하려 노력했다가 결국 실패했다.[33]

## 2008년 금융 위기의 진짜 이유

부분 지급 준비제를 과거 루트비히 폰 미제스와 같은 오스트리아학파 경제학자들이 논의한 제도적 측면에서 보면 예전만큼 심각한 문제는 아니다. 앞서 언급했듯이 은행의 지급 능력과 연화 체제 사이의 딜레마 문제는 은행에 유리한 결론으로 해결되었다. 시간이 지날수록 연방예금보험공사FDIC나 각국에서 이와 비슷한 역할을 하는 기관들이 최종 대부자 역할을 공식적으로 맡게 되었다. 글래스스티걸법은 상업은행과 투자은행을 분리하고 상업은행만 최종 대부자의 보호를 받을 수 있게 했다. 그리고 중앙은행이 금리를 정하는 주요 결정권자가 된 것은 과도한 신용 팽창을 방지하기 위해 대출 기준이 엄격해지면서부터로 짐작된다. 하지만 앞에서 논의했듯이 이처럼 고도로 복잡한 중앙 계획 체계는 그다지 잘 작동하지 않았다. 화폐가치가 나날이 떨어졌고, 경기 순환이 끊임없이 반복되었다. 그러나 수년 동안 주요 경제국들은 부분 지급 준비제를 통제하려 이것저것 시도했다가 신용 팽창에 어느 정도 제한을 두면서 중대한 위기를 피하는 데 성공했다. 그러나 이런 정책은 보이는 만큼 안정적이지 않다. 안정적이라는 착각 뒤에 붕괴의 씨앗이 도사리고 있기 때문이다.

정부가 도산을 막아준다는 엄청난 특권을 은행들이 남용하지 않으리라 예상한다면 말도 안 되는 착각이다. 당연히 은행은 정부의 신임을 받은 최종 대부자가 구제를 위해 상시 대기 중이라는 사실을 알고 있으니, 선을 넘기 직전까지 수익을 좇는다. 이러한 역학 관계를 간과한다면 기본적인 동기부여에 대한 인간의 반응과 본성을 오해하기 쉽다. 현대의 은행은 정부의 보호를 받는다는 엄청난 특권을 여러 방식으로 남용했다. 어쩌다 이렇게 됐는지 이해하려면 비교적 새롭고 잘 알려지지 않은 현상인 '그림자 금융 시스템'을 먼저 살펴봐야 한다.

그림자 금융은 은행들이 금융 규제를 우회하고자 써먹은 은밀한 술책이다. 뱅크런을 방지하는 취지로 은행의 업무를 소매금융으로 한정하는 등 은행업에 대해 규제 강도가 대폭 높아졌지만, 대신 은행들은 다른 형태의 사업 모델로 영역을 넓혔다. 그림자 금융은 규제와 제한을 덜 받고 FDIC와 같은 최종 대부자의 제도적 도움 없이 리스크를 감수하도록 설립된 금융기업이다. 여기에는 투자은행, 모기지 회사, 머니 마켓 펀드, 레포 시장, 자산 담보부 기업 어음, 증권화 상품, 그 외 온갖 난해한 금융 상품이 포함된다. 그렇기는 하지만 시간이 흐르고 보니, 그림자 금융도 막다른 골목에 다다르면 연준이 다음과 같이 다양한 방식으로 최종 대부자로 등판한다는 사실이 드러났다.

첫째, 그림자 금융기관은 다른 기업보다 저금리로 자금을 확보할 수 있다. 그러다 보니 저금리 대출을 이용할 수 있는 그림자 금융기업이 오히려 자기네보다 경제에서 큰 비중을 차지하는 비금융기업을 인수하며 점점 영역을 넓히기에 이르렀다. 이 때문에 비금융기업들조차 자사의 사업 모델에 그림자 금융 영역을 집어넣기 시작했다. 연방 정부는 그림자 금융을 포함해 금융기관이 외부자보다 낮은 금리에 접근할 수 있게 허용함으로써 암묵적으로 그들에게 운영비를 보조해 준다. 이 암묵적 보조금 자체가 국민의 세금으로 교부하는 지원금이나 마찬가지인 이유는 이들 기관이 더 낮은 금리에 접근해 금리 차익 거래로 비교적 쉽게 이익을 얻게 해주기 때문이다.

둘째, 미국 연방 정부와 연준은 금융 대기업이 어떤 불이익을 피하면서도 거침없이 리스크를 감수할 수 있다는 점을 반복해서 입증했다. 정치인과 연준 이사들은 무모한 위험을 감수하는 금융기관을 자꾸만 구제해 줌으로써 '대마불사' 개념을 현실에서 보여주었다. 구제금융을 제공하는 근거는 늘 똑같다. 이들 은행이 워낙 규모가 크고 세계경제와 긴밀히 얽혀 있으며 체계상 금융생활의 모든 측면과 상호 연결된 까닭에, 그들의 실수에 대한 비용을 납세자로 하여금 치르도록 강제하지

'않으면' 해당 은행뿐 아니라 그들의 무모한 모험에서 한 푼 벌겠다는 위험을 선택하지 않은 모든 책임감 있는 사람까지 경제적 재앙과 고통을 겪을 것이란 얘기다.

일찌감치 2004년에 미니애폴리스 연방준비은행의 게리 스턴 전 총재와 론 펠드먼 현 부총재는 공저 『대마불사Too Big to Fail』에서 "거대 은행들은 언제든 보호받을 수 있다는 채권자들의 기대치를 줄이려는 충분한 노력이 그동안 부족했다"라고 주장하며 금융계에 구제금융 만능주의가 만연해 있음을 경고한 바 있다.[34] 스턴과 펠드먼은 20년 넘게 채권자들의 구제금융 기대감을 조장했던 몇 가지 에피소드를 개략적으로 설명했다. 첫 번째 에피소드는 미국의 역대급 은행 파산 사건이었던 1984년 콘티넨털 일리노이 신탁은행Continental Illinois National Bank and Trust Company의 파산 이후 발생했다. 연준은 콘티넨털 일리노이 신탁은행의 채권자들을 구제했다. 얼마 후 C. T. 코노버 당시 통화감독청장은 의회에 출석해, 미국의 다른 최대 은행 11곳도 파산하게 놔두기에는 워낙 경제체제와 중요하게 연결되어 있어서 이들의 채권자들도 정부에서 보호해 줄 생각이었다고 증언했다.

이 사건은 과도한 위험을 감수해도 파산하지 않을 정도로 몸집과 경제적 영향력을 마음껏 키우도록 부추기는 명확한 메시지를 은행계에 전달한 셈이었다. 이후 몇 년 동안 다른 몇몇 은행과 저축대부조합들은 파산했으며, 갈수록 연방 정부는 경제에 미치는 영향을 고려한다는 구실로 채권자와 예금자에게 점점 법정 수준을 넘을 만큼 아낌없는 지원을 보냈다. 스턴과 펠드먼은 1991년 제정된 연방예금보험공사개선법

FDICIA으로는 구제금융을 나날이 당연시하는 풍토에 대응하기 역부족이었다고 주장했다. 또한 1998년 정부 주도의 롱텀캐피털매니지먼트Long-Term Capital Management, LTCM 구제 사건에다가 나라 밖의 채무국들을 위한 구제금융까지 확대되면서 채권자 보호에 대한 기대 심리가 더욱 올라갔다. 시간이 지나고 보니 스턴과 펠드먼의 경고가 선견지명이었음이 입증되었다.

어쩌면 처음 두 가지 요인보다 훨씬 더 중요할 셋째는 파탄한 은행을 구제하느라 통화정책을 확대하는 바람에 창조적 파괴의 걸림돌이 되는 결과를 낳았다는 점이다. 앨런 그린스펀 전 연준 의장은 소위 '그린스펀 풋Greenspan's put'*이라고 불린 정책으로, 자산 가격의 하락과 대기업의 지급 능력 문제에 대응하기 위해 연방 기금 금리를 반복해서 인하했다. 이처럼 정치적 동기로 조종된 통화정책으로 대기업은 유리한 조건에 자금을 빌리고 위기를 모면할 수 있었다. 연준은 1987년 주식시장 대폭락, 1998년 러시아 디폴트, 1998년 LTCM 파산, 2000년 닷컴 버블 붕괴 때 연방 기금 금리를 인하했다. 정부가 끝도 없이 현금 구제금융과 통화량 조절 등 정치적으로 편리한 방법을 동원한 덕에, 그들과 연줄이 탄탄한 내부자들은 경솔하고 무책임하게 행동하고 나서도 그 대가로부터 보호받을 수 있었다. 투자자와 채권자는 손실은 공유화하고 이익은 사유화하는 방법을 찾았다. 아무리 봐도 명백한 지불 능력

---

* 그린스펀의 정책을 시장의 안전판으로서 풋옵션(특정 기초 자산을 만기 시점에 정해진 가격으로 팔 권리를 사고파는 계약)에 비유한 표현.

문제(시장의 손실)가 이제는 유동성 문제로 취급되어, 최종 대부자인 중앙은행이 해결해 줄 수 있게 되었다.

넷째, 금융 기업은 단순히 현행법을 악용하는 데 그치지 않는다. 그들은 우호적인 규제 환경을 조성하기 위해 엄청난 정치적 영향력을 적극적으로 행사하고 있다. 오픈시크릿OpenSecrets.com에서 분석한 연방 선관위 기록에 따르면, 1990년 금융에 종사하는 개인과 단체가 선출직 공직자의 선거운동에 기부한 금액은 7100만 달러가 넘었다. 2020년 선거철에는 약 20억 달러로 급증했다.

금융업계의 지대 추구 행위는 그들에게 유리한 방향으로 대성공을 거두었고, 그중 가장 큰 성과는 글래스스티걸법의 전면 폐지였다. 글래스스티걸법이 미국 법전에서 삭제되면서 시중은행들은 다시 한번 투자은행업에 진출할 수 있었다. 글래스스티걸법의 폐지는 이러한 결과를 낳은 주범이라기보다는 수십 년 동안 정부가 통제해 온 금융에 서서히 스며든 현실의 재확인을 상징한다고 봐야 한다. 이제는 그림자 금융 대기업이 정부, 혹은 공식적으로 정부의 규제 대상인 소매 금융권보다 더 많은 달러를 공급한다. 그림자 금융이 신용 공급을 확대하는 능력은 여러 기관이 다양한 방식으로 함께 움직이기 때문에 측정하거나 파악하기 어렵다.

이 모든 사실이 의미하는 바는 오스트리아학파 시대에 있었던 대부분의 경우와 달리 오늘날 통화량 증가에 따른 인플레이션과 경기순환은 주로 전통적 금융이나 소매 금융에 의해 초래되지 않는다는 것이다. 현대 경제체제에서는 전통적인 제도권 금융 내부보다 제도권 밖에서 훨씬 많은 통화가 창출되면서 지급준비율, 대출 기준, 은행 간 금리를 분석하는 일이 점점 부질없어지는 기현상이 벌어지고 있다. 그림자 금융 시스템에서 만기 불일치와 부분 지급 준비제가 어느 단계와 수준까지 존재할 수 있는지 밝혀내기란 쉽지 않다.

은행의 부분 지급 준비제가 복잡해 보일지 몰라도, 그림자 금융 시스템이 취급하는 모든 금융자산 및 상품에 적용된 부분 지급 준비제의 복잡성에 비하면 아무것도 아니다. 이제 주식, 채권, 원자재, 그 외 온갖 종류의 부채에 만기 불일치 대출 방식이 적용되었으며, 이는 사실상 이들 자산에 대한 소유권이 자산 자체보다 중요해졌다는 것을 의미한다. 2008년 금융 위기는 단순히 주택 및 모기지 시장의 심각한 위기가 도화선이 되어, 부분 지급 준비제를 등에 업은 그림자 금융 시스템이 무너진 결과였다. 중앙은행은 최종 대부자로서 대부분 은행들에 직접 구제금융뿐 아니라 저금리 대출도 제공함으로써 이들 은행이 금융시장에서 만기 불일치 대출로 이익을 얻을 수 있게 해주었다.

# 2부

# 붕괴의
# 패턴

"부패한 돈은 어떻게 인간의
번영을 강탈해 왔는가?"

The Fiat Standard

6장

법화가 우리에게 한 거짓말

초인플레이션 경제에서는
나무가 열매를 맺기도 전에
겨울 땔감용으로 베어내고,
지출을 조달하려 유망한 사업부를 매각하고,
미래의 수익원을 미리 소비해 버린다.

자연은 인간에게 현실에서 살아남는 법을 터득하라고 가르친다. 수확하려면 씨를 뿌리고 보상을 받으려면 일해야 하듯, 욕구를 충족하려면 대가를 치러야 한다. 이는 모든 생명체에게 해당하는 삶의 본질이다. 모든 생명체는 매일 먹이를 구하는 한편 다른 생명체의 먹잇감이 되지 않으려고 노력한다. 이것이 바로 지금의 우리를 있게 한 자연스러운 생존 본능이다.

그러나 정부의 필요에 따라 화폐단위를 쉽게 생성할 수 있는 법화 체제는 노동과 보상 간의 연결을 끊기 때문에 이러한 자연의 질서를 어지럽힌다. 법화는 개인이 제공하는 재화나 서비스에 매겨지는 가치로 보상받는 시장 논리가 아니라, 정치적 충성도와 연줄에 크게 좌우되어 금전적 보상을 내린다. 법화는 생산성을 향상하는 법 대신 정치 놀음을 하는 법을 가르친다. 즉, 보상을 받는 기준이 노동생산성이 아니라 인위적인 자리 차지에 따라 정해진다.

　중앙 집중식 통화 체제가 경제에 초래하는 왜곡 효과를 깊게 생각해보면, 이러한 효과가 어디에나 있다는 것을 알 수 있다. 어쨌든 돈은 모든 거래에서 한쪽이 다른 쪽에게 건네주는 매개체다. 또한 저축이라는 행위를 통해 미래의 자신과 거래하는 중요한 수단이기도 하다. 화폐가 발전하면 인간이 미래를 생각하고 대비하는 데 도움이 된다. 특히 그 화폐가 경화라면 더 안심하고 미래를 준비할 수 있다. 미래의 불확실성이 작을수록 미래를 예측하고 계획하기가 쉽고 미래 가치에 적용하는 할인율도 낮아진다.

　화폐는 시장경제에서 정보를 전달하는 매개체다. 이윤은 가장 생산적인 경제주체가 생산량을 늘리는 데 필요한 자원을 얻어 계속 이익을 발생하게 하는 신호인 반면, 손실은 비생산적인 경제주체가 자원을 잃게 해 더 이상 자원을 낭비하지 않도록 하는 신호다. 건전화폐의 경제에서 기업이 생존할 유일한 방법은 다른 사람들에게 가치 있는 것을 생산하는 것이다. 어느 시점에서든 모든 기업은 생산적으로 경영해야 하며, 유일한 예외가 있다면 폐업 절차에 들어간 기업이다. 그러나 정부가 화폐를 통제하면 이 과정이 왜곡되고 손익 메커니즘은 망가진다.

　생존을 위한 요건은 더 이상 생산성이 아닌 정치적 수용성과 친정부 성향에 달려 있다. 비생산적이면서도 정치권의 총애를 받는 기업은 수십 년 동안 생존해 계속 자원을 낭비할 수 있는 반면, 생산적이어도 정치권의 눈 밖에 난 기업은 문을 닫기도 한다. 어느 시점에서든 현존하는 기업 중에는 기생충 같은 한계 기업이 다수 포진하고 있어서 생산적인 사회 구성원의 자원을 빼앗아 고갈시키기 일쑤다.

정부는 자신이 독점하는 화폐를 평가절하함으로써 본질적으로 모든 사람에게 시간선호를 높이도록 강요한다. 이와 동시에 정부는 화폐의 평가절하로 사람들의 일상에 구석구석 개입할 수 있다. 이 장에서는 법화가 시간선호, 건축, 자본, 환경, 가족에 미친 영향에 중점을 둔다. 다음 장부터는 높아진 시간선호, 고삐 풀린 재정지출, 고압적인 정부 개입이 식량, 교육, 과학, 에너지, 보안과 같은 현대 법화 시대의 생활에서 매우 중요한 몇몇 측면에 미친 영향을 탐구할 것이다. 법화가 초래한 다른 중요한 결과로는 정부 재정, 전쟁, 독재, 경기순환 등이 있다.

법화 본위제에 진입해 국민이 부채를 화폐처럼 쓸 수 있게 된 지 한 세기가 지난 이제는 법화 기술의 광범위한 사용이 초래한 몇 가지 분명한 사회적, 경제적 결과를 판별하는 일이 가능해졌다. 화폐는 모든 경제 거래와 관련되어 있어서, 이 사회를 구동하는 운영체제라고 생각해도 좋다. 그만큼 화폐는 개인이 내리는 경제적 선택의 본질과 그러한 선택에 동기를 부여하는 가치에 광범위한 영향을 미칠 것이다.

## 미래를 당겨 쓰는 법화

하나의 기술로서 화폐는 우리의 시간선호, 즉 우리가 미래를 할인하는 정도와 밀접한 관계가 있다. 인간이 경제재를 미래에 쓰기 위해 저장할 수 있는 능력을 키워갈수록 미래에 대비하는 능력도 향상된다. 원생적 경제인은 나중에 쓸 소비재를 아껴둠으로써 미래에 스스로를 부양하려 한다. 그러다 이러한 원생적 단계를 벗어나 경제가 고도화하면서 인간은 오랜 기간 사용하고 유지할 수 있는 내구재를 발명한다. 화폐가 거래를 수행하는 메커니즘으로서 발달하고 나면 그다음에는 저축을 통해 경제가치를 미래로, 즉 서로 다른 시점 간에 더욱 간편하고 안정적으로 이전할 수 있게 하는 가치 저장소의 기능으로 진화한다. 우리는 미래에 대비하는 능력이 향상될수록 미래를 더 중요시하고 그만큼 계획도 철저히 세운다.

시간선호가 낮아지는 과정은 화폐와 떼려야 뗄 수 없는 관계에 있다. 인간은 화폐가 있으면 소비를 미뤘다가 시간이 지나도 가치를 잃지 않고 쉽게 교환되는 재화를 나중에 원할 때 손에 넣을 수 있다. 그러나 화폐가 없다면 시간이 지날수록 재화의 가치가 떨어질 수 있으므로 소비와 저축을 미루기가 더 어려울 것이다. 예컨대 곡물을 저장해 뒀다가 나중에 씨를 뿌릴 수는 있겠지만 금과 달리 다음 계절이 오기 전에 부패할 가능성이 크다. 하지만 곡물을 금을 받고 판매할 수 있다면 필요할 때마다 다시 곡물로 교환할 수 있고, 그동안 다른 재화를 구매해도 된다. 화폐가 있으면 없을 때보다 소비를 연기할 때 미래의 기대 가치가 자연스럽게 증대된다. 이는 미래에 대비하려는 사람들의 동기를 자극한다. 돈이 미래에도 가치를 잘 보존할수록 개인은 더 안심하고 이 돈을 미래의 자신을 위해 쓸 수 있으며 미래의 삶에 대한 불확실성이 줄어든다. 미래의 선순환이 그려지는 것이다.

돈의 역사는 시간이 지남에 따라 자연스레 연화에서 경화로 진행된다. 소금, 소, 유리구슬, 석회암, 조개껍데기, 철, 구리, 은 등이 모두 다양한 시대와 장소에서 화폐로 사용되었지만, 19세기 말에는 전 세계가 사실상 금본위제에 들어서게 되었다. 연화를 화폐 매체로 사용하면 통화량이 과도하게 발생해 가치가 떨어지고 화폐 프리미엄이 소실된다. 역사를 통틀어, 특히 세계무역이 시작된 이래 화폐는 항상 가장 생산하기 어려운 재화였다. 화폐가 교환의 매개체로서 연화에서 경화로 진행될수록 개인의 시간선호는 자연스럽게 낮아지기 마련이다. 한스 헤르만 호페가 설명했듯이, 인간의 문명화 과정은 곧 시간선호가 낮아지는 과정이라고 이해해도 무방하다.[35]

사람들은 미래를 더 중요하게 생각할수록 미래의 생활개선을 위해 투자하기 시작한다. 그리고 더욱 멀리 내다보며 장기적으로 예상되는 결과에 자신들의 행동을 맞춰나간다. 또 더 많은 사람이 시장 질서 내에서 협력하고 거래할수록 더 많은 경제가치를 창출하고 미래를 계획하기 수월해지며, 이어서 자본이 축적되고 노동생산성도 향상된다. 물질적 생활 여건은 시간이 지날수록 개선되고, 세대를 거칠수록 다음 세대가 앞 세대보다 더 나은 생활수준을 누린다. 결국 인간은 점점 기본적 생존이라는 고된 일에서 벗어나 더욱 고상하고 수준 높은 관심사에 흥미와 노력을 기울일 수 있게 된다.

내가 쓴 교재 『경제학 원론Principles of Economics』에서 더 자세히 논의했듯,[36] 오스트리아학파에 따르면 시간선호는 금리를 움직이는 동인이자 결정 요인이다. 시드니 호머와 리처드 실라는 공저 『금리의 역사』에서 전쟁, 전염병, 기근 등의 이유로 중간중간 금리가 상당히 올랐던 특이한 시기를 제외하면, 5000년간 전반적으로 금리가 하락 추세였다고 서술한다.[37] 시간적, 공간적 판매성이 비교적 뛰어난 경화로 추세가 옮겨가면 사람들은 저축 기술을 더욱 개선하고, 미래의 불확실성을 덜고, 그만큼 미래에 낮은 할인율을 적용함으로써 시간선호를 획기적으로 낮출 수 있다.

19세기 후반 금본위제의 등장으로 세계 대부분 국가는 시간이 지나도 가치를 잃지 않는 화폐에 접근할 수 있게 되었고, 공간에 구애받지 않고 가치를 이전하는 일도 점점 수월해졌다. 전 세계의 점점 더 많은 인구가 미래에 대비하는 차원에서 저축에 의지했다. 누구든 경화를 저축하기 시작하면 계속 근검절약하고 시간선호를 낮추며 미래에 보상을 거두려는 동기가 강해진다. 그 이득은 물가가 하락하고 저축의 가치가 증가하는 등 일상에서 체감된다. 미래의 만족이라는 측면에서 현재의 소비에는 커다란 기회비용이 따른다는 사실은 누구에게나 항상 적용되는 경제적 진리다.

20세기에 들어 연화가 화폐 매체의 자리를 꿰차면서 수천 년 동안 시간선호가 점차 낮아지던 추세가 역전되었다. 그전에는 거의 모든 사람이 가치의 저장 기능이 뛰어나고 통화량이 연간 약 2퍼센트만 증가하는 화폐를 썼다면, 20세기는 정부가 화폐를 지긋지긋하게 찍어대서 공급량이 잘하면 6~7퍼센트씩, 통상 두 자릿수씩, 때로는 세 자릿수까지 증가하는 뒤죽박죽 세상이 되었다.

과거에는 화폐가치가 오른다는 기대감이 있었고 따라서 미래에 그 가치를 유지할 수 있는 든든한 저축 수단이 있었다면, 20세기의 법화는 미래에 화폐가치가 유지된다는 보장은커녕 떨어질 것으로 예상되는 훨씬 원시적인 시대로 되돌려 놓았다. 연화를 사용하는 사회는 미래가 더 까마득하게 느껴져 미래에 대비할 수 없으므로 불확실성이 크다. 불확실성이 크면 미래에 적용하는 할인율의 폭이 커져 사람들의 시간선호가 높아진다. 법화는 사실상 미래를 준비하는 행위에 세금을 부과해 미래 할인율을 높이고 개인의 기본 행동이 더욱 현재 지향적으로 변하게 한다. 나중에 내 재산이 얼마가 될지 불확실한데, 뭐 하러 지금의 소비를 미루겠는가?

이 과정을 보여주는 극단적 사례는 화폐가치가 가차 없이 떨어지는 초인플레이션의 결과에서 목격할 수 있다. 20세기에 초인플레이션 사례가 수십 차례 있었지만, 특히 그중 레바논, 짐바브웨, 베네수엘라의 초인플레이션 사태는 현대 경제를 살펴보기에 손색없는 사례 연구다. 또 애덤 퍼거슨의 저서 『돈의 대폭락』은 양차 대전 사이에 세계에서 가장 발전한 국가 중 한 곳이던 독일에서 발생한 초인플레이션의 영향을 좋은 예로 제시해 개략적으로 살펴본 바 있다.

이들 각각의 초인플레이션 사례를 보면, 화폐가치가 파괴됨과 동시에 미래에 대한 관심도 함께 사라졌다. 그 대신 사람들의 관심사는 당장 먹고사는 단기적 문제로 바뀌었다. 이제 그들은 저축은커녕 돈을 버는 즉시 탕진하려 한다. 그리고 모든 장기적 가치를 할인하기 시작하고, 자본을 즉시 소비에 사용한다. 초인플레이션 경제에서는 나무가 열매를 맺기도 전에 겨울 땔감용으로 베어내고, 지출을 조달하려 유망한 사업부를 매각하고, 미래의 수익원을 미리 소비해 버린다. 인적 자본과 물적 자본은 저축이 생산적 투자로 쓰일 수 있는 국가로 유출된다. 미래 가치의 할인율이 워낙 크기 때문에 시민의식이나 조심성, 준법정신이 약해지고, 무모하고 위험한 행동이나 범죄를 저지를 유인은 급속도로 강해진다. 이렇게 모든 사람이 박탈감을 느끼고 가진 자에게 분풀이하려는 심리가 발동하면 사회에 범죄와 폭력이 현저히 증가한다. 또한 살림살이의 압박으로 가계가 도산하고 가정이 붕괴한다. 초인플레이션은 유난히 극단적인 경우지만, 그래도 인플레이션으로 서서히 화폐가치가 잠식되는 법화 체제에서라면 이러한 경향은 비교적 완만한 형태로나마 늘 존재한다.

　시간이 경과하면서 화폐가치가 감소할 때 가장 직접적인 영향은 소비가 증가하고 저축이 감소한다는 점이다. 소비와 그로 인한 만족을 나중으로 미루는 것은 미래의 보상과 맞바꾸기 위해 당장의 쾌락을 포기하겠다는 의지를 뜻한다. 현재 소비의 가치를 미래의 보상으로 전환하는 화폐의 기능이 불확실할수록 미래 보상의 기대 가치가 낮아지고 당장 치르는 대가가 비싸지므로 사람들은 소비를 나중으로 미루려는 심리가 약해진다. 이 현상의 극단적인 사례는 급격한 인플레이션을 경험하는 국가들에서 볼 수 있는 월초의 슈퍼마켓 풍경으로 확인할 수 있다. 사람들은 월급을 받는 즉시 슈퍼마켓으로 달려가 식료품과 필수품을 구입한다. 월말이 되면 화폐가치가 떨어져 같은 금액으로 구입할 수 있는 수량이 줄어든다는 것을 알기 때문이다. 법화도 비슷한 효과를 내지만, 완만하고 꾸준히 인플레이션을 일으키기 때문에 비교적 포착하기 어렵다.

오늘날 전 세계에 대량 소비 문화가 눈에 띄게 만연한 이유는 법화가 소비에 대한 동기부여를 왜곡한다는 점으로밖에 설명할 길이 없다. 화폐가치가 계속해서 떨어지는 가운데 소비와 저축을 나중으로 미루면 기대 가치는 마이너스가 될 가능성이 높다. 적절한 투자처를 찾는 일에는 위험과 어려움이 따를 뿐 아니라 적극적인 관리와 감독도 필요하다. 그러므로 가장 편리한 방법, 즉 법화 사회의 문화에 온전히 동화되는 길은 버는 족족 써버리는 것이다.

미래에 가치가 상승하는 경질자산을 화폐로 쓰던 시대에는 시간이 지날수록 기회비용이 높아지므로 개인이 돈을 지출할 때 매우 신중해지는 경향이 있었다. 좀 더 기다리면 저축이 불어나서 더 좋은 가구, 옷, 집을 살 수 있는데, 굳이 지금 싸구려를 살 이유가 없는 것이다. 그러나 요즘처럼 돈이 생기면 쓰고 싶어 안달인 소비자는 제품의 품질에 별로 신경 쓰지 않는다. 시간이 지날수록 가치가 떨어지는 돈을 들고 있다가 더 조악한 품질의 가구, 옷, 집을 사느니, 지금 적당한 싸구려를 사는 편이 합리적이다. 나중에 가치가 하락하는 법화보다 차라리 싸구려 가구가 가치를 더 잘 유지할 것이다.

법화의 불확실성은 모든 자산의 불확실성으로 확대된다. 정부는 허공에서 돈을 창출하는 능력으로 더욱 대담해지고, 모든 시민의 재산에 점점 전지전능한 영향력을 발휘하게 되며, 돈을 어디에 쓰라고 명령하거나 아예 몰수하기도 한다. 한스 헤르만 호페는 『거대한 허구The Great Fiction』에서 법화로 된 재산을 모든 재산 소유자의 머리 위에 매달린 다모클레스의 칼에 비유한다.[38] 재산 소유자는 누구든 언제라도 재산을 빼앗길 수 있으니, 미래를 더욱 불확실하게 바라보고 대비를 덜 한다는 뜻이다.

## 건축물의 내구도가 점점 낮아지는 이유

법화 체제에서 시간선호가 높은 현상은 아마 웬만한 인간의 소비물 중 가장 오랜 역사를 지닌 건축물을 통해 가장 여실히 드러날 것이다. 산업 기술의 발달로 그 어느 때보다 건설이 저렴하고 쉬워지면서 전 세계적으로 건물의 내구성과 수명이 감소했다. 이 점은 놀랍고 신기한 사실처럼 보이지만, 법화 시대에 미래에 대한 할인율이 높아지면서 건축 설계에 어떤 영향을 미쳤는지 고려하면 놀랄 일도 아니다. 시간선호가 바뀐다는 것은 현재와 미래의 효용을 맞바꿀 최대한의 여지를 제공한다는 점에서 내구재에 더 큰 영향을 미친다. 시간선호가 높아질수록 미래 할인율이 높아져, 한번 지으면 수십 년을 버티는 집의 가치도 현저히 떨어진다. 이러한 현상이 벌어지면서 건축 기술의 주안점은 품질과 수명의 최적화에서 이제는 비용 절감의 최적화로 이동했다.

금본위제 시절의 주택은 오래가도록 튼튼하게 지어졌다. 집주인은 어릴 때부터 돈을 모으기 시작해 대개 평생 그 집에서 살겠다는 생각으로 집을 짓곤 했다. 그러나 20세기에는 장기적 수명보다 비용 절감을 고려해 집을 지었다. 20세기 건축물은 19세기 건축물보다 미관도 내구성도 떨어진다. 이런 흉측한 현대식 건물이 더 경제적으로 지어졌다고 생각할 사람도 있을지 모른다. 그러나 이는 미래에 큰 할인율을 적용하는 사람에게만 옳을 가능성이 크다. 오늘날 현대식 모듈 주택을 지으면 단기적으로 비용은 더 저렴하겠지만, 유지 보수로 꼬박꼬박 나가는 비용과 19세기 건물보다 훨씬 빨리 재건축해야 한다는 사실을 감안하면 장기적으로는 대가가 더 크다.

19세기와 20세기의 건물이 공존하는 도시를 거닐다 보면 각 시대에 지어진 건축물에서 매우 현저한 차이가 눈에 띈다. 19세기와 20세기 건축 양식을 비교하고 시간선호의 증가가 디자인과 건축에 어떤 영향을 미쳤는지 완전히 분석하자면 이 책 전체를 할애해도 모자랄 판이다. 그래서 이 장에서는 한 가지 사례만 골라, 약 한 세기 간격으로 지어진 보스턴 공공 도서관의 두 건물을 언급하기로 하겠다. 첫 번째 건물인 매킴관은 1888년부터 1895년까지 금화 기준으로 226만 8000달러, 즉 2020년 물가의 법화로 환산하면 7020만 달러를 들여 고전주의풍의 웅장한 모습으로 지었다.[39] 건축 후 125년이 지난 지금도 여전히 보스턴에서 가장 아름다운 건물이자 중요한 명소로 손꼽혀, 환상적인 실내를 감상하려는 현지 주민과 관광객의 발길이 끊이지 않는다. 게다가 내구성과 미관을 유지하기 위한 보수나 공사도 거의 필요 없는 구조다.

두 번째 건물인 존슨관은 '영묘'라는 별명이 붙었을 만큼 입구에 들어서자마자 우울함이 전해지는 현대식 브루탈리즘 건축물이다. 1971년에 지어진 이 건물은 2013년에 완전히 손봐야 할 정도로 망가지고 파손되어, 3년에 걸쳐 7800만 달러의 비용을 들여 대수선했다. 적어도 공식 CPI 통계에 따르면, 건축된 지 겨우 40년 된 흉측한 존슨관을 유지 관리하는 비용이 125년째 웅장미와 안정적 기능을 동시에 갖추면서도 여전히 별다른 보수 작업이 필요하지 않은 매킴관을 새로 짓는 비용을 초과했다.

오늘날 기술은 19세기 후반보다 훨씬 뛰어나게 발전했으니 건축비가 줄어든 것은 당연하다. 아름다운 명소로 가득하던 보스턴에 성냥갑처럼 흉측한 건물들이 들어서게 된 것은 물질적으로 부족해서가 아니다. 그보다 사람들의 높아진 시간선호, 즉 미래의 수리 비용에 커다란 할인율을 적용하는 사고방식 때문이다. 빨리 지은 만큼 빨리 수명을 다하는 현대의 건축물이 이를 방증한다. 수천 년 역사를 자랑하는 전통적, 고전적 건축이 꼴사나운 모더니즘 건물로 대체된 이유는 후자가 더 저렴해서가 아니라 단지 20세기 이후 비용을 미래로 전가해 미래에 높은 할인율을 적용하려는 분위기가 팽배해졌기 때문이다.

## 법화는 자원을 고갈시킨다

법화 체제에서는 신용 창출에 대한 유인이 강력해서 대부분 사람이 대출에 관심을 보인다. 그러면 대출 기관은 법화라는 토큰을 새로 채굴한다. 그 결과 미래에 대비해 저축하는 사람은 별로 없고, 모든 사람이 빚을 지는 사회가 되었다. 이러한 가운데서도 부유층은 대부분의 부를 실물 자산 형태로 보유함으로써 스스로 보호할 수 있지만, 그 외 대다수는 일반적으로 가치가 꾸준히 절하되는 유동자산 형태로 대부분의 부를 보유하므로 더 나은 미래를 위해 노력할 동기가 사라진다.

이처럼 저축을 회피하는 추세가 드러나는 예는 누구나 가지고 있는 마이너스 통장뿐 아니라 모든 형태의 자본에 퍼져 있다. 저축은 시간적으로나 인식적으로나 투자와 자본축적에 필요한 선행조건이다. 먼저 개인은 소비와 만족을 나중으로 미룰지 결정해야 한다. 다시 말해, 어떤 자본이든 축적하려면 저축부터 해야 한다. 따라서 저축의 유인이 감소하면 투자에 필요한 가용 자본도 줄어들 것이다.

법화의 열렬한 옹호론자들은 중앙은행의 신용확장 덕분에 현금을 비생산적으로 쌓아두기보다 생산적인 사업에 투입하려는 유인이 배가된다고 주장하며 반박할 것이다. 그러나 저축이 투자를 준비하기 위한 필수 과정이라는 점으로 볼 때, 저축이 감소하면 실저축액으로 뒷받침되는 실투자액도 감소할 것이다. 저축이라는 필수 조건 없이 신용확장으로 자금을 조달한 투자는 대가를 치르지 않고도 생산성을 향상할 수 있는, 즉 정부가 공짜로 주는 선물이 아니다. 단지 경기순환, 인플레이션, 금융 위기를 초래하는 오산이자 잘못된 투자다.

중앙은행은 독점적으로 통화량을 조종해 기업가가 경제적 손익을 계산하는 능력을 왜곡한다. 그러면 체제 전체의 자본이 잘못 배분되고, 그 결과는 신용확장이 잠잠해질 때쯤 수면 위로 드러나 경기 침체기로 이어진다. 각 경기순환기에는 수익성 없고 비생산적인 벤처 기업에 막대한 자본이 배분되면서, 이들 기업이 자본을 축적하긴커녕 사실상 자본을 소진하게 한다. 저축이 받쳐주지 않는 신용으로는 투자에 들어갈 자본을 새로 창출할 수 없다. 대신 자유 시장의 이기적 개인이라면 자본을 배분하지 않았을 사업에 자본을 배분하는 오판을 유발할 뿐이다.

인플레이션이 자본축적에 미치는 파괴적인 영향을 이해하는 또 다른 단서는 인플레이션의 위협이 현금 보유보다 더 나은 수익성이 기대되는 것이라면 뭐든지 투자하도록 저축자들을 부추긴다는 것이다. 시간이 지나도 화폐가치가 유지되거나 상승하는 시대라면 투자의 명목 수익률은 물론 실질 수익률도 0보다 커야 바람직한 투자로 받아들여질 것이다. 예비 투자자들은 최선의 투자 기회를 찾을 때까지 현금을 보유한 채 지혜롭게 기다릴 것이다. 하지만 요즘같이 돈의 가치가 잠식되는 시대라면 저축자들은 저축액의 가치 하락을 피하고자 차라리 그 돈으로 투자를 하려는 유인이 강해진다. 그래서 자신의 부를 지키는 데 열중하느라 이성적 사고력이 흐려진다. 가령 명목 수익률이 0보다 큰 투자라도 실질 수익률로는 마이너스가 될 수 있다. 경제가치를 파괴하고 자본을 소모하는 사업이라도 시간이 흐를수록 떨어지는 화폐가치와 견주어 평가할 때 사업 활동이 경제적으로 보인다면 이 사업은 존속해 계속 투자자를 유인하고 자본을 파괴할 것이다. 케인스주의에 빠진 순진한 몽상가들의 믿음과 달리, 저축된 부의 가치가 붕괴하는 사회에서는 더 생산적인 기회가 마법처럼 창출되지 않는다. 단지 그 부를 파괴적이고 실패한 사업에 기회를 주는 데 재배분할 뿐이다.

법화가 소비와 파괴를 부추기는 기세는 자연 자본과 환경에도 반영된다. 미래에 대비하기에 돈의 가치가 유지된다는 보장이 없고 불확실성이 커짐에 따라 각 경제주체는 토양, 강, 숲, 해안, 대수층에서 미래에 얻을 수 있는 편익을 더 큰 폭으로 할인해 이러한 자원을 고갈하는 전략을 더욱 합리화한다. 그리고 사람들이 미래의 편익을 가치 있게 여기지 않으면 자연을 보호하려는 의욕은 시들해지고, 그 결과 자원의 고갈과 남용을 피할 수 없다. 법화와 식량의 관계를 다룰 다음 장에서는 이것이 농업과 식생활에 미치는 영향에 대해 논의할 것이다.

시간선호가 전반적으로 높아지고 미래 가치가 과도하게 할인되는 풍조와 맞물려, 개인 간에 갈등이 증가하고 인간 사회의 버팀목과 같은 미풍양속도 타락했다. 인간은 공정거래를 하고 사회적으로 협력하고 한곳에 정착해 이웃과 긴밀한 유대를 맺는 능력을 토대로, 자기 기지를 지키고 적대감을 품고 동물처럼 본능대로 반응하는 충동을 억제하는 습관을 들이며 이성적, 장기적 관점을 갖추려 노력한다. 종교, 시민의식, 사회적 규범은 사람들이 근시안적 충동을 억누르게 해, 사회 공동체에서 살고 다른 사람과 협력하고 분업과 특화의 편익을 누리는 등 장기적 가치를 추구하도록 권장하는 역할을 한다.

이러한 장기적 편익이 머나멀게 느껴지면 미래를 위해 희생하려는 동기가 약해진다. 사람들은 자신의 부가 증발되는 것을 목격하면 당연히 박탈감을 느끼고 사회 공동체로 사는 의미와 사회 관습을 존중해야 할 필요성에 의문을 품기 시작한다. 또한 이 사회가 모두가 잘살도록 보장하기보다는 소수의 엘리트가 다수를 강탈하기 위한 메커니즘처럼 보일 것이다. 인플레이션이 만연한 사회에서는 범죄율이 치솟고 갈등도 더 자주 발생한다. 사회의 부유한 엘리트에게 박탈감을 느끼는 사람들은 스스로의 힘으로 재산을 축적하는 것보다, 재산을 축적한 다른 사람을 탓하는 것을 합리화하는 쪽이 더 쉽다는 것을 깨닫는다. 미래에 대한 기대감이 줄어들면 고객, 동료, 지인을 존중하고 공손하게 대할 동기도 약화된다. 미래를 준비하는 능력이 약해지면 미래에 대한 책임감도 줄어든다. 개인은 미래를 불확실하게 느낄수록 단기적으로는 이득이 되고 장기적으로는 위험에 빠질 수 있는 무모한 행동을 하기 쉽다. 이러한 행동에 따르는 장기적인 하방 리스크, 즉 구속, 사형, 신체 불구와 같은 결과가 생필품을 획득해 즉시 얻는 보상보다 더 큰 폭으로 할인된다.

## 굳이 가족을 만들지 않는 사람들

가족도 법화 시대의 인플레이션이 시간선호에 퍼부은 맹공격에 희생되었다. 문화권을 막론하고 모든 사람은 청춘과 재산을 바쳐 인생의 동반자와 가정을 꾸리려 한다. 그리고 현재의 자원을 포기하면서 자녀를 안전한 환경에서 양육하고자 한다. 대신 자녀들은 노년에 그들을 부양하며 보답한다. 가정을 꾸리겠다는 결정은 개인이 미래를 높게 평가하고 미래를 위해 현재의 만족을 포기해야 한다는 점에서 시간선호가 낮은 행위다. 그리고 경화 체제에서는 돈을 저축하면 그 돈의 실질 가치가 갈수록 상승하기 때문에 가정을 꾸릴 때 짊어져야 할 부담이 가벼운 편이다. 그러나 경화가 설 자리를 잃은 20세기에는 가족 구성원이 서로를 부양할 수 있는 능력도 위기에 처했다. 정부가 통화량을 방만하게 늘린 탓에 물가는 계속 오르고 저축은 유명무실해졌다. 그 결과 생활고의 압박을 덜기 위해 맞벌이하는 가정이 크게 증가해, 가족끼리 오붓이 보내는 시간이 훨씬 줄어들었다. 개인이 가치를 저장하는 수단인 저축이 국가 재정을 충당하느라 고갈되면서, 저축의 가족 부양 기능도 함께 사라졌다. 국가가 부양을 책임지면 개인은 가정을 꾸리기 위해 현재를 희생하려는 유인이 약해진다. 교육, 보육, 의료, 은퇴가 국가의 책임 영역으로 넘어가면서 가족의 필요성이 무뎌지고 가족을 위해 희생하려는 책임감도 약해졌다. 가족 부양을 정부가 부담하면 가족의 모든 유대는 약화될 것이다.

법화로 복지 재원을 마련하는 복지국가 이전에는 부양가족이 유년기와 노년기에 몸을 의지할 유일한 희망이었기 때문에 누구나 가족 관계에 투자할 강한 동기가 있었다. 아이들은 부모의 말을 무조건 따라야 했고, 부모는 가족을 위해 헌신할 수밖에 없었다. 이처럼 복지국가가 개인의 노후를 책임져 주던 시절이 아니었으니 가족과의 유대가 지금보다 훨씬 중요했다.

역사를 통틀어 대부분 인류는 젊은 시절을 단란한 가정을 꾸리며 보내고 나면, 나중에 서로 돌봐줄 사랑하는 동반자가 곁에 남는다는 것을 알고 있었다. 대부분 사람들은 본능적으로 아이를 갖고픈 욕구가 있고 자녀를 키우며 얻는 행복 때문에 아이를 원하기도 한다. 그러나 이제는 노후를 대비하는 좋은 방법이라고 생각해서 아이를 가지려는 사람이 거의 없다. 요즘은 장기적인 안정, 만족, 성취감 대신 덧없는 쾌락만 좇아 쓸데없는 짓에 젊음을 낭비하며 언제까지나 철부지처럼 구는 사람들을 흔히 볼 수 있다.

정부가 국민들의 노년기를 재정적으로 부양해 주기는 하겠지만 늙고 허약해진 국민을 사랑으로 보듬어주진 못한다. 인간은 금전욕만 있는 것이 아니기에 인간관계, 사랑, 친밀감에 대한 욕구도 매우 강하다. 그리고 가족에 대한 장기 투자가 이 욕구를 충족하기 위한 가장 확실한 방법으로 알려져 있다. 그러나 정부가 법화로 신용을 찍어내는 세상에서는 사람들이 먼 미래에 대비해야 한다는 부담에서 벗어나, 만년에 기쁨과 만족을 줄 가족에 별로 투자하지 않게 된다. 이 모든 욕구를 압도하고 가족 관계를 희생할 정도로 지난 100년 동안 우리의 정신 자체가 달라진 것은 아니다. 달라진 것이 있다면 긴 안목으로 생각하고 미래의 자신을 돌보는 능력이 약해졌다는 점이다.

법화 시대의 인류는 황금시대의 선조에게서 물려받은 위험한 첨단 기술로 무장한 후 세상을 바라보는 시야가 갈수록 좁아지고, 단기적 해결책들을 이리저리 바꿔 내놓고, 자본을 고갈시키고, 지금의 발전을 가능하게 한 오랜 제도와 전통을 평가절하하기에 이르렀다. 법화 시대의 인간은 어느덧 아득히 먼 조상들의 야만적 시대로 되돌아갔다. 그러나 비트코인은 가치 절하에 끄떡없는 경화 중심의 통화 체제를 제공함으로써 전 세계 사람들이 미래를 계획할 때 불확실성을 줄이고, 시간선호를 낮춘다. 그렇다면 20세기 들어 시간선호가 높아지고 그에 따른 많은 재앙이 발생했던 지난 흐름을 반전시킬 흥미로운 가능성이 우리 앞에 펼쳐질 것이다.

7장

돈은 어떻게
인류의 식탁을 오염시키는가

법화의 시대에 접어든 후
식품의 품질은 쭉 저하되어 왔다.

모든 경제 거래의 일부를 차지하는 화폐는 생활의 대부분 측면에 광범위한 영향을 미친다. 이 책의 1부에서 설명한 법화의 역학은 식량 시장에도 심각한 왜곡을 일으킨다. 이 장에서는 그중 특별히 두 가지 왜곡을 중점적으로 살펴볼 것이다. 첫째는 법화가 시간선호를 높이는 유인이 농작물 경작과 식량 소비의 선택에 미치는 영향, 둘째는 법화로 재원을 조달하는 정부가 농업 규제, 식량 생산 보조금, 식습관 지침 등을 통해 식량 시장에 점점 적극적으로 개입하게 된 과정이다.

3장에서 논의했듯, 1971년 금태환 창구가 폐쇄되면서 미국 정부는 법화를 실물 금으로 태환해야 할 제약에서 벗어나, 통화 인플레이션의 이득을 더 크게 누릴 수 있었다. 통화량을 증대한 후 불가피한 결과는 1970년대 세계경제의 특징이기도 한 재화와 서비스의 가격 상승이었다. 물가가 하늘 높은 줄 모르고 계속 폭등하자, 미국 정부는 역사상 통화팽창적 정부들이 늘 해왔던 모든 행동 패턴을 답습했다. 즉, 아랍 석유 금수 조치, 국제 자본시장을 어지럽히는 사악한 투기꾼, 부존량이 한계에 이른 천연자원 등 다양한 요인에 책임을 전가했다. 다만 자신들의 통화정책에는 절대 책임을 돌리지 않았다.

정부의 채권 발행과 재정지출이 확대될 때마다 정치적 영향력, 즉 투표권과 재력을 이용해 이러한 정부의 씀씀이를 고착화하는 수혜 집단이 생긴다. 그러므로 재정지출을 억제할 것을 촉구하는 정치인들은 제 목소리를 내기가 매우 어렵다. 법화 정치에서 성공하려면 화폐 발권을 억제하지 말고 남용해야 한다. 복지 수당, 코로나 재난 지원금, 주거 지원, 푸드 스탬프, 대학 무상교육, 무료 의료보험 등 무엇이 됐든, 법화를 지출하고 싶어 하는 정치인은 언제나 인구의 특정 계층에서 지원 대상을 찾으려 한다. 반면에 긴축재정을 선호하는 정치인은 대중의 인기를 얻지 못하고 빈곤층의 적으로 낙인찍히기 쉽다. 식량 물가가 당대의 시급한 정치적 현안이 되면서 통화팽창 기조를 역전시켜 물가 상승을 억제할 가능성은 거의 요원해졌다. 그 대신 정부와 고위 관료들은 식량 시장을 중앙 계획으로 통제하기로 선택했다. 그 선택의 비참한 결과는 여태껏 현재 진행형이다.

## 식탁에 고기가 올라오지 않는 이유

1971년 리처드 닉슨 당시 미국 대통령은 오랫동안 공직 생활을 했던

얼 버즈를 미 농무부 장관으로 임명했다. 버즈 장관은 다양한 농기업에서 이사직을 지낸 농업 전문가였다. 그의 명시적 목표는 식량 물가를 안정시키는 것이었는데, 그 방법은 모질다 싶을 정도로 직접적이었다. 저금리에 힘입어 농업 생산성을 향상할 자본이 넘쳐나는 가운데 버즈가 농업계에 던진 메시지는 '대규모 농업을 못할 바에야 시장에서 나가라Get big or get out'였다. 이것은 대규모 농가에는 이익이었지만 소규모 농가에는 죽음의 전령이었다. 버즈 장관의 전략은 소규모 농가를 죽이고 그들이 자신의 농지를 대기업에 매각할 수밖에 없게 만드는 것이었다. 이로써 농산물 가공업의 성장세가 확고해지는 한편, 훗날 미국의 토질과 국민의 건강이 해를 입는 결과를 낳았다. 식량 증산으로 식품의 가격은 낮아졌지만, 영양소와 토질을 희생하는 대가를 치러야 했다.

중장비를 대거 도입해 식품 가공업을 발전시키면 버즈 장관이 추구했던 대로 식품 가격을 낮출 수 있다. 그러나 대량생산은 작물의 크기와 양, 당도를 증가하게 하지만 반복적, 집약적 단작 방식의 농업 특성상 토양의 양분을 고갈시킨다. 그만큼 비옥도를 개선하려면 화학비료의 사용량을 계속 늘려야 하므로 영양소 측면에서는 훨씬 기대하기 어렵다.

법화의 시대에 접어든 후 식품의 품질은 쭉 저하되어 왔다. 이에 따라 정부가 선호하는 물가 변동 측정치인 CPI 지수에 포함된 식품의 품질도 저하되었다. 5장에서도 CPI가 별 쓸모 없다고 언급한 바 있지만, 객관적으로 정의할 수 있는 단위가 없다면 측정할 의미가 없을 뿐 아니라, 측정하고자 하는 화폐의 가치가 변할 때 상품 바스켓의 구성 항목

역시 바뀐다는 사실도 드러나지 않는다. 식량은 이러한 역학의 예를 가장 잘 드러낸다.

고영양 식품들의 가격이 오르자 사람들은 필연적으로 더 저렴한 식품으로 대체할 수밖에 없었다. 저렴한 식품이 CPI 상품 바스켓에서 차지하는 비중이 커지면 인플레이션의 영향은 과소평가된다. 이 점을 설명하기 위해 일당 10달러를 버는 사람이 일일 영양소 권장량을 섭취하기에 충분하고 맛도 좋은 꽃등심 스테이크를 사 먹는 데 그 돈을 다 쓴다고 상상해 보자. 이 단순한(소위 '최적'이라고 하는) 소비재 상품 바스켓에서 CPI는 10달러다.[40] 이제 어느 날 초인플레이션이 발생해 일당은 10달러로 그대로인 반면 꽃등심 스테이크 가격은 100달러로 오른다고 상상해 보자. 소비자 물가는 어떻게 될까? 이 사람이 100달러짜리 꽃등심을 살 여유가 없기 때문에 CPI는 10배씩 오르지 못한다. 대신에 그는 화학물질이 대거 첨가된 쓰레기 같은 10달러짜리 콩 버거로 끼니를 때운다. 그러면 CPI는 마법처럼 물가 상승률이 0이라고 나온다. 통화 인플레이션의 실상이 어떻든 CPI는 소비지출을 기반으로 하는데, 이 소비지출 자체가 물가에 따라 달라지기 때문에 측정 지표로서 다소 뒷북을 치는 경향이 있다. 물가 상승은 그만큼 소비지출의 증가가 아니라, 소비재의 품질 저하를 초래한다. 이처럼 물가가 상승한 만큼 바스켓에 포함된 재화의 질이 떨어지기 때문에 생활 물가의 변동은 CPI 지수에 반영되지 못한다. 이런 이유로 정부가 보기에 최적 수준인 연간 2~3퍼센트의 CPI를 기록하더라도 물가는 계속 상승한다. 꽃등심 대신 산업용 화학물질로 만든 쓰레기 음식에도 만족하는 소비자라면 심각한 인플레이션 속에서도 이를 체감하지 못할 것이다!

이처럼 쓰레기 식품으로 눈을 돌리는 소비 추세 때문에 미국 정부가 달러 가치를 얼마나 파괴했는지, 그리고 이것이 애꿎은 화폐 사용자들에게 어떤 치명타를 안겼는지의 문제는 과소평가되었다. 정부가 싸구려 가공식품 기업에 보조금을 지원하고 미국인에게 최적의 식단 구성에 이들 식품을 포함하도록 권장하다 보니, 물가가 상승하고 화폐가치가 하락하는 정도가 뚜렷이 와닿지 않는다.

1970년대 이후 미국 정부가 제시해 온 식습관 지침의 역사적 추세를 자세히 살펴보면 육류 섭취 권장량이 꾸준히 줄고 곡물, 콩류, 가공 유지, 그 외 규모의 경제를 누리는 다양한 저영양 식품에 대한 권장량이 증가하고 있음을 알 수 있다.

농업의 산업화로 탄생한 대기업 집단은 정치적으로 상당한 영향력을 행사하며 미국 정치 지형의 강력한 일부를 이루게 되었다. 미국 선거에서 정치적 기여도를 추적하는 웹사이트인 오픈시크릿에 따르면, 농업 대기업들은 2020년 선거철 때 선출직 입후보자들에게 1억 9300만 달러 이상을 기부했다. 아마 이 사실을 통해 70년에 걸쳐 산업화되어 온 농업계가 정부에 자사 제품이 들어간 식습관 지침을 제정하고 보조금을 인상하도록 로비해 대성공한 이유를 짐작할 수 있을 것이다.

# 켈로그 박사와 곡물 시리얼

영양학과 화폐경제 사이의 두 번째 연결 고리는 정부가 권장하는 식습관 지침의 영향과 관련이 있다. 금본위제 시절 같았으면 시민들에게 돌봄 역할을 자처하고 삶에서 필요한 모든 지침을 제공하려 하는 현대 유모 국가의 부상은 불가능했을 것이다. 이유는 단순한데, 경화 경제에서 정부가 개인의 문제에 대해 중앙 집권적 결정을 내리기 시작하면 곧바로 경제에 득보다 실을 초래하고 국고에 경화가 바닥날 것이기 때문이다. 반면에 연화로 된 법화 체제에서는 정부의 오판이 차곡차곡 쌓이다가, 대개 한참의 시차를 두고 화폐가치가 파괴되는 문제가 경제 현실에 드러나기 시작한다. 이처럼 미국이 연준의 설립과 함께 총을 들고 철권을 휘두르는 유모 국가로 변모한 직후, 연방 정부가 식습관 지침을 정하기 시작한 것은 우연이 아니다. 1916년에 최초로 아동을 위한 지침이, 이듬해에 성인을 포함한 일반 지침이 발표되었다.[41]

경제적 의사 결정을 중앙정부의 계획에 맡길 때의 문제점은 미제스와 오스트리아학파가 주로 경제적 맥락에서 자세히 설명한 바 있지만, 영양학적 의사 결정에도 똑같은 논리를 적용할 수 있다. 미제스는 경제에서 생산을 조정하고 분업이 가능한 이유가 개인이 자신의 재산을 경제적으로 계산할 수 있는 능력 때문이라고 설명했다. 개인이 각자 선호에 따라 자기 행동의 비용과 편익을 저울질할 수 있다면, 어떤 행동이 목표를 달성하기에 가장 생산적인지 결정할 수 있다. 반면에 경제 자원을 소유하지 않은 주체가 자원을 어떻게 사용할지 결정하면, 그들은 경제 자원을 이용하고 그로부터 편익을 얻는 개인의 선호를 알지 못하므로 현실적 대안과 기회비용을 정확하게 추론할 길이 없다.

먹을 것에 다가가는 아기를 보면 다들 알겠지만, 인간에게는 모든 동물과 마찬가지로 본능적인 식욕이 있다. 인류는 자신에게 맞는 음식을 알아내기 위해 스스로 먹어보거나 다른 사람들의 연구 결과를 참고하는 등, 먹을거리를 가려내는 수천 년의 과정을 거쳐 음식의 전통과 문화를 발전시켜 왔다. 그러나 정부가 법화를 등에 업고 전지전능해진 요즘 시대에는 무엇을 먹을지 결정하는 것조차 중앙정부의 영향력이 점점 더 커지고 있다.

식량 생산 보조금과 식습관 및 의료 지침을 결정하는 정부는 미제스가 비판한 중앙 계획경제와 마찬가지로 모든 국민 개인의 건강을 생각해 결정을 내리지 않는다. 결국 공무원들은 직업상 정부로부터 법화로 급여를 받는 직원들이다. 따라서 그들이 내리는 과학적 결정에 정치적, 경제적 이해관계가 영향을 미치는 것은 당연하다. 현대 정부가 식습관 지침을 제정하게 만든 주된 동인으로는 세 가지가 있다. 첫째는 몸에 좋은 식량의 가격 상승을 숨기기 위해 값싸고 대량생산된 대체 식량을 홍보하려는 정부, 둘째는 종교적인 이유로 육류 소비를 대폭 줄였던 19세기 움직임의 부활, 그리고 셋째는 고수익, 저영양의 쓰레기 가공식품의 수요를 확대하려는 농업계의 이해관계다.

로버트 새뮤얼슨의 저서 『대인플레이션과 후유증The Great Inflation and Its Aftermath』은 린든 존슨 전 대통령이 여러 경제재의 가격이 오르자 이를 막기 위해 얼마나 필사적으로 노력했는지에 관한 이야기를 들려준다.[42] 존슨 대통령이 내놓은 온갖 무모하고 반경제적인 발상 중 가장 대표적인 사례는 달걀 가격이 급등한 1966년 봄, 달걀 소비를 억누르기 위해 미국 의무총감에게 가짜 경고를 발표하도록 촉구한 것이다. 한마디로 그는 정부 고위 관료에게 완전식품인 달걀에 대해 전혀 과학적 근거가 없는 엉터리 공포심을 조장할 것을 지시했다.

제칠일안식일예수재림교Seventh-day Adventist Church는 이 책의 범위를 벗어나는 신학적 이유로 한 세기 반 동안 육식에 반대하는 도덕성 회복 운동을 벌여왔다. 교파의 창시자 중 한 명인 엘런 화이트는 육식이 사악하다는 나름의 '가치관'을 바탕으로, 사람들에게 육식을 금하도록 부지런히 설교하고 다녔다(오늘날에도 열렬한 육식 반대론자들 사이에서 여전히 비밀리에 육식을 하는 것이 매우 흔하지만 말이다). 물론 종교 단체가 자신들의 가치관 따라 추구하는 식습관을 왈가왈부할 바는 아니지만, 그 가치관을 남들에게까지 강요한다면 문제가 된다. 법화 본위제에서는 정치 과정이 국가의 농업과 식습관 정책에 막대한 영향을 미친다. 제칠일안식일예수재림교인들은 일반적으로 상당한 정치적 영향력을 행사하는 미국 사회의 막강한 구성원이며, 신도 중에 각 분야에서 성공해 권력을 얻고 높은 지위에 오른 인물이 많다.

콩을 연구하고 홍보하기 위한 취지로 설립된 소이인포 센터Soyinfo Center는 웹사이트를 통해 다음과 같이 자랑스럽게 선언한다.

건강한 채식주의 식습관을 옹호하는 제칠일안식일예수재림교는 미국에서 콩류 중심의 식단을 개척하기 위해 가장 많은 노력을 기울여 온 단체다. 그들의 커다란 공헌 뒤에

2부  붕괴의 패턴

는 존 하비 켈로그 박사, 해리 밀러 박사, T.A. 반 건디, 제스로 클로스, 도로시아 반 건디 존스, 필립 첸 등 개인, 그리고 콩을 원료로 식품을 생산하는 라 시에라 푸드, 매디슨 푸드, 로마 린다 푸드, 워딩턴 푸드 등 기업들의 노력이 있었다. 이들의 모든 업적은 결국 엘런 화이트라는 걸출한 여성의 영향으로 거슬러 올라갈 수 있다.[43]

또 한 명의 제칠일안식일예수재림교인인 레나 쿠퍼는 현재까지도 정부의 식습관 정책에 상당한 영향력을 행사하고 있는 미국 영양사 협회American Dietetics Association, ADA의 창립자 중 한 명이다. ADA는 영양사 면허를 발급하는 기관이다. 다시 말해, ADA의 허가 없이 식단과 관련된 지침을 배포하다가 적발되면 감옥에 가거나 재산을 몽땅 잃거나 혹은 둘 다 겪게 될 수 있다. 이렇게 끔찍한 정책이 사회에 얼마나 큰 영향을 미쳤는지는 두말하면 잔소리다. 정부는 종교적 의제를 내세우는 열혈 신자들에게 식습관을 조언할 독점권을 부여했다. 그러니 그들의 조언은 인체에 필요한 영양 성분과 전 세계의 식습관 전통과는 완전히 동떨어졌다. 그 결과 어떤 음식이 건강에 좋은지에 대한 지식이 여러 세대를 거치면서 철저히 왜곡되었다.

하필이면 ADA는 전 세계 대부분 대학의 영양학 및 의학부에서 가르치는 식습관 지침을 공식적으로 결정하는 책임까지 있다. 즉, 한 세기 동안 영양사, 의사, 요리사 지망생들에게 영양학 지식을 특정 방향으로 (잘못) 주입해 왔다. 건강한 식단에 신경 쓰는 미국 성인이라면 경제적 왜곡의 영향으로부터는 여전히 자유롭지 못해도 과학자로 가장한 정부 관료의 권위를 무시하고 공인된 권장 식단을 지키지 않아도 괜찮다.

그러나 취학 아동들은 사정이 다르다. 공립학교는 법적으로 연방 보건 지침을 철석같이 준수해 급식 식단을 짜야 한다. 동시에 정치인들은 학교가 아이들에게 점심뿐 아니라 아침, 저녁, 심지어 여름방학 급식까지 책임지게 만들었다. 수백만 명의 미국 어린이가 정부가 제정한 식단을 섭취하도록 강요받는 실정이다. 정부 만능주의자들은 이처럼 정부 지침에 따라 법정 식량을 아이들에게 공급함으로써 국가가 빈곤과 싸우고 있다고 장담하지만, 성인이 된 후 오랫동안 건강 문제에 시달리게 할 것이므로 사실 장기적으로는 아이들을 빈곤하게 만드는 셈이다. 미국의 아이들이 몸소 대가를 치르는 동안, 가공식품 기업들은 국민의 세금을 자신들의 이윤으로 흡수하고 있다.

경제와 국민을 통제하는 정부와 같은 편인 다른 주요 기관들이 대개 그렇듯, ADA가 연준의 설립 시기와 같은 1917년에 설립되었다는 사실은 놀랄 일이 아니다. 또 다른 단체인 애드벤티스트 헬스 시스템Adventist Health System은 분명 인간은 동물성 단백질과 지방산을 섭취해야만 건강하게 성장할 수 있음에도 자신들의 종교적 가치관을 강요하기 위해 산업형 농업과 채식을 옹호하는 내용의 조잡한 '연구'를 수십 년 동안 발표해 왔다.

육식을 멀리하라는 메시아의 메시지는 정상적인 세상이라면 묻혀버렸겠지만, 재림교인들의 열렬한 지지를 등에 업고 고기를 대체할 농작물을 값싸게 생산할 수 있는 농업 대기업들이 보기에는 매우 구미가 당기는 말이었다. 따라서 이 두 집단은 천생연분이었다. 농기업들은 이 값싼 농작물을 생산해서 막대한 이익을 얻었고, 정부는 시민들이 영양가 높은 육류를 싸구려 불량 식품으로 대체한 덕에 인플레이션을 과소평가할 수 있어서 이득을 봤다. 그리고 육식에 반대하는 재림교인들은 이 집단적 독살 행위를 인류의 영적 도약처럼 포장하며 자신들의 신비롭고 낭만적인 가치관을 전파하는 성전을 벌였다.

대량생산된 농산물 가공품의 홍보를 둘러싼 이해관계의 일치는 경제학자 브루스 얀들이 '주류 밀매업자와 성직자Bootleggers and Baptists' 이론에서 설명했듯, 특정 이익집단에 유리한 정치의 특성을 잘 보여주는 예다.⁴⁴ 성직자들이 대중에 음주의 폐해를 전파하고 금주법을 받아들이도록 장려하는 동안, 정치인들에게 금주법을 시행하라고 자금을 대며 로비한 집단은 주류 밀매업자들이었다. 금주법으로 주류 판매가 엄격히 제한될수록 그들이 몰래 팔아 벌어들이는 이득이 컸기 때문이다. 이러한 패턴은 공공 정책의 다양한 문제에서 반복된다. 신성한 종교의 탈을 쓴 허울뿐인 도덕성 회복 운동은 정부에 특정 정책을 요구하고, 그로 인한 가장 중요한 결과는 특정 이익집단이 혜택을 입는 것이다. 이러한 역학 관계는 밀매업자와 성직자 간에 굳이 공모할 필요도 없을 만큼 자기 영속적이며 자기 강화적이다!

법화와 인플레이션 때문에 고영양 식품의 가격이 상승했고, 정부가 국민의 식생활에 개입할 권한이 증대되었다. 또 종교 단체는 자신들의 메시아적 가치관을 관철하기 위해 정부가 정하는 식습관 개선 정책을 주무르려 하고, 농업 대기업들은 점점 강력한 힘을 키워가며 정부의 식습관 지침을 결정할 수 있게 되었다. 이러한 요인들이 작용하는 환경에서 지난 세기 동안 식생활에 대한 대중의 전반적인 사고방식이 상당히

## 도표 8 법화 체제가 설계한 식량 이데올로기

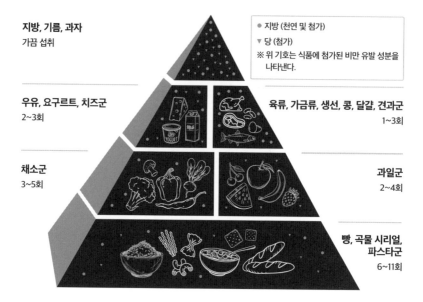

바뀌었다. 그리고 산업용 원료로 만든 유해 식품들이 건강식품으로 탈 바꿈하고 줄줄이 등장했다. 이러한 '식품'의 소비가 대중화된 원인은 법 화가 식품 시장에 일으킨 왜곡 현상을 빼놓고는 절대 설명할 수 없다.

1970년대 말, 미국 정부와 미국을 따라 하는 전 세계 정부들은 현대 인을 위한 권장 식단을 피라미드 도표로 구성했다. 이 피라미드에는 거 대 농기업들이 정부의 보조금을 받아 생산하는 곡물이 다수 포함되었 는데, 식단의 기본이 되는 주식으로 하루 6~11회 섭취하도록 권장되고 있다. 이 피라미드는 신진대사 장애, 비만, 당뇨, 그 외 수많은 건강 문 제를 유발하는 식단으로 구성되어 있으나, 지난 수십 년 사이 대부분 사람이 생활의 정상적인 일부로 받아들일 정도로 점점 일상적 식단으로 자리 잡았다.

그렇다면 법화 본위제하에서 버젓이 식품으로 판매된 유독성 산업 물질은 무엇이 있을까?

산업화 이후, 인류가 과거에 소화해 본 적이 없는 식물성 물질을 대량생산할 수 있게 되었다. 물론 생산할 수 있게 되었다고 해서 무조건 먹어야 할 필요는 없다. 그러나 이러한 음식은 값이 싸기 때문에 많은 사람에게 그것을 먹도록 설득할 만한 강력한 금전적 인센티브가 있을 수밖에 없다. 그중 시장에서 가장 성공한 제품들은 특히 맛있고 중독성이 강하다는 공통점이 있다. 이러한 중독성 유해 물질은 100년에 걸쳐 법화를 재원으로 삼아, 대대적인 선전과 정부 정책을 통해 전 세계에 강요되었다.

## 1. 고도 불포화지방산, '식물성' 경화유, 종자유

한 세기 전만 해도 인간이 소비하는 지방은 버터, 버터기름, 쇠기름, 돼지기름, 닭기름 등 몸에 좋은 동물성 지방이 대부분이었다. 그러나 오늘날 소비되는 지방은 '식물성 기름'이라는 오해하기 쉬운 명칭이 붙은, 가공으로 변성되고 몸에 해로운 산업용 화학물질의 형태가 대부분이다. 여기에는 주로 대두, 유채, 해바라기, 옥수수뿐만 아니라, 최악으로 마가린도 있다. 최소한의 노력으로 건강을 가장 확실히 개선할 수 있는 식단으로 바꾸려면 이 끔찍한 산업용 화학물질을 건강한 동물성 지방으로 대체하면 된다.

이러한 화학물질은 한 세기 전에는 거의 존재하지 않았으며, 그나마 존재한 화학물질도 주로 윤활유 같은 산업용으로 사용되었다. 산업화가 확산되고 정부가 동물성 지방에 대한 과민 반응을 조장함에 따라 정부, 의사, 영양사, 그리고 이들을 후원하는 기업들은 전 세계에 이러한 독성 화학물질을 동물성 지방의 건강한 대안이라고 홍보했다. 수천 년 동안 전통적으로 섭취되어 온 모든 지방을 이 쓰레기 같은 물질이 대체하면서 전 세계로 퍼진 것은 과학이라는 겉치레 뒤에서 정부의 선전이 힘을 발휘했다는 충격적인 증거다. 웨스턴 프라이스 재단의 공동 창립자인 고故 메리 에닉 박사는 다양한 종류의 지방과 각 지방이 건강에 미치는 영향에 대해 광범위하게 저술해 발표했다.[45]

## 2. 가공 옥수수

1970년대에 정부는 옥수수의 대량생산을 추진하고 옥수수 가격을 현저히 낮추려는 정책을 시행했다. 그 결과 미국 옥수수 농가들은 수확물이 엄청나게 남아돌았다. 이렇게 옥수수가 싸고 넘치다 보니 저렴한 가격의 혜택을 볼 기회를 놓치지 않고 옥수수를 소비하기 위한 온갖 창의적인 방법이 개발되었다. 옥수수의 과잉생산이 워낙 감당이 안 된 나머지 이제는 훨씬 질 좋고, 건강에 이롭고, 효율적인 대체재가 존재하는 시장에서조차 값싸고 열등한 가공 옥수수가 사용되는 실정이다. 예를 들면 감미료, 휘발유, 젖소 사료 등 수많은 제품의 가공 공정에서도 정부의 풍족한 지원을 받는 옥수수가 훨씬 훌륭한 대체재들을 제치고 값이 싸다는 이유로 사용되고 있다.

옥수수의 가장 유해한 용도 중 하나는 미국에서 관세 때문에 매우 비싼 설탕을 대신해 감미료로 쓰이는 고과당 옥수수 시럽HFCS이다. 1983년에 미국 식품의약국FDA은 어이없게도 이 신물질을 '일반적으로 안전한 것으로 인정됨'으로 분류하고 판로를 열어주었다. 그 결과 미국산 사탕, 가공식품, 청량음료의 대부분에는 일반 설탕보다 풍미가 떨어짐은 물론 몸에도 훨씬 해로운 HFCS로 가득 차게 되었다. 미국 이외의 지역에서 생산된 사탕과 청량음료가 왜 훨씬 더 맛이 좋은지 궁금했다면 이제 그 이유를 알 것이다. 다른 국가들은 설탕을 사용한다. 하지만 미국은 토양의 양분을 고갈시키고, 자동차 엔진 성능을 저하시키고, 비만, 인슐린 저항성, 당뇨병, 간 손상 등으로 사람들의 건강을 해치는 옥수수를 소비할 곳을 찾다가 소화기관과 자동차를 희생양으로 삼았다.[46]

### 3. 콩

역사적으로 콩은 식용작물이 아니라, 토양의 질소고정 용도로 사용되었다. 중국인들이 처음으로 템페, 낫토, 간장 등 완전히 발효해 콩을 식용으로 만드는 방법을 알아냈다. 그러다 나중에 아시아를 중심으로 더 많은 인구가 기근과 빈곤 때문에 콩과 콩 기반 제품을 구황작물로 먹기 시작했다. 오늘날 콩 제품은 콩 레시틴에서 나온다. 비위가 약한 독자라면 다음 인용문을 건너뛰고 싶겠지만, 아무튼 웨스턴 프라이스 재단은 이 역겨운 물질이 가공되는 과정을 다음과 같이 설명했다.

콩 레시틴은 콩기름 원액에서 '인지질 제거degumming' 과정을 거친 후 남은 찌꺼기에서 추출한다. 용매제와 농약이 함유된 일종의 폐기물로, 걸쭉한 액체와 플라스틱 고체의 중간쯤 되는 점성을 지니고 있다. 레시틴의 색깔은 칙칙한 황갈색 내지 적갈색에 가까우나 이후에 더 보기 좋게 밝은 노란색으로 표백된다. 오늘날 콩기름 생산에 일반적으로 사용되는 헥산 추출 공정은 기존 에탄올—벤졸 공정보다 레시틴을 추출하는 양은 적지만, 빛깔이 더 좋고 냄새와 쓴맛이 덜해 시장성이 좋은 레시틴을 생산한다.

역사가 윌리엄 셔틀리프는 1908년 이후 유럽에서 콩 분쇄 및 콩기름 정제 산업이 확장되면서 발효 과정에서 악취가 심해지자 이를 처리해야 하는 문제가 발생했다고 보고한다. 그러자 독일 기업들이 콩 찌꺼기를 진공건조하고, 이 공정에 특허를 내 '콩 레시틴'으로 판매하기로 결정했다. 과학자들에게 이 신물질의 용도를 만들어내도록 의뢰한 결과, 1939년까지 1000가지 이상의 새로운 용도가 고안되었다.[47]

콩은 산업 분야에서 여러 가지 훌륭한 용도가 있지만, 위의 인용문에서 분명히 알 수 있듯이 콩 원료로 식품을 개발한 것은 완전히 재앙이었다. 그러나 콩 식품의 파괴적 특성을 입증하는 명백한 증거가 있더라도 정부 규제 기관을 사실상 매수한 특수 이익 단체의 동기에 맞춘 억지 논리는 아무도 못 당한다. 공인된 식습관 지침에서는 이러한 식물성 유독 물질을 육류의 대체재로 계속 밀어주고 있다.

## 4. 저지방 식품

동물성 지방이 해롭다는 말도 안 되는 발상은 무지방 혹은 저지방 식품이 고지방 식품을 대체하게끔 박차를 가했다.

무지방, 저지방 식품은 풍미 좋은 동물성 지방이 없으니 모두 맛이 없다. 그러자 식품 생산 기업들은 음식을 맛있게 만드는 가장 좋은 방법이 설탕 첨가라는 것을 금세 깨달았다. 식습관 지침을 따라 동물성 지방을 피하는 사람들은 전보다 배가 더 자주 고프다는 것을 알게 될 것이다.

결국 그들은 하루 종일 설탕이 든 간식을 폭식하게 되며, 식용으로 부적합하고 명칭도 어려운 인공 화합물이 다량 포함된 정크푸드로 허기를 달랜다. 동물성 지방의 소비가 감소함에 따라 감미료, 특히 HFCS가 맛을 내기 위한 대체재로 사용되는 경우가 증가했다. 그러나 이러한 대체재는 중독성이 강한 반면, 건강에 좋고 포만감을 주는 동물성 지방은 결여되어 있다. 그래서 값싼 가공식품을 대체재로 찾는 사람들은 자꾸 허기를 느끼고 과식하기 쉽다.

포화 지방을 타도하겠다는 전쟁이 낳은 가장 파괴적인 참극 중 하나는 지방을 제거한 탈지유의 대중화였다. 20세기 초에 미국 농부들은 버터를 생산하고 남은 찌꺼기를 돼지를 살찌우는 데 사용했다. 특히 옥수수와 섞어서 사용하면 가장 빨리 돼지를 살찌울 수 있다. 탈지유를 배합한 옥수수는 어용 과학의 마법을 거쳐 당국의 홍보와 지원 속에서 사람들의 아침 식단으로 권장되기에 이르러 이제는 사람들도 살찌우는 결과를 낳았다. 또 다른 독실한 제칠일안식일예수재림교인이자 엘런 화이트의 신봉자인 존 켈로그는 성관계와 자위행위를 죄악으로 여겼기에 그가 생각하는 건강한 식습관이란 성욕을 억제하는 식단을 구성하는 것이었다. 그의 판단은 옳았고 자신이 선호하는 아침 식사를 전

세계 수십억 인구에게 마케팅해 놀라운 성공을 거두었다. [48]

## 5. 정제 밀가루와 설탕

인류는 수천 년 동안 통밀가루와 천연 설탕을 소비해 왔다. 통밀로 만든 밀가루에는 밀의 모든 영양소가 함유된 배아와 밀기울이 들어 있다. 웨스턴 프라이스 재단이 기록한 바와 같이, 과거 인류는 통밀을 먹기에 앞서 전통적 방식으로 정성껏 손질하고 충분한 동물성 지방과 함께 섭취하곤 했다. 그러나 산업화 이후 통밀과 동물성 지방의 운명은 극적으로 바뀌어, 이 둘은 사실상 중독성 강한 약품으로 대체되었다. 독일 통밀가루 생산업체인 골드카임은 다음과 같이 설명한다.

산업혁명 때 밀가루의 보존이 중요한 문제로 떠올랐다. 운송 거리가 멀고 유통망이 비교적 느리다 보니 본래의 유통기한을 지킬 수 없었다. 밀가루의 유통기한이 짧은 이유는 배아의 지방산이 산소에 노출되는 순간부터 반응하기 때문이다. 이는 통밀을 제분할 때 나타나는 현상으로, 지방산이 산화되면 밀가루가 부패하기 시작한다. 이 과정은 기후와 밀가루의 품질에 따라 다르지만 보통 6~9개월 이내에 진행된다. 19세기 후반의 생산과 유통 주기에 비하면 너무 짧은 시간이다. 당시에는 비타민, 미량 영양소, 아미노산에 대해 알려진 지식이 거의 없었기 때문에 배아를 제거하는 것이 효과적인 해결책이었다. 배아가 없으면 밀가루가 산패하지 않는다. 그래서 배아가 제거된 밀가루가 표준이 되었다. 이렇게 해서 약 한 세대 만에, 인구 밀도가 높은 지역을 기점으로 한적한 시골 지역까지 정제 밀가루가 전파되었다. 밀가루의 열처리는 먼저 배유와 밀기울에서 배아를 분리한 다음 증기, 건열 또는 전자레인지로 처리해 다시 밀가루에 혼

합하는 방식으로 진행된다.[49]

　즉, 산업화 시대에는 밀가루에서 영양분을 공업적으로 제거함으로써 밀가루의 부패 문제를 해결했다. 반면 설탕은 많은 음식에 사탕수수에서 추출한 천연 상태로 들어갔다. 그러나 순수한 형태의 설탕은 가공에 많은 에너지가 소모되기 때문에 귀하고 값이 비쌌다. 게다가 그 고된 일을 자발적으로 하려는 사람이 거의 없었기 때문에 설탕 생산은 거의 노예가 담당하는 것이 일반적이었다.[50] 그러다가 산업화와 자본축적으로 노예노동을 중장비로 대체할 수 있게 되자, 사람들은 당밀과 영양분이 전혀 없는 순백색의 설탕을 훨씬 저렴한 비용으로 생산할 수 있게 되었다.

　정제된 설탕과 밀가루는 음식이 아니라 마약이라 봐도 무방하다. 설탕에는 필수영양소가 전혀 없으며 밀가루에는 필수 영양소가 극소량만 포함되어 있다. 정제된 설탕과 밀가루를 섭취하고 느끼는 쾌락은 중독성 마약 주사를 한 대 맞을 때 얻는 쾌락과 비슷하다. 수전 톰슨은 저서 『완벽한 식사법』에서 설탕과 밀가루를 정제하는 과정이 코카인과 헤로인을 중독성 강한 물질로 정제하는 과정과 유사하다고 설명한다.[51] 코카 잎을 씹거나 양귀비를 먹어도 쾌감과 에너지가 생기지만 중독성은 아주 약해서 정제된 코카인이나 헤로인에 전혀 비할 바가 아니다. 많은 문화권에서 선행 인류는 수천 년 동안 이들 식물을 섭취했으나 정제되고 가공된 형태로 섭취하는 오늘날 후대만큼 심각한 부작용에 시달리지는 않았다. 이 식물들은 강력한 마약 형태로 가공되기 시작한 현대에 들어 중독성이 한층 강해졌다. 이렇게 가공물 형태로 섭취하면 식물의 나머지 부분을 먹을 필요 없이 순수한 알짜 부분을 고농축으로 흡수할 수 있다. 그 결과 쾌감은 더 강력해지고 그에 따른 금단 현상도 심해져 복용량을 늘리게 한다. 톰슨은 설탕이 코카인보다 여덟 배 더 중독성이 있다는 연구를 인용하면서, 이러한 약물의 가공과 설탕, 밀가루의 가공 원리가 매우 흡사하다는 놀라운 사례를 제시한다.

## 법화와 단백질 섭취량의 관계

종자유와 콩 제품은 원래 산업용이다. 옥수수, 콩, 저지방 우유는 소 사료로 무난하긴 하지만 풀을 뜯어 먹는 것만큼 좋지는 않다. 가공 밀가루와 설탕은 기분 전환용 마약처럼 소량으로 섭취하면 몰라도, 이들이 함유된 식품 중 인간의 식단에 포함할 만한 것은 하나도 없으며 성장과 건강을 생각한다면 더더욱 피해야 한다. 그러나 기술과 과학이 계속 발전해서 생산비가 점점 저렴해지고 정부도 이들 산업에 보조금을 지급함에 따라 사람들은 가공 밀가루와 설탕을 그야말로 믿을 수 없을 정도로 점점 더 많이 소비하게 되었다. 더 빠르고 성능 좋은 설비가 도입되면서 밀가루와 설탕의 정제 비용이 크게 절감되었고, 산업 기술의 발전으로 이들을 원료 삼아 식품을 생산하는 비용도 갈수록 저렴해졌다.

그러나 가축이 너른 들판을 자유롭게 거닐고, 풀을 뜯고, 햇볕을 쬐게 해서 영양가 있는 고기를 사육하는 비용을 낮추기에는 산업화가 별 도움이 안 된다. 반면에 단작 농업으로 생산된 법정 식량은 안정적인 저장성 때문에 원거리까지 운반할 수 있고 창고에서든 상점 진열대에서든 몇 년이고 두어도 괜찮다. 더 끔찍한 것은 이러한 안정적인 저장성으로 인해 인공적이고 자극적인 맛과 중독성을 띠도록 설계된 고도 가공식품을 제조할 여건이 좋아졌다는 점이다. 후한 정부 보조금의 지원으로 생산되는 값싸고 맛있는 유해 식품이 어디에나 널리게 되자, 인류의 건강은 완전히 망가졌다.

시간선호의 상승이 초래한 영향을 이해하기 위해 짚고 넘어가야 할 또 다른 영역은 개인의 음식 선택이다. 돈의 가치가 하락하면 사람들은 현재를 우선시하게 되므로 미래의 건강을 희생시키면서 지금 이 순간에 기분이 좋아지는 음식에 탐닉하기 쉽다. 또 사람들의 의사결정이 단기적 관점으로 전환하면 앞서 언급했듯이 정크푸드의 소비가 늘어난다. 예를 들어 과자와 사탕을 즐겨 먹으면 단기적인 쾌락을 얻을 수 있지만 장기간 그러다가는 십중팔구 병이 날 것이다. 그래도 사람들이 질병을 예방하는 습관을 들이면 의약 산업의 수익성에 타격을 입기 때문에, 어용 의학계는 현대 식습관의 명백한 위험성을 경고할 이유가 없다. 국민들의 단축된 여생 동안 인슐린을 하나라도 더 팔아야 하는데 뭐 하러 당뇨병 예방법을 홍보하겠는가? 모든 건강 문제를 해결해 준다는 현대 의학의 힘이 널리 신봉되기 시작하면서 사람들은 산업용 화학물질을 먹어도 아무 문제가 없다고 믿게 되었다.

정부가 유해 식품을 생산하는 기업에 보조금을 지원하고 정부 기관

소속 과학자들이 국민에게 권유 반 명령 반으로 이들 식품을 섭취하게 하자, 미국인의 식습관이 바뀌는 데 커다란 효과를 발휘했다. 1970년부터 2014년까지 미국인의 1인당 육고기 소비량은 28퍼센트, 전유는 79퍼센트, 달걀은 13퍼센트, 동물성 지방은 27퍼센트, 버터는 9퍼센트씩 감소했다. 반대로 유해한 '식물성' 기름의 소비량은 87퍼센트, 정제 곡물은 28퍼센트씩 증가했다. 또한 미국인들은 정부 지침을 충실히 준수하고자 신선한 과일과 채소의 소비를 크게 늘렸다. 이를 통해 비만의 주된 원인이 채소와 과일을 덜 먹어서가 아니라 특히 육류 소비가 줄어서라는 점을 확실히 알 수 있다. 전체 육류 소비는 2퍼센트 증가해 비교적 일정하게 유지되었지만, 이는 미국의 육식 소비자들이 영양가 높은 붉은 고기 대신 질 낮고 값싸고 대량생산된 가금류로 대체해서 나타난 결과다. 전반적으로 미국인이 동물성 식품으로 섭취한 칼로리는 21퍼센트 감소한 반면, 식물성 식품을 통해 섭취한 칼로리는 14퍼센트 증가했다.

건강 관련 저널리스트인 니나 타이숄스는 19세기의 평균적 미국인은 연간 약 175파운드(약 80킬로그램)의 고기를 섭취했고, 특히 영양가가 높은 붉은 고기를 주로 섭취했다고 추정한다. 반면에 오늘날의 평균적 미국인은 연간 약 100파운드(약 45킬로그램)의 고기를 먹지만 그나마도 절반이 가금류다. 한 세기 동안 기술이 발전하고 경제가 끝없이 성장하는 가운데에서도 웬일로 가장 인기 있고 영양가 높은 식품의 소비는 증가하지 않았다. 그 대신 미국인들은 점점 더 열등하고 값싼 식품으로 만족해야 했다. 이처럼 미국인의 식습관 변화가 그들의 건강에 미친 영

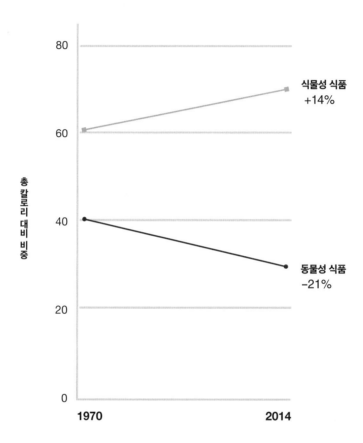

**도표 9 동식물성 칼로리 공급원 추이(1970~2014)**

■━━■ 지침상 섭취 **증가**를 권고하는 식품

●━━● 지침상 섭취 **자제**를 권고하는 식품

식물성 식품
+14%

동물성 식품
−21%

총 칼로리 대비 비중

1970 　　　　　　　2014

## 도표 10 단백질 공급원의 변화(1970~2014)

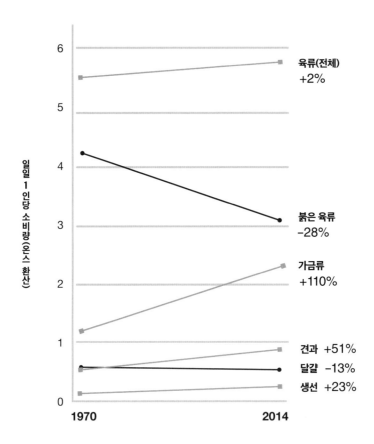

2부  붕괴의 패턴

**도표 11 1인당 식품 소비량의 변화(1970~2014)**

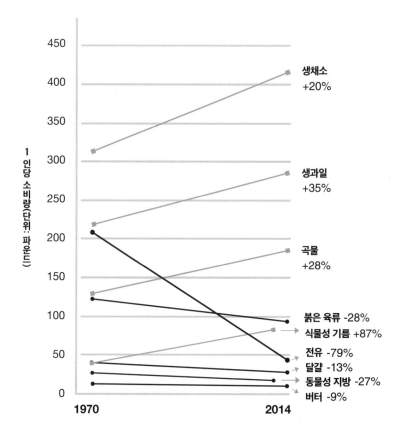

## 도표 12 미국 성인(20~74세) 남성 비만율

■■ 고도 비만    ■■ 비만    ▨ 과체중

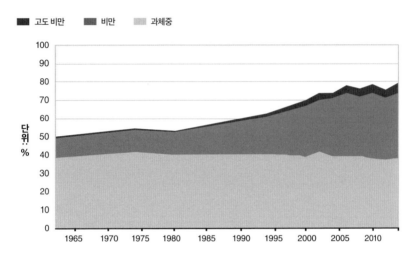

## 도표 13 미국 성인(20~74세) 여성 비만율

■■ 고도 비만    ■■ 비만    ▨ 과체중

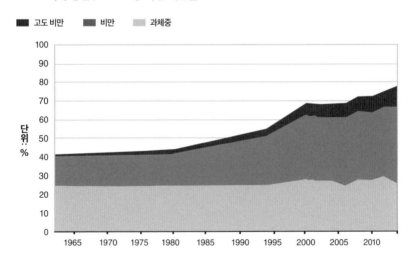

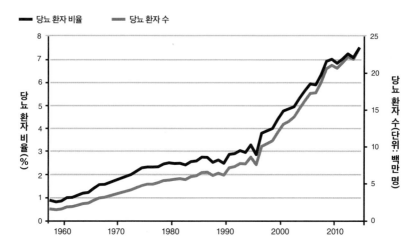

향은 참담했다. 1970년대 이후 비만 환자는 꾸준히 증가해 왔고, 만성 질환자들도 늘었다. 그러나 현대 영양학계와 그들을 후원하는 기업계는 온갖 방법을 동원해 자신들이 이 추세와 무관해 보이게 하려고 노력했다.

인플레이션과 불건전화폐의 영향을 한마디로 가장 적절히 표현하자면 이렇다. 미국인의 자산이 형식상으로는 증가하고 있고, 그에 따라 삶의 질도 통계상으로는 향상되고 있다. 그러나 실제로 그들이 먹는 음식은 영양소가 부실해 질적으로 저하되었고, 그 결과 사람들의 정신적, 육체적 건강도 나빠지고 있다. 미국인들은 영양가 있는 음식 대신에 점점 중독적이고 유해한 가공식품에 의존하고 있다. 갈수록 미국인들의 냉장고를 채우고 있는 맛있는 쓰레기 가공식품은 음식이라 볼 수도 없을 뿐더러, 음식의 만족스러운 대체재도 아니다. 미국에서 비만 인구가 증가하고 있는 현실은 풍요의 표시가 아니라 결핍의 징후다. 정부 통계상으로는 미국인의 지출과 소득 수준이 향상했다고 나타나겠지만, 미국인이 이전보다 더 오래 일하고 기본적인 영양 상태가 악화되었다면 그들이 가치의 저장과 측정 수단으로 사용하는 화폐에 심각한 문제가 있는 것이 틀림없다.

법화를 손에 쥔 파우스트의 타락한 거래는 열렬한 법화 옹호론자들이 약속한 공짜 점심을 제공하지 못했다. 대신 소비자의 건강과 후생에 극도로 큰 대가를 치르게 하는, 콩 찌꺼기와 고과당 옥수수 시럽으로 만든 고열량 저영양의 가공 혼합물을 도입했다. 요즘 의료비와 약값이 나날이 증가하는 현상은 건강, 식습관, 토양의 퇴보와 이 같은 재앙을 조장한 경제 및 영양 시스템을 빼놓고는 설명할 수 없다.

현대사회는 인류 역사상 유례없는 비만 위기를 겪고 있다. 지금까지 이토록 과체중 인구가 많았던 적이 없었다. 안타깝게도 현대인들은 이 위기를 풍요의 위기로 착각하고는 자화자찬한다. 즉, 현대인의 가장 심각한 문제가 굶주림이 아니라 비만이라는 점은 풍요가 낳은 결과라는 것이다. 정부의 자금 지원과 개입으로 완전히 때가 묻은 또 하나의 학문 영역인 영양학계는 칼로리를 필요량만큼 섭취하는 것이 중요하며 그러려면 곡물 비중을 높여 다양하고 '균형 잡힌' 식단을 실천하는 것이 가장 좋은 방법이라는 잘못된 패러다임을 강조한다. 그리고 육고기와 동물성 지방은 몸에 안 좋으므로 먹으려면 적당량만 먹는 것이 바람직하다고 한다. 이러한 관점에서 볼 때 칼로리를 지나치게 섭취하면 비만

이 되고, 빈약하게 섭취하면 영양실조가 발생한다. 지출이 과하면 인플레이션이 발생하고 너무 적으면 실업이 발생한다며 경기가 주로 총지출 수준에 의해 결정된다는 케인스주의 교과서처럼 지나치게 단순하고 어이없는 관점이다.

실제로 칼로리 섭취보다 영양소 섭취가 훨씬 중요하다. 즉 단백질, 지방, 비타민, 미네랄이라는 4대 필수영양소를 충분히 섭취해야 한다. 지방은 주로 신체에 에너지를 공급하는 데 쓰이고, 단백질은 신체 조직을 생성하고 재생할 때, 그리고 비타민, 미네랄 등은 신체에서 일어나는 기타 중요한 과정에 필수적이다. 다른 주요 식품군인 탄수화물은 인체에 필수적이지는 않지만 에너지 공급에 이용되기도 한다. 필수영양소가 부족하면 건강이 나빠지기 시작하고 결국 질병에 걸린다. 특히 동물성 단백질과 지방산이 없으면 신체가 결핍 상태에 들어가게 된다. 에너지 소비가 감소해 신체적, 정신적으로 무기력해지고, 신체는 몸속의 탄수화물을 지방산으로 전환하기 시작해 나중에 소비하도록 저장해둔다(한마디로 살이 찐다).

비만은 풍요와 과식의 징후가 아니라 실은 영양실조의 징후다. 당을 소화해 지방산으로 전환해 저장하는 능력은 단기적으로는 인류가 굶주림에 대처하도록 진화한 매우 유용한 전략이지만, 필수영양소의 결핍이 일상화되면 저장된 지방은 비만으로 이어져 건강을 야금야금 해친다. 미국에 비만 인구가 많은 것은 번영과 풍요 때문이 아니라, 영양실조와 영양 결핍의 결과다.

# 건전 식품

필자를 포함해 전 세계의 많은 사람이 법정 식량을 피하는 간단한 습관만으로 건강을 현격히 개선했다. 다이어트 계획은 사람마다 미세한 차이가 있겠지만 성공적인 다이어트의 공통 특징은 가공식품을 식단에서 빼는 것이다. 인터넷이 발달하자 사람들은 과학계 기득권층의 가르침을 탈피해, 법화 당국이 선전하는 내용과 완전히 다른 자신들의 실제 경험을 온라인 공간에서 공유할 수 있게 되었다. 여전히 영양학계, 의학계, 정부 지침은 '균형'을 가장한 채 유독성 화학물질의 소비를 계속 합리화하고 있다. 그러나 정부의 통제 밖에 있는 온라인 커뮤니티에는 가공식품을 끊고 정부의 식습관 지침을 따르지 않기로 한 뒤로 건강을 회복한 사람이 전 세계적으로 수백만 명에 이른다.

## 지구에서 가장 건강한 민족은 누구일까

영양학 연구는 경제학 연구와 비슷한 실태에 처해 있다. 법화로 연구 자금을 지원받는 주류 학계는 계속 정부 지원금을 받기에 유리한 결론을 내놓게끔 막대한 투자를 했다. 그래도 경제학계에 루트비히 폰 미제스, 머레이 로스바드, 한스 헤르만 호페 등 비주류 오스트리아학파가 있듯이, 영양학 쪽에도 이단이 있다. 다음 장에서도 논의하겠지만, 영양학 분야가 또 하나의 정크푸드 마케팅 술책으로 전락하자 일부 이단아들은 기존의 널리 퍼진 내러티브에 맞서고자 오랫동안 노력했다. 설탕에 반대한 영양학자 존 유드킨의 용감한 투쟁은 비록 실패했지만 특히 주목할 만하다. 그러나 아마도 영양학 연구의 가장 광범위한 기틀을 마련한 계기는 한 세기 전 캐나다 치과의사인 웨스턴 프라이스의 연구일 것이다.

오늘날 프라이스는 치과의사이자 여러 비타민을 발견하고 분석한 선구자로 주로 알려져 있다. 그에 반해 그의 1939년 명저『영양과 신체적 퇴화Nutrition and Physical Degeneration』는 주류 학계와 영양학계에서 대체로 무시되었다. [52] 그의 결론이 정치적 올바름의 측면에서 현대 의과대학과 식품영양학과에서 가르치는 정설과 어긋났기 때문이다. 프라이스는 오늘날 모든 대학의 식품영양학과를 후원하는 주요 기업이 생산한 현대 가공식품이 어떤 끔찍한 피해를 초래했는지 왜곡 없이 엄격하게 탐구했다. 프라이스의 연구는 방법론적으로 철저하고 충분히 논증되었을 뿐 아니라 독특하고 재현하기가 불가능할 수 있다. 그는 비행기가 막 발명되었을 때 수년을 세계를 돌아다니며 보냈고 모든 대륙 문화권 사람들의 식생활과 건강을 면밀히 관찰하면서 특히 치아 건강을 비롯해 식단, 전반적인 건강 상태 등을 꼼꼼하게 기록했다. 당시 워낙 획기적인 신문물이었던 비행기 덕분에 프라이스는 여러 지역을 방문해 세계화와 여전히 동떨어진 채 현지 전통 음식을 손수 만들어 먹는 주민들을 만날 수 있었다. 그러나 이후 이 지역들은 모두 세계화에 훨씬 빠르게 흡수되었고, 축약하면 절묘하게도 슬프다는 뜻이 되는 미국 표준 식단SAD, Standard American Diet으로 그들의 식단 역시 급격히 퇴보하기 시작했다. 프라이스는 자신이 연구한 수천 명의 사진을 찍고 수많은 음식 표본을 채취한 다음 오하이오주에 있는 자신의 실험실로 가져와 분석했다.

프라이스는 전 세계에서 유전적으로 유사한 각 인구 집단별로 식단을 비교했다. 그가 비교한 인구 간의 중요한 차이점은 한 인구 집단은 세계무역 시장에 동화되어 가공식품에 쉽게 접근할 수 있었던 반면, 다른 인구 집단은 고립되어 전통적으로 현지 음식을 손수 만들어 먹었다는 것이다. 프라이스는 알래스카주와 북부 캐나다의 이누이트족, 스위스의 고립된 계곡 마을에 사는 주민, 중앙아프리카의 목동, 태평양 섬 주민, 스코틀랜드 농부, 그 외 많은 인구를 연구했다. 당신이 세계 어느 나라 출신이든 상관없이, 프라이스는 당신의 조상이나 그 친척뻘쯤 되는 사람들을 다 찾아다녔다. 연구 결과는 유익한 만큼이나 극명하기도 했다. 프라이스는 몇 가지 중요한 결론에 도달했다. 이 중대한 연구 결과를 몇 단락으로 간추리기에는 턱없이 모자란 지면이지만, 특히 논의할 가치가 있는 몇 가지 중요한 결론을 언급하고자 한다.

프라이스의 여행 목적 중 하나는 '육류나 동물성 식품을 포함하지 않고 완전히 식물성 식품으로만 구성해서 온전하고 정상적인 발육에 필요한 모든 영양소를 공급할 수 있는 현지인의 식단'을 찾는 것이었다.[53] 그러나 전 세계를 샅샅이 뒤져도 프라이스는 식물성 식품에만 의존하는 단일 문화권을 찾지 못했다. 건강을 유지하는 전통 공동체는 하나같이 동물성 식품에 크게 의존했다. 프라이스가 발견한 가장 건강하고 정력적인 인구 집단은 북극의 이누이트와 아프리카 목동들이었다. 이 두 집단의 환경과 관습은 동물성 식품에 거의 전적으로 의존한다는 점을 제외하고는 어떤 면에서도 유사하지 않았다. 프라이스는 모든 사회에서 동물성 지방을 중시한다는 것을 깨닫고는, 주민들이 동물성 지방을 획득하기 위해 어느 정도까지 노력과 정성을 쏟는지 분석했다. 프라이스는 식물에서는 추출할 수 없는 여러 영양소를 발견했고, 동물성 식품을 섭취하지 않으면 건강을 안정적으로 유지하는 것이 한마디로 불가능하다는 결론을 입증했다. 행여 주민들이 식물성 식품을 먹더라도 주로 귀한 동물성 지방을 구하기 힘들 때 보충할 목적으로 섭취하는 수단인 듯했다.

프라이스의 연구 이후, 그 누구도 동물성 식품을 배제한 식습관을 지닌 토착민이 한 명이라도 있다는 증거를 찾아내지 못했다. 북극에서 열대지방에 이르기까지 모든 대륙의 모든 인간 사회는 역사를 통틀어 동물성 식품에 기반을 두고 자신들의 식단을 구성했다. 인터넷의 발달로 올바른 식습관에 관한 지식이 어용 과학계의 세력권에서 벗어나 널리 퍼지게 되었고, 그 결과 프라이스의 연구를 알게 된 사람들도 늘어났다. 그 외에도 무수히 많은 학자, 의사, 영양사, 운동 트레이너들도 과학계 기득권층의 교리에 기꺼이 맞서기 시작했다.

정치적 올바름을 추구하는 정부가 승인한 경로 밖에서 식습관 지식이 확산된 덕분에, 쓰레기 식단에서 동물성 식품 위주의 식단으로 전환한 사람들 사이에서 매우 분명한 패턴이 나타나기 시작했다. 바로 정크푸드와 고도 가공식품에 대한 욕구가 현저히 줄었다는 것이다. 끊임없이 정크푸드를 갈망하는 욕구는 극도의 자극적, 인위적인 향미와 중독성 때문만이 아니다. 고기를 충분히 먹지 않아 발생하는 심각한 영양실조의 결과이기도 하다. 주류 언론, 학계, 그 외 가공식품을 광고하려는 집단들이 억척같이 육식 반대를 외치는 것은 놀랄 일이 아니다. 정부 보조금을 받는 그들은 사람들이 고기 소비량을 줄일수록 정크푸드가 그 자리를 비집고 들어가므로 자기네에게 이득이 된다. 영양학의 목적이 식품 기업의 이익을 위해 사람들이 유해 식품을 먹도록 조종하는 것이 아니라 건강한 생활 습관을 전파하는 것이었다면 현대 영양학이 얼마나 달라져 있을지는 오직 상상만 할 수 있을 뿐이다.

## 우리는 더 건강해질 수 있다

프라이스의 연구에서 또 다른 중요한 결론은 우리가 일상의 일부로 받아들인 문명의 질병이 대체로 현대 가공식품, 특히 정제 곡물, 밀가루, 설탕의 도입과 함께 나타나기 시작했다는 것이다. 다음은 요점을 설명하기 위해 앞서 소개한 프라이스의 연구 중 제21장에서 인용한 것으로, 수많은 예 중 하나에 불과하다.

> 오늘날 가공식품이 충치를 일으키는 주범이었다는 점은 무역선들이 태평양 제도에 출몰해 건조 야자를 요구하기 시작한 이후 현지의 성장기 아동 사이에서 충치가 급속하게 확산한 사실로 뚜렷하게 입증된다. 당시는 건조 야자 가격이 몇 달 동안 한창 비싸던 시기였는데, 무역선이 야자 가격으로 지불한 대가는 흰 밀가루와 정제 설탕이 90퍼센트, 그 외 의류와 직물류가 10퍼센트 조금 안 되었다. 톤당 400달러이던 야자 가격이 4달러로 떨어지자, 무역선의 왕래가 멈추고 섬 주민들은 원래의 식단으로 돌아갔으며 아이들의 충치 진행도 주춤해졌다. 이와 같이 충치가 생겼다가도 더 이상 진행되지 않는 사례를 다수 확인할 수 있었다.[54]

프라이스는 다양한 문화권에서 대부분 곡물과 채소 등 식물성 식재료를 더 맛 좋고 무해하게 만들기 위한 식전 준비 과정을 자세히 연구해 광범위한 문서로 기록했다. 이들의 전통 관습은 식물성 식재료에 존재하는 많은 자연 독소를 제거하기 위해 재료를 절이고, 싹을 틔우고, 발효시키는 등 매우 복잡한 과정을 거쳐 영양소 흡수력을 높이는 것이었다. 그러나 시간선호가 높은 법화 시대에는 아무도 이러한 전통 관습을 따를 시간이 없다. 그 대신 대다수 사람들은 영양소를 포기하고 설탕과 인공 향신료를 마구 쏟아부은 가공식품을 선호한다.

프라이스는 우리에게 올바른 영양과 건강 지식을 전달하는 데 크게 기여했지만, 그의 가르침은 경제학에서 멩거와 미제스도 겪었듯 펜대나 굴리면서 과학자 행세를 하는 정부 관료들 탓에 대체로 묵살되었다. 이들 정부 관료의 말을 듣고 프라이스의 연구를 무시한 결과, 개인의 건강 악화는 물론 생산 인구에 세금 부담을 안기는 의료비 급증까지 어마어마한 대가를 치르게 된 건 우연이 아니다. 영양학을 더 제대로 이해한다면 오늘날 당뇨병과 그 외 비만 관련 질병으로 씨름하느라 투입되는 자원을 보다 생산적인 활동에 투입할 수 있을 것이다.

프라이스의 연구를 보면 현대 문명에서 영양실조, 비만 등 질병의 가장 큰 원인이 20세기의 경제 현실과 직접적으로 관련되어 있음을 알 수 있다. 프라이스가 기록한 영양학의 쇠퇴는 20세기로 접어들 무렵 시작되었는데, 공교롭게도 현대 세계경제가 금본위제라는 경화 체제에서 연화 체제로 옮겨간 시기이기도 하다.

식물 추출물을 효율적이고 신속하게 가공하는 고성능 설비가 보급되고 극도로 자극적인 맛의 정크푸드를 생산할 수 있게 되면서, 가공식품이 현대 식단을 점령하기 시작했다는 점은 의심의 여지가 없다. 그러나 앞에서 논의한 모든 내용을 고려할 때, 법화로 전환한 지난 세기의 통화 체제 실험이 그 악영향을 한층 가중했다는 책임이 없다고 할 수 없다. 오늘날 가공식품 산업과 이 가공식품을 몇 세대에 걸쳐 홍보해 온 영양사와 의사들의 그릇된 교육에 막대한 법화 보조금이 지급되어 왔기 때문이다. 물론 경화 본위제에서도 여전히 이러한 가공식품은 존재했을 것이다. 그러나 법화 보조금이 없었다면 가공식품이 현대 식단에서 이렇게까지 보편적으로 퍼지지는 않았을 것이다. 법화는 관리주의managerialism 국가가 부상하고 대중에 선전하기 위한 '연구' 결과를 양산하도록 촉진했다. 또한 쓰레기 가공식품의 소비를 정상적인 것처럼 포장하기에 맞춤화된 비과학적인 식습관 지침을 제공했다. 그리고 육류와 같은 건강하고 몸에 좋은(그러나 수익성은 떨어지는) 비가공 식품이 위험하다고 경고하기 위해 흰색 가운을 입은 자격 있는 전문가들을 매수했다. 이처럼 법화에 기반한 역학이 없었다면 대부분 사람들의 영양 지식은 지금과 매우 다를 테고, 식습관은 동물성 식품을 중심으로 한 선조들의 전통적 방식과 훨씬 흡사했을 것이다.

## 농부의 시간선호

이전 장에서 논의했듯 법화 체제가 미래 가치를 대폭 할인하도록 사고방식의 변화를 부추긴 결과는 자본시장의 부채 증가뿐 아니라 사람들이 현재 가치를 위해 미래 가치를 포기할 수 있는 모든 영역, 특히 자연환경과 토양에도 반영되었다.

개인의 시간선호와 미래 가치의 할인율이 높아지면 미래에 자연환경과 토양을 건강한 상태로 지키려는 쪽에 가치를 비교적 낮게 매길 것이다. 이것이 농부들에게 미칠 영향을 생각해 보자. 시간선호가 높을수록 농부는 미래 토질의 가치를 더 많이 할인하고 단기 이익의 극대화에 관심을 가질 가능성이 커진다. 실제로 이것은 프라이스가 글을 썼던 1930년대까지 지속된 토양 황폐화와 정확히 일치한 현상이다.

탄화수소 에너지의 이용으로 현대적 공업 생산 방법이 도입되면서 인간은 토지를 더 강도 높게 활용할 수 있었고, 그 결과 주어진 면적에서 재배하는 작물 수를 늘릴 수 있었다. 농업 생산성이 높아졌다는 식의 이야기는 대개 현대 세계의 위대한 성과 중 하나로 칭송되지만 그것이 토양에 끼친 막대한 피해는 거의 언급되지 않는다. 오늘날 세계 대부분의 농경지에서 인공적으로 생산된 화학비료 없이 작물을 재배하기는 매우 어렵다. 이러한 토양에서 재배된 작물의 영양 함량은 비옥한 토양에서 재배된 작물에 비해 갈수록 저하되고 있다.

프라이스의 연구는 현대사회의 토질에 대한 논의로 시작되었다. 그는 당시 토양의 질이 급속도로 저하되고 있음을 발견했다. 이러한 농지의 황폐화로 작물에 함유된 영양소가 심각하게 부실해졌다는 점도 알게 되었다. 프라이스는 1930년대에 출간한 저서에서 당시 수십 년 전부터 토양의 영양분 함량이 특히 감소하기 시작했다는 사실을 정확히 지적했다. 그가 법화와의 연관성을 명시적으로 거론하지는 않았지만, 그 전개 양상은 이 책의 4장과 6장에서 논의한 법화 및 시간선호 분석과 완벽히 일치한다.

토양은 모든 식량의 원천인 생산적 자산으로서 일종의 자본이다. 그리고 법화는 자본의 소모를 부추기듯 토양의 소모도 부추길 것이다. 시간선호가 높아지면서 자연환경으로부터 생산자본을 갈취하기 시작한 것이 농업의 산업화를 일으킨 원동력이 되었다고 봐도 무방하다. 거침없이 땅을 갈고 혹사하는 산업적 농업은 높은 시간선호를 보여주는 구체적인 현실 사례다. 이 점은 전 세계 농부들도 잘 알고 미국 농무부 산하의 자연자원보존국Natural Resource Conservation Service 웹사이트에도 분명히 설명되어 있다.

> 쟁기가 강력한 농기구인 이유와 쟁기가 생산성을 떨어뜨리는 이유는 똑같다. 쟁기질은 흙을 뒤집어 공기와 섞어 유기물의 분해를 촉진한다. 유기물이 급속히 분해되면 작물의 성장을 자극하는 많은 양분을 방출한다. 그러나 시간이 지날수록 토양 유기물의 공급, 그리고 수분 및 양분 보유력, 기름진 토질, 침식 저항성, 다양한 생물 군집 등 토양의 관련 특질이 악화하게 된다.[55]

여기서 농학자 앨런 세이버리가 토양의 황폐화를 주제로 한 연구는 매우 중요한 의의가 있다. 그가 창립한 세이버리 연구소Savory Institute는 전 세계적으로 재조림과 토지 재생을 위해 노력해 왔고 놀라운 성공을 거두었다. 비결은 무엇일까? 황폐해진 땅에 방목 가축을 잔뜩 풀어

놓아 자유롭게 관목과 풀을 뜯어 먹게 하고 배설물은 거름으로 쓰는 것이다. 연구소 웹사이트에서 확인할 수 있는 그 결과 자체가 효과를 말해준다.[56] 이는 포유동물을 방목해 관리하는, 더 넓은 관점의 접근법이 건강한 토양을 유지할 수 있음을 강력히 입증하는 사례다. 반면에 산업형 농업은 필수 양분을 빠르게 고갈시켜 토양을 농사에 부적합하게 만든다. 그 결과 비료 투입량을 대폭 늘려야 하는 악순환이 일어날 수밖에 없다.

이러한 이유로 산업화 이전에는 전 세계의 농업 사회가 일반적으로 농경지에서 방목과 경작을 번갈아 하는 순환 농업을 했다. 몇 년간 토지를 경작한 후 생산량이 감소하기 시작할 때면, 그다음엔 방목 가축들을 풀어 방치해 두고 농부들은 다른 농지로 옮겨가곤 했다. 그 토지의 지력도 고갈되면 다시 다른 구획으로 이동하거나 지력이 회복된 이전 농지로 돌아갔다. 방목 가축은 토양의 빗물 흡수력을 높여 유기물이 풍부해지도록 한다. 몇 년간의 방목이 끝나면 그 땅은 다시 농작물을 재배할 수 있는 상태가 된다.

여기서 시사하는 바는 매우 분명하다. 시간선호가 낮은 토지 관리 접근법에서는 장기적으로 토양의 건강을 우선시하므로 작물을 재배하다가 중간중간 가축을 방목한다. 반면에 시간선호가 높은 접근법은 당장의 이익을 우선시하므로 장기적 결과를 거의 고려하지 않고 토양을 최대한 활용한다. 20세기 들어 농작물이 대량생산되고 제철 음식을 언제든 쉽게 구할 수 있게 된 점도 시간선호가 높아진 결과라고 볼 수 있다. 시간선호가 낮은 접근법을 따르자면 방목 가축을 많이 키워야 하므로 수익성은 떨어진다. 반면에 시간선호가 높은 접근법에서는 산업화 방식을 도입하고 작물을 대량생산해 규모의 경제와 효율성을 무기로 상당한 수익을 달성한다.

산업화 이후 토양을 일구기 위한 중장비가 도입되고 법화로 미래의 효용이 할인됨에 따라, 작물을 경작하며 동시에 가축도 방목하던 전통적인 균형이 파괴되었고 토양의 양분을 급격히 고갈시키는 집약적 농업이 그 자리를 차지했다. 가축의 분뇨로 토양을 자연 재생하는 대신 화학비료가 점점 더 많이 사용되면서 의도하지 않은 치명적인 결과가 심심찮게 발생한다. 예를 들어 미시시피강 삼각주와 멕시코만에서 일어난 화학비료 유출 사건이 미친 영향은 확실한 기록으로 남아 있다.[57] 빠른 이윤을 추구하는 가공식품 대기업이 토양에 잔뜩 뿌린 화학비료는 미시시피강으로 흘러들어 물고기의 폐사와 녹조를 일으키며, 심지어 인간이 식수로 쓸 수 없을 정도로 물을 오염시켰다.

농업의 산업화는 처음 몇 년 동안 생산량을 극대화하는 대신 토양의 양분을 빠르게 고갈시켜 장기적으로 토양의 건강을 희생하게 한다. 하지만 양분이 소실된 토양도 여전히 화학비료로 당장은 비옥하게 만들수 있으므로 이러한 비료에 의존하는 현재 지향 관점이 미래에 비교적 큰 비용을 초래한다는 사실이 사람들에게는 쉽게 와닿지 않는다. 이러한 상충관계는 농업이 산업화되고 한 세기가 지난 후 그 폐해가 갈수록 심각하고 명확해지면서 인류에게 커다란 대가를 톡톡히 치르게 했다. 반대로 소 방목과 순환 농법을 통해 건강한 토양을 유지하면 단기적으로는 보상이 덜해도 장기적으로는 토양의 비옥도를 보존할 것이다. 엄청난 법화 보조금을 챙기며 법정 식량을 대량생산하기 위해 토지를 혹사하는 농기업은 커다란 단기 이익을 벌어들이겠지만, 정성 들여 토질을 관리하는 농부는 대신 장기적으로 더 지속 가능한 이익을 얻을 것이다. 절벽이 눈앞에 보인다고 뛰어내려야 하는 것이 아니듯, 산업화로 토양이 빠르게 황폐화된다고 해서 다들 이 흐름에 가담할 의무가 있는 것은 아니다. 법화가 초래하는 시장 왜곡과 높은 시간선호를 알고 나면 인간에게도 토양에도 엄청나게 해로운 농업 방식이 왜 이토록 대중화되었는지 쉽게 이해가 간다.

1930년대에 프라이스가 토양이 심각하게 황폐화되고 그 결과 식량에 함유된 영양소도 현저히 떨어진 현상을 경제나 통화정책 측면도 아닌 오로지 영양학적 측면에서 목격했다는 사실은 주목할 만하다. 저명한 문화 평론가 자크 바전은 서구의 중요한 역사를 다룬 저서 『새벽에서 황혼까지』에서 1914년을 가리켜 서구 문명이 쇠퇴하기 시작한 해이자 예술 사조가 세련미가 떨어지는 모더니즘 양식으로 이동하기 시작한 해, 정치와 사회 문화가 자유주의liberalism에서 관용주의liberality로 전환된 시기라고 정확히 짚어냈다.[58] 프라이스와 마찬가지로 바전도 그가 목격한 사회의 쇠퇴가 화폐 본위제의 변화와 관련이 있을지 모른다고 언급한 적은 없다. 하지만 각자의 분야에서 최고의 전문가인 이 위대한 두 학자의 연구에서 우리는 20세기 초 서구 사회 전역에서 사람들의 행동이 전보다 현재 지향적으로 변했다는 강력한 증거를 발견할 수 있다.

법화 시대에는 음식도 건축, 예술, 가족과 마찬가지로 지속적으로 질이 저하되고 있다. 유독성, 중독성이 있는 가공 '식품'이 마케팅에 힘입어 선조들이 먹던 건강하고 영양가 있는 전통 음식을 대체하기 때문이다. 삶과 문명의 원천인 토양은 갈수록 시름시름 앓고 있다. 그리고 그 안에 들어 있는 필수 양분은 법화의 지원으로 마케팅되는 석유 추출 원료로 만든 화학비료로 대체되고 있다.

8장

돈은 어떻게
과학과 교육을 종속시키는가

공교육에 재정적 제약이 없다는 것은
축복이 아니라 저주다.

앞 장에서는 법화가 식품 시장을 왜곡함으로써 인체에 어떤 영향을 미치는지 살펴보았다. 이번 장에서는 법화가 교육 및 과학 시장에 침투해 인간의 정신세계에 어떤 영향을 미쳤는지 살펴볼 것이다. 정부는 법화로써 초등교육에서 최첨단 과학 연구에 이르기까지 모든 수준에 걸친 교육 시장에서 광범위한 영향력을 발휘할 수 있다. 그리고 교육 및 과학 분야에서 시장경제의 정상적인 작동을 중단함으로써 누구에게 교사 자격을 주고 무엇이 과학의 범주에 들어가야 하는지 결정할 수 있다. 교육은 더 이상 배움에 대한 학생의 필요와 열망을 채워주거나 인생에서 성공하기 위한 도움을 줄 필요가 없다.

그 대신 정부가 운영하고 지원하는 학교에서 법화의 자금원을 양성한다는 정치적 목표만 충족하면 그만이다. 학문 연구에 법화가 강력한 영향력을 행사하면 제대로 된 공론화가 이루어질 수 없다. 이렇게 재검

토와 토론이 허용되지 않는 과학적 진리는 더 이상 진리로서 힘을 잃게
마련이다.

# 법화가 교육에 미치는 영향

오늘날 법화의 세계에서 소위 과학이라는 것은 과학자라고 불리고
싶은 사람이라면 누구도 의문을 제기할 수 없는, 맹목적으로 외워야 할
주문으로 전락했다.

### 법화와 무상 공립 교육

법화의 자금 지원을 합리화할 명분을 갖다 붙이기에 가장 좋은 분
야가 바로 아동교육이다. 인간은 10대 중반까지는 충분한 자립 능력이
없으므로 어른의 부양, 보호, 지도, 교육에 의존해야 한다. 이 기간은
한 사람의 인생을 좌우할 습관과 기질을 형성하는 데 매우 중요하다.
좋은 교육을 받은 아이는 많은 기회가 열린 세계를 경험하지만, 의욕이
없거나 주변에서 지도와 교육을 제대로 받지 못한 아이는 망가진 인생
을 살기도 한다. 아이가 어릴 때 부모가 교육의 기회를 주는지에 따라
아이의 인생이 좌우된다면 사회적 측면에서 위험해 보이기도 한다. 자
칫하면 많은 아이가 나쁜 길에 빠지거나, 교육을 못 받거나, 기술과 생
산성이 미숙하거나, 사회에 위험한 시민으로 성장할 수 있기 때문이다.
물론 사실상 마음만 먹으면 돈을 찍어낼 수 있는 정부가 그 돈의 일부

를 교육예산에 지출하는 데 딱히 잘못된 점은 없어 보인다.

그러나 법화로 자금을 조달하는 발상이 대부분 그렇듯, 무상 공립교육은 겉으로는 그럴싸해 보인다. 하지만 수많은 의도하지 않은 결과와 바로 그 수혜 대상에게 보이지 않게 영향을 미치며 그럼에도 그러한 사실은 간과되고 있다. 교육 예산이 중앙정부에 집중되어 학부모가 아닌 화폐 발권기에서 자금이 창출되다 보니, 교육의 공급 주체는 수혜자보다 자금 제공자의 비위를 맞추려는 유인이 더 크다. 교육 자금의 조달이 정책상의 문제로 변질되면 교육 과정도 불가피하게 정치성을 띠게 된다. 그래서 교육 서비스의 공급 주체는 아이들의 이익은 뒷전이고 법화 자금 제공자인 정부가 선호하는 정치 노선에 순응할 수밖에 없다.

교육 자금은 명시된 법률에 따라 사실상 무한한 액수만큼 당국에서 제공하므로 교육 서비스의 공급 주체는 학생들에게 제공하는 교육의 질을 걱정할 필요가 거의 없다. 자유 시장 같으면 서비스에 불만을 느낀 고객의 발길이 끊기고 파산으로 이어지는 등 그 책임이 고스란히 나타날 것이다. 그러나 세계의 대부분 교육 시장에서는 법에 따라 학생들에게 취학 의무가 있으며, 거주지에 따라 특정 학교에만 들어가야 하는 경우도 있다. 그래서 아이가 다니는 학교가 형편없어도 학부모는 전학 등의 방법으로 학교에 책임을 물릴 방법이 없다. 공립학교는 학생의 성적이 아무리 나빠도 폐교하지 않으며, 무소불위의 교원노조 덕분에 교사가 해고될 일도 거의 없다.

아동교육은 정부 재정이 증가하더라도 국민들의 찬성을 유도할 완벽한 소재인 만큼, 공립학교는 자금 조달의 제약이 없고 교사와 교직원에게 거의 책임도 묻지 않은 채 운영되어 왔다. 공교육에 재정적 제약이 없다는 것은 축복이 아니라 저주다. 공립학교는 자원의 희소성이 적용되지 않는 평행 우주에나 존재할 법하며, 이 시스템은 책임 소재를 물을 가능성을 미연에 방지해 생산자가 아무리 무능해도 책임지지 않고 교묘히 빠져나갈 여지가 생긴다.

학자이자 교육 정책 연구가인 코리 디앤젤리스는 어용 교육이 학생들에게 얼마나 치명적인 영향을 미쳤는지 제대로 강조했다. 놀랍게도 디앤젤리스는 워싱턴 DC에서 사립학교가 거두는 평균 수업료가 2만 3959달러임을 밝혀냈다.[59] 공립학교가 학생 1인당 지출하는 비용은 3만 1280달러였다. 사립학교의 지출 비용은 공립학교의 지출 대비 81.3퍼센트지만, 그래도 사립학교 학생이 공립학교 학생보다 성적이 훨씬 좋다. 분명히 문제는 자금 부족이 아니라 자금이 쓰이는 방식에 있다. 학부모가 학교에 책임을 물을 수 있는 여지가 있는 가운데 사립학교에 지출하는 수업료가 정부가 기회비용 없이 발권기로 찍어내는 법화보다 훨씬 더 생산적으로 쓰인다. 부모가 자녀가 양질의 교육을 받지 못한다고 판단하면 사립학교는 문을 닫게 될 것이다. 반면에 공립학교에는 책임 있는 교육 서비스를 제공하게 할 유사한 메커니즘이 존재하지 않는다.

이런 문제는 법화의 세계에서 단골 논쟁거리다. 기본 인센티브가 왜곡되면 정부 지출의 증가로 인한 인플레이션보다 사회에 더 큰 해를 끼칠 때가 많다. 법화의 가장 치명적인 결과는 대개 인플레이션이 아니라 일상의 여러 영역에 가져오는 인센티브의 무수한 왜곡(그리고 완전한 파괴)이다. 법화 시대의 정부 기관 관료들은 자신이 속한 조직만큼은 경제학적 철칙에 구애받지 않는 듯 행동한다. 이렇게 법화 만능주의의 망상 속에 빠져 살다가는 대개 심각한 대가를 치러야 한다.

디앤젤리스는 공교육에 중요한 경제적 개혁이 필요하다고 강력하게 주장해 왔다. 정부는 시장 경쟁으로부터 보호되는 공립학교에 정부 자금을 지출하는 대신 단순히 돈을 부모에게 쥐게 하고 이들 부모가 자녀가 진학할 학교를 스스로 선택할 자유를 허용해야 한다는 것이다. 당연히도 그의 아이디어는 학생과 학부모에게 책임질 필요 없이 법화로 먹고살면서 자신들의 자리와 특권을 유지하는 현행 교육 체제의 많은 기득권자에게서 격렬한 반대에 부딪혔다.

내가 아는 사례 중 교육 자금을 정부가 조달해서 경제가 왜곡된 가장 생생한 예는 이집트의 사례다. 이집트에서는 사교육 시스템이 전부 오후에 편성되는데, 사교육 시장의 교사들은 괜찮은 수준의 급여를 받고 학생들도 그 정도의 수업료를 지불하므로 생산적인 교육 환경이 조성된다. 내가 아는 한 지인이 말하기로는 기업가가 공립학교를 전세 내서 수업을 주최할 때도 있다고 한다.

그래서 같은 교실에서 같은 학생과 교사가 하루에 두 번 만나는 진풍경이 연출되기도 한다. 정부에서 쥐꼬리만 한 급여를 지급하는 오전에는 교사가 수업을 하려 하지 않는다. 그러나 오후에는 사교육 시스템을 통해 실제 수업이 이루어진다.

## 법화와 대학 교육

법화가 대학 교육 시스템을 왜곡하는 방식은 초등교육 시스템을 왜곡하는 방식과 유사하다. 그리고 전체 학문 분야, 특히 자연과학의 몰락을 초래해 경제적으로 재앙에 가까운 영향을 미친다. 현대 대학에 대한 가장 흔한 오해는 거의 모든 대학이 사교육 기관이라는 인식이다. 그러나 실제로 그들은 대부분 정부의 재정 지원에 의존한다. 정부는 연구 자금이라는 명목으로 세입의 상당 부분을 대학에 제공한다. 더 중요한 문제는 정부가 보조금의 형태로 저금리 학자금 대출을 제공해 학생들에게 대학 진학의 문턱을 낮춘다는 점이다. 그러면 대학 진학을 고민하던 학생들은 진학하는 쪽으로 마음이 기울기 쉽고, 그 결과 많은 자원이 엉뚱한 영역에서 오용되게 된다. 정부의 학자금 대출 지원이 증가한 만큼 대학 등록금도 덩달아 오른 것은 우연이 아니다.

한 세기가 지난 후, 법화는 학문과 연구의 중심지인 현대 상아탑을 제대로 파괴했다. 그 결과 대학은 한때 기품과 교양을 상징하던 기관이었으나 이제는 범생이들을 위한 일자리 창출 프로그램, 값비싼 자격증 공장, 헤어날 수 없는 빚의 올가미, 사교 활동의 예행연습 장소, 특정 정치관을 주입하는 수용소, 기업의 홍보 대행사로 변모했다. 비용을 부담하는 자가 결정권을 쥐는 것이 이치지만, 대학에서는 학생이 내는 비용이 대학의 수입원에서 큰 비중을 차지하지 않는다. 따라서 학생들은 갈수록 대학의 소비자로 대접받지 못하고, 대학을 후원하는 여러 정부 기관과 사기업에 인력으로 공급될 상품과 같은 존재가 되어가고 있다.

등록금으로 경쟁해야 하는 자유 시장에서라면 대학은 유용한 기술을 배우고 생산적인 사회 구성원이 되고자 하는 학생들의 요구를 수용하며 현실 세계의 수요에 부응해야 할 것이다. 이렇게 대학이 학생들에게 양질의 교육을 제공하면 졸업생들은 각자의 전문 분야에 진출해 고소득층으로 성장해 있을 것이다. 그러면 신입생 유치에도 유리해지고, 동문회는 대학에 기부해 대학이 번영하고 발전하도록 도울 것이다. 이처럼 자유 시장은 대학이 지식을 교육하고 계발하는 본연의 사명에 충실하도록 보장할 것이다. 대학이 그 사명에서 벗어나면 곧바로 시장의 힘에 의해 심판받을 것이기 때문이다. 다시 말해 우수한 교육을 제공하지 않는 대학은 지원자들 사이에서 평판이 안 좋아지고, 동문회는 기부할 수단도 의향도 사라질 것이다.

또한 자유 시장에서의 대학 연구는 상당한 수익을 창출하는 연구 계획에만 계속 투자할 수 있기 때문에 항상 현실 세계의 요구에 부응하려 할 것이다. 아무리 이론적이고 추상적인 연구라도 계속 자금을 지원받으려면 대학과 기부자에게 연구의 현실 관련성을 어느 정도 입증해야 할 것이다. 그러나 법화는 이러한 현실을 뒤엎는다. 무한한 신용화폐 발권기에 접근할 수 있는 정부의 판단에 따라 대학에 자금이 지원되다 보니, 자유 시장의 법칙은 정치인, 정부 관료, 모교에서 세력을 키워 온 행정실장과 학장들의 기분과 욕망으로 대체된다. 이제 대학의 성패는 생산적인 기술을 배우고자 하는 학생들의 요구를 충족시키는 것이 아니라 대학에 자금을 지원하는 관료들의 요구 사항을 충족시키기에 달려 있다.

고등교육 산업의 인센티브 구조가 변하면서 대학의 목적이 왜곡되었다. 수준 높은 교육, 자유롭고 개방적인 탐구, 자유로운 인간이 되기 위해 필요한 지식의 습득, 이 중 어느 것도 현대 대학에서는 중요시하지 않는다. 이러한 숭고한 이상은 무의미한 권위주의, 비생산적인 자원 낭비, 정치적 세뇌로 대체되었다. 오늘날 대학생들이 열심히 배우는 것은 오직 정부에 충성해야 한다는 이념이며, 대학들은 이 이념을 사회 전체에 적극적으로 확산시킨다.

저금리 학자금 대출은 학생들에게 대학 교육의 문턱을 낮추는 기능을 하므로, 미래 가치는 점점 할인되고 대학에서 4년을 보내는 기회비용은 크게 줄어든다. 거액의 보조금이 나오는 데다 미래를 대폭 할인하려는 경제적 사고가 팽배하니, 대학으로서는 양질의 교육을 제공할 책임감을 크게 느끼지 못한다. 그리고 이런 시스템에서 학생들은 대학 진학 여부를 경제적 관점으로 결정하지 않는다. 대신 대학 진학을 정부가 인정하는 인생 경로를 따르기 위해 거쳐야 할 단계 중 하나일 뿐이라 여긴다. 자유 시장 같았으면 대학은 기본적인 시장 신호에 따라 성과에 책임져야겠지만 시장과 동떨어진 오늘날의 대학은 그럴 필요가 없다. 그 결과 대학 교육이 과거에는 투자 대상이 되는 자본재였다면, 이제는 점차 소비재로 변화하고 있다.

대학은 점점 더 사교 활동의 장을 닮아간다. 학생들은 학자금 대출을 받아 귀족처럼 생활하고, 파티를 열고, 친목 활동을 하는 등 재미를 추구하는 가운데 학문은 뒷전이다. 대학 진학의 막대한 기회비용은 장기적 안목이 있어야만 명확히 알 수 있으므로, 이제 고등학교를 갓 졸업한 젊은 친구들은 상상이 잘 안 갈 것이다. 대신 대부분 학생들은 자신의 소중한 시간을 낭비했다는 사실을 너무 뒤늦게 깨달을 것이다. 그들이 대학에서 사교 활동에 열중하는 사이, 어느새 불어난 학자금 대출은 파산을 신청해도 채무가 면제되지 않는다. 결국 학생들은 학창 시절 공부 대신 즐거움을 추구한 대가를 졸업 후에도 평생 갚으며 살아가게 될 것이다. 미국에서는 대학 졸업자가 30~40대가 되어서도 여전히 갚아야 할 학자금 대출이 10만 달러 이상인 경우가 많다. 그들은 먼저 돈을 벌어 모으고 재정적으로 독립하고 형편이 나아지기 전까지 사교 활동을 미루는 대신, 사교 경험을 먼저 쌓고 그 비용을 남은 인생 동안 일하면서 갚아나가고 있다.

## 과학적 방법론의 붕괴

미국 정부는 대공황 이후인 1930년대부터 대학 교육에 한층 강도 높게 개입하기 시작했다. 대학이 재정난에 시달리는 한편, 정부는 법화 덕분에 지출 능력에 사실상 한계가 없어지면서 자연스럽게 대학의 재정과 학술 연구 성과에도 간섭하기 시작했다. 정부가 현대의 법화 경제를 관리하고 정부 목표에 맞게 지출 방향을 결정하려면 특히 대학의 도움이 필요했기 때문이다.

현대 대학이 법화에 매수된 후 나타난 가장 해로운 결과는 아마 과학적 방법론이 무너졌다는 점일 것이다. 이제 과학이라 하면 정부 선전, 기업 광고, 범생이들을 위한 일자리 창출 프로그램, 의미 없는 내용으로 횡설수설하는 연구 논문의 혼합체다. 이 서글픈 상황은 대학의 성과가 시장 테스트를 통해 평가받을 가능성을 정부가 나서서 제거한 것이 발단이었고 여전히 현재 진행형이다.

학자들은 주로 정부로부터 연구 자금을 지원받기 때문에 자신의 연구를 현실 세계에 적용해 수익성을 창출하는 문제를 고민할 필요가 없다. 현실과 동떨어진 주제를 연구해도 연구자 본인이나 소속 기관이 비용을 부담하지 않으니 말이다. 그리고 대학이 소비자, 즉 학생들에게 학자금 대출이라는 형태로 사실상 보조금을 제공함으로써 성공의 잣대인 시장 테스트의 기회가 제거되었고, 연구실을 점령한 샌님들과 대학들은 진리 탐구에는 거의 관심이 없이 천박하고 부패한 세계에 거리낌 없이 동화된다. 이것이 가장 확연하게 드러나는 징후는 논리성도 일관성도 없는 잡설을 생성하고는 학문으로 포장해 마케팅하는 학문 분야와 대학 학부가 우후죽순처럼 급증하고 있다는 사실이다.

## 법화와 인문학

현대 대학에서 소위 인문학에 속하는 학과들은 알맹이 없이 진부한 정치적 올바름으로 무장한 채, 불평불만과 극도의 피해의식이라는 끝없는 심연에 완전히 빠져버렸다. 그 최종 결과로, 시장에서 통할 만한 기술은 없어도 무엇이든 비판할 궁리만 하는 능력만은 탁월한 졸업생이 대거 사회로 쏟아져 나왔다. 그래도 인문 대학은 계속 성장하고 있고, 교수진은 여전히 교수직을 유지해 먹고산다. 그들의 상상 속이나 역사에만 존재하는 하찮은 악을 비판하는 게 주업이면서도 실제 시장 테스트를 거칠 필요도 없고, 세계 최대의 화폐 발권자가 계속 든든한 자금줄이 되어주기 때문이다.

당연히 인문 대학은 마르크스주의 계열의 이론을 어설프게 배운 학계의 하수인들이 점령하고 있다. 마르크스주의는 정부 권력을 강화하고, 생산적 계급의 생활을 통제하기 위한 기생충 같은 비생산적 계급을 양성하기에 더할 나위 없이 유용한 이데올로기이기 때문이다. 자본의 권력을 반대하고 억누르자고 마르크스주의자들이 온갖 얼토당토않은 소리를 내뱉는 가운데서도, 마르크스의 전체 세계관은 정부가 신용과 화폐 창출의 기능을 장악하고 혁명적 선봉장으로서 사회 전반의 모든 경제적, 사회적 결정을 내려야 한다는 사상에 기초하고 있다는 점을 기억할 필요가 있다. 인플레이션으로 세계를 약탈하는 정부에 기생충처럼 기대어 살아가는 세력이 전 세계에 막대한 인명 피해와 파괴를 일으킨 사악한 이데올로기를 아직도 조장하고 있는 것은 당연한 일이다. 온갖 피해의식과 독선적인 불만으로 무장했더라도, 결국 마르크스주의자들은 한낱 법화를 양산하기에 부려먹기 좋은 어수룩한 꼭두각시들일 뿐이다.

현대 대학에서 인문학 교육의 퇴보를 논하자면 책 한 권을 써도 모자라겠지만, 이 책의 취지를 잊지 않기 위해 간단한 대표적 사례 하나만 인용하고 넘어가겠다. 물리학자 앨런 소칼은 대부분의 인문학 학문이 난센스라고 오랫동안 의심해 온 터라, 일부러 난해한 잡소리로 가득 채운 논문을 비판적 연구의 대표적인 학술지에 제출함으로써 자신의 추측을 직접 테스트해 보기로 결심했다.[60] 결과는 어떻게 되었을까?

논문은 게재 심사를 통과했다. 이 학술지는 학자들이 교수직을 유지하고 경력을 발전시키기 위해 필수 코스로 논문을 발표해야 할 만큼 내로라하는 학술지였다. 소칼은 의도적으로 당시 유행하는 주제에 관한 잡설로 채운 논문을 발표함으로써 어용 학계의 진정한 본질을 보여주었다. 즉, 연구자들이 정부의 합격점을 받기 위해 내용은 텅 비고 헛소리만 가득한 논문을 앞다퉈 쏟아내는 현실 말이다.

## 법화와 과학

자연과학자들은 인문학자들을 비웃는 데 익숙하지만, 그들은 이 두 학문 분야가 모두 똑같은 화폐 발권기로 자금을 지원받고, 똑같은 인센티브 구조를 적용하며, 똑같은 대학 교육에서 나왔다는 점을 기억해야 한다. 인문학의 본질적 특성만 놓고 보면 인문학이 정치적 의도가 다분한 헛소리로 전락하기 쉽게 할 만한 요소는 전혀 없다. 대신 그 인문학이 처해 있는 경제적, 제도적 프레임이 인문학의 퇴보를 유도했고, 자연과학도 마찬가지로 이 프레임에서 자유롭지 못하다. 남들 따라 얼토당토않은 논문을 쓰는 수많은 마르크스주의자들에게 종신 교수직을 부여하는 대학들이 자연과학 분야의 진정한 학자들에게 교수직을 보장해 주리라고 기대할 수 있겠는가? 자연과학도 비슷하게 제도권에 굴복한 것은 아닌지 의문이 들지 않을 수 없다. 아니면 자연과학이 인문학만큼 조롱받지 않는 이유는 말도 안 되는 소리를 지껄여도 특유의 정교한 방법론 때문에 비전문가들이 알아채기 어렵기 때문이 아닐까 싶기도 하다.

이 질문에 답하기 위해서는 문제의 근원인 학술 논문 산업을 살펴봐야 한다. 대학 예산에서 정부 지원이 차지하는 비중이 점점 커짐에 따라, 각 대학은 이제 재정 지원, 학자금 대출, 그리고 전체 대학을 위한 혜택 등의 결정권을 쥔 채 시장 경쟁으로부터 대학들을 보호하는 정부의 눈치 보기에 급급하게 되었다. 따라서 학생의 욕구를 더욱 잘 충족하려면 자체 자원을 어떻게 할당할 것인지 대학이 스스로 결정할 자유가 손상되었다. 그러나 정부는 어떻게 자원을 할당하고 다양한 대학, 프로그램, 학부의 성과를 평가할 수 있을까?

시간이 흐르고 보니 이 질문에 대한 답은 바로 학술지에 게재되는 논문인 것으로 판명 났다. 학자로 성공하려면 가장 유명한 학술지에 논문을 발표해야 하고, 이러한 성과에 따라 대학에 대한 자금 지원도 크게 좌우된다. 결과적으로 학계에서 유망한 경력을 쌓으려면 학술지에 게재하는 논문의 중요성이 점점 커져, 교수법은 채용 결정에서 부차적인 것으로 밀려나기에 이르렀다. 강의에 열의도 능력도 없는 교수들에 대한 불만은 전 세계 학생들이 공통으로 느끼지만, 대부분의 대학은 이에 신경 쓰지도 않고 신경 쓸 여유도 없다. 정부가 연구 자금과 학자금 대출을 계속 지원해 주는 마당에, 학생은 대학이 비위를 맞춰줘야 할 고객이 아니기 때문이다.

학술지에 논문이 실려야 한다는 강박은 학술지 산업이 완전히 부패하는 원인이 되었으며, 오늘날 전 세계 교수들도 이러한 끔찍한 상황을 개탄한다. 논문이 교수의 고용, 승진, 근속 기간을 결정하는 잣대가 되는 만큼, 학술지 업계는 전체 대학 시스템의 킹메이커나 다름없다. 그들은 소수의 출판사로 통합되어 지식의 등대라기보다 카르텔에 훨씬 더 가까워졌다. 카르텔에 비유한 것이 과장처럼 들린다면 고故 애런 슈워츠의 사례를 생각해 보라. 슈워츠는 미국의 컴퓨터 프로그래머로, 학술지 논문 디지털 아카이브인 제이스토어JSTOR에서 논문을 다운로드하다가 적발되었다. 그리고 체포되어 징역형을 받을 위기에 처하자 결국 스스로 목숨을 끊었다.

대학 자금 지원이 공인된 유명 학술지에 게재되는 논문 실적과 연결되어 있는 한, 이들 학술지는 생업을 위해 이에 의존할 수밖에 없는 교수들의 노동력을 착취할 수 있다. 학술지는 학자들에게 논문 작성에 대한 대가도, 논문을 검토하거나 편집하는 노고에 대한 대가도 지불하지 않는다. 오히려 실제로는 논문 게재 비용을 학자들에게 청구하는 출판사가 많다! 학술지의 전체 제작비가 출판사 입장에서는 거의 0달러지만, 출판사들은 이 논문들에 엄청난 웃돈을 씌워 각 대학에 재판매한다. 온라인 열람 비용도 과하기는 마찬가지다. 출판사는 논문의 문지기로서 누가 논문을 게재할 수 있는지 결정하며, 그 결과에 따라 대학에서 누가 승진하고 연구 자금을 받는지도 결정된다. 학술지 출판사는 어용 교육 체제의 일등 수혜자가 되기 위해 스스로 책략을 꾸미는 데 성공했다.

타당성과 일관성 측면에서 보면 학술지를 종이책으로 제작하고 편집자와 출판사가 서로 연락하느라 시간과 비용을 요하던 과거보다 요즘의 온라인 학술지가 운영하기 더 수월하다. 과거에는 대학 도서관이 학술지에 지불하는 엄청난 가격을 인쇄용지가 비싸다는 표면상 이유로 출판사가 종종 합리화했을지 모른다. 그러나 인터넷의 발달로 학술지 제작비가 사실상 0에 가깝게 떨어지고 학술 논문의 열람 경로가 대부분 디지털화되는 동안, 이들 학술지를 이용하는 비용은 하락하기는커녕 상승했다. 이제 대학은 온라인으로 학술지를 열람하기 위해 수천 달러를, 개인은 논문 한 편을 열람하기 위해 20달러 이상을 지불해야 한다. 출판사에 비용이 거의 발생하지 않는 이유는 현대 학계의 교수들이 마치 노예처럼 집필, 편집, 검토 등 모든 노력을 전담했기 때문이다.

## 법화와 학술지 논문 산업

지금껏 학술지의 내용은 현실 세계와 동떨어지고 대부분 일반인은 이해할 수 없는 학계의 자기만족 행위로 전락해 왔지만, 그러면서도 실제로 학문을 연구하는 듯한 인상이라도 주기 위해 올바른 정치적, 문법적, 방법론적 형식을 갖추려고 노력해 왔다. 현실 세계에서 정상적이거나 생산적인 사람치고 굳이 학술지를 찾아 읽는 사람은 거의 없고 그래야 할 이유도 없다. 대부분 학술지의 진정한 독자층은 해당 논문에 살을 붙여 추가 연구를 발표할 기회를 노리는 매우 협소한 분야의 학자들밖에 없다. 학술지에 발표하는 논문은 중요한 아이디어를 세상에 알리고 최신 기술에 대한 세간의 이해를 높이는 대신, 학자로서 경력 쌓기에만 도움이 되는 그들만의 리그가 되어버렸다.

학자가 교수직을 보장받기 위해 학술지에 논문을 게재하려면 자신의 연구 결과를 웬만한 독자가 이해할 수 없을 정도로 전문적이고 난해하고 현학적이고 황당무계한 언어와 방법론을 선택해야 한다. 현실 세계와 완전히 동떨어진 학술지 편집자의 요구 사항에 맞추는 것이다. 학술지에 논문을 발표하려면 끝없는 동료 평가와 이리저리 말장난을 늘어놓으며 시간을 낭비하는, 그렇지만 아무에게도 도움이 안 되는 인고의 시간을 감내해야 한다. 1년 반 동안 동료 평가를 받으면서 한 문단을 놓고 시시콜콜한 수정을 10번 정도 거치고 나면, 아무도 읽지 않을 쓸모없는 문장을 타이핑하는 데 인생을 낭비하고 있다는 것을 깨닫게 된다. 마치 영화 〈샤이닝The Shining〉에서 주인공 잭 니콜슨이 몇 달간 타자기로 소설을 집필하다가 제정신을 잃고, 아내는 남편이 수백 페이지에 걸쳐 똑같은 한 문장만 반복해서 타이핑했다는 것을 알게 되는 장면처럼 말이다.

법화 시대의 어용 학계에는 총명하고 성실한 인재가 아무도 읽지 않을 허튼소리로 가득 찬 글을 양산함으로써 재능을 썩히는 엄청난 낭비 행위가 벌어지고 있다. 세상에 유용하고 지적인 아이디어를 생각해 내려면 현실 세계의 흐름을 잘 읽고 최신 정보를 알아야 한다. 그리고 가치 있는 연구 결과를 내놓으려면 시대의 흐름에 발맞춰 끊임없이 자기 계발을 해야 한다. 하지만 오늘날의 학자들은 지식을 적용할 현실 세계에 관여하는 대신, 상아탑에 고립되어 점점 더 난해하면서 현실과 무관한 주제를 세부적으로 연구하고, 단지 사회와 단절된 다른 동료들에게 깊은 인상을 줄 목적으로 정교하고 복잡하면서 실용성 없는 기계를 조립한다.

학술지 논문을 읽는 모든 독자의 심정은 자녀의 축구 경기를 관람하는 부모와 비슷하다. 부모에게 경기의 묘미는 여덟 살 난 아들과 토실

토실한 친구들이 공을 쫓아 뒤뚱거리는 모습에서 얻는 재미가 아니다. 바로 아들에 대한 자신의 사랑, 그리고 아들을 응원하고 아들에게 기를 살려주고 싶은 욕구가 중심에 있다. 학자들도 자신의 연구가 현실 세계와 전혀 관련이 없어서 각 연구의 결론에 몇 줄을 집어넣어 어떻게든 현실 관련성을 추가하려 노력한다고 자기들끼리, 때로는 공개적으로 농담조로 인정한다. 학자 가운데 이 말에 공감하고 자조하는 사람이 대부분인 이유도 자신의 연구가 현실 관련성이 없다는 것을 받아들인 학자들만이 각 분야에서 살아남았기 때문이다. 반대로 이 무의미한 삶을 거부한 학자들은 다국적 논문 공작소에 종속된 노예 같은 생활에서 뛰쳐나와 현실 세계와 관련된 일에 종사하고 있을 것이다.

학술지 업계가 어떻게 돌아가는지 이해하고 나면 이 논문들이 완전히 다른 시선에서 읽히게 될 것이다. 즉, 이 시대 최고의 지식인들이 중요한 문제를 논하는 공론의 장이 아니라, 대개 저자의 영달을 돕는(그리고 출판사의 배를 불리는) 것이 주목적이라는 사실이 눈에 들어오기 시작할 것이다. 이렇게 된 이유는 학술 연구의 현실을 경제학적으로 평가하면 명확히 알 수 있다. 오늘날 학술 연구는 자유 시장의 산물이 아니라, 위원회에서 결정하는 중앙 계획의 산물이다. 그러다 보니 사회주의 체제에서 살았던 불행한 사람이든 사회주의를 비판한 미제스의 걸작을 읽을 만큼 운 좋은 사람이든 누구나 아는 경제적 생산 문제, 즉 수요에 부응하지 못하는 문제에 빠져 있다.

생화학자 테렌스 킬리는 명저 『과학연구의 경제법칙』에서 과학에는 공적 자금의 지원이 필요하다는, 학계에 팽배한 통념을 향해 훌륭한 반대 담론을 제시한다.[61] 킬리는 과학 연구 분야에서 민간 기업과 자유 시장이 18~19세기 영국의 산업혁명을 촉발했다고 설명한다. 그때는 정부가 연구 자금을 지원하는 사례가 없다가 제1차 세계대전 시기에야 시작되었는데, 공교롭게도 영국이 금본위제에서 벗어난 시기와 겹친다.

## 시장의 테스트를 거치지 않아도 되는 연구

법화의 개입이 없는 자유 시장에서는 과학 연구가 시장 수요와 밀접하게 연관되어 있다. 그래서 자원을 오용한 투자자는 손실을 입게 되므로 마지못해 자기 잘못을 인정하거나 나아가 파산할 수도 있다. 잘못을 깨닫든 파산하든 결론적으로 투자자는 낭비를 그만둘 수밖에 없다. 그러나 법화 본위제에서는 정부가 화폐가치를 절하할 수 있는 한 낭비가 끊이지 않을 것이다.

정부에 소속된 과학 및 연구 기관은 중앙 계획에 따라 어떤 것이 적법한 과학이고, 어떤 학자가 자금을 지원받고, 누가 학자로 불릴 자격이 주어지고, 누가 이단으로 배척될 것인지를 독단적으로 결정할 수 있다. 미제스가 설명한 사회주의 계획경제에서처럼, 정부는 자신들이 배분하는 자원에 대한 소유권이 없다. 따라서 자원의 각각 다양한 용도에 따른 정확한 기회비용을 계산할 수 없으므로 자원을 경제적, 합리적으로 사용하지 못한다. 의사 결정자가 자본을 생산적으로 쓰면 이윤을, 낭비하면 손실을 겪게 하는 진정한 시장 피드백이 없다. 이윤과 손실이라는 피드백 메커니즘이 없으니 모든 정부 관료는 눈과 귀와 입을 닫아버려도 괜찮다. 중앙 계획식 관치행정이 농산물 생산의 측면에서는 치명적인 영양 부족과 과잉생산을 초래했다면, 과학 연구 쪽에서는 제대로 된 과학 연구가 거의 없다는 폐단을 초래했다. 그 대신에 정부의 개입으로 무의미한 연구 논문만 넘쳐났다.

실제 시장 테스트로 연구를 평가할 길이 없으므로 정부는 불완전한 측정 기준을 가지고 연구를 평가해야 한다. 시장 테스트에서 해방된 연구자들은 측정 기준 자체에 집중해야 하며, 결국 이 기준을 가장 잘 충족한 사람만이 성공한다. 그들의 목표는 중요한 결론을 도출하는 것이 아니라 학술지에 실리는 것이다. 학자들은 더 많은 연구 자금을 확보하기 위해 가능한 한 많은 논문을 발표하기를 원하는 한편, 학술지 출판사는 각 대학에 구독권을 더 많이 팔기 위해 가능한 한 많은 논문을 출판하기를 원한다. 정부도 마찬가지로 실질적 기회비용 없이 더 많은 예산을 확보하기 위해 가능한 한 많은 연구에 자금을 지원하기를 원한다. 경화 본위제 같으면 예산에 실질적 제약이 있겠지만, 그렇지 않은 현행 학계 시스템에서는 연구 논문의 양은 계속해서 증가하되 현실 관련성과 유용성은 갈수록 감소하는 방향으로 나아갈 수밖에 없다.

의학자 존 요하니디스는 대부분의 과학 연구 결과가 거짓일 가능성이 있는 이유를 몇 차례의 연구를 통해 매우 설득력 있게 밝혀냈다. 그는 결론적으로 법화 체제에서의 과학계가 시장의 인센티브와 피드백에서 멀어진 현상을 원흉으로 지목했다.[62] 잘못된 결론의 논문이 발표될 가능성은 학술지에 실려야 한다는 인센티브가 강할수록 확연히 높아진다. 그리고 실험을 얼마든지 반복할 수 있기 때문에 원하는 결과를 얻은 실험만 선별된다. 또한 논문의 결론에 허용 가능한 오차 범위가 커서, 잘못된 결론을 도출하고도 버젓이 발표되는 과학 논문의 수가 필연적으로 점점 늘어나고 있다.

언론의 관심을 끌 만한 참신한 가설을 검증하는 논문은 학술지에 게재되기에 유리하다. 이런 주제들은 대부분 검증 후 상관관계가 존재하지 않더라도 통계적으로 유의미한 결과가 대량 생성될 수밖에 없다. 과학 학술지의 종류가 계속 증가하는 만큼 논문 시장은 항상 존재한다. 어용 과학의 인센티브 구조와 관련된 가장 심오한 문제는 아마도 브라이언 노섹 버지니아대 심리학 교수의 다음과 같은 한마디에 정리되어 있을 것이다. "논문에 오류가 있어도 비용이 발생할 일은 없다. 논문이 통과되지 못하는 것 자체가 비용일 뿐이다."[63] 웬만한 논문이 통과되는 상황에서는 대부분 논문의 연구 결과가 부적절하고 잘못되었으리라 짐작할 수 있다. 주류 언론의 과학 뉴스를 유심히 보는 사람이라면 지구상에 존재하는 거의 모든 것이 암을 유발하고 또 암을 예방한다는 사실을 '과학자들이 발견'했다는 소식에 익숙할 것이다. 커피, 육류, 와인, 전자파가 암을 유발한다는 연구 결과를 생성하기 위한 필요조건 기준이 워낙 낮다 보니, 그럴싸한 반대 결론도 어렵지 않게 찾을 수 있다. 이처럼 모든 논문의 제1저자는 창의적인 연구자를 충분히 고용하면 얼마든지 원하는 결과를 '발견할' 수 있다.

# 과학에 따르면?

과학은 필연적으로 정부 지원 없이 시장 경쟁의 영역에 놓여야 특정 이해집단에 장악되지 않고 융성할 수 있다. 그러나 오늘날 연구 자금과 학자금 대출을 지원하고 교수 직함을 보장해 주는 정부 기관은 바로 평가 대상이 되어야 할 연구 당사자와 가까운 관계에 있는 학자들로 구성되어 있다. 그 결과 고양이에게 생선 맡기듯 학자와 대학이 스스로 규제권까지 쥐고 있는 셈이 되었다. 과학계의 지배 구조가 자동차 생산에 똑같이 적용되었다고 상상해 보자. 정부의 임명을 거쳐 자동차 생산자들로 구성된 위원회가 자동차 업체들에 영업허가를 부여하고, 생산된 자동차를 평가하고, 평가 결과에 따라 보상하고, 자동차를 소비자에게 배분한다. 분명 이러한 제도는 자동차 소비자가 아닌 생산자에게 유리할 것이다. 소비자들은 자신의 선호, 선택, 구매 결정을 통해 자동차 생산에 영향을 미칠 방법이 없기 때문이다.

이러한 제도적 장치를 통해 정부 기관은 이해집단에 장악된 채 '과학'이라는 문제를 그들에게 유리하게 법령으로 제정해 막대한 이익을 안겨주기에 이른다. 당연히 예상되는 결과로, 이해집단의 지대 추구 행위가 늘어날 것이다. 그리고 충분한 자금 지원을 바탕으로 영향력을 행사하며 정부와 과학자의 협력 관계를 지배적으로 이용하려 할 것이다.

드와이트 아이젠하워 전 미국 대통령은 고별 연설에서 국민들에게 군산복합체가 출현할지 모른다는 위험성을 경고했다. 오늘날 이 발언은 꽤 유명하지만, 그 직후 이어진 발언으로 소위 과학-산업 복합체

scientific-industrial complex라는 것을 경고하는 다음의 대목은 훨씬 덜 알려져 있다.

> 연방 정부에 고용되어 자금과 프로젝트를 할당받는 과학자들이 점점 지배력을 확대할 것이라는 점은 현재도 앞으로도 가볍게 볼 수 없는 문제입니다. 물론 우리는 과학의 연구와 업적을 존중해야 하지만, 동시에 공공 정책 자체가 과학기술 엘리트의 포로가 될 수 있다는 반대 측면의 위험도 경계해야 합니다.[64]

과학은 질문을 던지고 그 질문의 답을 찾기 위한 실험을 체계적으로 수행하는 방법을 일컫는다. 과학은 일개 한 학자의 주장에 의존하기 때문에 실험을 거쳐 정확히 입증해야 한다. 그러나 법화 본위제에서 과학은 정언명령이자 계명처럼 이미 정해진 세계관이 되었다. 법화를 마음껏 무한정 발행할 수 있는 하나의 권력기관에 과학계와 모든 대학이 장악되면 실험은 은밀하게 진행되는 의식 행위로 바뀐다. 그러면 대중은 실험자의 권위와 그들을 규제하는 당국을 믿고 그 결과를 곧이곧대로 받아들이는 수밖에 없다. 정부가 지정한 경로로 이미 답이 정해진 결과가 전달되면 과학적 방법론은 완전히 왜곡된다. 이처럼 이제 '과학'은 논리적 과정이 아니라 이념 혹은 종교가 되었다.

현대 과학이 처참한 상태에 처했음을 나타내는 한 가지 지표는 학자, 언론인, 정치인, 일반 대중까지 아무 때나 "과학에 따르면the science says"이라는 완전히 터무니없는 문구를 아무렇지 않게 갖다 붙인다는 것이다. 이 문구를 사용하면 과학적 지식이라는 것이 마치 의심의 여지가 없는 데다 변함없고 이미 정해진 진리의 선언과 같다는 듯한 인상을 준다. 그러나 어떤 기관이나 과학자가 법화를 쏟아부으며 아무리 자신들의 결론을 홍보해도, 과학은 그들이 내린 결론을 직접 발설할say 수 있는 유정물이 아니다. 이 미끼 상술은 과학뿐 아니라 사회 전반의 다양한 분야에 걸쳐 파괴적인 영향을 미쳤다.

현대 과학 학술계의 타락과 부패의 심각성을 보여주는 또 다른 강력한 예는 앞 장에서 언급한 영양학 연구에서도 찾을 수 있다.

## 오염된 식품학

특정 운동가와 복음주의자들이 육류 금식의 이점을 홍보하기 위해 사용한 연구법은 항상 기초 통계학 수강생들조차 비웃을 만큼 뻔뻔하게 자의적으로 해석되고 빈약한 통계 기법에 기반을 두고 있었다. 이러한 연구의 주된 문제는 관찰 연구 기법을 택한다는 것이다. 관찰 연구는 혼동을 일으키지 않게 항상 신경 써야 할 변수가 많다.

제칠일안식일예수재림교에서 내세운 가장 잘 알려진 한 연구는 교인 자신들과 일반인들을 중점적으로 비교하고 있다. 그들은 제칠일안식일예수재림교인들이 일반인보다 더 건강하다는 점에서 육류 소비를 줄이는 것이 건강을 개선하는 요인이라고 주장했다. 그러나 제칠일안식일예수재림교인들이 금연과 금주를 실천하는 데다가 평균 인구보다 더 유복하고 청결하고 건강한 환경에서 살며 일반적으로 더 강한 공동체 의식도 지니고 있어 장수에 매우 유리하다는 점은 간과하고 있다. 또한 이 연구는 자신들의 식습관을 직접 연구 대상으로 삼았다. 그리고 이런 방법에서는 응답자들이 보통 실제로 먹은 음식이 아니라 먹었더라면 좋았을 법한 음식을 언급하기 때문에 그들의 식습관을 평가하는 정확한 방법이 되지 못한다는 것이 통설이다. 특히 이 사례처럼 연구 대상이 육류 소비에 대한 선입견이 강한 종교 집단이라면 더욱 그러하다.

세계보건기구WHO의 관료들이 의존하는 엉터리 보고서와 같이 더욱 일반적인 관찰 연구에 따르면 육류를 많이 먹는 사람이 덜 먹는 사람보다 더 질병에 잘 걸리므로 육류가 만병의 근원이라고 결론을 내린다. 그러나 모집단 내에서 육류 소비는 다른 모든 종류의 음식 소비와도 매우 밀접한 상관관계를 보인다. 즉, 고기를 많이 먹는 사람들이 설탕, 정제 곡물, 밀가루, 각종 산업용 화학물질 등도 많이 먹는다. 제대로 된 통계적 관찰 연구라면 대개 이러한 요인을 통제하려고 노력하지만, 육식 반대에 관한 연구는 과학적 방법이 아니라 종교적 비전을 검증하려는 시도에 방법론적 기초를 두었기 때문에 전혀 그렇게 하지 않았다. 그러나 많은 요인을 통제한 관찰 연구라 하더라도 완전히 믿음직하다고 단정할 수는 없다.

앤셀 키스는 정치적 수완은 뛰어나되 지식인으로서는 빈 수레 같은 인물로, 한마디로 영양학계의 존 메이너드 케인스다. 그는 거의 범죄 수준의 어설픈 '연구' 결과를 마치 진리인 양 전 세계 대학에 널리 알리고 지침으로 의무화함으로써 특정 이해집단의 구미에 맞게 정치 놀음을 할 줄 아는 인물이었다. 영양학계는 국가의 보호를 받는 폐쇄적인 길드처럼 변해 정부의 시답잖은 대변인 노릇을 했고, 그 후 자사 제품을 홍보하려는 특정 기업들의 손아귀로 순순히 포섭될 수 있었다. 반대

목소리를 내는 모든 자는 정부 발권기의 수혜 대상에서 배제될 것이므로 침묵하거나 소외되었다. 니나 타이숄스의 근간 『지방의 역설』은 전 세계인에게 독성 식품을 먹게 할 만큼 부패한 현대 과학의 실상을 자세히 설명했다.[65]

앤셀 키스와 여러 세대에 걸친 하버드대 출신 '과학자'들의 연구 결과는 산업화된 농기업들이 전 세계 수십억 인구의 몸에 해로운 산업용 화학물질을 주입하는 데 성공하게 했다는 점에서 트로이 목마와도 같았다. 이는 당뇨, 비만, 암, 심장병, 그 외 여러 치명적인 질병이 확산되는 비참한 결과를 초래했다. 이제 대다수 사람들은 이런 질병들이 단지 법화 시대에 등장한 법정 식량의 소비로 점철된 일상의 정상적인 일부라는 사실을 완전히 잊은 채, 그냥 그 자체로 현대 일상의 정상적인 일부로 받아들이게 되었다. 사람들의 인생에서 가장 충격적이고 불편한 사실 중 하나는 키스와 그의 우스꽝스러운 연구를 퍼뜨린 과학자들에게 전 세계적으로 그 누구보다, 심지어 모든 공산주의 정권의 만행을 합친 것보다 더 많은 인구를 정상 수명보다 이른 죽음으로 내몬 책임이 있다는 것이다.

키스의 얼토당토않은 연구 결과는 제2차 세계대전 이후 자신이 유럽을 여행한 경험을 기반으로 도출한 것이다. 그는 7개국 국민의 육류 소비에 관해 신뢰도가 떨어지는 데이터를 수집한 다음 이를 심장병 발병률의 연관성에 갖다 붙였다. 그리고 무슨 이유에선지 프랑스를 데이터에서 제외한 후, 심장병과 육류 소비 사이의 상관관계를 발견해 이를 고기가 심장병을 일으킨다는 증거로 해석했다. 이렇게 해서 언론과 대중 교육을 통해 영양학의 결정판으로 온 세상에 퍼져나간, 그 유명한 「7개국 연구Seven Country Study」가 탄생했다. 또 키스는 데이터로 채택했다면 연구 결과가 달라졌을지도 모를 15개국의 사례를 본인 편의에 따라 무시하기도 했다. 가령, 프랑스 국민이 다량의 고기를 섭취하는데도 심장병 발병률이 낮다는 것은 현대 영양학자들이 여전히 역설로 간주하고 있다. 그러나 실은 키스의 근거 없는 결론을 믿는 것만큼 역설적인 것이 없다.

## 지중해식 식단이라는 참신한 헛소리

키스는 데이터로 삼을 국가를 선별적으로 취합한 데 그치지 않고, 유독성 화학물질인 마가린의 섭취를 건강한 동물성 필수 지방산과 대등하게 지방을 섭취할 한 가지 방법으로 취급했다. 그는 이 간단한 속임수로, 마가린으로 인해 증가하는 질병 문제를 동물성 지방 탓으로 돌렸다. 그 결과 포화 지방이 문제의 원흉이고 가공 식물성 기름에 의존하는 것이 해결책이라는 그의 주장에 신빙성을 부여하는 데 도움이 되었다.

또한 키스는 동물성 지방의 비중을 줄이고 식물성 지방의 비중을 늘린 지중해식 식단이라는 어처구니없는 발상을 대중화했다. 이는 유해한 종자유(예: 사람은 물론 개도 먹어서는 안 되지만 소위 '심장에 좋다'는 카놀라유)를 대량으로 보급하기 위한 목적이었다. 키스가 여행한 시기는 제2차 세계대전으로 유럽이 폐허가 된 직후로, 한창 빈곤이 심각하고 사람들이 올리브유에 크게 의존하던 때였다. 그러나 모든 호모 사피엔스와 마찬가지로 지중해 주민들도 원래는 요리할 때 주로 동물성 지방에 의존했다가, 제2차 세계대전의 참사를 겪거나 하버드대의 영양학 조언에 휩쓸린 이후 식물성 지방에 눈을 돌리기 시작했다. 타이솔스는 수많은 출처를 인용해 지중해식 식단이 기본적으로 동물성 지방에 크게 의존한 반면, 올리브유는 주로 비누, 등불 연료, 피부미용, 머릿기름, 드레싱에 쓰였다는 것을 입증했다. 타이솔스의 책이 출간된 지 몇 년이 지났고 키스의 결론이 터무니없다고 지적한 다른 많은 연구 결과가 발표되었는데도, 여전히 어용 과학계와 모든 정부 기관은 자꾸 사람들에게 동물성 지방을 피하고 기업들에 높은 수익성을 안겨주는 쓰레기 가공식품을 먹으라고 권한다.

하버드대는 유해한 산업용 화학물질을 두둔하려고 천연 지방을 깎아내린 것도 모자라 설탕의 대중화에도 큰 역할을 했다. 《뉴욕 타임스》는 다음과 같이 보도했다.

문헌에 따르면 1964년 설탕 업계의 대부인 존 힉슨은 업계 동료들과 '자체적인 연구, 정보, 입법 계획을 통해' 여론을 전환하기 위한 계획을 논의했다.

당시 고당분 식단과 높은 심장병 발병률 사이의 관계를 지적하는 연구가 나오기 시작했다. 그러나 동시에 미네소타대 교수이자 저명한 생리학자인 앤셀 키스를 비롯한 다른 과학자들은 포화 지방과 식이성 콜레스테롤이 심장 질환의 가장 큰 위험 요인이라는 반대 이론을 연구하고 있었다.

힉슨은 설탕에 관한 충격적인 발견에 맞서기 위해 업계 자체의 민간 연구에 착수하자고 제안했다. 기록에 따르면 그는 '우리를 비방하는 사람들에게 반박하기 위해 이 연구

데이터를 공개해야 한다'라고 서술했다.

1965년에 힉슨은 하버드대 연구원들을 동원해 설탕에 반대하는 연구 결과를 뒤집을 보고서를 작성하도록 요청했다. 그러고는 그들에게 총 6500달러를 지불했는데, 오늘날 물가로 환산하면 4만 9000달러에 해당한다. 그리고 힉슨은 설탕에 유리한 결론이 나와야 한다는 점을 분명히 밝히고는 이에 적합한 보고서를 선별하게 했다.

하버드대의 마크 헤그스테드 박사는 설탕 업계 경영진들을 안심시켰다. 그는 '우리는 여러분의 특별한 이해관계를 잘 알고 있기에 최선을 다해서 요구를 수용해 드릴 것'이라고 화답했다.

하버드대 연구원들은 보고서를 작성하는 동안 종종 힉슨에게 초안을 보여주며 의견을 주고받았다. 힉슨은 보고서에 만족스러운 반응을 보였다. 연구원들은 설탕에 관한 데이터가 눈에 잘 띄지 않게 하고 포화 지방과 관련된 데이터에 훨씬 더 가중된 신뢰도를 부여했다.

힉슨은 '바로 우리가 원하던 결과물이 나왔습니다. 이제 인쇄를 기다릴 일만 남았습니다'라고 답장했다.[66]


이러한 반인륜적 범죄에 가담한 하버드대의 역할은 한 사학 기관의 부패 문제로 치부될 게 아니다. 대부분 미국 대학처럼 하버드대도 정부의 보조금으로 막대한 연구 자금을 지원받는다. 그만큼 공공 정책에 매우 큰 영향력을 미치면서 명성과 위신을 유지하고 있다. 하버드대에 영양학부를 개설한 프레드릭 스테어는 미국 정크푸드 업체가 생산한 최악의 쓰레기를 두둔하는 인간 광고판이나 마찬가지였다.

## 우리는 사료를 먹고 있다

1978년에 하버드대와 관련해 발표된 한 보고서는 가히 충격적이다. 여기서 스테어는 자신과 대학의 이름값, 그리고 정부와의 연줄을 이용해 사람들의 입속에 쓰레기 가공식품을 억지로 집어넣으며 흡족하게 부를 쌓은 후안무치의 전형으로 묘사되었다.[67] 위키피디아는 스테어에 대한 가장 충격적인 사실들을 이렇게 요약한다.

미국 정부의 고문으로서 스테어는 '미국식 식단'이 해롭다는 생각을 일축했다. 예를 들면 코카콜라는 '건강한 간식'이며, 설탕을 다량으로 섭취해도 건강에 문제가 되지 않는다고 주장했다.

스테어가 자서전 『영양학 모험Adventures in Nutrition』에서 밝힌 바에 따르면 그는 1960년에 '교내 영양학 연구소의 확장'을 위해 제너럴푸드로부터 102만 6000달러의 지원금을 받았고, 영양학자로서 44년 경력을 다 합치면 총 2963만 347달러를 모금했다고 밝혔다. 예를 들어 켈로그사는 하버드대에 영양 재단의 설립을 지원하고자 200만 달러를 쾌척했다. 이 재단은 대학과 독립된 기관이었으며, 스테어는 《영양학 리뷰Nutrition Reviews》라는 학술지를 창간하고 25년 동안 편집자로 근무했다.

또한 스테어는 미국과학및건강위원회의 공동 창립자이자 이사회 의장을 역임했다. 의장으로 재직하던 1980년에는 위원회 운영을 위해 미국 담배 대기업 필립모리스에 자금 후원을 요청하기도 했다.[68]

여기서 주목할 점은 이 새로운 영양학 패러다임이 제2차 세계대전 중 군인들에게 경제적이고 효율적으로 다량의 식사를 배식하려는 관리주의를 널리 전파하려는 목적이 중심이었다는 것이다. 영국군과 미국군이 성공적으로 나치 정부를 무너뜨린 후에도 양국의 관리주의 정부는 전쟁 중에 적용해 성공한 전략을 민간인의 일상까지 확대 적용하려 했고, 그 결과 현대 식습관 지침이 탄생했다. 이 지침들은 다수의 인구에게 식량을 공급하는 가장 저렴한 방법을 고안하려는 목적으로 짜인 것이다. 현대 정부는 영양 섭취를 개인의 선택에 맡기고 식량이 자유 시장에서 생산되도록 하는 대신, 자국민이 먹을 음식을 대량생산된 사료처럼 취급하고 삼류 과학자와 형편없는 통계학자에게 충분한 칼로리를 가장 저렴하게 공급할 방법을 고안하게 했다. 정부에 고용되어 다양한 종류의 음식을 각각 얼마나 먹어야 하는지 이래라저래라 하면서 돈을 벌고 (전시 상황처럼) 경제 통제가 우선적 임무였던 사기꾼들 때문에 인간의 타고난 본능은 무시되기 일쑤였다. 그 결과 식습관 지침의 가장 큰 수혜자는 칼로리와 단백질의 가장 값싼 공급원, 즉 곡물과 콩류의 생산자였다. 그러나 식품 보건 당국은 정제 곡물에 영양가가 거의 없고 콩류가 육류보다 영양소 측면에서 열등하다는 사실을 주목하지도 언급하지도 않았다.

불건전 신용화폐 위에 피라미드 구조처럼 세워진 통화 체계가 이번에는 불건전 곡물과 탄수화물을 토대로 식량 체계를 세워 올렸다. 니나 타이숄스와 게리 타우브스의 연구에서 자세히 설명된 역사상 가장 치명적인 과학적 오류 중 하나는 탄수화물은 면죄부를 얻고 기본 영양소로 간주된 반면, 영양소의 질과 함량 면에서 단연 으뜸인 육류와 동물성 지방은 현대인의 질병을 일으키는 원흉으로 매도된 점이다. 현대 의학은 앤셀 키스, 프레드릭 스테어처럼 과학자의 탈을 쓴 간신배들의 말을 그대로 받아들여 진리인 양 전 세계에 전파했다. 놀랍게도 오늘날까지, '건강에 좋은' 곡물, 설탕, 가공식품, 청량음료를 아무렇지 않게 대량 소비할 만큼 건강에 대한 관심도가 밑바닥인 사람들도 여전히 동물성 지방 섭취에 대해서는 껄끄러워하고 있다.

이 치명적인 오해의 결과로 전 세계 사람들이 영양가 없는 싸구려 곡물과 온갖 종류의 유독성 가공 '식품'의 소비를 대폭 늘렸고, 육류와 동물성 지방의 소비는 대폭 줄였다. 현대 들어 곡물 생산량은 늘었지만, 곡물 속 영양소는 줄어 사람들에게 충분한 영양 공급원이 되지 못하는 상황이다. 대신 정부가 공인한 식단은 더 강한 허기와 식탐을 유발해 과식을 재촉할 뿐이다. 요즘 비만 인구가 많은 것은 사람들이 중독성 있고 영양가 없는 정크푸드를 먹느라 필수영양소 섭취량이 매우 부족한 것이 주원인이다. 대신 식습관 지침을 독재자처럼 결정하는 오늘날 정부들은 실제로는 영양가가 높은 육류 지방을 위험하다고 간주했다. 오늘날 비만 인구들이 과식하는 이유는 풍족해서가 아니다. 그보다는 영양소가 완전히 결핍되고 끊임없이 허기를 느끼기 때문이다. 그리고 오늘날 식단의 대부분을 차지하는 곡물과 설탕에는 영양소가 거의 없다.

유모 국가에서 정부가 전 국민의 식단을 결정하게 된 것은 법화가 낳은 전체주의의 자연스러운 소산이다. 정부가 필요한 목적에 따라 상시 돈을 찍을 수 있는 한, 그 목적이 아무리 그럴듯하고 이상적이라도 결국 정부의 특권으로 여겨지게 마련이다. 육식이 초래하는 '상상 속'

의 피해로부터 사람들을 구하려는 한 종교 집단의 선의로 시작된 움직임은 대형 농기업의 이해관계에 사로잡힌 정부 관료 집단으로 넘어가, 이들 기업이 규모의 경제와 고수익을 쉽게 달성할 수 있는 식품의 판로를 열어주게 되었다.

과학의 편향된 인센티브는 진리와 거리가 먼 하찮은 내용의 논문을 끝없이 발표하게 하는 것에 그치지 않는다. 많은 관심을 받을 법한 연구 주제라면 학자들은 논문을 발표하려는 의지를 더욱 불태운다. 그리고 관심을 끄는 가장 좋은 방법은 두려움을 불러일으키는 분야에 집중하는 것이다. 학자들은 자신의 연구에서 위험과 예상되는 재앙을 필요 이상으로 강조하려는 강력한 동기부여를 받는다. 그래야 학술지에 게재되기에 한층 유리해지기 때문이다. 더 중요한 점은 '우려와 문제의식'을 불러일으킬 만한 결론을 도출해야 앞으로 더 많은 자금 지원을 끌어올 가능성이 훨씬 높아진다는 것이다.

어용 과학자들은 재앙이 임박했다고 경고하고자 하는 매우 강력한 동기에 이끌린다. 그들의 경고가 나중에 근거 없는 것으로 판명되더라도 이에 아무런 대가를 치르지 않는다. 비용이 많이 드는 국책 사업을 명하는 중앙정부처럼, 연구실에서 재앙이 임박했다고 경고하는 학자들도 정부에 여러 예방적 규제를 부과하도록 요청하면서 그에 따르는 비용은 부담하지 않는다. 이처럼 학자들이 없는 위기를 만들어내서 사람들을 오도하고 자원을 잘못 배분해도 시장 테스트의 심판을 받지 않는가 하면, 정부 산하 연구 위원회들은 근거 없는 공포심을 조장하는 연구에 자금을 지원하고 나서도 반성하거나 비판하거나 징계할 필요를 못 느낀다.

공포심을 조장하는 주제로 논문을 쓰려는 동기부여는 있어도 그로 인해 손해 볼 일은 거의 없기 때문에 오늘날 많은 연구자가 학자라기보다 비관론자에 가까운 것은 놀랄 일이 아니다. 많은 과학자가 자연 세계에 관해 끊임없이 무서운 이야기를 퍼뜨리며 공포심을 조장하는 이유는 생각보다 단순하고 현실적이어서 거창한 음모론까지 들먹이지 않아도 이해할 수 있다. 그저 시장 테스트가 존재하지 않고, 정부가 무제한 발행하는 법화가 표면상 공익을 주제로 한 연구에 흘러가고, 무시무시한 결론을 도출한 연구에 앞으로 자연스럽게 더 많은 자금이 몰리게 되고, 비관적인 과학자일수록 이성적이고 냉철한 동료보다 더 성공하고 유명해질 가능성이 높기 때문이다. 자신의 연구와 행동의 결과에 대가를 치르지 않는 그들은 당연히 정부로부터 선택받을 만한 히스테리적인 결론을 제시한다. 다음 장에서 이에 해당하는 가장 대표적인 사례를 설명할 것이다.

9장

돈은 어떻게
존재하지 않는 공포를
조장하는가

법화 시대의 과학은
공포를 조장하기에 최적화되어 있으며,
그럴수록 더 많은 지원금이 나올
가능성이 높아진다.

1970년대 금태환 창구가 폐쇄된 후 가장 눈에 띈 결과 중 하나는 전례 없고도 의미심장한 유가 상승이었다. 유가의 지속적인 하락세로 사람들의 생활이 엄청나게 개선된 수 세기의 추세 끝에 이때 처음으로 유가가 급등한 것이었다.[69] 현대 미국인들이 자동차용 휘발유나 나날이 대중화되던 가전제품 등 일상에서 점점 고에너지 소비에 의존하게 된 만큼, 이 경제 충격이 시사하는 의미는 매우 컸다.

식량 물가의 상승을 질 낮은 식품으로 대체해 해결했듯이, 정부는 이번에도 통화정책에서 근본적인 원인을 찾기보다는 석유 시장을 조작해 유가 상승 문제를 해결하려 시도했다. 그래서 인플레이션을 유발하는 신용확장과 정부 지출을 줄이는 대신 석유보다 더 저렴하고 더 나은 대체재를 물색했다. 대부분 어용학자와 교과서는 오늘날까지 에너지 위기를 1973년 아랍 석유 금수 조치 탓으로 돌리고 있다. 그러나 석유 부족은 금수 조치 이전인 1972년에 시작되었다. 하지만 석유 시장은 유동성이 있고 미국이 다른 데서 석유를 구할 수 있을 만큼 컸기 때문에 금수 조치는 미국의 석유 수입량을 유의미하게 줄이지 못했다.[70] 게다가 유가는 아랍-이스라엘 전쟁과 금수 조치가 끝나고 한참이 지나서도 계속 올랐다.

1977년 미국에 에너지부가 설립되고 에너지 시장을 중앙에서 통제하면서부터, '대체에너지'라는 어려운 목표를 달성하기 위한 노력이 반세기 동안 진행되었다. 이로써 보조금, 선별적 대출 등 정부 정책과 법령을 통해 석유와 탄화수소가 그보다 열등한 대체재에 밀리는 매우 혹독하고 파괴적인 결과를 낳았다. 정부는 시장에서 석유가 선택되는 결과를 매번 다양한 이유를 들어 시장 실패로 간주하고는, 더 바람직하고 좋은 연료를 직접 지정했다. 그 후 발권력이라는 절대 권력을 가진 정부는 열역학법칙과 기초 공학 지식을 상대로 도전장을 내밀었다.

수 세기 동안 인간공학이 발전하고 삶의 질이 향상한 원인으로는 단위 중량당 고출력(단위 시간당 많은 양의 에너지), 고밀도 에너지를 자랑하는 탄화수소의 역할이 컸다. 이로써 값싸고, 강력하며, 아주 흔히 구할 수 있는 자연산 배터리를 만들 수 있었다. 그러나 미국 정부는 유가 상승에 대처하기 위해 반세기 동안 발전해 온 기술을 무시하고 전근대적인 태양열, 풍력, 바이오 연료 에너지로 현대 세계를 건설하려 했다. 이들 자원은 낮은 출력, 낮은 중량밀도, 간헐성, 비신뢰성, 방대한 부피 탓에 자연의 힘에 따라 생존이 좌우되던 불안정한 원시사회에서나 주로 쓰였고, 그동안 기술 진보도 거의 답보 상태였다. 이처럼 산업화 이

전의 빈곤 시대에 쓰이던 연료가 모든 논리와 근거를 물리치고 정부의 뜻에 따라 미래의 산업 연료로 지정된 것이다.

## 에너지 위기라는 거짓말

인류가 사용하는 에너지원을 중앙 집중식으로 계획하는 것이 정부의 정당한 역할로 간주된 것은 역사상 처음이었다. 그렇게 해서 정부 보조금, 법령, 대출 지원에 의존하는 대규모 에너지 산업이 출현했고, 정부는 몇 년 안에 기술적, 경제적 성과를 입증하겠다고 거듭 장담했다. 열역학법칙을 무시하려는 이 과대망상적 연구의 결과가 어땠을지는 어떤 시장의 성과든 중앙 계획 경제에서 맞이하는 불가피한 운명에 익숙한 사람이라면 누구도 예측 가능하다. 그러나 실패한 중앙 계획의 관습과 마찬가지로 대학과 학자들은 이에 굴하지 않으며 실제로 걱정하는 사람이 있어도 대부분 무시된다. 아마 이 에피소드를 가장 잘 다룬 책은 벤 볼, 토머스 리, 리처드 테이버스가 1990년에 공저한 훌륭한 개요서 『에너지 여파Energy Aftermath』일 것이다.[71]

저자들은 미국 정부가 1970년대의 '에너지 위기(실제로는 인플레이션 위기)'에 대응해 합성 연료, 태양광, 바이오 연료, 천연가스, 원자력이라는 다섯 가지 주요 에너지 공급원을 육성하려던 과정을 자세히 기술했다. 합성 연료는 상업적으로 생산되지 못했고, 태양광은 상업적으로 실패했다. 바이오 연료 정책은 법화 보유자들이 가진 거액의 부를 옥수수 농장주와 바이오 연료 생산자에게 이전하는 데 성공했다. 그러나 바이오 연료는 자동차용 기름을 전혀 대체하지 못했다. 이어서 저자들은 원자력과 천연가스 개발이 규제에 꽁꽁 묶여 실제로 개발되지 못했다고 자세히 설명한다. 그들은 '여기서 중대한 실수는 사실상 수급 관계를 미리 지정하고, 정부가 공권력으로 미리 정해진 양만큼 수매해 시장을 형성하도록 함으로써 기술 가격을 낮추는 것이 가능하리라고 가정한 것이었다'라고 결론지었다. 또 하나의 문제점은 기술의 발전과 미래의 비용곡선을 예측할 수 있다는 가정이었다. 1970년대 인플레이션이 잠잠해지고 1980년대에 탄화수소 가격이 내려가면서 법정 연료가 석유를 대체해야 한다는 경제적 근거가 희박해졌고 이와 관련된 많은 프로젝트의 중요성이 줄어들었다. 그러나 1990년대에 법정 연료 산업은 지구온난화라는 재앙의 위협에 대항할 신선한 바람을 일으키며 법정 연료를 인류를 구원할 수단으로 마케팅했다.

환경문제를 공포스럽게 몰고 가는 추동력은 가공 정크푸드를 촉진하는 추동력과 비슷하게 이해관계가 맞아떨어진 결과를 나타냈다. 1970년대에는 탄화수소 연료를 부적절한 대체재로 교체하고 이들 대체에너지원에 더 많은 정부 보조금을 지급하자는 논리를 정당화하는 온갖 담론에 탄력받아, '대체에너지' 산업이 생겨나 수혜자로 부상했다. 하지만 환경보호주의에는 지구는 순수하나 인간의 소비력이 지구를 파괴한다는 이단적 개념에 기초했다는 점에서 종교적 요소도 있다. 요즘의 대부분 환경 히스테리는 지구가 인간의 영향을 받지 않고 자연 그대로 상태에 있어야 바람직하다는 속뜻이 깔려 있다. 철학자 알렉스

2부 붕괴의 패턴

엡스타인이 날카롭게 명명한 반인간적 환경주의는 인간을 지구의 짐으로 간주하고 지구가 번영할 수 있게 이 짐을 최소화하려 한다.[72] 엡스타인은 이러한 관점을 비판적으로 분석한 후, 환경문제에 대한 모든 평가는 인간의 번영을 우선시하는 인류 중심의 관점에서 이해되어야 한다고 설득력 있게 주장한다. 이렇게 본다면 인간은 지구를 파괴하는 세력이 아니다. 인간의 행동이 지구를 살기 좋은 곳으로 만들어 인간의 생존, 발전, 번영을 이끄는 것이다.

20세기에 현대 산업화가 시작되면서 환경 운동가들은 인간의 소비와 산업이 지구에 미치는 위험과 그것이 초래할 파괴적 결과를 오랫동안 경고해 왔다. 이러한 경고는 1970년대에 정점에 이르렀다. 대부분 상품의 물가가 오르자 이것이 지구의 자원 부존량이 한계에 도달했다는 징후로 해석되었고 인류는 앞으로 갈등, 기근, 빈곤을 피할 수 없는 운명이라 여겨졌다. 1960~1970년대에 대표적인 환경 운동가들은 자원 고갈로 인류가 맞게 될 끔찍한 운명을 암울하게 예언했고, 갈수록 오르는 물가만큼 그들의 목소리도 점점 힘을 얻었다.

그러나 1980년대에 인플레이션이 잠잠해지자 이러한 모든 주장이 의심스러워졌다. 석유, 철강, 니켈 및 다양한 원자재 소비가 계속 증가하는데도 가격은 명목 가격으로는 아닐지라도 실질 가격으로는 꾸준히 하락하고 있었다. 그런데 어떻게 자원이 고갈되고 있다고 말할 수 있겠는가? 환경 종말론자들은 갖다 붙일 구실이 사라졌다는 문제가 생겼으나, 단순히 인류가 처한 실존적 위협 요인을 자원의 고갈에서 자원의 과소비로 선회함으로써 이 딜레마를 성공적으로 해결했다. 인류가 석유와 필수 자원이 고갈될 운명에 처했다는 위기론은 그때부터 사라졌다. 대신 인류가 석유와 필수 자원을 지나치게 소비하고 있는 까닭에 대기가 더러워지고 해수면 온도가 상승했다는 위기론이 대두되었다. 이렇게 논리는 정반대 방향으로 바뀌었지만 결론은 똑같이 유지되었다.

## 지구는 건재하다

앞 장에서는 법화로 인해 정부가 과학 연구의 방향과 결과에 지나친 영향을 미치면서 과학적 방법론이 근본적으로 왜곡되었다는 점을 살펴보았다. 연구 자금을 지원하는 결정이 시장 피드백과 결과로부터 동떨어져 관료의 통제하에 이루어지다 보니, 연구자들은 논문이 학술지에 실릴 가능성과 관료의 측정 기준에 부합하려는 노력에 집중하되 진실과 현실 세계와의 관련성은 멀리하게 되었다. 게다가 주로 공익적 견지에 충실한 분야에 정부가 자금을 지원해 주는 까닭에, 사람들에게 위안이 되기보다는 끔찍한 재앙의 가능성을 경고하는 연구 결론을 내려야 더 많은 자금을 지원받을 가능성이 커졌다.

법화 시대의 과학은 공포를 조장하기에 최적화되어 있으며, 세간의 우려를 불러일으킬 만한 연구 결과를 내놓을수록 더 많은 자금을 받고 대학이 성장할 가능성이 높아진다. 자금 제공자는 자금 지원에 따른 기회비용이 들지 않기 때문에, 과학적 방법론을 가장한 끝없이 히스테리적인 비관론이 사회에 초래하는 비용과 편익을 합리적으로 계산하지 않는다. 반면에 자유 시장에서라면 과학자들이 연구의 타당성과 가치를 입증해야, 자유의사를 지닌 투자자들이 자발적으로 그들에게 경화로 자금을 지원해 줄 것이다.

이러한 맥락이 아니고서는 전 세계의 수많은 고학력 지식인이 이산화탄소가 지구를 파괴한다며 병적으로 염려하는 놀라운 현상을 설명할 수 없다. 모든 생명체에 필수적인 이산화탄소는 지구 대기의 일부로 항상 극소량이나마 존재해 왔으며, 현재 대기 중 농도는 약 418ppm(0.0418퍼센트)이다. 산업화 이전에는 약 280ppm였다. 이처럼 농도 증가분이 미미한데도 현대 기후 과학은 자연환경이 마주한 모든 문제를 이산화탄소 탓으로 돌리며 기이하리만치 태양광을 숭배하고 있다.

이 히스테리의 대부분 기반이 되는 온실효과는 실험실 환경에서 잘 입증된 효과다. 그러나 어용 과학자들이 아무리 노력해도 검증 가능한 가설이라는 과학적 방법을 사용해 이산화탄소의 증가가 실제 세계에서 어떤 효과를 일으키는지 입증하는 데는 완전히 실패했다. 초기 히스테리는 주로 지구 온도 상승에 초점이 맞춰져, 세계의 대부분 인구가 거주할 수 없을 만큼 기온이 상승하리라는 파멸적 예측이었다. 이러한 비관론이 수십 년간 이어졌음에도 지난 세기 동안 전 세계적으로 측정된 온도 기록은 상승세를 거의 나타내지 않았을뿐더러, 변동치가 얼마가 됐든 산업화 이전에 지구가 경험한 정상적인 변동치 범위를 벗어나지 않았다.

탄소 히스테리의 초기에는 산업화의 시작과 함께 지구 온도가 하키

스틱 모양*으로 상승하기 시작했다는 주장에 대체로 합의가 모아졌다. 그리고 이산화탄소 배출량이 지속적으로 증가하면 급격한 온도 상승으로 지구와 인류에게 치명적인 결과를 초래할 것이라는 공포가 조성되었다. 명성 높은 어용 과학 연구 센터의 아주 유명한 과학 연구를 기반으로 발표한 하키 스틱 모형은 전 세계의 상상력을 사로잡았고, 앨고어 전 부통령 주연의 자극적 공포물 「불편한 진실An Inconvenient Truth」에도 등장했다. 특히 여기서 유명한 장면은 고어가 거대한 프레젠테이션 화면 앞에서 리프트를 올라타고 지구온난화 기록을 추적하며 산업화가 지구를 돌이킬 수 없이 변화시키고 있다고 강조한 대목이다.

그러나 2010년 현대 어용 과학계에서 가장 충격적인 사건 중 하나가 발생했다. 해커들이 이 연구에 참여한 연구원들의 이메일을 폭로해 낸 것이다. 여기에는 과학자들이 20세기 후반에 목격된 기온의 '하강을 감추기' 위해 데이터를 다양하게 조작하는 방법을 논의했다는 내용이 매우 명확하게 기록되어 있었다. 물론 그들은 어용 과학자여서 이 노골적인 사기에 연루되고도 아무 대가를 치르지 않았다. 그들은 모두 여전히 전 세계에 히스테리를 조장하고 있다. 그러나 이러한 사기가 폭로되면서 탄소 히스테리의 토템이자 부적인 '하키 스틱'은 다행히 자취를 감췄다.[73] 어용 과학자들의 착각과 달리 대기 중 이산화탄소 수준이 지구의 온도 조절 장치라고 믿을 근거는 거의 없다.

해양 산성화도 이산화탄소의 농도가 증가해서 나타나는 영향 중 하

---

* 초반에는 완만히 증가하다가 어느 시점부터 증가세에 가속도가 붙는 현상.

나로 흔히 거론되고 있다. 이 영향을 다룬 수십 편의 학술 논문이 발표된 바 있다. 그러나 다른 과학자들이 이 연구 결과들을 재현하는 실험을 수행한 결과, 이들 논문이 특정 결론을 얻기 위해 극도로 자의적인 방법론을 기반으로 했다는 점이 분명히 드러났다.[74] 어용 과학자들이 물고기를 수조에 넣고 연구했을 때는 물고기가 잘 자라지 않았다. 그러나 훗날 다른 과학자들은 이산화탄소 농도가 비교적 높은 바닷물에서 테스트한 결과, 물고기가 이산화탄소에 큰 영향을 받지 않는다는 사실을 알아냈다.

탄소 히스테리에 빠진 학자들은 전 세계적으로 증가하는 이산화탄소 배출량의 영향을 명백히 입증하지도 않고, 이산화탄소 농도가 증가해서 일어난다는 자연현상 종류의 목록을 끝없이 생성해 열심히 소리 높여 호들갑을 떨었다. 이러한 공포심은 각 분야를 넘나들며 전염되었고, 결론은 고정불변이되 이를 도출하는 이론과 메커니즘은 정부 필요에 따라 매번 바뀌었다. 지구는 멈춰 있지 않고 움직이기 때문에 밤낮과 사계절이 끊임없이 바뀐다. 그리고 복잡한 대기 물질에 둘러싸여 있으므로 날씨와 기후도 일정하지 않다. 이와 비슷하게 이산화탄소 탓으로 돌릴 핑곗거리도 고갈되지 않고 자꾸 바뀌다 보니 히스테리가 끊이질 않는다. 마치 주술사와 무당이 항상 자연재해를 자신들의 추종자 탓으로 돌리며, 그들에게 문제를 고치기 위한 제물이 되라고 강요하듯이 말이다.

이 시점에서 이산화탄소를 향한 비난은 병적인 망상 수준에 이르렀다. 한 웹사이트는 전 세계에 끝없이 발생하는 불길한 현상들을 두고 이산화탄소를 탓하는 과학 연구를 다룬 언론 기사를 수백 편 수집해 게시하기도 했다.[75] 여기에는 반려동물의 우울증 사례 증가에서 지진, 암, 조류 개체 수 감소, 이슬람국가ISIS 창설, 교통 체증, 다람쥐의 조기 번식, 북극곰의 난폭화, 홍수, 해수면 상승, 허리케인, 고래 개체 수 감소에 이르기까지 다양한 주제가 포함되어 있다. 이들은 모든 생물에 필수적인 이산화탄소의 대기 중 농도가 0.028퍼센트에서 0.042퍼센트로 증가해서 발생했다는 수많은 무시무시한 현상 중 무작위로 골라낸 사례들이다.

이산화탄소 배출이 나쁜 것이라고 '과학적으로' 입증되어 우리를 공포로 몰아넣고 나면, 어용 과학의 방법론이 작동하기 시작한다. 사람들의 공포를 키우고, 더 많은 부정적 논거를 찾고, 더 많은 자금을 요청해야 논문 출판, 승진, 연구 보조금 획득, 위상의 강화 순으로 가는 탄탄대로가 뚫린다. 반대로 증거를 냉철하게 평가하고 우려할 만한 근거가 거의 없다고 주장하는 연구자는 위상이 추락하고 경력 자멸의 길을 걸을 것이다.

이산화탄소와 이러한 재난 사이의 연관성을 입증하는 모든 '증거'는 전적으로 관찰 연구에서 비롯되었다. 이 모든 증거는 이산화탄소 농도가 높아지는 동안에도 원래 변한다. 학자들은 인과관계를 추정해서 연구비를 벌어야 하기 때문에 항상 어떻게든 인과관계가 있다는 결론을 내린다. 이 결론을 의심하는 자는 즉시 이단으로 취급받아 내쫓긴다. 사실 자극적인 헤드라인의 이면에 있는 연구를 자세히 살펴보면 대개 이산화탄소 배출과 기후변화 사이의 인과관계가 이미 기정사실로 전

2부 붕괴의 패턴

제되어 있다. 그리고 논문 내용은 이 인과관계를 증명하려 시도하는 대신 관찰된 현상을 자세히 논하는 쪽을 택한다. 이 논문들은 계속해서 공포심을 자극하도록 경종을 울리며 유용한 뉴스 기삿감을 제공한다. 논문에 지구온난화와 관련된 단락 몇 개를 포함하면 학술지에 실리고 연구 자금을 확보할 기회가 늘어난다는 것은 과학계에 잘 알려져 있다.

이산화탄소 배출과 이러한 다양한 현상 사이의 인과관계를 설득력 있고 적절히 설명할 과학적 연구 방법은 무엇일까? 먼저 이산화탄소 배출의 영향을 기반으로 검증 가능한 가설을 설정해야 한다. 그리고 가설의 예측이 현실과 정확히 대응하는지 검증해야 하며, 이산화탄소와 기후변화 사이에 연관성이 없다는 귀무가설을 기각하는 데 계속 실패해야 한다. 다시 말해, 올바른 실험이라면 조류의 개체 수나 해수면, 온도를 측정하고 '$CO_2$ 배출량이 X년과 X+10년 사이에 X퍼센트만 증가하면 조류 개체 수/해수면/온도에 영향을 미치지 않는다'라는 식에 따라 이산화탄소 배출량 수준에 대해 검증 가능한 예측을 할 것이다. 귀무가설을 반복해서 기각하고 밝히고자 하는 상관관계에 대한 정확한 수치를 예측하는 기법을 개발하면 이산화탄소와 이 특정 현상들 사이에 연관성이 있다는 증거의 신뢰도를 확립하는 데 큰 도움이 된다.

2020년에 각국이 국경을 봉쇄하기 시작하자 기후 과학자들은 자신들이 꿋꿋이 주장해 온 이산화탄소 배출량과 대기 중 이산화탄소 농도 간의 연관성, 그리고 이산화탄소 배출량과 기후변화 간의 연관성을 테스트할 일종의 자연 실험 기회가 생겼다. 2020년 3월부터 세계경제가 봉쇄 조치에 들어가면서 이산화탄소 배출의 두 가지 주요인인 항공기

운항과 자동차 이동량이 급감했다. 봉쇄는 전 세계 수십억 인구의 직장과 수입을 앗아가며 생계에 타격을 입히기도 했지만, 환경 운동가들이 기후변화를 완화하기 위해 제안한 경제 개혁을 극단적 형태로 시험해 본 사례가 되기도 했다. 이러한 봉쇄가 대기와 기후에 어떤 영향을 미쳤을까? 1년 후, 사람들은 이 영향을 추정하는 연구를 시작했다.

지금까지 결과를 보면 필수 불가결한 기체 배출량을 미량으로 줄임으로써 기후 문제를 통제할 수 있다는 망상은 완전히 망신을 당했다. 가장 흥미진진한 사실은 이 모든 봉쇄 조치가 대기 중 이산화탄소 농도의 증가세에 뚜렷한 영향을 미치지 않았으며, 눈에 띄는 변화도 줄곧 없었다는 것이다.

또 다른 연구[76]에서도 봉쇄령이 기온과 강우량에 미치는 영향을 조사했지만 별다른 효과는 발견하지 못했다. 내가 알기로는 전 지구적 봉쇄가 지구의 기후나 대기의 어떤 측면에서든 눈에 띄는 영향을 미쳤다

**도표 16 마우나로아 관측소에서 측정한 대기 중 이산화탄소 농도**

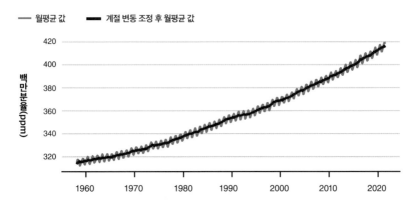

는 증거를 찾은 연구는 하나도 없었다. 수십억 인구가 집 안에 머물고, 자동차가 다니지 않고, 전 세계 항공편이 거의 완전히 멈췄어도 기후에 감지할 수 있는 영향을 미치지 않았다면, 어용 기후학자의 끔찍한 예측을 믿어야 할 충분한 이유도 없다. 또한 중앙정부가 지구의 대기를 통제할 권한이 있다는 오만한 발상을 묵인해야 할 타당한 근거도 없다.

마찬가지로 실험실 환경에서 연구한 온실가스 효과를 그 어느 실험실보다 훨씬 복잡한 현실 세계의 환경으로 확대 적용할 수 있다고 생각할 충분한 근거도 없다. 인간이 대기 중 이산화탄소 농도와 기후에 영향을 미친다는 가설을 기각할 수는 없지만, 관련된 인과관계 메커니즘, 있음직한 영향, 환경영향평가의 비용과 편익을 설득력 있게 설명할 증거를 제시하려면 그 입증 책임은 이러한 주장을 하는 본인들에게 있다. 검증 가능한 가설이 없다면 현대 기후 과학 전체는 기껏해야 더 많은 연구 자금을 확보할 목적으로 미리 결론을 정해놓은 추측에 불과하다.

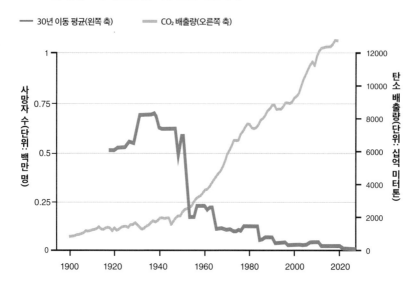

이처럼 검증 가능한 가설이 없다면 기후 과학자들은 어떤 결론에 도달하든 훨씬 겸손하고 신중해져야 한다.

현대 기후학 분야의 연구 결과가 법화의 자금 지원 없이도 자유 시장에서 존립할 수 있었을지 여부는 논란의 여지가 있다. 다만 한 가지 확실한 점은 경화 본위제의 사회라면 모든 사람이 어떤 행동의 기회비용을 끊임없이 따질 수밖에 없으므로 요즘 탄소 집착론자들이 요구하는 예방책과 조치와는 차원이 전혀 다른 결과가 전개되었으리라는 사실이다. 기후변화의 위협이 레퍼토리를 끊임없이 바꿔가며 모호하게 상정된 위협이라면, 곧 논의하겠지만 믿음직한 탄화수소에서 믿을 수 없는 '재생에너지'로 에너지원을 전환할 때 예상되는 위협은 지구상 수

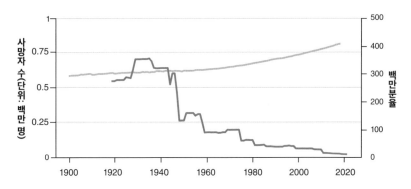

십억 인구의 생사가 걸린 문제다.

시간이 흘러도 히스테리성 기후 산업에서 예측한 많은 재난이 현실화되지 않자 이산화탄소 배출의 위험을 더욱 냉정하고 합리적으로 평가할 수 있게 되었다. 최근 과학자와 환경 운동가로서 손색없는 두 작가가 기후를 주제로 매우 의미 있는 저서를 각각 출간했다. 먼저 오바마 행정부의 전 수석 과학자였던 물리학자 스티븐 쿠닌은 최근 저서 『불완전한 진리Unsettled: What Climate Science Tells Us, What It Doesn't, and Why It Matters』를 출간했다.[77] 이 책은 기후변화를 주제로 발표된 과학 연구, 이를 둘러싸고 일어났을 것으로 추정되는 학계의 합의, 현실 세계에서 나타나는 실제 증거를 수년간 연구한 결과를 집대성했다. 쿠닌은 공포를 조장하지 않는 결론을 당당하게 제시했다. 그는 종교와도 같은 기후 히스테리의 주요 교리를 조목조목 분석하고 이를 뒷받침할 증거가 얼마나 빈약한

지 설명한다. 무엇보다 쿠닌은 "과학은 반드시 옳다the science is settled"라며 과학이 논쟁의 대상이 될 수 없다는 반과학적이고 전체주의적인 주장을 철저히 무너뜨린다.

한편 평생 환경 운동가였던 마이클 셸런버거는 저서『지구를 위한다는 착각』에서 비슷한 주제를 매우 냉정하게 살펴보고 기후변화를 향한 대중의 경각심과 히스테리가 잘못된 이유를 보여준다.[78] 셸런버거는 단순히 기후 경고론자들의 과도한 두려움을 물리치는 것을 넘어, 어용 과학자들에 의해 기후에 관한 절망, 공포, 두려움을 품게 된 많은 사람의 사회적, 심리적 영향을 치유할 매우 세심하고 놀라운 방법을 제시한다. 나아가 그는 이산화탄소 문제에 대한 집착이 다른 긴급한 환경문제에 대한 관심을 흐리고 대체했다는 점도 설명한다.

이 두 권을 읽으면 아직도 자동차나 비행기를 타는 것이 지구와 환경에 돌이킬 수 없는 피해를 입힌다는 망상에 시달리는 모든 사람에게 엄청난 안도감을 준다. 이산화탄소 배출의 영향을 받지 않던 과거에 지구가 훨씬 극심한 변동을 겪었다는 점을 감안하면, 지난 세기 동안 우리가 목격한 온도 변화가 어떤 식으로든 지구에 특이한 현상이라 여겨질 근거는 거의 없다. 또한 대기 중 이산화탄소 농도의 변화가 치명적인 해양 산성화를 일으킬 것이라고 걱정할 이유도 없다. 하지만 이 두 가지 대표적인 위협 외에도 이산화탄소 배출의 위협을 열거한 목록은 그 연관성이 매우 미약하다고 추정되는데도 계속 내용을 바꿔가며 끝없이 생성되는 중이다.

그러나 논문 출판을 바라는 어용 과학자들의 망상보다 더 중요한 것은 지구의 상태와 기후의 거주 적합성인데, 이에 대해서는 매우 신뢰할 수 있는 데이터가 확보된 상태다. 만약 이산화탄소 배출이 실제로 기후에 위험한 피해를 입히고 있다면 기후와 자연재해로 인한 사망자 수가 증가하리라 예상될 것이다. 그러나 현실은 정반대다. 지난 세기에 기술의 놀라운 발전 덕분에 홍수, 기후변화, 기상재해로 인한 사망자 수는 20세기에 걸쳐 급감했고, 역사상 어느 때보다 노년기의 기대 수명도 훨씬 안정적으로 길어졌다. 인간은 자연환경을 지배하는 법을 터득해 가면서 자연재해를 꾸준히 길들이고 자연으로부터 스스로를 보호해 왔다. 어쩌면 그동안 우리가 기후 위기를 통제하기 위해 사용한 방법 중 가장 중요한 요소는 우리의 필요를 충족해 줄 고출력 에너지원일 것이다. 고출력 에너지원 덕분에 우리는 현대의 위생 시설과 실내 배관, 현대적인 폐수 처리, 외부 환경으로부터 안전하고 튼튼한 집을 지을 수 있는 저렴한 강철의 보급, 습지의 곤충 번식과 전염병 확산을 막는 배수 공사, 저렴한 난방, 첨단 장비로 가득 찬 병원, 생명을 구하는 의약품 속에서 살고 있다. 아이러니하게도 기후 경고론자들은 자신들이 금지하려는 물질이 인류가 기후 위기에서 살아남기 위한 최고의 무기라는 점을 완전히 놓치고 있다.

## '대체' 에너지란 존재하지 않는다

법화 사회는 정부의 법화로 새로운 열역학법칙을 정립하고 현실의 기술 공학을 무시할 수 있다고 생각한다. 영원히 미성숙기에 머물러 있는 법화 시대의 현대인들은 현대식 주택에 살고, 겨울을 따뜻하게 보내고, 걷는 대신 빠르게 여행하고, 최신 전자 기기와 의료 장비를 사용하고, 전기를 원하는 만큼 사용하고 싶어 하지만 이 모든 것을 가능하게 하는 물질은 가능한 한 사용하지 않으려 한다.

현대 생활의 기술 공학에 정통한 사람이라면 누구나 정부가 주도한 에너지 정책과 수요가 마치 디즈니랜드에 가고 싶어도 차에 타기 싫어서 거부하며 짜증을 내는 아이처럼 비이성적이라는 것을 알게 될 것이다. 아이는 그저 디즈니랜드에 도착한 이후만 생각한다. 마법의 순간 이동 장치가 있는 것도 아니고, 현실적으로 디즈니랜드에 가기 위한 선택지가 자동차 아니면 며칠 동안 걷기밖에 없는 상황에서 자동차를 안 타겠다고 떼를 쓰는 아이를 붙잡고 설득하기는 어려운 일이다.

법화 시대의 사람들에게 탄화수소가 대부분 현대 생활에서 효과적인 유일한 에너지원이고, 정부가 실용적 대안을 강제로 만들어낼 수 없으며, 그 외 현실적 대안은 빈곤과 불안정한 삶뿐이라고 설명하기가 힘든 것도 같은 이유에서다. 연료의 연소 없이 원할 때 스위치만 누르면 되는 공상적인 「스타트렉」 세계도 아니고 말이다. 디즈니랜드로 순간 이동을 하고 싶은 아이라면 짜증을 내기 전에 순간이동 방법을 스스로 제시해야 하듯이, 법정 연료 옹호론자들은 우리의 생존에 필수적인 탄화수소를 포기하라고 요구하기 전에 법정 연료로 생존할 방법을 먼저 알려줘야 한다.

석유 기업이나 산유국 중 아무도 어떤 사악한 음모로 법정 연료 옹호론자들에게 석유를 소비하도록 강요하지 않는다. 법정 연료 옹호론자들도 자신의 가치관이 아닌 현실 세계의 가치관에 따라 행동하기 때문에 석유를 소비할 수밖에 없다. 대다수 사람에게는 도움이 안 되는 자기만족을 추구하느라 능력을 낭비하는 지식인들은 '탄화수소가 없는 현대 세계'와 같이 무모하고 무의미한 아이디어를 생각할 수 있겠지만, 생존과 번영을 추구하는 행동적 인간이라면 그래서는 안 된다. 탄화수소를 없애자는 도덕성 과시virtue-signaling 욕구가 있는 사람들도 탄화수소로 지은 집에서 안전하게 지내고, 탄화수소로 불을 밝히고, 탄화수소 없이는 생산 불가능한 전자제품을 사용한다.

풍력과 태양광 등 매우 소규모의 비상업적 에너지원을 사용하는 방법 외에, 대다수의 (공허한 도덕성 과시가 아닌) 인간 행동을 보면 인간이 탄화수소를 선호하고 필요로 한다는 것이 분명해진다. 재생에너지 산업의 성장은 거의 전적으로 정부 보조금이 증가한 결과라고 봐도 무방하다. 워런 버핏은 "풍력발전 단지를 많이 건설하면 세금 공제를 받을 수 있다. 오직 그 이유로 풍력발전 단지를 짓는다. 세금 공제가 아니고서야 의미가 없다"라고 말했다. 심지어 이것도 이미 1970년대에 나온 이야기이며, 그 후로 계륵 같은 낭비성 국책 사업이 무수히 남겨졌다. 오늘날에도 쉽게 찍어내는 연화 때문에 이와 비슷하게 에너지 산업에서 잘못된 자원 배분이 발생하고 있다.

처음에는 태양에너지가 워낙 풍부해 광범위한 탐사, 시추, 추출, 운송이 필요한 탄화수소 에너지보다 훨씬 저렴할 것이라고 예상할 수 있다. 태양은 1년 중 대부분 기간에 지구의 구석구석까지 비추고 상당한 에너지를 생성한다. 한 시간 동안 지구에 내리쬐는 태양에너지가 모든 인류가 1년 동안 소비하는 에너지보다 많다고 추정된다. 그렇다면 태양에너지가 탄화수소 에너지보다 저렴하지 않은 이유는 무엇일까?

자연 그대로의 태양에너지는 탄화수소보다 저렴하지만, 이러한 자연 상태로는 사람들의 일광욕이나 식물의 성장에만 효과적이기 때문이다. 인간은 한꺼번에 많이 쏟아지는 에너지가 필요하지 않다는 점에서, 자연 그대로의 태양에너지는 현대 에너지 수요의 상당 부분을 충족하지 못한다. 그보다는 단시간에 대규모 전력(단위 시간당 에너지 단위를 기준으로)을 공급할 충분한 에너지가 필요하다. 고압 전력은 현대의 건설, 산업, 운송, 전자공학 등 더 많은 성과를 가능하게 하는 현대 기술의 원동력이다. 태양광을 직접 이용해 자동차를 굴리거나 공장에 전력을 공급할 수 없는 데다가, 절대적인 에너지의 양은 의미도 없다. 태양에너지가 아무리 양적으로 풍부해도 이를 고압 전력이 되도록 한데 모으려면 태양 전지판과 배터리를 통한 자본 기반 시설에 상당한 투자를 하는 매우 복잡한 작업이 필요하다. 에너지의 한 형태로서 관념적으로 보면 태양광은 무한히 저렴하다. 그러나 태양에너지가 우리의 전력 수요를 충족할 경제적 재화로 사용되려면 매우 정교한 고가의 설비가 필요하다. 그래서 태양광은 에너지원으로서 여전히 탄화수소보다 훨씬 비싸고 계속 정부 보조금, 규제, 대출 지원 등이 필요하다. 중요한 것은 재화의 총량이 아니라 우리에게 필요한 시간과 장소에서 우리의 특정한 필요를 충족시키는 능력이다. 그 필요를 충족하도록 태양에너지를 공급하는 최고의 기술은 탄화수소라는 자연산 배터리임이 밝혀졌다.

수십억 년 동안 지구 심층부에서 태양에너지를 흡수해 풍부하고 강력한 효력을 자아내는 에너지원이 되는 탄화수소 연료는 오늘날 그 어느 인공 배터리와도 비교할 수 없을 정도로 저렴하다.

'대체alternative' 에너지원은 탄화수소의 만족스러운 대안이 되지 못하기 때문에 '대체'라는 용어로 법정 연료를 언급하는 것 자체가 모순이다. 이러한 에너지원 중 어느 것도 생산 설비의 운송까지 자급자족으로 해결할 수 없다. 순전히 풍력으로 가동되는 풍력발전소나 태양광으로만 가동되는 태양 전지판 공장은 없다. 이러한 에너지원을 고압 전력으로 한데 모으려면 매우 고가의 장비가 필요하며, 이 장비를 생산하는 데도 어마어마한 에너지가 소모된다. 그리고 누군가가 상식에 반해 풍차로 운영되는 풍력 터빈을 생산했다고 해도, 이 거대한 풍력 터빈을 풍력발전소가 건설될 부지까지 운반하기는 훨씬 어려울 것이다. 풍력 에너지를 전기에너지로 변환한 후 배터리에 저장하는 기술은 석유를 정제해 자동차 엔진에 주입하는 것보다 훨씬 돈이 많이 든다. 이러한 절차들을 더 자세히 파악하고 나면 탄화수소 연료의 유무가 모든 공정에 얼마나 큰 영향을 미치는지도 더욱 잘 알게 될 것이다.

전기 배터리와 태양 전지판의 생산은 극도로 에너지 집약적이다. 여기에 들어가는 희토류 금속을 추출하려면 많은 양의 전력을 들여 지구에 매우 깊숙이 구멍을 파는 아주 정교한 과정이 필요하다. 이러한 공정 중 어느 것도 기술적 측면에서 탄화수소 없이는 실질적으로 불가능하다. 경제적 측면에서 보면 실현 가능성이 훨씬 낮다. 탄화수소가 없는 세상에서 우리는 훨씬 시급한 기본적 욕구를 해결하는 데 시간과 자원을 쏟아야 할 터이기 때문이다. 이론적으로는 기술자들이 탄화수소 없이도 배터리와 풍차를 생산하는 귀찮은 방법을 고안할 수 있겠지만, 대신 겨울나기가 불확실하고 기본 교통비가 엄청나게 비싸진 현실 속에서 이처럼 고도로 정교한 생산기술을 요하는 자원에 사람들이 투자할 여력이 있을지 의문이다. 현대 경제가 의존하는 모든 분업의 원리는 탄화수소 없이는 작동하지 못한다.

탄화수소의 유일하게 실용적인 대안은 수력발전과 원자력발전이지만 성장의 여지가 극히 제한적이다. 수력발전은 대규모 수력발전소 근처의 지역에서만 경제적인 반면, 원자력발전은 매우 강력한 정치적, 규제적 장벽에 직면해 확장하기 어려운 데다가 가동에 필요한 산업 자재자체가 탄화수소에 의존해 생산된다. 원자력 채택을 가로막는 모든 정치적, 규제적 장벽이 내일 당장 철폐되더라도 원자력 기반 시설을 탄화수소 연료에 버금가는 규모로 건설하려면 여전히 수십 년이 걸릴 것이다. 게다가 이 공정에도 역시 탄화수소를 투입할 수밖에 없으며, 이동성과 원거리 수요에 적합한 연료로서 탄화수소를 대체할 자원은 없다.

## 왜 전기요금은 줄어들지 않을까

나는 에너지 문제들을 10여 년 전에 박사 과정을 밟을 때 깊이 연구하기 시작했다가, 이 분야의 학문적 실태와 정책이 조장하는 거대하고 노골적인 도둑질에 환멸을 느꼈다. 미국 정치에 영원히 뿌리내린 옥수수 보조금만큼, 당시 사기성 짙은 재생에너지 정책이 빠르게 고착화되고 있다는 것이 분명해 보였다. 강력한 영향력을 지닌 이해당사자들이 이러한 사기를 통해 상당한 수익을 올리고 있었으며, 이와 관련해 어떤 주제를 논의 대상에 포함하고 배제할지 결정했다. 따라서 이 문제를 건전하게 논의하려 노력하는 사람은 배척과 모욕만 당하기 일쑤였다. 이러한 끔찍한 사고방식에 도전장을 내미는 것은 학업적으로나 직업적으로나 본인에게 별 도움이 안 되었다. 어차피 공허한 도덕성 과시가 아닌 시장 선택의 논리가 필연적으로 승리할 것이기에 앞으로도 계속 탄화수소가 세계에 대부분의 에너지를 공급할 것이다.

최근 나는 이러한 문제들이 그에 수반되는 경제적 비효율성과 도둑질보다 훨씬 더 중요하다는 생각이 분명히 들었다. 안정성과 경제성이 떨어지는 에너지원의 사용이 늘어남에 따라 인류 문명의 진보를 위한 필수 과정이 과거로 역행했고, 결국 전력 생산 비용이 다시 상승하기 시작했다. 모든 역사를 통틀어 인간은 에너지 양을 늘리고 비용은 낮추는 방법을 모색해 왔다. 불을 피우고, 말을 길들이고, 수차와 풍차를 제작하고, 석탄과 석유와 가스를 연소시키고, 원자력을 활용하는 등등 인간은 매일의 필요를 충족하기 위해 더 많은 전력을 더 저렴하게 공급할 기술과 원자재를 끊임없이 갈구해 왔다. 그리고 이러한 성장과 함께 오늘날 우리가 대부분 당연시하는 삶의 질이 꾸준히 향상되었다. 그러나 정부가 원시적인 저전력, 저신뢰 에너지원의 사용을 의무화함으로써 모든 경제활동의 비용을 높이고 일상을 더 번거롭게 만들고 있다. 그들은 에너지 사용에 의무와 규제를 적용해 인류 문명을 사실상 후퇴시키고 있다.

전 세계적으로 법정 연료를 사용하도록 적극적으로 의무화한 국가에서 전기료가 꾸준히 상승하고 있다. 독일은 2006년과 2018년 사이에 전기료가 51퍼센트 올랐고 2000년과 2020년 사이에는 두 배로 뛰었다.[79] 미국의 주 가운데서 법정 연료를 앞장서 의무화한 캘리포니아주는 2011년과 2020년 사이에 전기료가 39퍼센트 올랐다.[80] 영국의 전기료는 2020년까지 10년 동안 27퍼센트 인상되었다.[81] 이렇게 여러 국가에서 에너지 가격의 상승이 정상적으로 받아들여진 것처럼 보이지만, 장기적으로는 세 가지 심각한 영향이 뒤따른다.

첫째, 높은 에너지 가격은 일반적으로 생계비 가운데 공과금이 차지하는 비중이 훨씬 큰 빈곤층에게 더욱 혹독한 영향을 미친다. 둘째, 모든 생산공정에 에너지가 투입되기 때문에 높은 에너지 가격은 모든 재화와 서비스의 가격 상승으로 이어진다. 마지막으로 셋째, 에너지 가격의 상승은 에너지 집약적 산업, 특히 제조업을 쇠퇴하게 하고 있다. 다시 말해 제조업 강국들의 주력 산업이 사실상 경쟁력을 잃고 무너지고 있다. 예컨대 독일은 효율적인 엔지니어링 기술과 제품으로 전 세계를 장악하고 세계의 생산성을 현격히 향상한 산업 강국이었으나, 이제는 법정 연료라는 기술 공학적 사기를 조장하겠다고 제조업 원가를 엄청나게 높이며 자멸하고 있으니 생각만 해도 놀랍다.

법정 연료는 특유의 간헐적 특성이 있어서 에너지 가격의 상승을 유발한다. 즉, 에너지 생산이 소비자의 수요가 아닌 변덕스러운 자연현상에 좌우되므로 생산부족이나 생산과잉이라는 값비싼 문제가 발생한다.[82] 재생에너지원은 에너지를 전혀 생산하지 못하는 시간대가 있고 그 시간대가 공교롭게 전력 수요 피크 시간대와 겹치기도 한다. 모든 전력망은 수요 피크 시간대에도 전력을 안정적으로 공급할 수 있어야 지, 그러지 못하면 부분적 혹은 전면적 정전에 직면하게 된다. 그래서 법정 연료 발전소에 투자하는 결과는 에너지의 대체가 아니라 거의 전적으로 전력망 비용의 상승이다. 전기 소비자가 언제라도 최대 전력까지 사용할 수 있으려면 안정적인 전기 공급 능력이 상시 유지되어야 한다. 과잉생산도 비용을 높이는 또 다른 주요 요인이다. 만약 전력 수요가 적은데도 법정 연료 발전소가 풀가동되고 있다면(예: 바람이 많이 부는 밤중에 돌아가는 풍력 터빈이나 냉난방, 산업용 전기 수요가 거의 없는 시원하고 화창한 주말), 이러한 초과 에너지를 안전하게 처리할 설비를 갖추기 위해 상당한 투자를 해야 한다. 초과 에너지는 전력망에 손상을 주어 정전을 일으키기도 하기 때문이다.

법정 연료의 도입은 전기의 시장가격이 상승하는 직접적인 결과 외에도, 많은 산업화 국가에서 전력망의 안정성이 추락하는 결과로 상당한 간접 비용도 발생하게 했다. 탄화수소의 획기적인 강점은 단순히 고출력을 전달하는 능력뿐 아니라, 지구 어디서든 필요할 때 전력을 공급하므로 사람들이 날씨에 따라 적응 행동을 할 필요를 없애준다는 점도 있다. 하지만 법정 에너지는 인간을 위한 이 엄청난 도약에 역행하고 있다. 수십 년 전 주민들에게 24시간 안정적인 전기를 공급할 수 있었던 캘리포니아주에서 이제는 태양광 발전이 잘 작동하지 않는 일몰 후에는 전력 소모가 많은 활동을 자제하도록 주지사가 시민들에게 요청하는 실정이니 놀라울 따름이다.

저신뢰 에너지원에 수년간 투자하고 가스, 원자력발전소에 투자를 줄인 까닭에 많은 선진국의 기반 시설이 앞으로 자연재해 한 번만 닥치면 무너질 듯 보일 만큼 위기에 처했다. 셸런버거의 『지구를 위한다는 착각』은 캘리포니아주의 잘못된 투자 사례를 개략적으로 잘 설명했고,[83] 세계의 다른 지역에서도 캘리포니아주처럼 계속 법정 연료를 사용하는 방향으로 나아가고 있기 때문에 이러한 끔찍한 전력난이 훨씬 빈번하게 일어날 것이다. 따라서 앞으로 사람들은 지난 몇 세기 동안 인류의 생존 방법을 점진적으로 개선해 온 전력 기술에 기대지 않고 자연환경의 도전에 스스로 방어해야 한다.

정성 들인 조작과 능숙한 마케팅으로 로맨틱하게 포장된 사이비 과학의 후광을 제거하면, 법정 연료가 인간이 수 세기에 걸쳐 고된 노동과 희생, 자본축적, 독창적 기술을 통해 달성한 진보를 파괴하고 문명을 후퇴시킨다는 결론을 피할 수 없다. 날씨나 시간에 관계없이 전력을 24시간 안정적으로 공급하는 것은 엔지니어링 측면의 문제로, 수십 년 전에 캘리포니아주와 텍사스주 같은 선진 산업 사회에서 이미 해결한 일이다. 그러나 21세기 들어 이러한 호사를 누리지 못한다는 것은 기술적, 자연적 이유로는 절대 설명할 수 없다. 바로 법정 연료가 원흉이기 때문이다.

그러나 법정 연료의 재앙은 발전과 진보를 어느 정도 포기해야 할 선진 산업국에만 국한되지 않는다. 자본이 부족해서 대체에너지라는 호사를 부릴 엄두가 안 나는 여러 미개발 국가와 산업화 전 단계의 국가에 분명히 더 치명적이다. 가용 전력이 부족할 때 피할 수 없는 징후이자 결과가 빈곤이기 때문이다. 고전력을 저렴하게 그때그때 수요에 맞춰 공급할 수 있다고 유일하게 입증된 기술은 탄화수소, 원자력, 수력 에너지다. 그러나 지난 30년 동안 선진국들은 빈곤국을 원조하기 위해 안정적인 에너지에 투자하는 대신 재생에너지로 '전환'하도록 돕는 개발 프로젝트를 확대해 왔다. 현재까지 이 프로젝트들의 실적은 끔찍했다. 서구사회의 정부와 '빈곤 산업misery industry' 관료들은 이러한 에너지 전환의 전망에 대해 장밋빛 언어로 가득 찬 도덕성 과시용 보고서를 작성한다. 하지만 이에 의존해야 하는 국민들은 결국 언제 끊길지 모르는 저전력, 저신뢰 에너지원을 얻게 되는 데다가, 대개 그중에는 빚을 갚고 생계비를 벌어야 할 부담이 큰 사람이 많다. 안정적인 탄화수소 발전 비용이 그 어느 때보다 저렴해지는 요즘, 서구사회의 값비싸고 쓸모없는 도덕성 과시용 장난감 때문에 세계의 가난한 사람들에게 부담을 준다면 이는 범죄나 다름없다.

컴퓨터 과학자 J. 스토어스 홀은 저서 『내 비행 자동차는 어디에?Where Is My Flying Car? A Memoir of Future Past』에서 300년 동안 사용 가능한 에너지가 매년 약 7퍼센트씩 꾸준히 증가하는 추세를 발견했다. 이는 에너지 효율이 2퍼센트, 인구가 3퍼센트, 1인당 실제 에너지 소비량이 2퍼센트 증가한 결과로 추정한 근사치다.[84] 2퍼센트의 1인당 에너지 소비 증가율은 화석연료가 본격적으로 사용되기 시작한 19세기 초부터 1970년대까지 이어진 추세에서 도출한 값이다. 이 장에 나오는 자료는 지난 50년 동안 1인당 에너지 소비 증가세가 멈춘 이유를 설명하는 데

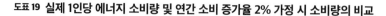

**도표 19 실제 1인당 에너지 소비량 및 연간 소비 증가율 2% 가정 시 소비량의 비교**

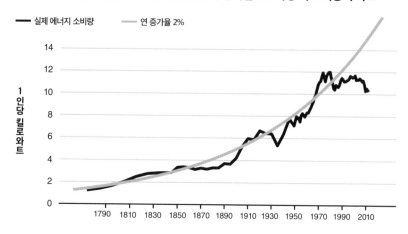

큰 도움이 될 것이다. 즉, 인플레이션으로 에너지 가격이 상승하고 정부의 시장 개입이 강화되면서 에너지 소비의 성장이 둔화되었다.

　이러한 경향을 가장 잘 보여주는 산업은 항공 분야로, 예전에 내가 관련 주제로 글을 쓴 적도 있다.[85] 오늘날 비행기가 1970년대 비행기보다 속도가 느리다는 것은 현대 세계의 놀라운 특징이다. 상업용 항공기의 비행시간은 단축되지 않았다. 적어도 내가 신뢰할 만한 데이터를 확보한 미국은 오히려 1960년대보다 비행시간이 길어졌다. 더군다나 초음속 비행은 도입된 지 40년이 지난 지금, 상업용 제트기로나 개인용 제트기로나 더 이상 민간인이 사용할 수 없다. 제트기 제조업계는 초음속 비행기를 재도입할 계획에 대해 유독 침묵으로 일관하고 있다.

　그러나 가장 놀라운 것은 약 45년 동안 비행 속도의 세계 기록에 도전하는 사람이 아무도 없었다는 것이다. 비행 속도는 1903년 라이트

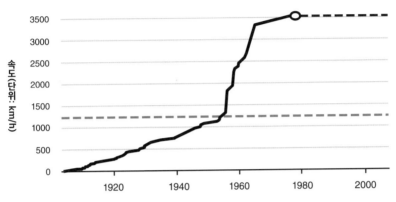

형제의 첫 비행부터 꾸준히 향상해 1976년 7월 28일 미 공군 SR-71 블랙버드가 공기 흡입식 제트기 중 가장 빠른 속도인 3529.6kmh, 즉 마하 3.3으로 세계 기록을 세웠다. 같은 날 또 다른 SR-71이 2만 5929미터라는 최고 비행 고도 기록을 세웠다. 45년이 지난 지금도 두 기록은 모두 깨지지 않고 있다. SR-71은 1991년에 임무를 다했지만, 그 후 대체 항공기 중 어느 것도 속도나 고도 면에서 SR-71의 기록에 근접하지 못했다.

1971년 금태환 창구가 폐쇄되면서 식량과 연료를 포함한 모든 재화의 가격이 상승했다. 특히 에너지 가격의 상승은 현대의 고출력 기술에 의존하는 고도로 산업화된 세계경제에 막대한 피해를 입혔다. 그리고 인간의 소비와 번영을 악으로 묘사하는 환경주의적 이념이 널리 퍼졌다. 항공을 예로 든 설명에서 알 수 있듯이, 여러 산업 분야의 혁신은 성능을 개선하는 대신 소비를 줄이는 방향으로 옮겨갔다. 지난 2세기 동안 에너지 소비가 꾸준하고 기하급수적으로 증가한 덕에 문명의 발전이 가능했던 만큼, 비용 증가로 소비가 위축된 오늘날 에너지 산업을 보면 그동안 우리가 진보의 기회를 얼마나 놓쳤는지 의문이 생기지 않을 수 없다.

식품, 과학, 에너지 분야를 막론하고 어떤 시장이든 정부가 개입하면 시장이 완전히 훼손된다. 우리가 에너지 시장에서 인플레이션으로 물가가 급등하거나 가격 변동성이 확대되지 않는 자유 시장 논리를 계속 유지했더라면 지금쯤 세상이 어떻게 달라져 있을지 모른다. 각 에너지원에 장단점이 있으니 자유 시장에서는 그중 비용을 절감하면서 편익을 최대화할 선택을 개인에게 맡겼을 것이다. 법정 연료라는 허구에 막대하게 낭비된 자원은 아마도 천연가스 발전소 건설에 쓰였을 테고, 그로 인해 세계의 더 많은 지역이 지저분한 석탄에서 청정 연료로 전환하는 데 도움이 되었을 것이다. 원자력은 에너지 발생에 사용되는 대부분의 탄화수소 연료를 대체할 만큼 충분히 발전했을지도 모른다. 부패하지 않은 화폐로 합리적 계산에 따라 자본이 꾸준히 축적되었다면 에너지 가격은 지금 수준보다 저렴했을 것이다. 간단히 말해서, 부패한 법화는 무수히 많은 세대에 걸쳐 인류에게서 헤아릴 수 없는 번영의 기회를 앗아갔다.

# 10장

# 돈은 어떻게
# 국가를 붕괴시키고
# 식민지를 양산하는가

"······이제 (유럽의) 통화는
두 등급으로 나뉠 것이다.
1등급 통화는 금을 본위로 하는 달러와 파운드화,
그리고 2등급 통화는 파운드와
달러를 본위로 하는 나머지 국가 통화다."

1장에서 우리는 제1차 세계대전 이후 전개된 세계 통화 체제, 즉 금환본위제가 전쟁 전 대영제국이 일부 식민지에 펼쳐온 정책 방식과 거의 흡사했다는 점을 확인했다. 전쟁의 승전국이자 세계경제의 주요 금융 대국이던 영국과 미국은 1922년 제네바회의를 통해 자기네 종속국들이 달러나 파운드에 의존해야 하는 새로운 글로벌 통화 체제인 금환본위제를 도입했다.

이론적으로는 미국과 영국이 엄격한 금본위제를 적용했다면 금환본위제도 금본위제와 별반 다르지 않았을 것이다. 그러나 금에 공간적 판매성을 부여하려면 그 외 32개국 중앙은행이 미국과 영국의 중앙은행에 금을 예치해야 했다. 그래서 이 두 국가는 금보유고 이상으로 통화를 팽창시킬 상당한 재량을 확보해 사실상 인플레이션을 해외로 수출했다. 이렇게 해서 특히 과대평가된 파운드화에 대한 팽창 압박이 완화되었다. 제네바회의는 주요 기축통화국과 신식민지 사이에 널리 확산된 통화정책의 시초였다.

당시 프랑스 중앙은행 에밀 모로 총재는 이 협정을 '진정한 금융 지배'이자 화폐를 두 등급으로 구분한 행위라고 날카롭게 묘사했다.

유럽에서 최초로 안정적이고 안전한 화폐를 재건한 영국은 그 이점을 활용해 유럽을 진정한 금융 지배하에 두는 기반을 마련했다. 제네바에 있는 (국제연맹의) 재정위원회가 그 정책 도구였다. 이 방법은 재정적 어려움에 처한 모든 국가를 영국이 통제하는 제네바 위원회에 강제로 종속시키는 것이었다. 규정된 방안에는 항상 영국인, 혹은 영란은행이 지정한 외국인 감독자를 중앙은행에 배치하고, 중앙은행 준비금의 일부를 영란은행에 예치하게 하는 것이 포함되었다. 이는 모두 파운드를 지탱하고 영국의 영향력을 강화하는 데 도움이 되는 방안들이다. 혹시라도 실패할 가능성에 대비해 그들은 뉴욕 연방준비은행의 협력을 확보하도록 세심한 주의를 기울였다. 더욱이 그들은 외채 부담이 지나치게 크다고 판단할 경우 일부를 미국에 전가함으로써 항상 정치적 우위를 유지했다.

이런 식으로 영국은 오스트리아, 헝가리, 벨기에, 노르웨이, 이탈리아에 전면적으로든 부분적으로든 침투해 자리 잡았다. 이제 그리스와 포르투갈에도 침투하는 중이다. ……이제 (유럽의) 통화는 두 등급으로 나뉠 것이다. 1등급 통화는 금을 본위로 하는 달러와 파운드화, 그리고 2등급 통화는 파운드와 달러를 본위로 하는 나머지 국가 통화다. 금보유고의 일부는 영란은행과 뉴욕 연방준비은행이 보유하고 있다. 2등급 통화는 자주성을 잃게 될 것이다.[86]

# 그들이 식민 해방 운동을 적극 지지한 이유

통화의 유동성 풀liquidity pool이 클수록 해당 통화 당국의 신용 창출과 인플레이션이 국내에 미치는 영향은 작아진다. 예를 들어 대외준비자산의 총수요가 100억 달러인 국가에서 화폐 공급량이 10억 달러 증가하면 총수요가 1000억 달러인 국가에서보다 물가와 경제 계산에 훨씬 큰 영향을 미친다. 따라서 영란은행과 연준의 지급 결제망을 이용하는 유동성 풀이 클수록 미국과 영국이 체감하는 인플레이션의 정도가 약하다.

제네바회의 이후 미국과 영국 정부의 최우선 과제는 가능한 한 여러 국가의 중앙은행이 자국 통화를 보유하도록 하는 것이었다. 그리고 이는 전 세계적으로 전례 없는 화폐 발행과 인플레이션을 유발하게 된다. 다른 정부, 기관, 민간 주체가 달러와 파운드로 거래를 결제하기 시작하면서 더 많은 준비자산이 필요했다. 이후 세계 정치는 인플레이션이라는 정치적으로 더욱 편리한 방법을 사용하기 위해, 자기네 통화를 기축통화로 채택하려는 주요국들의 열망에 거의 좌우되었다.

각국의 중앙은행들은 법화 네트워크의 노드였다. 전 세계에 더 많은 노드를 생성할수록 더 많은 금이 영국과 미국의 중앙은행에 흘러들 수 있었다. 네트워크에 유동성이 풍부할수록 미국과 영국은 인플레이션의 부작용을 피하기에 유리했다. 금환본위제가 낳은 역학을 관찰한 제삼자들이 보기엔 영국과 미국이 식민지의 민족해방운동을 지원한 것이 순전히 이타적인 목적이 아니라 신생국에 더 많은 법화 노드를 생성하기 위한 이기적인 목적이 아니었을지 의문이 들 것이다.

프리드리히 하이에크는 새로운 글로벌 통화 체제를 가리켜 통화 민족주의Monetary Nationalism라고 불렀다.

내가 말하는 통화 민족주의란 한 국가의 통화량이 세계의 통화량 중 차지하는 비중을 결정하는 원리와 메커니즘은 다른 지역이나 지방에 똑같이 적용할 수 없다는 원칙을 의미한다. 반면에 진정한 국제통화제도International Monetary System란 전 세계의 각국이 동일한 통화를 보유하고, 국가 간의 화폐 흐름이 모든 개인행동의 결과에 따라 결정되도록 내버려두는 것이다. 이러한 의미에서 한 국가에서 전 국민의 재산이 곧 그 나라의 대외준비자산이라는 보다 유동적인 자산에 다 같이 의존하게 된 것은 오직 중앙 집중식 국가 은행 시스템의 성장과 함께 시작되었다.[87]

이 중앙 권력이 금본위제 시기에 효과적으로 억제될 수 있었던 것은 당연히 금본위제를 지키는 것이 중요한 위신의 문제이고 지키지 않으면 국가적 망신이라는 믿음이 있었기 때문이다. 그 덕에 세계는 때로 위기를 겪기는 했어도 200년, 어쩌면 그 이상의 긴 기간에 걸쳐 비교적 안정된 시기를 누리며 현대 산업주의 발전의 발판을 마련했다. 그러나 약 50년 전 화폐가치를 결정하는 실질적인 요인인 금태환성이 단순히 통화량을 조절하는 하나의 수단일 뿐이라는 인식이 각국에 널리 퍼지기 시작하면서, 각 정부는 오직 이 규율을 벗어나고 싶다는 열망에 사로잡혔다. 이후 화폐는 그 어느 때보다 정치 놀음의 대상으로 전락했다. 자국 통화를 제법 견고하게 유지한 국가는 소수의 강대국뿐이었고, 그들은 식민지에도 자국 통화를 옮겨 심었다. 그러나 동유럽과 남아메리카는 그러한 통화안정을 전혀 겪어보지 못했다.[88]

전 세계에 팽창적 통화 체제가 건전 통화 체제를 대체하기 시작한 1914년에도 아직 현대 산업 기술을 도입하지 못한 국가는 훗날 '개발도상국'이라고 불리게 되는 국가들에 속했다. 이때 새로 등장한 역기능적 글로벌 통화 체제는 개발도상국 국민이 생산한 부를 자국 정부와 외국 정부가 몰수할 수 있게 함으로써 이들 국가의 발전을 줄기차게 훼방했다.

1914년 당시 상당한 수준의 산업화와 자본축적을 달성한 몇 안 되는 국가로는 서유럽과 미국, 캐나다가 있었다. 그리고 동유럽, 아프리카 북부와 남부, 아시아, 남미의 여러 지역으로 산업화가 확산하기 시작했다. 산업화한 선진국과 활발히 교역하는 국가일수록 19세기의 획기적 기술, 그중에서도 증기기관과 내연기관을 더 적극적으로 수입했다. 이렇게 개발도상국의 기술이 더 발전할수록 더 많은 자본이 축적되고 노동생산성이 높아지고 생활수준도 올라갔다. 그러나 제1차 세계대전의 발발로 이러한 흐름이 끊겼고, 그 후 등장한 세계 통화 체제(그리고 그 결과물인 대공황)는 세계경제 발전을 더욱 악화시켰다.

중앙은행들이 통화팽창을 유발하면서 자국 화폐가치를 떨어뜨리자, 이로 인한 경제 왜곡을 바로잡는 방출 밸브 역할을 국제무역과 금융이 맡게 되었다. 자국 화폐가치가 절하되면 국민들은 서둘러 외화나 외국 재화를 매수하고 자국 통화를 매도했다. 그 결과 현지 통화에 대한 수요가 더욱 감소하고 가치도 더 떨어졌다. 이러한 역학 관계 때문에 개발도상국 정부는 인플레이션을 이용해 재정을 조달할 수 있는 여지가 줄어들었고 정부 지출 재원을 마련하려면 더 큰 폭의 인플레이션과 세금 인상이 필요했다. 정부들은 인플레이션을 억제함으로써 그 추세를 뒤집어도 되었겠지만, 대신 당시의 국가통제주의 경제학자들은 자본과 상품의 자유로운 이동을 제한함으로써 문제를 해결하려 했다. 그래서 대공황 동안 무역장벽이 점점 확산하면서 무역을 둘러싼 국가 간 적대감이 고조되었다.

각국이 쌓아 올린 무역장벽은 자국의 경제 상황을 더욱 악화하는 자충수가 되었으며, 심지어 이러한 정책으로 고통을 겪은 사람은 바로 자국민이었다. 물론 무역장벽을 부과하는 정부와 이를 옹호하는 경제학자들은 인플레이션, 중앙 집중화, 보호주의 정책이 불황을 점진적으로 악화한다고 절대 인정하지 않으려 했다. 대신 정치 지도자들은 다른 국가나 지역 소수민족을 탓했다. 1939년에는 외국인과 소수민족을 희생양으로 삼고 배척하는 분위기가 극도로 심화되었다. 이처럼 세계에 퍼진 전체주의적 법화 체제는 사람들이 자기들끼리, 그리고 소수민족에게 등을 돌리게 했다. 하이에크는 1937년 저서 『통화 민족주의와 국제 안정Monetary Nationalism and International Stability』에서 세계 평화가 이러한 위협에 처했다고 밝혔다. 하지만 오호통재라, 그의 경고는 아무도 귀담아듣지 않았다. 본위 화폐는 더 이상 소유자가 가장 바람직하게 사용할 수 있는 곳이면 세계 어디로든 자유롭게 오가는 동질성 화폐가 아니었다. 대신 정부가 통제하는 화폐는 갈수록 전능해지는 정부가 전쟁과 독재를 수행하기 위한 재원이 되었다.

정부가 승인한 역사와 경제 교과서는 대공황과 제2차 세계대전의 발단이 화폐에 있다고 전혀 언급하지 않는다. 정부의 중앙집권화와 통제 강화를 지지하는 사람들은 정부가 이 새로운 연금술로 밝은 미래를 건설할 수 있다고 주장했다. 그러나 실제로 정부의 화폐 통제는 1930년대 후반까지 세계경제를 파괴하고, 세계 자유무역을 무력화하고, 국가 간에 온갖 이유로 서로 적대감을 품은 전능한 전체주의 정부를 탄생시키고, 과거 번영과 문명화를 누리던 국민을 점점 정부의 피부양자이자 총알받이로 만들었다.

정부가 통제하는 화폐는 서구 세계에서는 아마도 로마제국 시대 말기를 끝으로 자취를 감춘 듯했다가 현대에 부활해 중앙 계획 경제를 탄생시켰다. 확장적 통화정책으로 실업과 인플레이션이 심각해지자, 정치인들은 이에 맞서기 위해 가격통제, 최저임금제, 일자리 나누기, 그외 여러 종류의 파괴적인 국가통제주의 경제 정책을 시행했다. 경제가 더 위축되고 민생이 힘들어지면서, 사람들은 없는 돈을 찍어내며 점점 중앙집권화되어 가는 정부에 갈수록 의존하게 되었다. 이처럼 국민의 의존도가 높아지자 정부의 권력은 더욱 커지기만 했다.

정부는 화폐를 통제함으로써 교육 체제에까지 영향력의 범위를 확장하기도 한다. 원래 대학은 시민들이 배우고 훈련할 수 있는 곳이었지만, 수십 년 후에는 청년들을 세뇌시키는 선전기구로 변모했다. 국가통제주의 노선을 지키는 것이 자유로운 탐구, 이성적 토론, 아이디어 교환보다 더 중요해졌다. 종신 교수직을 보장받은 국가통제주의자들은 개발도상국의 지도자와 경제학자 세대들에게 경제와 정치 지식을 주입해 왔다. 20세기 후반 개발도상국의 경제적 재앙을 이해하려면 이러한 학문적, 역사적 맥락을 꼭 알아야 한다.

1930년대 이후로 영국과 미국에서 대학 교육을 받은 제3세계 국가 지도자들의 수와 영향력은 상상을 뛰어넘을 정도다.[89] 나는 이 주제를 다룬 체계적인 연구나 데이터를 본 적은 없지만, 개발도상국의 경제사나 개발도상국의 개발 기구와 정부 부처의 수사법에 익숙한 사람이라면 누구나 마르크스주의와 케인스주의 특유의 중앙 계획 경제 개념이라는 망령을 감지하고 그들의 영향력을 확인할 수 있을 것이다. 경제 발전이라는 개념의 전체적 프레임이 결국 경제의 작동 원리에 완전히 사회주의적인 관점을 적용해 결정되었다. 이쯤 해서 예리한 독자라면 경제 발전 관련 논문들이 거시경제의 총수요, 총공급 개념에 강한 애착을 보이고, 정부와 개발 관련 부처를 경제 발전이라는 신성한 목표를 달성하기 위해 노력하는 전지전능한 정의의 세력으로 간주한다는 것을 눈치챌 것이다.

## IMF는 독약이다

IMF, 세계은행, 세계무역기구wTO는 공산주의 운동가 해리 덱스터 화이트의 두뇌에서 탄생한 소산이었다. 이 사실은 이들 국제기구의 방대하고 교묘한 마케팅 자료에서 별로 부각되지 않지만, 그래도 국제기구들이 실제로 하는 일을 살펴보면 제법 수긍이 간다. 중앙은행의 기능 자체가 공산주의와 사회주의 사상의 본질을 구현한 것이다. 카를 마르크스와 프리드리히 엥겔스가 『공산당 선언』을 저술한 1844년 당시 중앙은행도 그들이 실행하고자 했던 공산주의 10대 강령 중에 들어 있었다.

IMF의 주요 역할은 전 세계의 최종 대부자로서 대출을 제공하는 것이다. 개별 정부는 대외결제에 필요한 외화 부족으로 어려움을 겪기도 하고 현행 통화 체제는 연화로 작동하기 때문에, 이 체제가 계속 돌아가도록 유지하려면 확장적 통화정책이 거의 불가피했다. 미국 연준의 자금조달 덕분에 IMF는 전 세계 중앙은행에 다량의 미국 달러 표시 채권을 발행할 수 있었고 지난 70년 동안 이 역할을 지속적으로 수행해왔다. 미국 달러가 글로벌 기축통화의 지위를 잃지 않으려면 IMF의 존재가 필수적이다. 최종 대부자 역할을 할 글로벌 대출기관이 없었다면 모든 제3세계 국가에서 달러화가 바닥났을 테고 중앙은행들은 파산했을 것이다. 그러면 제3세계 국가의 은행과 개인들은 다른 국가의 통화나 금을 가지고 세계무역에 참여해야 한다. IMF가 회원국의 자국 통화에 금본위제 적용을 엄격히 금지하는 것은 괜한 것이 아니다. 안 그러면 19세기의 세계 금본위제가 그랬듯이, 국제 금융의 안정이라는 IMF의 공식 목표를 모두 달성하더라도 미국 달러가 글로벌 기축통화 지위를 계속 유지하지 못하기 때문이다.

IMF가 최종 대부자 역할을 하면서 생기는 문제점은 독점적 중앙은행에 내재하는 문제점과 같다. 개별 은행을 구제할 수 있는 중앙은행의 능력은 은행들이 구제금융의 가능성을 믿고 더 많은 위험을 감수하도록 부추긴다는 점에서 집단적인 도덕적 해이를 일으킨다. 달러가 글로벌 기축통화 지위를 유지하기를 바라는 IMF는 모든 정부가 달러를 사용하도록 장려하고 달러가 떨어지면 대출해 준다. 금본위제하에서 금이 고갈되고 파산한 국가는 사실상 채권국들에 국권이 넘어갔다. 왕이 파산하면 퇴위하고 국토 전체가 다른 나라에 점령되었다. 국가가 채무 불이행이나 파산에 이르면 매우 심각한 결과가 뒤따랐고, 책임 있는 재정 및 통화정책이 중요하다는 교훈을 남겼다. 그러나 IMF가 구제금융을 제공하기 시작한 후로는 국가 지도자들이 IMF로부터 대출받아 후대의 국민에게 파산 비용을 전가할 수 있기 때문에 정부의 무능과 실정에도 별로 심각한 대가를 치르지 않게 되었다.

나중에 세계은행으로 개칭되는 국제부흥개발은행의 초기 목적은 유럽을 재건하고 극빈국들을 위해 개발 자금을 조달하는 것이었다. 그런데 영국과 미국 대학에 만연한 끔찍한 케인스주의와 사회주의 사상에 영감을 받은 미국인들은 세계의 빈곤국들이 발전하려면 막대한 개발 자금을 원조해야 한다고 믿게 되었다. 당시 미국이나 영국의 관료와 학자들의 일반적인 관점에서 볼 때 소련은 경제적 성공의 본보기였다. 그들은 소련의 중앙 계획 경제가 빈곤국들에 상당한 경제성장과 발전을 제공할 것이라 여겼다. 그래서 다른 국가들이 소련과 손잡지 못하게 막으려면 전 세계의 모든 개발 계획을 미국이 중앙 집권식으로 주도해야 한다고 판단했다.

세계은행도 미국 연준의 신용 자금줄에서 재원을 조달해 1950년대부터 제3세계 국가들의 개발 계획을 이끌어온 주역이었다. 그들이 주력하는 사업 모델은 빈곤국에 개발 자금 대출을 제공하고 개발 계획을 지원하는 것이다. 지난 70년 동안 경제학의 한 '분과'로서 개발경제학은 이러한 대출을 위한 정교한 마케팅 자료 역할을 했다고 이해하면 가장 적절하다. 세계은행의 계획이 불가피하게 실패하고 부채가 상환되지 않으면 IMF가 개입해 낙후된 국가들을 갈취하고, 자원을 약탈하며, 정치체제를 장악한다. 이 모든 비용을 대출의 형태로 지불해야 하는 빈곤국을 희생시키면서 빈곤 산업 종사자를 위한 많은 일자리, 소득, 여행 기회를 창출하는 주체는 바로 공생 관계에 있는 IMF와 세계은행이다.

무역및관세에관한일반협정GATT은 나중에 WTO로 발전해 각국 정부가 무역 협정에 합의하기 위해 노력하는 공론의 장 역할을 해왔다. 화폐가치가 자유 시장의 중립성과 동떨어져 제멋대로 등락하고 자본 통제로 자본의 자유로운 이동이 제한됨에 따라, 무역이 화폐가치의 왜곡을 해결할 중요한 방출 밸브가 되었다. GATT/WTO는 통화 조작의 부작용보다 무역 흐름이 국가 간 불균형의 원인이라도 되는 양, 글로벌 중앙 기구가 이러한 불균형을 막기 위해 무역 흐름을 어떻게든 규제할 수 있다는 말도 안 되는 전제에 따라 설립되었다. 비록 20세기 들어 기술의 발전으로 그 어느 때보다 재화를 빠르고 저렴하게 운반할 수 있게 되었음에도, GATT/WTO는 재화와 서비스의 자유로운 이동을 심각하게 저해했다. 오늘날 WTO의 가장 중요한 기능 중 하나는 각국이 미국의 특허 및 저작권법을 수용하도록 함으로써 전 세계적으로 기술혁신의 자유로운 움직임을 억제하는 것이다.[90] 각국이 미국의 지적재산권법을 적용하도록 강요하면 개발도상국 산업에서는 신기술을 개발할 기반을 쌓기가 훨씬 어려워지고 혁신의 속도와 확산이 늦어진다. 대신 WTO에 막대한 입김을 넣는 대기업들은 이득을 보게 된다.

통상 국제 금융 기구IFI라고 하는 이 세 가지 주요 기관 외에도 전 세계적으로 국제 및 국가 개발 기구들이 크게 성장했다. 이러한 조직들은 평균적인 제3세계 국가의 모든 일상적 측면에까지 관여하고 개발도상국의 여러 부문을 통제하는 독점적 중앙 계획 기구로 성장했다.

빈곤 산업의 마지막 구성 요소는 학계다. 그들은 개발을 연구하고 전 세계적으로 개발 프로젝트 및 전략을 계획, 실행, 평가하는 수천 명의 학자로 구성된다. '개발경제학'이 경제학의 독립된 분과로서 전혀 의미가 없는 이유는 경제학적 진리가 개발도상국에서나 선진국에서나 똑같이 적용되기 때문이다. 개발도상국의 경제를 고립시키고 마치 그들이 타국들과 특별한 차이가 있는 듯 가정해 연구함으로써 얻는 것은 아무것도 없다. 개발도상국을 다르게 취급해야 할 학문적 근거는 없으며 이 말도 안 되는 연구 분야를 찾는 시장의 수요도 없다. 만약 있다 해도 순전히 빈곤 산업과 여기서 문어발처럼 무수히 파생된 학계에 의해 생겨난 수요일 뿐이다.

개발경제학 문헌을 접해보지 못한 독자는 정신 건강 차원에서 스스로 다행이라고 생각해야 한다. 70년 동안 수천 명의 학자가 개발경제학에 관한 보고서, 논문, 연구, 서적을 무수히 발표했지만 이들 중 아무도 어떤 본질적인 결론을 내리지 못했다. 딱 한 가지 진정한 성과가 있다면 중앙 계획 경제의 무수한 실패를 다룬 사례 연구를 매우 풍부하게 생성한 것이다. 이 사례들을 보면 터무니없기 그지없는 최신 전문용어와 획일적 상용구로 포장된 자기 혁신을 구구절절 이야기하는 가운데, 누구도 의문을 제기하지 않는 한 가지 중요한 법칙이 빠지지 않고 등장한다. 바로 개발에는 부채가 필요하고, 따라서 더 강력한 관료주의와

2부 붕괴의 패턴

더 많은 자금 지원이 수반되어야 한다는 것이다. 최근 전 세계의 진정한 위협 요인이 무엇이든 상관없이, 실행 가능한 해결책은 빈곤 산업의 관료와 그들 밑에서 일하는 실무자들을 위한 일자리를 더 많이 창출하기 위해 연준이 가진 연화를 제3세계의 부채로 전환하는 것이다.

## 책임으로부터의 해방

법화 기반의 빈곤 산업은 자유 시장과 워낙 멀리 떨어져 있어서 책임과 의무가 전무한 상태로 운영된다. 뉴욕대 경제학 교수 윌리엄 이스털리가 설명했듯이,[91] 이러한 조직에는 해결하기 까다로운 근본적인 주인 대리인 문제principal-agent problem가 있다. 빈곤 산업에서는 서비스의 수혜자가 될 사람들이 비용 지불자가 아니므로 공급자는 절대 그들에게 책임을 지지 않을 것이다. 대신 부유한 국가의 기부자와 투자자들에게 책임을 진다. 따라서 그들의 정책은 항상 자기 조직의 요구와 이익을 먼저 생각하고, 그다음에 기부자, 마지막으로 수혜자를 챙기는 방향으로 추진된다. 빈곤 산업은 기부자에게는 훌륭해 보이지만 수혜자에게는 끔찍한 프로젝트 사례로 가득 차 있다.

기부자는 개발 계획의 수혜 대상이 아니기 때문에 개발의 성과에 일시적인 관심을 보이는 정도 외에는 크게 신경 쓰지 않을 것이다. 반면에 수혜자는 개발 계획을 통제할 수 있는 권한이 없음에도 그 결과에 따라 자신들의 운명이 달라진다. 이러한 비대칭성 때문에 개발 계획 설계자들은 매우 편향된 인센티브를 얻으며 자신의 행동에 대한 실질적인 책임을 지지 않아도 된다. 세계은행은 자체 프로젝트의 성과를 스스로 평가할 책임이 있기 때문에 수십 년 동안 많은 비판을 받아왔다. 자유 시장에서는 소비자가 어떤 기업에 '자금을 공급'할지 결정하는 수혜자이고, 정부는 최소한 민주주의 제도를 수호하기 위해 정치적 책임을 지는 척이라도 한다. 그러나 빈곤 산업에서 책임의 유일한 종류라고는 자기 책임밖에 없다.

세계은행은 어떤 개발 계획을 세울지, 또 예산을 얼마로 설정할지 등을 자기들이 알아서 결정한다. 그리고 나면 세계은행 내에서 급여를 받는 관료들이 내부 검토를 거쳐 평가를 내린다. 이처럼 모든 관료제 사회에서 예상되는 바대로, 그들은 실제로 자기들끼리 하는 자체 평가를 굳이 비판적으로 할 필요가 없으므로 진정한 비판이 가능할 리가 없다. 세계은행은 사실상 자금을 무한히 끌어올 수 있다. 연준으로부터 법화를 대출받을 수 있는 한, 재화와 서비스의 공급량을 결정하는 시장의 압력도 받지 않는다. 프로젝트가 비참하게 실패하더라도 연준이 있으니 파산할 걱정은 절대 안 해도 된다. 이렇게 세계은행은 실질적인 대가를 치르지 않으므로 진정한 책임감이 있을 리 만무하다.

또한 빈곤 산업은 가장 무능한 직원을 데리고 그들에게 보상하는 것으로도 악명 높다. 그래서 책임과 의무를 회피하려는 사람이라면 누구에게든 이상적이고 수익성 좋은 직업이다. 자유 시장에서는 모든 직업에 상당한 책임과 의무가 따르지만, 개발 기구에서 일하는 것은 정부에서 일하는 것보다 훨씬 적은 책임이 따른다. 적어도 소위 공공 서비스

부문에서는 (비록 비자발적이긴 하지만) 공공 서비스 계획에 자금을 대는 비용 지불자와 수혜자가 일치할 뿐 아니라, 정부도 최소한 받은 세금만큼 그들에게 봉사하려는 흉내라도 낸다. 그런데 빈곤 산업에서는 비용 지불자와 수혜자가 일치하지 않는 데다가, 수혜자들의 운명은 빈곤 산업 내부의 자체 평가 결과에 달려 있다.

빈곤 산업의 개발 계획은 빈곤국을 원조하기 위한 것이라고 그럴듯한 취지를 내세우지만, 그 근본적인 동기는 한마디로 요약해 자기 보존 self-preservation이다. 자유 시장의 건전한 피드백이 결여된 다른 관료 조직도 다 그렇듯, 이들 개발 기구의 존재 목적은 고객에게 서비스를 제공하는 것이 아니라 조직 내부에 서비스를 제공하는 것이다. 실패한 정책이라도 자금줄이 끊이지 않는 한 수십 년 동안 계속될 수 있다. IFI는 연준의 신용 자금줄에 접근할 수 있으므로 시장 실패에 빠질 염려가 없다. 70년이 지난 뒤에도 그들의 예산과 직원은 성과와 상관없이 매년 계속 증가하고 있으며, 이 증가세는 줄어들 기미도 보이지 않는다.

개발 기구들의 실체를 알면 알수록, 권한은 강력하지만 책임은 없는 이 관료들에게 신용 대출을 무한정 제공하고 이 돈을 세계의 빈곤층에게 퍼붓는 것이 얼마나 참담한 결과를 초래해 왔는지 깨닫게 된다. 이 기구를 통해 자국과 아무 상관도 없고 자국에서 선출되지도 않은 외국인이 한 국가의 전체 경제를 통제하고 중앙에서 계획을 세우기도 한다. 그리고 개발을 구실로 그 나라의 자체 재산권법과 제도를 쉽게 무시할 수 있다. 세계은행은 개발 계획을 직접 결정하고 이것이 어떤 영향을 끼치든 상관없이 해당 국가 정부에 시행을 명할 수 있다. 이러한 미명

아래 토착민은 삶의 터전에서 쫓겨나고, 독점기업을 보호하느라 토종 사기업들이 문을 닫고, 세금이 인상되고, 사유지가 수용된다. IFI의 후원하에 외국 기업들에는 면세 혜택이 주어지는 반면, 현지 생산자들은 정부의 재정 낭비벽을 충족하기 위해 더 높은 세금을 지불하고 인플레이션으로 고통받는다.

이러한 개발 계획자들이 사회주의와 케인스주의 교과서에서 보고 배운 공리주의적, 전체주의적인 욕구는 그들이 빈곤층 구제 대책을 세울 때 수면 위로 드러난다. 그들의 교과서는 중앙 계획가가 관리해야 할 통계 집계를 살펴보고 정책이 사회에 미치는 영향을 측정해서 복지와 인간의 후생을 판단할 수 있다고 가르친다. 그러나 인간의 감정을 측정할 수 없는 만큼 후생 지표도 유의미하게 측정할 수 없는 법이다. 오스트리아학파에서 가르치듯, 경제가 근본적으로 주관적이라는 사실을 빈곤 산업의 많은 경제학자는 미처 인식하지 못하고 있다.

빈곤 산업은 방법론이나 논리를 따지지 않으므로 제3세계에 거액의 대출을 제공하는 데 거리낌이 없다. 따라서 그들은 자신들의 정책과 대출이 지역 복지에 미치는 영향을 측정할 놀라우리만치 우스꽝스럽고도 심지어 죄악에 가까울지 모를 방법을 고안했다. 개발의 목표가 건강, 교육, 전반적 후생과 관련되어 있다 보니 개발 계획자는 이 모든 것에 가격을 매긴다. 그리고 국내총생산GDP, 교육 수준, 기대 수명, 그 외 이와 유사한 발전 지표를 측정 기준으로 삼아 국민의 후생을 극대화하는 방향으로 경제 계획을 세우려 한다. 이것은 처음에는 별문제가 되지 않는 것처럼 들리겠지만, 경제학의 수학화에 대한 집착을 반대할 최적의 논거가 될 수 있다. 인간의 생명에 가치를 매김으로써 인간의 생명을 파괴하는 개발 계획은 이렇게 파괴된 생명의 '비용'보다 금전적 편익이 더 큰 이상 멈추지 않을 것이다. 중앙 계획가의 스프레드시트에 인간 생활의 모든 측면에 대한 가격이 매겨져 있기 때문에 모든 사물과 사람이 신용 한도가 무한한 관료들의 구매력 범위 내에 들어간다. 한마디로 국가 전체가 그들에게 컴퓨터게임이 된다. 그리고 관료들이 인간의 생활, 건강, 교육에 매긴 수치는 허구의 산물이므로 개발 계획을 어떻게든 좋게 보이도록 언제나 조작할 수 있다. 세계은행의 계획은 항상 문서상으로는 훌륭해 보이지만 실행 과정에서 거의 늘 실패한다. 이러한 실패는 측정 단위가 없는 가상의 수치를 토대로 세운 계획에 불가피하게 따르는 결과다. [92]

예를 들어 산업 공장을 건설하면 마을 전체 원주민을 이주시켜야 하고 강 하류에 사는 주민 수천 명의 삶을 파괴할 정도로 오염을 일으키게 마련이다. 이러한 공장이 세계은행의 계획에 따르면 근사하게 보일 것이다. 정부의 세수가 늘어나고 기관의 직원도 증원되어 그들이 얻을 추가 혜택이 공장이 들어서서 파괴되는 주민들의 삶보다 더 가치가 크기 때문이다. 이것은 단지 정부가 국민의 생활을 중앙 계획식으로 관리하기 위해 20세기 경제학자들의 수학에 대한 집단주의적 맹신을 본받은 결과로 불가피하게 나타난 현상이다. 개인에게 선택권이 있는 자유 시장 같으면 현지에 진출하려는 공장은 토착민들이 기꺼이 자신의 사유지를 내줄 만큼 그들에게 충분히 보상하지 않고는 쫓아내지 못할 것이다. 그러나 탐욕스러운 정부는 세계은행의 대출에 힘입어 사리사욕을 추구하기 위해 상대국 국민들에게 마음대로 굴 수 있다.

제대로 된 경제 분석이라면 방법론적 개인주의를 따라야 한다. 중앙 정부에서 계산한 집단주의식 결정에 합리적, 도덕적 근거가 있을 리 없기 때문이다. 후생은 개인 간에 비교할 수 없고, 한 사람의 후생을 빼서 다른 사람의 후생에 더하기를 할 수도 없다. 중앙 계획가의 어떤 집단주의식 계산 방식에도 사실 일관된 근거가 없다. 집단주의식 계산에 몰두하는 경제학자들이나, 경제학자 행세를 하며 제3세계 정부들에 기회비용 없는 무제한 대출을 유도하는 IFI 소속 관료들이나 불합리하기는 피차일반이다.

## 돈을 빌려 개발하겠다는 거짓말

초기에 국제 개발을 주도한 주요 학설로는 경제성장과 현대화에 선형적 단계가 있다는 월트 로스토의 이론, 경제성장을 주도하는 자본축적의 역할을 연구한 해로드-도마 모형,[93] 폴 로젠스타인 로단의 '빅 푸시big push(대대적인 정부 주도 개발)' 모형 등이 있었다.[94] 해로드-도마 모형은 경제성장이 저축률의 직접적인 함수라고 가정하고 또 그렇게 결론을 내린다(이 모든 모형은 기본적으로 그들이 원하는 결론을 가정한다). 여기서 경제성장률은 단순히 저축률과 어떤 만들어낸 상수를 곱한 값이다. 이 모형은 개발도상국이 원하는 경제성장을 이루지 못하는 이유가 저축이 충분하지 않기 때문이라고 주장한다. 더 높은 성장률을 위해서는 더

2부 붕괴의 패턴

많은 저축이 필요하다는 얘기다. 그러나 개발도상국은 저축할 돈이 없을 만큼 가난하기 때문에 해로드-도마 모형은 '저축 격차'를 메우기 위해 정부가 해외에서 차입할 의무가 있다고 설득한다. 즉, 원하는 만큼 성장을 달성하려면 저축의 부족분을 메울 부채를 짊어져야 한다는 것이다. 한편 로젠스타인 로단은 정부의 중앙 계획가들이 중요한 기반 시설을 구축하고 농업과 농촌 중심의 고립 경제에서 도시와 산업 중심의 교화된 현대 경제로 전환하기 위해 빅 푸시에 자본을 투입해야 한다고 주장한다.

분별 있는 경제학자라면 모두 자본축적이 성장의 열쇠라는 데는 동의하겠지만, 그렇다고 정부의 자본 차입이 자본축적과 같은 효과를 내는 것은 아니다. 차입은 저축의 정반대로, 대출로 자금을 조달한 투자에는 이자 비용이 추가로 발생하지만 자본으로 자금을 조달한 투자에는 이자가 발생하지 않는다. 그러나 더 중요한 것은 정부가 재정지출에 쓸 돈을 차입한다면 이는 일종의 중앙 계획 경제가 되어 그 차입 비용을 부담해야 할 생산 인구를 상대로 권력을 휘두르게 된다는 것이다. 결국 전 세계적으로 수십억 인구가 정부의 과대망상적인 경제 계획에 자금을 조달하느라 여러 세대에 걸쳐 빚의 노예 상태에 빠지는 끔찍한 결과에 이르렀다.

오스트리아학파의 중요한 통찰력 중 하나는 자본 할당에서의 정부 역할과 관계가 있다. 자본재를 정부가 소유하고 있다면 이 자본재가 거래되는 시장의 존립이 불가능해진다. 그래서 자본의 가장 효율적인 사용을 결정하는 시장가격이 형성되지 못하고, 정부는 수혜자의 수요를 충족하겠다는 목표 의식 없이 자본을 할당할 것이다. 정부는 거액의 자금을 제공받아 지출할 수 있기 때문에 기회비용이나 대안, 장기적인 결과 등을 거의 고려하지 않고 정치적으로 인기 있는 모든 종류의 계획을 벌일 것이다. 자유 시장에서는 자본을 창출한 사람들이 직접 자본을 할당하고, 자본을 효율적으로 사용하지 않는 사람들은 손실을 보는 구조다. 그러나 중앙 계획 경제에서는 자본 창출에 전혀 기여하지 않은 정치인들이 원하는 대로 자본을 쓸 수 있는 데다가 오판에 대한 대가도 치르지 않는다. 정부는 경제적으로 잘못된 결정을 내려도 계속 세금을 거두고 차입해서 재원을 마련할 수 있지만 민간 경제주체들은 그러한 호사를 누리지 못한다.

정부의 자본 할당은 개인의 자본 할당과는 비교할 수 없다. 정부 지출이 자본 투자와 같다는 생각이 타당하지 않은 이유는 정부 지출은 실제로 투자라기보다 소비에 가깝기 때문이다. 정부와 정치인은 미래에 대한 투자보다 표심과 충성도를 매수하는 데 더 많은 돈을 쓴다. 돈만 펑펑 낭비하는 정부의 개발 계획과 모든 관계자의 과시적 소비에서 확실히 알 수 있는 점이라고는 오직 이 사실밖에 없다.

어용 대학에서 케인스주의와 사회주의를 잘못 교육받은 개발경제학자들은 그들의 계획이 실패한 원인을 대외 차입과 세계은행만 쏙 빼놓고 모든 사람과 모든 것에 돌렸다. 대신 모형과 전문용어, 개발 전략을 새롭게 바꿔 발표하고는 차관 제공과 중앙 계획을 재개하며 자신들의 기치를 밀고 나갔다. 이 반복되는 패턴은 무모하게 70년 동안 이어져, 빈곤 산업의 종사자들에게는 커다란 보람을, 그들의 무자비한 원조를 받은 힘없는 피해자들에게는 몹시 비참한 결과를 안겼다. 빈곤 산업은 실패 원인을 판단하고 해결책을 결론지을 때 항상 그들이 자기네끼리 깊은 인상을 주기 위해 사용하는 무의미한 미사여구(예: '더 많은 당사자의 참여가 필요하다', '이해관계자의 참여 방식이 개선되어야 한다' 등)를 들먹인다. 그 결과 그들이 내놓는 해결책은 당연히 예산과 부채의 증액과 더 적극적인 중앙 계획이다.

초창기 세대의 개발경제학자들이 계획에 실패한 후, 후대 학자들은 개발이란 더 복잡한 사회로 전환하는 것이라는 가정을 세우고는 더 복잡한 모델을 사용하기 시작했다. 이렇게 무의미한 수학적 모형으로 대거 무장한 빈곤 산업은 중앙 계획에 더욱 실천적으로 접근하는 방식으로 옮겨갔다. 그래서 소규모 개발 계획까지 세세하게 관여하고, 중요한 기반 시설을 관리하고, 빈곤 완화를 직접적인 목표로 삼았다. 그러나 결과는 전보다 딱히 좋지 않아, 1970년대가 되자 개발의 실패 사례가 산더미같이 쌓였다. 그러면 또 빈곤 산업 내에서 수많은 자체 평가를 반복하고, 정부의 통제와 중앙 집중화된 경제 계획이 더욱 기승을 부리게 되었다. 급기야 '종속 이론dependency school' 접근법이 등장하고 대중화되어 정부 중심의 중앙 계획 경제가 훨씬 더 널리 퍼졌다. 여기에 미국 정부의 금태환 중지 결정으로 글로벌 연화까지 가세한 결과, 케인스주의자와 마르크스주의자들로 구성된 정부와 국제 관료들의 합작품은 훗날 재앙으로 판명되었다.

전 세계의 은행들은 유동성이 넘쳐서 신규 대출 고객을 찾았고, 각국 정부는 자신들의 끔찍한 계획을 실행하기 위해 끝없이 자금이 필요할 수밖에 없었다. 빈곤 산업은 이 둘 사이의 중개인 역할을 하게 됐으니 더할 나위 없이 흡족했다. 그리고 1970년대에 금리가 계속 하락하면서 막대한 부채의 덫에 빠진 개발도상국이 점점 많아졌다.

1970년대 말 무렵 미국 연준의 케인스주의자들에 의해 촉발된 인플레이션 압력이 격렬히 고조되더니, 점점 물가는 천정부지로 치솟고 투기 과열 양상이 나타났다. 전 세계의 자산 보유자들은 인플레이션으로 가치가 떨어진 법화를 헐값에 매도하고 금에 투자하기 시작했다. 금값은 1971년 온스당 38달러에서 1980년 800달러로 껑충 뛰었고, 미국 정부는 달러 가치가 버틸 수 있을지 심각하게 우려하기 시작했다.

달러 가치가 위태로워지자 지미 카터 미국 대통령은 1979년 7월 경제학자 폴 볼커를 제12대 연준 의장으로 지명했다. 볼커는 즉시 통화 긴축에 들어가고 금리를 인상해 달러 가치를 방어하는 일에 착수했는데, 이는 전 세계적으로 막대한 영향을 끼쳤다. 그동안 타국 정부들은 부채 부담이 지속 불가능하긴 해도 저금리 덕분에 감당은 할 수 있었는데, 이제는 갑자기 이자 부담이 커져서 부채를 상환할 수 없게 된 것이다. 1980년대는 제3세계의 부채 위기로 얼룩진 10년이 될 터였다.

제3세계 중앙은행들의 외환보유고가 정부 부채를 충당하지 못할 만큼 고갈되면, 앞서 설명했듯 국제수지 악화가 한 정권의 도산으로 그쳐야 할 문제를 전 국민의 재앙으로 확대한다. 전형적인 금본위제하에서는 정부가 파산해도 국민들이 비교적 정상적으로 생활할 수 있었다. 대신 왕이나 정부가 부채에 개인적으로 책임을 져야 한다고 간주되어 토지나 재산을 매각하거나 채권국에 통치권을 내줘야 했다. 그러나 통화 민족주의하에서 부채 상환 문제에 직면한 왕이나 정부가 가장 먼저 할 법한 일은 중앙은행에 의존해 국내의 거의 모든 자본을 독점적으로 통제해 국고로 변통하는 것이다. 그 방법은 물론 다양한 형태를 띨 수 있으나, 모두 20세기 국민들이 좋아하는 도둑정치kleptocratic 정권에 의해 시도되었다는 공통점이 있다. 가장 간단한 방법은 정부가 국채를 더 많이 발행하고 중앙은행이 매수하게 하는 것이다. 그러면 자국 통화량이 증가해 화폐가치가 떨어진다. 이처럼 인플레이션은 빈곤국에 부과된 부채 부담과 중앙 계획의 첫 번째 결과이자 가장 피할 수 없는 결과일 뿐이다. 이후 정부가 이 인플레이션에 맞서려고 노력할수록 훨씬 끔찍한 결과가 뒤따른다.

정부가 고정 환율제로 환율을 방어하려 하면 사람들이 자국 통화를 글로벌 기축통화로 교환하면서 외환보유고가 바닥날 것이다. 그래서 외환보유고의 출혈을 막으려다 중앙은행이 다른 기능을 희생할 테고 이는 치명적인 결과를 초래할 수 있다. 결국 외화 유출을 막기 위해 무역을 제한하기 시작할 것이다. 또 자본 유출을 강제로 막고, 은행 계좌를 동결할 수 있다. 이러한 개입은 각각 의도와 정반대의 결과를 초래할 것이다. 정부가 자본 통제를 확대할수록 이미 보유 중인 외환보유고는 지킬 수 있지만, 이후 매우 긴 시기 동안 외국 자본의 신규 유입을 억제해야만 한다. 이것은 국제수지 불균형 문제를 눈덩이처럼 더 크게 확대한다. 보호무역주의는 단기적으로 외환보유고의 손실을 막을 수 있지만 그 후 2차, 3차 효과가 경제에 매우 파괴적인 영향을 끼친다. 보호무역주의 정책은 필수재의 가격을 대폭 인상하게 하고 화폐가치에 더 강한 하방 압력을 가해 사람들이 더 많은 외화를 보유하게 만든다. 또한 이러한 정책은 국내 산업에 투입될 수입 원자재 가격의 인상을 초래하는데, 이는 가장 양질의 자본재를 대개 선진국에 의존하는 개발도상국에 특히 타격이 크다. 현지 제조업체들이 자본재를 수입하는 비용이 증가함에 따라, 세계시장에서 현지 산업의 경쟁력이 심각하게 밀려나고 수출이 감소해 결국 국제수지를 더욱 악화시킨다. 은행 계좌들을 동결하면 단기적 해결책은 되겠지만 은행 시스템에 대한 사람들의 신뢰가 무너지고 미래를 위해 저축할 의향이 훨씬 줄어들어 장기적으로는 은행에 축적되는 자본의 양이 줄어든다.

개발도상국 정부가 한번 부채의 늪에 빠지고 나면 국가 경제 전체가 무너졌다. 중앙은행이 자체 운영비를 계속 조달하는 한편 빈곤 산업의 고리대금업자들에게 부채까지 상환하느라 생산자본을 약탈했기 때문이다. 빈곤 산업의 존재 이유가 더 많은 개발 계획을 세워 대출을 늘리는 것인 만큼, 기득권 세력은 현상 유지를 해야 이득을 본다. 따라서 그들은 개발국 정부가 채무 불이행에 빠지지 않도록 조치를 취했다. 부도 위기에 처한 국가에 더 많은 액수의 차관을 지원하는 것이 '경제 개발 자금 조달'이라는 아슬아슬한 줄타기를 계속할 유일한 방법이었다.

IMF는 1980년대에 그 유명한 경제 안정화 정책과 구조 조정 프로그램으로 글로벌 최종 대부자로서 빛나는 역할을 수행했다. IMF는 채무 불이행 위기를 맞은 국가에 안정화 정책과 정책 개혁 패키지를 준수하는 조건으로 긴급 자금을 제공한다. 이러한 정책은 전 세계에 자유 시장 개혁의 일환이라고 홍보되었지만 실제로는 대부분 부채로 조달된 중앙 계획 경제의 연장선이었다.

IMF의 민영화 프로그램은 대개 소유주는 그대로 둔 채 정부 독점을 민간 독점으로 대체했을 뿐이었다. 정부들은 빈곤 산업과 체결한 부채 탕감 계약의 일환으로 자국에서 가장 중요한 자산을 매각하라는 요구를 받았다. 이들 자산에는 공기업뿐만 아니라 천연자원과 국토도 포함되었다. IMF는 통상 이를 다국적기업에 경매하고 현지 세금과 법적 규제에서 면제되도록 정부와 협상한다. IFI는 수십 년 동안 손쉬운 신용 대출로 세계를 장악한 후 1980년대를 빚 수금업자 노릇을 하며 보냈다. 그리고 자신들의 정책으로 폐허가 된 제3세계 국가의 잔해를 샅샅이 뒤져 돈이 될 만한 것은 무엇이든 다국적기업에 팔아넘겼고, 이 기업들이 현지 법률의 적용을 받지 않게 보호했다. 이러한 반反 로빈 후드식 재분배는 연화 자금으로 운영되는 조직의 역학 관계상 불가피한 결과였다.

IMF는 글로벌 법화 채굴 기업에 '자유 시장'의 탈을 씌우고는, 이러한 '자유 시장 개혁'의 일환으로 부족한 예산을 메우기 위해 더 많은 세금을 부과할 것을 권장한다. IFI가 다국적기업의 조력자 역할을 한다는 것은 예컨대 존 퍼킨스가 저서 『경제 저격수의 고백』에서 그랬듯이 좌파 비판자들이 자주 이야기해 온 사실이다.[95] 물론 퍼킨스가 폭로한 자극적인 스토리에는 일면 진실도 있지만, 물론 누락된 부분이 많다. 수십 년 동안 이러한 조직에서 일해온 퍼킨스의 비판은 한편으로는 소속 기관에서 돈을 벌고 또 한편으로는 그 기관을 흠잡는 전형적인 좌파 내부 고발자의 행태를 보인다. 그리고 나서 내리는 결론은 문제의 원인은

IFI가 자유 시장 제도를 채택한다는 점에 있으니, 더욱 중앙 집중화된 계획이 해결책이라고 한다. 내가 판단하기로는 국제 금융 기구에서 근무하는 사람 중 약 90퍼센트를 소속 기관의 '좌파 비평가'로 분류해도 될 것이다. 미국 경제학자 조지프 스티글리츠는 이러한 국제기구에서 급여를 받는 동안에도 더욱 중앙 집중화된 계획과 부채 자금 조달이 필요하다고 주장하는 등 자신이 속한 조직을 비판함으로써 이 바닥에서 유리한 경력을 쌓았다.

퍼킨스를 비롯해 많은 사람이 쓴 글을 보면 IFI가 다국적 대기업을 대신해 개발도상국과 특별 협정을 맺으며, 이로써 다국적 대기업들이 얼마나 많은 이득을 얻는지 분명히 알 수 있다. 그러나 그것은 문제의 근원이라기보다는 징후라고 봐야 한다. 미국 연준이 공급하는 엄청난 신용 한도는 IFI가 개발도상국을 휘두를 수 있도록 특별한 권한을 부여할 뿐 아니라, 개발도상국에서 사업을 하려는 다국적기업이 현지를 장악하기에 충분한 여건을 조성한다.

어용 경제학자들은 마치 나이키와 맥도날드가 제3세계가 직면한 가장 심각한 위기인 것처럼 다국적기업을 비난하는 반면, 자신들의 급여의 원천인 법화 부채가 훨씬 은밀하게 벌여놓은 참상은 전혀 의식하지 않는다. 이처럼 수박 겉핥기 식으로 사고하는 습관 때문에 그들은 다음과 같은 더 까다로운 문제가 있다는 걸 인정하지 않았다. 애초에 전 세계의 최종 대부자가 어떻게 생겨났는가? 왜 세계의 모든 정부가 빚을 져야 하는가? 중앙 계획의 역사가 총체적인 실패의 역사인데 왜 IFI가 경제 발전을 계획해야 하는가? 퍼킨스의 시각과 달리 문제는 IFI가 자유 무역이나 자본의 자유로운 이동을 허용한다는 점에 있지 않다. 오히려 그들이 무역과 투자를 중앙에서 통제하고 계획하는 바람에 채무국이 대출을 상환하기가 불가능하다는 것이다. 이러한 문제는 채무국이 채무 불이행으로 구제금융이 필요할 때 비로소 불거지는 것이 아니라, 빈곤 산업 금권 정치인들이 처음 한 국가에 발을 들여 중앙 집권식으로 경제를 계획하는 순간 이미 시작된 셈이다.

1970~1980년대에 제3세계가 채무국으로 전락한 것은 오스트리아 학파의 경기변동 이론에서 설명하는 전형적인 경기순환과 무관하지 않다. 인위적인 금리 인하는 대출을 지속 불가능한 수준까지 늘리게 하는데, 이는 그다음에 금리를 더 인하해야만 지속 가능할 뿐 금리가 정상화되는 즉시 붕괴할 것이다. 이러한 현상은 1920년대 주식시장, 1990년대 닷컴 버블, 2000년대 부동산 버블에서 관찰되었다.

빈곤 산업이 말 그대로 얼마나 처참했는지는 개발경제학 교과서를 집어 들고 제3세계의 부채 위기를 우스꽝스럽게 설명한 대목을 한 번만 읽어보면 대번에 알 수 있다. 빈곤 산업에 자금을 공급하기 위한 통화정책과 제3세계를 채무국으로 전락시킨 대출 폭격, 중앙 계획 경제 등이 문제의 원흉이건만, 이를 부정하는 개발경제학자들의 정신 승리를 보고 있노라면 대단하다는 생각밖에 안 든다. 빈곤 산업으로 개발도상국이 많은 부채를 지게 된 이유는 아랍 국가들이 1973년 아랍-이스라엘 전쟁의 여파로 유가를 인상했기 때문이다. 그 후로 은행들은 과잉 자본을 보유하게 되었고, 남아도는 자본을 대출할 대상을 찾아야 했다. 하지만 금리 인하라는 팽창적 통화정책은 비난의 대상에서 완전히 제외되었다. 미국 연준이 이와 관련해 비난을 받은 적이 있다면 지난 1980년 금리 인상 때일 뿐, 제3세계 국가들을 부채의 덫에 빠뜨린 10년 동안의 저금리에 대해서는 잠잠하게 지나갔다. 고통을 기꺼이 즐길 줄 아는 독자라면 마이클 토다로와 스티븐 스미스가 쓴『경제 발전론』의 13장을 읽으면 이러한 합리화의 적절한 예를 눈으로 직접 확인할 수 있다.[96]

빈곤 산업은 제3세계의 경제를 파괴하고 파산에 이르게 하면서 엄청나게 성장했고, 동시에 제3세계를 부채 위기에서 '구출'하면서 번성했다. 이들 조직의 직원 수와 예산은 성과 지표에 상관없이 부채 위기 전이나 후나 계속 늘어났다. IFI는 거시적 목표 달성의 실패와 각 개발 계획의 실패를 한탄하는 내부 보고서를 영원히 작성하고 있을 것이다. 그들이 끈질기게 살아남은 비결을 이해할 유일한 방법은 뭔가 있어 보이는 최신 전문용어로 치장한 그들의 명시적 목표(개발, 성장, 지속 가능성, 아동교육, 질병 퇴치 등)가 진짜 목표는 아니라는 사실을 깨닫는 것이다. 그들은 진짜 목표가 따로 있으며, 오직 그 목표를 달성했기에 계속 생존할 수 있는 것이다. IFI의 실제 목표로 첫째는 조직의 내부자들에게 유리한 경력을 제공하는 것, 둘째는 글로벌 기축통화로서 달러의 지위를 유지하는 것, 셋째는 미국 정부가 세계경제에 전례 없는 수준의 통제력을 갖게 하는 것이다. 이 세 가지 측면에서 IFI는 전부 놀라운 성공을 거두었다. 이 세 가지를 제외한 목표는 내용이 무엇이 됐든 겉치레에 불과하다.

# 인도와 중국의 이상한 성공

빈곤 산업의 영향으로 세계 극빈국의 국민들은 약탈당하고, 그 나라 정부와 기축통화를 발행하는 미국 정부는 이득을 챙겼다. IMF는 전 세계가 미국 달러 본위제를 유지하도록 함으로써 미국이 팽창적 통화정책을 계속 운영하고 인플레이션을 전 세계에 수출할 수 있도록 보장한다. 세계 통화 체제의 중심에서 벌어지는 거대한 절도 행각을 알아야만 개발도상국들이 처한 곤경을 이해할 수 있다. 그러나 어용 경제학자들은 이 실상이 세상에 알려지면 자신들의 급여와 제3세계를 지배할 가능성이 불안정해지므로 이에 대해 완전히 침묵한다.

빈곤 산업이 상대국에 대내적으로 끼친 주된 영향은 정부가 더 많은 부채를 떠맡게 하고 금융자본과 인적 자본의 흐름을 방해했다는 점이다. 자유 시장에서라면 기업과 개인이 각자 생산한 결과에 따라 보상을 얻고 그중 특히 성공한 사람이 더 많은 자본을 가져간다. 그러면 다른 생산자들은 그 결과를 보고 수요에 맞춰 생산하기 위한 의사 결정을 내릴 것이다. 그러나 대신 평균적인 제3세계 정부는 생산 인구의 부를 몰수하고, 지식도 책임도 없는 빈곤 산업의 중앙 계획가와 그들의 부하 직원들에게 자본을 넘겨준다.

빈곤 산업에는 (특유의 중앙 계획 때문에) 자유 시장이 존재하지 않으므로 결국 빈곤 산업 자체가 개발도상국에서 가장 수익성 있는 고용주가 된다. 그래서 개발도상국에서는 가장 뛰어난 인재들이 생산적으로 일하고 동료 시민에게 봉사하려고 하기보다 빈곤 산업에 매력을 느껴 이 분야에 취업한다. 결국 그들은 요식행위에 불과한 온갖 서류와 보고서를 작성하고 아무도 읽지 않는 논문을 쓰기 위해 연구에 매진함으로써 빈곤 사업에 자금 유입이 끊이지 않도록 돕는다.

그들은 빈곤국의 시장경제를 파괴하고 중앙 계획 경제라는 실패한 제도로 끌어들이는 것도 모자라 거액의 부채를 짊어지게 해 이미 실패한 정책을 포기하지 않고 질질 끌기도 한다. 이는 기부국 정부가 상대 빈곤국에 내정간섭을 할 수 있는 편리하고도 훌륭한 구실이 된다. 최종 결과는 제3세계가 중앙 계획 경제로 전환하는 데 그치지 않는다. 나아가 현지인이 아닌 외국인에게 이 모든 이득이 돌아가게 된다. 제3세계의 모든 약탈적 정치인을 구제해 주는 빈곤 산업이 없었다면 인플레이션과 경기 침체의 끝없는 반복도 일어나지 않았을 것이다. 반대로 위기를 자초한 정부가 완전히 망해서 나라가 새출발을 하는 데는 이 두 위기 중 하나만 겪어도 족하다. IFI가 끝없이 제공하는 대출에 약탈적 정치인들이 만성적으로 의존하지 않았다면 얼른 파산해서 더욱 책임감 있게 행동하고 세수입 이하로만 지출하는 정부로 교체되었을 것이다. 초인플레이션을 한번 호되게 겪어서 현 정권을 무너뜨리고 통화 지식에 정통한 정권으로 교체하는 편이 IMF가 조장하는 지속적으로 높은 인플레이션, 재정 위기, 자본 통제, 보호주의, 중앙 계획이라는 영원한 고난에 시달리는 결과보다 훨씬 낫다.

빈곤국의 화폐가치는 자국 정부가 자체적으로 일으키는 인플레이션과 기축통화인 미국 달러의 인플레이션 양쪽에서 시달리며 붕괴하고 있다. 국민들은 국내외에서 자행되는 중앙 집권식 통화정책으로 고통받는다. 또한 외국인 중앙 계획가의 개입으로 현지 시장도 왜곡되고 있다. 국내에서 가장 똑똑한 인재들은 가치 있는 것을 생산하기보다 빈곤 산업으로 경력을 쌓으려는 유혹에 넘어가기 쉽다. 이 책의 주제가 빈곤국을 가난하게 만든 책임이 빈곤 산업에 있다고 주장하려는 것은 아니지만, 그래도 빈곤 산업이 빈곤국의 경제와 정치 제도를 교란하고 파괴해 온 모든 방식을 봤을 때, 빈곤 산업이 개발도상국의 발전, 성장, 빈곤 퇴치를 방해하지 않았다고 주장하기도 어렵다. 요약하자면, 문어발처럼 거대한 빈곤 산업이라는 관료제는 자신들이 명시한 목표와 정반대의 성과를 달성했다.

개발 산업 내에서는 개발이 어떻게 일어날 수 있느냐는 문제를 불가사의에 가깝게 여긴다. 이쯤 되면 우리는 그 질문의 간단한 정답을 알고도 남지만, 오늘날 국제기구에서 발간하는 보고서를 보면 진부한 정치적 올바름의 어법을 구사하며 구체적인 내용은 없이 무의미한 궤변만 잔뜩 늘어놓고 있다. 사실 그들은 어떤 의미로도 본연의 임무에 성공했다고 주장할 수 없다. 그렇기는 하지만 세계는 꾸준히 가난, 절대 빈곤, 문맹, 여러 가지 질병을 퇴치하고 생활수준을 제법 개선했다.

개발 기구들이 이러한 사회 개선을 어떻게든 다행으로 여기리라고 말한다면 이는 기구의 소속 경제학자들조차 진지하게 받아들이지 않는 거짓말이다. 지난 70년 동안 경제 발전의 역사를 살펴보면 경제 발전이 불가사의한 것이 아니라 경제학의 기본 원칙에 딱 들어맞는다는 것을 아주 분명히 알 수 있다. 개발도상국뿐 아니라 전 세계를 봐도 재산권, 자유 시장, 비교적 개방된 국제무역을 허용한 사회가 빈곤을 가장 효과적으로 퇴치하고 번영했다. 19세기 산업 기술이 20세기에 전 세계로 확산함에 따라, 정부의 각종 제한과 규제 속에서도 생활수준은 늘 그랬 듯이 향상했다. 현대의 통신 기술이 전 세계적으로 확산하자 사람들은 시장에 적응하고 기술을 배우고 생산성을 크게 향상할 수 있었다.

경제성장과 변혁을 보여주는 가장 중요한 사례는 사회주의 체제를 탈피하고 더욱 시장 친화적인 정치 제도로 전환한 국가들에서 찾아볼 수 있다. 중국이 가장 대표적인 예다. 1970년대에 중국은 사유재산이 거의 없었고 거의 완전한 중앙 계획 경제였다. 그러다 중국 공산당의 창시자인 마오쩌둥이 사망한 후 점차 시장경제로 이행했고 생활수준 이 비약적으로 향상했다. 극도의 빈곤은 불과 40년 만에 완전히 사라 지다시피 했다. 1980년대 들어 인도는 영국에서 교육을 받은 페이비언 사회주의자의 통치에서 탈피하기 시작한 후, 세계 최빈곤층의 다수를 차지하던 자국민의 생활수준을 크게 향상시켰다. 양국 모두 세계은행 이나 IMF에서 거액의 대출을 받은 적은 없다. 게다가 오늘날에도 여전 히 빈곤에 시달리는 아프리카와 라틴아메리카와 달리, 정부가 주도해 서 추진한 개발 계획도 별로 없었다.

아프리카와 라틴아메리카 국가 중 상당한 기간에 걸쳐 성공적으로 경제성장을 이룩한 미개발 국가의 사례는 보츠와나와 칠레 두 곳뿐인 데, 둘 다 각 대륙에서 가장 자유로운 시장경제를 채택하고 있다. 반면 에 정부가 막대한 차관을 들여와 중앙 집중식으로 경제를 계획하면 언 제나 경제적 재앙과 초인플레이션으로 귀결되었다.

빈곤 산업에서 '자리' 하나 차지해서 생계를 유지하는 개발경제학자들 사이에서 인도와 중국의 성공은 정부가 계획을 세우고 경제에 적극적으로 개입해 훌륭한 성과를 이룩한 증거로 여겨진다. 그러나 빈곤 산업에서 급여를 받는 사람이 아니고서야 경제성장의 진정한 동인은 정부 개입을 대폭 축소하는 것임을 분명히 알 수 있다. 또한 국가의 역할과 빈곤 산업을 더욱 제한해야 더 빠른 성장과 발전을 가져올 것이라는 점도 확실하다. 중국과 인도의 관료와 정치인들이 시행한 정책이 경제 발전에 도움이 된 것은 그 정책들이 좋아서가 아니라 워낙 국가통제주의적 성격이 강했던 과거 정책보다 한결 덜 끔찍해졌기 때문이다.

경제 발전의 달성은 불가사의한 일이 아니다. 단지 평화, 건전화폐, 그리고 일하고 재산을 소유하고 자본을 축적하고 자유롭게 거래할 개인의 자유가 있으면 된다. 진짜 불가사의한 것은 국제 금융 기구로부터 거액의 대출을 받으면서 어떻게 중앙에서 경제 발전을 계획할 것이냐다. 이것이 결국 개발경제학자들이 갈팡질팡하는 이유다. 그들의 임무는 빈곤을 종식하거나 발전을 도모하는 것이 아니라 자기 경력을 쌓고 일자리를 지키기 위해 전 세계의 법화 통화 체제를 유지하는 것이다.

# 3부

# 최후의
# 질서

"붕괴 후 우리가 마주할
부의 미래는 어떤 모습일까?"

The Fiat Standard

11장

법화의 비용편익 분석

법화는 모든 국내 및 국제 정치를
이판사판의 승부로 만들고,
승부에서 이기면 국내 또는
전 세계의 모든 경제가치를 사실상
통제할 수 있는 권한이 상으로 주어진다.

앞서 10장까지는 글로벌 통화 운영체제로서 법화를 배치하는 메커니즘과 그 결과를 개략적으로 살펴봤다. 이 장에서는 이 기술의 비용과 편익을 설명하고자 한다.

비트코인 네트워크의 보안 비용은 채굴자가 선불로 부담한다. 그러나 법화 네트워크의 운영 및 보안 비용은 선불로 부담하는 소액의 직접 비용이 아니라 마치 본드 흡입에 따르는 비용처럼 값비싸고 장기적인 여파를 미친다. 법화 통화 체제를 운영하는 데 필요한 물리적 인프라와 에너지 비용은 법화 통화 기술을 채택한 결과로 경제, 정치, 사회, 영양, 문명에 초래된 비용에 비하면 아무것도 아니다. 이러한 비용의 대부분은 평가와 계산이 힘들 정도로 막대하다. 그러나 그중 일부를 근삿값으로 구하면 법화로 사회가 입은 피해의 정도를 짐작할 수 있다.

법화가 인류에게 제공하는 편익은 결제 단계에서 금 수송비를 절약할 수 있다는 것이다. 이에 반해 비용은 가늠이 안 될 정도로 막대하다. 법화의 비용은 크게 네 가지로 분류할 수 있다. 첫째, 인플레이션으로 인해 화폐 보유자의 부가 파괴된다. 둘째, 경제적 계산을 가능하게 하는 화폐의 기능이 유명무실해진다. 셋째, 경제와 사회를 형성하는 과정에서 정부의 권한이 커진다. 넷째, 사회 갈등이 빈번해지고 그에 따른 비용이 증가한다.

## 법화의 비용편익 분석

법화의 편익은 실물 금을 운송하지 않아도 된다는 점에서 주로 수송비 절감의 측면에 있다. 실물 금을 청산, 결제, 검증하는 비용은 5장에서 논의했듯이 액면가의 0.05~0.5퍼센트 범위다. 오늘날 우리가 금본위제에 기반한 세상에 살고 있다면 거래가 얼마나 활발히 이루어지고 액면가가 얼마나 되었을지 가늠하기 어렵다. 실물 금의 이동을 수반하지 않는 현행 '세컨드레이어' 거래와 비교해 결제 완결성 수준이 어느 정도까지 가능할지는 안 겪어봤으니 모르는 일이다. 그래도 금 거래의 최종 결제 시점에서 액면가가 전 세계 부의 10퍼센트라고 추정하면 이 값이 법화의 편익으로 절대 상한치가 될 것이다.

이 추정치를 기준으로 금 결제의 최대 비용을 거래 비용의 0.5퍼센트로 치면, 전 세계 부의 0.05퍼센트에 해당할 것이다. 오늘날 경제에서 금본위제로 운영되었을 시 실제 비용을 추정하기는 매우 어렵지만 우리는 이 0.5퍼센트를 절대적 상한선으로 생각할 수 있겠다. 금 거래는 현재에도 계속되고 있으므로 법화가 이 비용을 완전히 없애지는 못해도, 상당히 감소시키는 것은 사실이다. 그러나 법화가 초래하는 비용은 액수도, 실질적인 의미도 훨씬 크다.

### 1. 인플레이션

가장 명백한 첫 번째 비용은 국가 통화의 평가절하로 부가 소멸한다는 것이다. 모든 국가의 법화는 탄생한 이래 거의 매년 실질 가치가 평가절하되어 왔다. 그래서 보유자의 부가 지속적으로 침식되었다. 비트코인이 충분히 증명하듯이, 경제활동의 규모나 사용자 기반이 확대된다고 해서 사용되는 토큰의 공급량을 늘려야 할 이유는 없다. 그러나 정부의 신용화폐는 공급량이 꾸준히 확대되고 있고, 그 결과 가치는 갈수록 하락하고 있다.

소비자 물가 상승률을 측정하는 것은 3장과 7장에서 이유를 설명했듯, 법화가 낭비되는 정도를 측정하기에 부적합하다. 정부 통계에 의존하면 명백하고 심각하기 그지없는 문제가 생긴다. 정부는 수치를 손보고자 하는 동기가 매우 강하고, 관료들은 통계를 생성할 때 속임수를 쓰는 고질병이 있다. 게다가 소비자 물가의 변동은 법화의 가치 하락, 그리고 생산성 향상으로 인한 상품 가격의 하락이 복잡하게 얽힌 결과다. 통화 인플레이션이 없을 때 물가가 하락했다면 그 원인은 생산성 향상일 것이다. 그러나 통화 인플레이션으로 인한 물가 상승은 생산성 향상보다 통화량 증가의 영향이 더 크다는 의미다. 그래서 소비자 물가 상승률로는 법화가 초래하는 낭비의 정도를 측정할 수 없다. 그래서 낭비의 정도를 측정할 훨씬 더 나은 대리 지표는 통화량 증가율이다. 통화량 증가율은 수치가 높으면 좋을 이유가 없는 데다가 보유자의 재산 가치를 완전히 증발시키기 때문이다.

1915년 미국의 집값은 평균 3500달러였고, 2021년에는 26만 9039달러였다. 107년 동안 복리 계산으로 연 4.18퍼센트씩 상승한 셈이다. 법화 본위제가 1914년에 통화량을 고정하고 대신 물가가 매년 2퍼센트씩 하락했다면 오늘날 미국의 평균 집값은 411달러가 되었을 것이다. 달러 공급량이 훨씬 적었다면 물가는 현재 수준보다 훨씬 낮았을 테니 말이다. 물론 소비자 입장에서 소득 가치도 훨씬 줄겠지만, 재화 가격이 하락하면 시간이 지날수록 구매력이 좋아지므로 저축한 돈으로 해마다 더 많은 재화를 구매할 수 있다. 1915년 당시 여러분 증조부모 세대에게 411달러는 집값의 12퍼센트에 해당했다. 그러나 그 돈을 간직했다가 여러분에게 물려줬다면, 오늘날 여러분은 집 한 채를 살 수 있다. 여러분의 증조부모에게 목돈이 오늘날에는 여러분의 생계비로 충분할 것이다. 물가가 하락하는 세계에서는 이것이 사람들에게 미래를 위해 저축해야 할 강력한 동기를 부여할 것이다. 인류가 법화의 인플레이션으로 고통받지 않았다면 지금쯤 생활수준이 얼마나 향상했을지는 오직 상상에 맡기겠다.

세계은행 데이터에 따르면 1965~2020년 주요 국가에서 통화 공급에 따른 연평균 물가 상승률은 스위스가 6.67퍼센트, 미국이 7.44퍼센트, 일본이 9.76퍼센트, 영국이 10.87퍼센트, 중국이 20.33퍼센트다.

유로 지역은 세계은행 데이터에 나타나 있지 않지만, OECD에서 구한 결과에 따르면 평균 7.79퍼센트다. 세계은행 데이터상 나머지 모든 국가를 합쳐 구한 단순 평균은 30.10퍼센트다. 하지만 주요국 통화에 훨씬 큰 경제가치가 집중되어 있기에, 이를 반영한 값이 가중평균 물가 상승률이다. 가중평균 물가 상승률을 계산하면 평균적인 법화 사용자가 통화량 증가 때문에 매년 13.72퍼센트의 인플레이션을 경험했다고 추정할 수 있다.[97] 공급량이 고정된 경화를 보유할 때와 비교할 때, 평균적인 법화 사용자는 예금계좌에 저장된 부의 가치가 연간 약 14퍼센트 절하되는 셈이다.

2019년에 전 세계의 총 통화 공급량은 약 95조 달러였고, 총 자산은 약 360조 달러였다. 이는 법화가 인류 부의 약 26.3퍼센트를 새로 찍어냈다는 의미다. 그 돈이 13.72퍼센트로 절하되면 사람들은 연평균 약 3.6퍼센트씩 손실을 보게 되는데, 이유는 화폐가치를 좀먹는 법화 인플레이션 때문이다. 평균적인 추세가 유지된다면 법화 인플레이션으로 내년에 파괴되는 가치는 약 15조 달러에 달할 것으로 예상할 수 있다.

여기에서 마치 세금처럼 작용하는 법화의 비용이 인류에 미치는 극도로 퇴행적인 영향을 눈여겨볼 필요가 있다. 세계의 빈곤층은 세계 기축통화국보다 통화 인플레이션이 높은 국가에 주로 분포되어 있다. 게다가 그들은 대부분의 재산을 금융자산이 아니라 현금으로 보유하고 있다. 반면에 세계에서 손꼽히는 부자들은 법화가 아닌 주식과 채권 등의 형태로 세계 부의 대부분인 75퍼센트를 들고 있다. 부유층은 절대적 금액 면에서 빈곤층보다 더 많은 유동자산을 소유하지만, 자신의 전 재산에서 유동자산이 차지하는 비중은 적은 편이고 재산이 증가할수록 더 적어진다. 반면에 빈곤층은 얼마 안 되는 재산의 대부분이 법화 유동자산에 집중되어 있어 인플레이션으로 인한 커다란 대가를 계속 치르고 있다.

불평등의 폐해에 관해 많은 글이 쏟아지고 있지만, 방금 설명한 세계의 빈곤층에게 가해지는 매우 명백하고 참혹한 경제적 형벌을 지적하는 글은 거의 없다. 중앙정부는 더 나은 삶을 살고자 하는 빈곤층의 소박한 희망을 계속 평가절하하고 가치를 떨어뜨린다. 동시에 이 인플레이션이라는 역진적 세금은 가치가 나날이 떨어지는 법화를 거액으로 대출받을 수 있고 경질자산을 보유해 스스로 보호할 수 있는 부유층에게 유리하다. 여기서 충분히 예상할 수 있듯이, 불평등에 집착하는 경제 전문가, 경제학자, 활동가, 정치인 대부분은 법화 지원금으로 운영되는 공공기관에 소속되어 있다. 따라서 그들의 급여를 지탱하게 해주는 인플레이션과 그 인플레이션의 비용을 부담하는 빈곤층 사이의 명백한 연관성을 이해하지 못한다. 한편 비트코인은 인플레이션으로 재산이 증발하는 일이 없기 때문에 법화보다 훨씬 효율적이다. 비트코인 보유자는 스스로 공급량을 검증할 수 있다. 또한 가치 절하의 원인인 공급량 증가를 봐도 현재 연 증가율이 2퍼센트 미만인 데다가, 이는 4년마다 절반으로 줄어들어 종국에는 0이 된다.

## 2. 경제적 왜곡

법화의 두 번째 비용은 각국이 정부 화폐를 주고받는 부분 물물교환
식 글로벌 통화 체제가 경제에 미치는 팽창적, 이차적 효과, 그리고 그
로 인해 세계경제가 왜곡되어 발생하는 막대한 비용이라고 볼 수 있다.
6장에서 화폐와 시간선호 간의 관계를 설명했듯이, 화폐가치의 하락
은 사람들의 의사 결정 과정에서 장기적 사고를 방해하고 단기적 사고
에 치중하게끔 부추긴다. 그 결과 저축이 줄어들고 부채가 늘어난다.
한 세기에 걸쳐 정부가 조작한 시간선호가 인류에게 미친 엄청난 영향
을 계량화하기는 거의 불가능하다. 각 개인의 인생에서 가장 중요한 경
제적 계산이 필요한 미래의 자신과의 거래를 중앙 계획 경제가 얼마나
왜곡하는지도 계량화하기 어렵다. 가치의 안전한 저장 수단이 지금까
지 존속해 모든 사람이 미래의 자신을 부양할 수 있었더라면 세상이 어
떻게 달라져 있을지 모른다. 아마 사람들이 더 장기적으로 사고하는 대
신, 단기주의와 충동성은 덜했을 것이다. 기술 발전, 자본축적, 그 외
여러 사회문제에 끼쳤을 영향은 그저 상상만 할 수 있을 뿐이다. 전작에
서는 화폐 조작이 자본 가격의 왜곡, 잘못된 투자, 도산, 경기 침체, 막
대한 자본 파괴를 유발한 후 그 불가피한 결과로 경기순환이 나타나는
과정을 자세히 설명했다. 가령 2008년 금융 위기가 초래한 미국인 1인
당 평생 소득 손실액은 7만 달러, 전국적으로는 약 21조 달러에 달한다
고 추산된다.[98]

팽창적 통화 체제의 또 다른 이차적 효과는 실제로 손실을 일으키는
투자가 투자자에게는 수익성이 있는 것처럼 잘못 비칠 수 있어서 자본

유입을 유도한다는 것이다. 명목 수익률로 보면 투자자에게 좋은 투자처럼 보여도, 사실 투자 시점과 수익 실현 시점 사이에 화폐가치가 절하되면서 실질 수익률 기준으로 손해 보는 투자로 판명되기도 한다. 화폐가치가 X퍼센트만큼 떨어질 것으로 예상되는 상황에서 명목 수익률이 X퍼센트보다 적은 모든 사업은 겉으로만 수익성이 있어 보일 뿐 결국 사회 자본의 순유출을 초래한다. 인플레이션은 개인이 가치 있는 구매나 투자 대상을 찾을 수 없는 경우에도 소비와 투자를 강력히 부추기고는 곧 화폐가치를 얼음 녹이듯 떨어뜨린다. 화폐가치가 유지되기 어려운 통화 체제에서는 소모적인 지출과 투자가 나타날 수밖에 없다. 이런 식으로 낭비되는 자본의 비용은 계산할 수 없을 정도다. 자본 소유자가 자본을 순식간에 써버리지 않아도 되었다면 지금쯤 얼마나 더 많은 자본축적과 혁신을 이룩했을지 알 길이 없으니 말이다.

또한 세계의 통화는 유일하게 보편적인 교환의 매개체이던 금에서 시간적, 공간적 판매성이 제한된 수백 가지의 정부 토큰으로 쪼개졌다. 이는 인류의 화폐 기술에서 엄청난 퇴행이었다. 그 결과를 한스 헤르만 호페는 전 세계의 부분 물물교환 시스템이라고 일컬었다. 외환시장은 국경 넘어 물물교환에 참여하는 사람들이 부담하는 거래 수수료에 과도한 비용을 발생시키기도 하지만, 경제적 계산의 측면에서 기업가들에게 훨씬 더 큰 비용을 초래한다. 그들은 생업 외에도 단지 투입과 산출의 비용을 파악하기 위해 거시경제와 통화정책을 분석하는 데 시간을 할애해야 하기 때문이다. 그 비용도 만만찮게 헤아릴 수 없다.

### 3. 정부 실책

법화 옹호론자들은 앞에서 논의한 화폐가치절하의 비용이 전적으로 비용은 아니라고 주장할 것이다. 그들은 가치 절하 덕분에 정부, 그리고 그들의 파트너인 캔틸런 효과 수혜자들이 재정지출을 할 수 있으므로 꼭 낭비라고만 볼 수는 없다고 주장한다. 나는 그 반대를 주장하려 한다. 민간 지출과 달리 정부 지출은 본질적으로 왜곡과 낭비가 심해서 잘못된 자원 배분을 유발한다. 지출은 그 자체로 비용이다. 그리고 지금까지 2부에서 설명한 재앙을 초래하는 원흉이라는 점에서 화폐가치의 절하와는 무관하다. 7장에서 논의한 식량 생산과 식생활에 대한 정부의 개입이 경화 체제에서라면 어느 정도였을지 상상하기 어렵다. 과학적인 과정이 오늘날처럼 내용 없는 논문을 양산하기 위한 부패한 카르텔로 전락할 수 없었을 것이다. 이는 8장에서 논의한 바와 같이 정부 지출이 시장의 전체 구조와 인센티브를 왜곡했기 때문에 가능했다. 인플레이션과 에너지 시장에 대한 정부 개입이 없는 자유 시장에서라면 최근 같은 에너지 가격 상승이 초래되었을지, 그리고 수십 년 전에 이미 안정적인 전력망을 확립한 지역에서 전력망의 안정성이 감소하는 결과가 벌어졌을지 의문스럽다.


### 4. 갈등

법화의 가장 크고 파괴적인 비용은 전 세계의 장부에 대한 합의를 이끌어내기 위해 사용하는 메커니즘, 즉 폭력에 있다. 화폐로서 금의 역할은 물리적, 화학적 특성상 보장되고 진위 검증이 가능하지만, 법화는 발권력이 있는 중앙은행과 정부의 권한에 전적으로 근거한다. 법화는 화폐 토큰의 발행과 청산에 대한 독점권을 확립함으로써 모든 화폐 기초 자산을 중앙 노드에 의해 임의로 할당되거나 제거된 가상 토큰으로 변환한다. 어떤 거래든 취소할 수 있고 어떤 잔액이든 몰수할 수 있다. 이 토큰은 순전히 법화에 의해 엄청난 액수의 돈을 마법처럼 뚝딱 만들어낼 수 있다. 은행 시스템의 모든 가치와 신뢰는 정치적으로 결정된다. 법화는 모든 국내 및 국제 정치를 이판사판의 승부로 만들고, 승부에서 이기면 국내 또는 전 세계의 모든 경제가치를 사실상 통제할 수 있는 권한이 상으로 주어진다. 또한 정부는 인구 전체의 부를 끌어다 쓰며 그들에게 전쟁 비용을 쉽게 부과할 수 있으므로 군사 분쟁에 관여하고 분쟁을 질질 끄는 경향도 있다.

금본위제하에서 정부는 금이 고갈되고 더 이상 국민에게서 세금을 징수할 수 없을 때까지 전쟁을 이어갔다. 즉, 국민이 보유한 모든 돈의 가치로 전쟁 자금을 충당할 수 있는 상한선까지 전쟁을 계속할 수 있었다. 론 폴 전 미국 하원의원이 설명했듯이, 중앙은행이 설립된 후 지난 한 세기가 대규모 전쟁으로 얼룩진 한 세기였다는 것은 우연이 아니다. 정치학자 루돌프 러멜은 20세기 동안 정부들의 손에 살해된 인구가 1억 6900만 명에 달한다고 추정한다. 이 정부들은 모두 법화의 극단적 킬러앱, 즉 무제한의 재정지출 덕분에 이러한 잔학 행위를 수행할 수 있었다. 두 차례의 세계대전을 비롯해 수십 차례의 전쟁과 대량 학살은 전 세계에 유례없는 공포를 드리웠다. 사망자의 희생과 유족들의 고통은 비용이라는 가시적 기준으로 계산할 수도 없다.

법화의 작업 증명은 불복종하는 반대 세력을 탄압하고 예속시키기 위한 물리력의 사용에 의존한다. 법화의 정신은 한마디로 '힘이 곧 정의Might makes right'라는 것이다. 즉, 힘 있는 자에게 가장 큰 보상을 제공한다. 사회 전체를 하나의 장부로 놓고, 힘 있는 사람들에게 점점 더 많이 보상하며, 사람들이 생산적인 경제활동보다 권력 경쟁에 뛰어들도록 부추긴다. 화폐 발권력을 쥔 상태에서 결제 시스템을 운영하면 굉장한 특혜를 누릴 수 있다. 이 특혜와 아주 가까이에 있는 사람들은 소중한 자원을 쉽게 얻는 만큼 쉽게 소비하기 마련이다. 법화는 비용을 발생시킬 수단으로 폭력과 힘을 동원한다. 결국 화폐 발권력을 장악한 정부로부터 아무것도 얻지 못하는 사람들이 거의 전적으로 비용 부담을 떠안는 등 막대한 인적 피해가 발생한다.

# 12장

그 누구도
빚을 지지 않는 세상

비트코인은 전 세계에
부채의 해방이라는
선물을 선사할 것이다.

앞에서 비트코인의 시간적 판매성을 탐구하는 데 중점을 두었다면, 이 장에서는 공간적 판매성 측면에서 비트코인이 법화나 금과 어떻게 다른지 설명하고자 한다. 비트코인은 미래의 부채 부담이 없는 현물 성질을 띠며, 세계 여러 국가에서 고민거리인 부채의 화폐화와 만연하는 재정 적자의 탈출구 역할을 할 가능성이 크다. 비트코인은 법화와 달리 중앙 당국의 명령이나 규제가 필요 없다. 그래서 국가와 별개로 존립할 수 있는 화폐다. 또한 비트코인은 한 국가가 글로벌 기축통화를 발행할 때 발생하는 여러 지정학적 문제를 무색하게 할 수 있는 중립적인 글로벌 통화다.

# 공간을 초월한 판매성

소비자의 대면 결제 방식은 교환의 매개체 성질이 있는 어떤 형태의 화폐로든, 두 거래자 간에 동일한 네트워크에서 즉시 이루어진다. 이러한 즉시 결제는 법화에도 이미 나타난 특징이다. 그리고 금, 은, 비트코인, 심지어 조개껍데기 등 기초 자산이 무엇이 됐든 쉽게 적용할 수 있다. 그러나 비트코인을 법화 중심의 현금 송금 시스템과 비교하는 것은 별 도움이 되지 않는다. 이러한 비교를 떠들어대는 사람들은 소비자의 대면 결제 행위와 결제 완결성 개념의 차이를 오해했을 소지가 크다. 화폐 간에 공간적 판매성을 정확히 비교하려면 자산의 '결제 완결성' 측면을 따져야만 한다.

금융기관 간에 법화 결제를 청산하려면 국내에서는 며칠, 국경 밖에서는 몇 주씩 걸린다. 이 메커니즘에서는 두 중앙은행이 비공개 장부를 통해 복잡한 과정을 거쳐 거래를 처리한다. 반면에 비트코인은 현재 투명하고 예측 가능하며 공개적인 방식으로 매일 50만 건의 '결제를 완결'하는 것으로 입증되었다. 비트코인의 결제 시스템은 10분마다 완결성을 높여가는 방식으로, 비트코인이 처음 등장한 이후 지난 12년 동안 확정된 거래 중 단 한 건도 취소된 적이 없다. 이 결제 시스템에 비견할 만한 것으로는 실물을 주고받는 금 거래밖에 없으나, 비트코인은 물질적, 물리적 형태가 없다 보니 공간적 판매성에서 금보다 크게 앞설 수 있다.

## 1. 금과 비트코인의 거래 수수료 비교

앞에서 자세히 논의했듯이 금 거래와 달리 비트코인의 거래 비용은 이동 거리나 거래 규모와 아무 상관이 없다. 이 점이 다른 통화 시스템과 비교해 비트코인의 경쟁력에 미치는 영향은 엄청나다. 생각해 보자. 비트코인 1사토시(1억분의 1 비트코인)를 옆집 이웃에게 송금하는 비용이 미국에서 중국으로 수십억 달러 상당의 10만 비트코인을 보내는 비용과 똑같다. 현재는 수수료가 1달러 미만이지만 앞으로는 크게 오르리라 예상해야 마음 편할 것이다.

그래도 역시 거래 비용은 거래 당사자 간의 거리와는 무관할 것이다. 비트코인 같은 인터넷 기반 화폐에는 물리적 거리가 중요하지 않다. 블록체인상에서 비트코인의 디지털 소유권은 지구상의 어디가 되었든 물리적 위치와 완전히 분리된다. 반면에 금 결제는 거래액이 클수록 일정 거리당 수송비가 증가한다. 또 거래 당사자 간 거리가 멀수록 거래액당 수송비도 증가한다. 이처럼 금의 판매성은 공간을 넘나들 때 거래액과 거리에 따라 감소하지만, 비트코인의 판매성은 이러한 요인의 영향에 구애받지 않는다.

이는 비트코인 수수료가 시간이 지날수록 계속 상승하고 앞으로도 상승할 이유를 이해하는 데 도움이 될 수 있다. 비트코인 거래 수수료는 소규모 거래에서는 가치의 상당 부분을 차지하겠지만 대규모 거래에서는 아주 작은 비율이다. 수수료가 1달러라면 커피 한 잔 거래에서는 거래 가치 대비 100퍼센트지만, 10억 달러 규모의 거래에서는 거래 가치 대비 0.0000001퍼센트(10억분의 1)가 된다. 10억 달러짜리 거래보다 커피 한 잔 거래를 선택하는 편이 온체인 비트코인 거래에서 수익성이 훨씬 클 것이다. 바꿔 말하면 온체인 방식의 비트코인 거래는 국내 송금보다 국제 송금에 점점 더 많이 사용될 가능성이 엿보인다. 국내 송금은 국외 송금보다 저렴해질 가능성이 크다. 국외 송금은 중앙은행 네트워크를 거치면서 송금 비용이 증가하기 때문이다. 블록 공간이 부족해질수록 거래자는 해외 거래 시 더 기꺼이 블록 공간에 비용을 지불할 것이고, 국내 거래는 점점 경쟁력에서 밀릴 것이다.

현재 기준으로 약 75만 달러 상당의 골드바 400온스(약 11.3킬로그램)를 대서양을 가로질러 수송하는 데 3000달러 정도가 소요된다. 반면 현재 비트코인 네트워크를 통해 약 75만 달러 상당의 가치를 전송하기 위한 수수료는 약 1달러다. 그러나 비트코인이 계속 성장할수록 이 수수료는 크게 오를 것으로 예상된다. 아무리 그래도 대서양을 가로지르는 금 거래 비용만큼 오르려면 아직 멀었다. 비트코인 거래 수수료가 100배 오르더라도 여전히 골드바를 실물 운송하는 비용의 3퍼센트 안팎이다. 앞으로 비트코인의 거래량이 늘어나 그 경제적 가치도 증가할 것임을 감안해서 비교하면 비트코인의 전망은 훨씬 더 밝아진다. 실물이 오가는 금은 거래량이 늘어날수록 중량이 무거워져 거래 비용이 증가하지만, 비트코인은 그렇지 않기 때문이다.

### 2. 시간 소요 비교

시간적 판매성의 측면에서 금 거래는 두 공항을 오가도록 적재하고, 대서양 상공을 비행하고, 세관을 통과하기까지 적어도 하루가 꼬박 걸린다. 비트코인 거래의 청산은 수취자가 원하는 승인 횟수에 따라 몇 시간이 걸린다. 그러나 판매성 면에서 비트코인이 금보다 뛰어난 가장 중요한 측면은 거래 검증의 용이성일 것이다. 비트코인 풀노드를 구동하려면 한번 설정하는 일회성 비용으로 약 100~700달러가 든다. 그다음에는 전력, 대역폭, 하드웨어 감가상각 등 일상적인 운영비가 적기 때문에 거의 무시해도 될 만큼 미미한 거래당 한계비용으로 모든 비트코인 결제의 유효성을 검증할 수 있다.

반대로 금 거래의 진정성을 검증하려면 훨씬 비싼 비용을 치러야 한다. 가령 수천 달러짜리 동전과 골드바의 순도를 확인할 수 있는 분광기가 필요하다. 그러나 400온스짜리 표준 골드바의 경우 그 두께로 보건대 성분을 100퍼센트 확실히 확인할 유일한 방법은 골드바를 녹여서 새 금괴로 만드는 것이다. 독일 중앙은행인 분데스방크는 2020년 연준으로부터 금을 돌려받을 때 순도를 확인하기 위해 금을 전부 녹여 새로운 골드바로 만들기도 했다.

현재 전 세계의 금 거래 시스템은 LBMA 표준 골드바를 기본 레이어로 채택하고 있다. 여기에는 모두 시리얼 넘버가 붙는다. 그리고 보관과 이동 시 관리자의 입회가 필요하다. 이 중 한 골드바의 소유자가 실물 인도를 선택하면 해당 골드바는 더 이상 LBMA의 네트워크에 속하지 않게 된다. 그때부터 소유자가 가진 골드바는 세계 어딘가로 운송하거나 더 작은 조각으로 쪼개기 위해 많은 비용을 들여야 할 커다란 벽돌이 되고 만다.

법화가 부상한 이유를 이해하는 또 다른 유용한 방법은 금 시장이 어떻게 작동하는지 자세히 살펴보는 것이다. 금 거래도 사실상 법화 같은 원리로 이루어지고 있다. 모든 시장 참가자는 그 누구도 검증하거나 간섭할 수 없는 중앙 조직을 신뢰해야 하고, 이 중앙 조직은 골드바를 평가하고 보증하기 때문이다. 이러한 LBMA 골드바는 검증에 비용이 많이 들고 다른 화폐단위로 변환하기 어렵다는 점에서 독자적인 결제 플랫폼을 갖춘 디지털 토큰과 비슷하다. 이 점은 비트코인이나 법화나 크게 다르지 않다. 특히 이 네트워크의 운영이 LBMA의 권한에 의존한다는 사실로 보자면 본질상 법화와 훨씬 흡사하다. 금이 독점적 결제 네트워크에 의존하는 법화 토큰과 점점 유사해질수록, 경화로서 금 특유의 성질은 중요성이 덜해진다. 20세기에 금이 화폐 역할을 지탱할 수 없게 된 이유는 바로 금 결제를 청산하기 위한 저렴하고 신뢰할 수 있는 자유 시장이 부재했기 때문이다.

## 3. 부채 근절 가능성

공간적 판매성이 높은 화폐일수록 제3자의 개입 없이도 더 멀리 이동할 수 있고, 은행에서 태환하는 비용이 낮아지며, 플랫폼 운영자가 공급량을 조작하기 어려워진다. 반대로 기본 토큰을 태환하고 검증하는 비용이 비쌀수록 플랫폼 운영자가 자신의 권한에 따라 화폐의 경도를 떨어뜨릴 수 있는 재량이 커진다. 금본위제에서는 거리가 멀어지는 만큼 엄청나게 불어나는 금 거래 비용 때문에 결제 방식이 중앙 집중화될 수밖에 없었다. 판매성이 높은 화폐일수록 중앙 집중식으로 관리되면 화폐 프리미엄이 감소한다. 은행 고객이 자기 예금, 즉 은행의 부채를 인출해서 직접 대외결제에 사용하기가 쉬울수록 은행은 자산을 초과해 부채를 확대하기가 어려워진다. 그렇다면 중앙 집중식 시스템이 필요가 없는 비트코인은 어디까지 자유로울 수 있을까?

비트코인을 기반으로 한 금융 중개 기관이 탄생할 가능성도 있다. 하지만 비트코인의 공간적 판매성이 뛰어나다면 수천 또는 수백만 곳의 은행 지점이 매일 국경을 넘나들며 온체인으로 결제를 완결할 정도가 되어야 한다. 금본위제에서는 수십 개국의 중앙은행이 이 역할을 담당했다. 법화 본위제에서는 형식상 200군데 좀 안 되는 중앙은행들이 있지만 실제로 거래를 검증하고 거부할 수 있는 풀노드는 하나뿐이다. 최종 결제를 수행하고 네트워크 규칙을 검증할 수 있는 주체의 수가 많을수록 네트워크는 더 분산되므로 나머지 구성원의 희생으로 한 당사자에게 이익이 쏠릴 만큼 부패할 가능성이 줄어든다.

## 화폐와 부채의 분리

화폐는 최종 거래에서 다른 현물과 교환되는 현물이어서, 미래에 판매자가 구매자의 대금 지급 의무에 구애되지 않는다. 반면에 신용은 미래에 돈을 지급하겠다는 약속이다. 신용은 현물과 교환될 수 있지만, 상품 판매자는 거래를 완료하기 위해 구매자에게 나중에 돈을 지불하도록 요구한다. 따라서 신용거래는 현물이 할인되어야만 교환을 허용하며, 이 할인율은 판매자가 구매자에게서 대금을 회수할 확률을 반영한다. 이런 리스크 때문에 현물의 신용거래는 가족 간이나 사회적 계약 관계가 형성된 사람들끼리만 가능하다. 그래야 미래에 서로 간의 반복적인 상호작용을 기대할 수 있고, 이러한 기대가 구매자에게 미래에 지불 약속을 지키도록 강권하는 역학으로 작용한다.

20세기 전반에 걸쳐 무역은 더욱 세계화되었다. 세계화가 진행될수록 각국 정부는 금본위제의 결제 플랫폼에 통제를 강화하고, 자신들의 독점적 통제력을 바탕으로 모든 은행 업무를 중앙 집중화했다. 금본위제와 그 실패 원인까지 제대로 이해하려면 금본위제에는 기본 화폐 자산인 실물 금뿐 아니라 은행과 중앙은행에서 사용하는 결제 인프라도 포함된다는 점을 알아야 한다. 금이 화폐로서 기능하려면 금을 취급할 은행이 꼭 필요했기 때문에 은행에 있는 금이 곧 은행의 신용이자 신용이 곧 금이었다. 금은 공간적 판매성이 제한적이었으므로 금의 관리인이자 결제 플랫폼 운영자로서 은행들은 부채를 화폐화하기 시작했다.

19세기 경제학자나 엔지니어라면 금을 화폐 자산으로, 금을 둘러싼 결제 인프라는 금과 독립된 세컨드레이어로 간주했을 것이다. 특히 훌륭한 경제학자나 엔지니어는 100퍼센트 금본위제 결제 시스템이 금 통화 체제를 구성하기 위한 바람직하고 합리적인 방법이라고 보았을 것이다. 그러나 20세기에 인류가 겪은 모든 사실로 보건대, 21세기의 경제학자나 엔지니어는 결제 인프라를 통화 체제에 포함된 일부로 생각할 것이다. 결제 시스템에 독점적 통제권을 행사하는 자는 필연적으로 이 통제권을 이용해 자신의 이익을 증진하게 된다. 그 방법은 보유하고 있는 금보다 더 많은 부채를 발행하는 것이다.

한낱 인간으로 구성된 은행, 정부, 중앙은행이 자신들에게 의존하는 더 많은 인구의 이익을 생각해서 행동할 것으로 예상된다면 이 경우는 금본위제 사회일 것이다. 그러나 한낱 인간으로 구성되기는 마찬가지인 은행, 정부, 중앙은행이 독점적 위치에서 재량껏 행동할 것으로 예상된다면 이곳은 금과 더불어 결제 플랫폼 자체를 화폐 자산으로 통제하는 사회일 가능성이 크다. 은행에 1온스의 금을 가지고 있든, 1온스의 금을 지급하기로 은행에서 약속하든, 둘은 차이가 없다. 은행은 둘 다 지급하지 않을 수 있다.

화폐와 신용의 융합이 워낙 확고히 자리 잡아서, 현대의 대부분 학자는 둘 사이의 실제 차이점을 무시하고 둘이 같다고 주장한다.

비트코인은 매 블록이 생성될 때마다 이 혼동을 뿌리 뽑는 실사례를 보여준다. 채굴된 모든 블록은 네트워크에 있는 모든 코인의 현재 소유권에 대한 합의를 설정하고 다음 블록에서 누가 얼마나 많은 사토시를 쓸 수 있는지 설정한다. 모든 사토시는 현물이며, 다음 블록은 항상 결제 완결을 위해 대비 태세에 들어간다. 비트코인의 소유권은 특정 블록 높이block height(맨 처음 블록부터 현재 블록까지 쌓인 높이)에서 특정 주소에 해당하는 개인키의 통제권이다. 여기에는 모호함이 있을 수 없어서 현재의 비트코인과 미래에 비트코인을 지급하겠다는 약속 사이에 혼동이 일어나지도 않는다. 개인키가 있으면 곧 비트코인이 있다는 뜻이다. 주소에 해당하는 개인키가 없다면 미래의 블록 높이에서 비트코인을 전달하겠다는 다른 사람의 약속을 받는다. 그 약속은 비트코인 네트워크에서 사용할 수 없기 때문에 현재 비트코인의 소유권보다 판매성이 낮고 불가피하게 할인될 것이다. 또한 비트코인은 공간적 판매성이 우수해서, 사용자가 비교적 저렴한 비용으로 현금화할 수 있고, 현금화한 후 비트코인이 실제로 언제든 인출할 수 있는 상태였는지 아니면 재담보로 잡혀 있었는지 확인하기 쉽다. 미래의 비트코인과 현재의 비트코인 사이의 구분이 매우 명확하고 10분마다 블록이 정리되어 무담보 부채를 발행하기가 더 어려워진다. 이를 통해 현물과 선물, 화폐와 신용을 명확하게 구분할 수 있다.

법화 본위제에서는 고객이 은행 업무나 국제 결제를 할 때 현지 중앙은행과 거래할 수밖에 없다. 따라서 중앙은행은 만기 불일치를 이용해 고객에게 현금 대신 신용 등가물을 제공할 수 있다. 국경을 넘나드는 부의 이전을 독점적으로 통제하면 중앙은행의 신용화폐는 비트코인 기반 제도에서라면 피할 수 없었을 시장 테스트의 심판을 받지 않아도 되게끔 보호된다.

비트코인은 미래의 채무가 추가되지 않는, 즉 현재 바로 사용 가능한 자산이다. 은행이 만기가 서로 불일치하는 부채를 더 이상 화폐화할 수 없게 되면 은행 시스템의 통제와 화폐 발권력 사이의 연결 고리가 끊어진다. 그러면 은행 업무는 독점적 화폐 발권이 아니라 고객에게 서비스를 제공하는 본연의 임무로 돌아갈 것이다. 정부는 더 이상 은행 업무를 통제함으로써 모든 국채를 탕감하고 인플레이션을 통해 국민들에게 부채를 떠넘길 전권을 누리지 못한다.

법화 본위제에서 부채 창출에 대한 수요는 채권이나 기타 신용 상품과 같은 부채 자산을 가치 저장의 수단으로 보유하려는 수요가 대부

분이다. 법화 자체로는 이러한 수요를 충족하기에 역부족이고 대출로
도 새로운 화폐를 생성할 수 있으므로 기왕이면 부채를 생성하고자 하
는 금전적 유인이 강하다. 비트코인은 이 문제를 놀랍도록 깔끔하게 해
결할 기술이다. 경질자산을 화폐로 통용하고, 모든 사람에게 부채 없는
가치 저장의 수단으로 자산을 보유할 기회를 제공한다. 그리고 자기 예
금을 지키기 위해 더 이상 다른 사람들의 빚을 끌어올 필요가 없게 해
준다. 경화 자산으로 저축 계좌를 보유할 수 있는 데다가, 이미 비트코
인의 작업 증명 계산도 거쳤다. 그리고 시장가치로 현금화하기 위해 미
래에 차용인의 생산물 제공이나 상환을 기다릴 필요가 없다.

비트코인은 전 세계의 부채로부터의 해방이라 볼 수 있다. 비트코
인이 계속 성장할수록 대출 수요는 약해질 것이기 때문이다. 그렇다면
지난 수십 년 동안 법화가 초래한 부채의 엄청난 증가세를 되돌릴 수
있다.

## 무정부 기술

법화는 화폐가치가 붕괴할 때까지 정부가 무제한으로 지출할 수 있
는 능력을 제공한다. 신용 창출과 함께 기존에 공급된 통화를 지속적
으로 평가절하함으로써 정부는 현재 지출에 자금을 조달하기 위해 시
민들의 미래를 계속 빼앗고 있다. 국민들이 예금계좌에 저축하는 동안,
정부는 지출 자금을 마련하기 위해 저축을 계속해서 평가절하하고 현

실을 원하는 대로 주무른다.

그러나 비트코인은 국채의 화폐화를 방지함으로써 정부 법화를 무력화한다. 무정부Antifiat 상태에서도 기능을 충실히 수행할 것이다. 그러면 법화의 광기에 휩싸인 현실 세계에 이성이 회복될 것이다. 정부가 부채를 현금화하지 않는다면 이 책의 2부에서 설명한 무시무시한 일들은 대부분 일어나지 않을 것이다. 정부가 수조 달러의 보조금과 인위적인 저금리 신용을 제공해 시장을 조작할 능력이 없어진다면 인간의 동기, 행동, 세계는 다시 경제 논리에 따라 움직일 것이다.

미국, 영국은 물론 어쩌면 세계 대부분 국가에서도 제1차 세계대전 전까지는 정부의 식습관 지침이란 게 존재하지 않았을 것이다. 정부가 개인에게 연료 선택을 강요하지도 않았다. 미국과 영국은 제1차 세계대전 이전까지 과학 분야에 공적 자금을 투입한 적이 없었다. 이 시기는 양국이 세계의 산업화와 기술 발전을 주도한 시기였다. 엔진, 전화, 자동차, 비행기를 비롯해 현대 세계에서 가장 중요한 수많은 기술은 18~19세기에 발명되었다. 대부분 정부가 아닌 개인 발명가가 스스로 혹은 다른 사람의 저축에서 자금을 마련해 이룩한 성과였다. 19세기에는 마약과의 전쟁도 없었다. 정부가 개인의 삶과 의사 결정을 세세하게 관리한다는 개념은 법화가 등장하기 전에는 어색하게 여겨졌다. 그러나 이 모든 발상을 실행에 옮기는 미치광이들이 비용도 대가도 치르지 않는 이유는 법화의 무한한 지출 능력 때문이다.

# 중립적인 글로벌 통화

세계의 빈곤층에게 비트코인이 의미 있는 이유는 10장에서 논의한 끔찍한 정치적, 경제적 계획을 무력화할 능력이 있기 때문이다. 빈곤국 국민들을 잘살게 하려면 저렴한 대규모 결제망이 필요하다고 생각하는 사람들은 나무를 보느라 숲을 놓치는 셈이다. 빈곤층에게 진정 필요한 것은 그들의 경제 발전을 종국적으로 가능하게 할, 정치적으로 중립적인 국제 통화 체제다. 비트코인이 글로벌 기본 결제망으로 성장한다면 더 저렴한 비용 이상의 훨씬 중요한 이점이 있을 것이다.

경제성장은 어떤 비밀스럽고 복잡하고 난해한 공식에 따라 일어나지 않는다. 사람들이 자본을 축적하고, 거래하고, 생산적인 혁신을 채택할 때 발생하는 매우 단순한 과정이다. 이 세 가지는 언제 어디서나 경제성장을 견인하는 3대 동력이며 오늘날의 빈곤국도 예외가 아니다. 빈곤국들은 그동안 축적한 자본이 거의 없었고, 정교한 글로벌 시장으로 거의 또는 전혀 통합되지 못했으며, 스스로 혁신하거나 다른 국가들의 혁신을 받아들이는 데도 실패했다.

그렇다면 올바른 질문은 '빈곤국이 어떻게 성장할 수 있는가?'가 아니라, '빈곤국이 자본을 축적하고, 세계시장에 통합되고, 선진 기술을 활용하지 못하게 막는 걸림돌이 무엇인가?'가 되어야 한다. 그리고 그 답은 매년 여러 개발 기구에서 발행하는 수천 편의 난해한 보고서 밖으로 눈길을 돌리면 분명하게 찾을 수 있다.

정부 정책과 통화 및 은행 체제에 대한 독점 통제는 자본축적을 가

혹하게 응징했다. 전능한 IFI가 촉발한 재정지출은 여러 세대에 걸쳐 계속 부채를 쌓아 사람들을 속박하고, 이를 상환하기 위해 세금을 요구한다. 그래서 사람들은 소득에서 일정액을 저축할 여력이 줄어든다. 이러한 부채가 정부의 중앙 계획에 자금을 조달하는 데 사용되면 생산자본의 대부분이 중앙 계획가의 손에 맡겨진다. 그동안 정부는 국제수지와 무역 흐름을 통제하는 바람에 외국인 투자, 자유무역, 기술 수입의 많은 잠재적 기회가 위협받는다.

국내적 차원에서는, IFI가 개발도상국에 부과하는 중앙 계획이 분업과 시장경제의 자연스러운 작동을 방해하고 있다. 그래서 가격 메커니즘이 파괴되고 자원이 잘못 할당된다. 또 대외적 차원에서는, 전 세계의 중상주의 관료들이 사람들의 삶에 자유무역이 얼마나 중요한지 깨닫지 못한 채 자유무역을 방해한다. 그들은 시뇨리지를 계속 누릴 수 있게 해주는 국제수지 균형을 자유무역이 위협한다고 간주한다. 게다가 설상가상으로, 꼭두각시를 조종하는 외국 정부와 IFI는 '자유무역 협정'과 특허권 보호라는 미명으로 무역을 제한하고 기술이전을 가로막는다.

세 곳의 IFI는 본질적으로 경제성장과 번영을 위한 단순한 메커니즘 세 가지를 파괴하기 위해 설립되었다. 세계은행의 중앙 계획은 분업의 원리를 망가뜨린다. IMF의 구제금융 조건은 건전화폐와 경화를 가지고 자본을 축적할 기회를 박탈한다. 마지막으로 WTO는 자유무역협정을 가장한 채 특허와 무역을 제한해 빈곤국의 기술 발전을 막고 있다.

비트코인은 20세기에 발명된 글로벌 기축통화의 철폐를 기약한다.

그렇다면 비트코인은 수십 년 동안 비극적인 '구원'의 손길을 내민 사람들로부터 세계의 빈곤층을 구할 것이다. 금본위제 시절에는 세계은행, IMF, UN(국제연합), WTO가 없었고, 비트코인 본위제에서도 이들은 존재하지 않을 공산이 크다.

정부의 국가 통화, 보호주의 정책, 자본 통제가 없다면 전 세계적으로 인재, 기술, 자본이 더 자유롭게 이동할 것이다. IMF가 세계 정부의 최악의 인플레이션 충동을 부추기는 조력자로 존재하지 않았다면 오늘날 우리가 얼마나 번영하는 세계에 살고 있을지는 상상만 할 수 있을 뿐이다. 경화 본위제에서 부패한 정부가 존재할 수 있을까? 물론 존재야 하겠지만, 그들은 국고가 바닥나고 자신들을 보필하는 부하들에게 더 이상 급여를 지급할 여유가 없게 되므로 부패의 대가를 훨씬 빨리 치를 것이다.

건강에 나쁜 습관을 끊을 수 없듯, 절대적 빈곤도 근절될 수 없다. 자발적으로든 그 외의 요인으로든, 멈출 수 없는 개인행동이 합쳐진 결과이기 때문이다. 정크푸드를 즐겨 먹는 사람들이 결국 건강에 해를 입게 되듯이, 고정소득보다 지출이 더 많은 사람은 결국 궁핍을 면치 못할 것이다. 마찬가지로 비트코인 자체가 빈곤을 종식할 힘은 없으며 자력으로 먹고살 수 없는 사람들을 구제하지도 못한다.

그러나 비트코인은 법화와 비교할 수 없을 만큼 커다란 가치를 제공한다. 바로 사람들이 자력으로 살아갈 수 있게 하는 밑바탕, 즉 경제적 자유다. 비트코인을 중심으로 구축된 세계 금융 시스템은 국제 통화 권력을 영원히 몰아내고 정상적인 자유 시장의 작동을 부활시킬 것이다.

이런 세계에서 최종 대부자의 글로벌 대출이란 있을 수 없다. 세계경제의 무역과 자본 이동을 중앙에서 계획하는 부패한 글로벌 관료제가 설자리도 없다.

3부 최후의 질서

# 13장

# 연화는 결코
# 경화를 이길 수 없다

탈중앙화는 비트코인의
유일무이한 가치이므로
풀노드의 수를 줄여서까지
비트코인의 거래 처리 용량을
늘릴 필요는 없다.

컨설팅사 캡제미니와 프랑스 금융그룹 BNP 파리바의 「2020년 세계 결제 보고서World Payments Report 2020」에 따르면 2019년 전 세계적으로 7085억 건의 비현금 거래가 발생했다(일평균 약 19억 4000만 건).[99] 또한 보고서는 이러한 추세가 계속되어 2023년까지 비현금 거래가 연간 1조 1000억 건, 하루 평균 약 30억 건에 육박할 것으로 내다봤다. 참고로 비트코인 네트워크가 달성한 일일 거래량 최고치는 2017년 12월 14일에 기록한 49만 459건이다. 이후 2021년 5월까지 3년간 하루 평균 거래 건수는 29만 7476건이었고 표준편차는 5만 682건이었다. 비트코인이 하루에 50만 건의 거래를 처리할 수 있다고 가정하면 2023년에 예상되는 모든 비현금 거래의 약 0.0167퍼센트를 처리할 수 있다는 의미다. 달리 말하자면, 비트코인이 2023년에 모든 글로벌 디지털 결제를 처리하려면 향후 2년 동안 온체인 거래 용량이 약 6000배 증가해야 한다.

현재 비트코인 거래 용량은 약 1MB의 블록 크기에서 달성된다. 확장성을 순진하고 명백하게 접근하자면 단순히 비트코인이 전 세계 거래를 모두 처리할 수 있을 만큼 블록 크기를 늘리자고 제안할 수 있다. 이는 하드포크*를 시도했다가 실패한 비트코인 XT, 비트코인 클래식, 비트코인 언리미티드, 세그윗2x의 확장성 접근 방식이었다. 역시 실패한 비캐시 하드포크도 마찬가지였다(그보다 더 참담히 실패한 비캐시SV 하드포크도 포함한다). 유감스럽게도 경솔했던 이 모든 시도의 기록은 비트코인을 이해하려면 자세히 알아볼 가치가 있다.[100] 이들 에피소드에서 중요한 결론은 블록 크기를 늘리는 것이 실용적인 확장 해결책이 아니라는 것이다. 블록 크기를 비교적 조금만 늘리더라도 비트코인 풀노드의 운영비가 크게 증가해 풀노드 수가 감소할 가능성이 높기 때문이다. 이는 궁극적으로 비트코인의 탈중앙화와 불변성을 변함없이 보장하려면 어쩔 수 없는 현상이다.

불변성이라는 비트코인의 핵심 가치 제안은 오직 풀노드의 강력한 합의 규칙에 의해 시행된다. 그래서 검열이 불가능하고 엄격한 통화정책이 보장된다. 그러나 확장성을 개선하기 위해 블록 크기를 늘리면 네트워크의 탈중앙화가 손상되고 일반 사용자가 노드를 실행하기 어려워지기 때문에 이는 비트코인 사용자들에게 매우 환영받지 못한 방법인 것으로 입증되었다. 블록 크기를 늘리려 시도하는 사람에게는 저만치에 있는 수많은 사용자처럼 쓸모없는 알트코인만 남게 될 것이다. 비

---

* 기존 블록체인과 호환되지 않는, 완전히 새로운 블록체인이 만들어지는 업그레이드 방식.

트코인 사용자가 탈중앙화를 포기하고 훨씬 큰 블록을 채택하더라도 자릿수가 바뀔 정도로 확장성이 증가해 비트코인이 모든 글로벌 거래를 처리할 수 있으리라 기대하기는 어렵다.

모든 글로벌 거래를 처리하려면 비트코인 블록은 각각 약 5기가바이트로 확장되어야 할 것이다. 그렇다면 비트코인 네트워크의 모든 컴퓨터가 대략 10분마다 이 많은 데이터를 다운로드해야 한다. 또한 각 컴퓨터에는 하루에 약 0.7테라바이트씩 무한정 누적되는 이 모든 거대한 블록을 저장할 디스크 공간이 필요하다. 이는 오늘날 일반 상용 컴퓨터의 전체 하드 디스크 용량과 맞먹으니, 상용 컴퓨터 소유자가 비트코인 블록체인을 다운로드할 수 없다는 뜻이다. 최고급 사양의 컴퓨터를 구입할 여유가 있는 사람만이 풀노드를 실행할 수 있다. 이러한 형태의 비트코인은 풀노드를 실행하는 사람이 거의 없을 테고, 결과적으로 포획이나 중앙 집중화의 대상이 되기 쉬워 심각한 위기에 처할 것이다. 이처럼 전 세계적으로 풀노드가 수십 개밖에 없으면 1914년 법화 노드가 그랬던 것처럼 합의 규칙을 바꾸기 위해 결탁하기가 비교적 쉬워진다.

다행히도 블록 크기를 늘리지 않으면서 온체인 거래 용량을 늘릴 수 있는 다른 해결책이 있다. 최근 비트코인 개선 제안Bitcoin Improvement Proposals, BIP에는 더욱 효율적인 거래 처리를 약속하는 내용이 많이 담겨 있다. 그러나 이 모든 개선 사항에도 비트코인 장부가 기록할 수 있는 거래 처리 건수에는 엄격한 제한이 있다. 어떤 최적화 작업을 수행하든지, 단일 결제가 발생하는 데 최소한으로 필요한 것은 거래 출력값에 필요한 데이터인데, 이는 여전히 건당 34바이트다. 블록이 4메가바이트라고 가정하면 블록 공간을 이론상 가장 효율적으로 사용하더라도 매일 약 1700만 건의 거래를 처리하므로 전 세계 모든 거래를 처리하기에 한참 역부족이다.

## 틈새시장에만 머무르지 않을 비트코인

탈중앙화는 비트코인의 유일무이한 가치이므로 풀노드의 수를 줄여서까지 비트코인의 거래 처리 용량을 늘릴 필요는 없을 것이다. 그렇다면 비트코인은 결코 확장될 가능성이 없는 것일까? 하루에 거래를 수백만 건만 처리하는 네트워크계의 틈새시장에 남아 있을까? 비트코인이 만국 공용어 에스페란토와 같은 위치에 올라설 수 있을까? 아니면 대부분 사람들이 이해하지 못하는 프로토콜을 사용하는 비주류파로 남게 될까?

경화는 본질적으로 사람들의 수요가 점점 몰릴 수밖에 없는 기술의 결정판이다. 그래서 절대 성장을 막을 수 없다. 그간 화폐의 역사를 보면 반복적으로 경화가 연화의 가치를 파괴하고 결국 대체하기까지 했다. 경화는 연화와 평화롭게 공존할 수 없다. 공존한다 해도 불안정한 균형이 된다. 유럽인들은 서아프리카에 도착해 구슬이 화폐로 사용되는 걸 목격하고는, 구슬의 생산비가 유럽에서는 저렴하지만 아프리카에서는 비싸다는 사실을 이용했다. 그들은 서아프리카에서 값나가는 것을 모조리 사기 위해 엄청난 양의 구슬을 가져왔다. 그 후 구슬을 보유한 사람들의 의지와는 별개로, 구슬은 아프리카에서 화폐 역할을 할 수 없었다. 구슬을 계속 사용하겠다는 결정은 구매력을 완전히 포기한 것과 마찬가지였다. 구슬은 사실상 화폐로서 기능을 상실했다.

사람들이 자신의 이익을 좇아 행동하는 자유 시장에다가 경화를 사용하는 체제라면, 어떤 유형의 화폐를 사용할 것인지에 대한 선택권의 폭이 굉장히 좁아질 것이다. 단순히 내가 가진 돈을 기꺼이 받을 거래 상대방을 찾는 것이 문제가 아니다. 더 중요한 문제는 다른 사람들이 그 돈을 시장가치보다 낮은 비용으로 생산함으로써 내가 가진 돈에 미치는 영향이다. 이런 면에서 경화는 비교적 공급량이 적게 증가하기 때문에 시간이 지나도 연화보다 가치를 더 잘 유지한다.

경화의 상대적 가치가 오르고 연화의 상대적 가치가 내릴수록, 경화의 가용 유동성 풀이 연화의 유동성 풀에 비해 확대된다. 다시 말해, 사람들이 경화로 지불하거나 수취할 의사가 있는 상대방과 거래하고 싶어 할 확률이 높아진다. 돈의 가치가 상승하면 판매성, 즉 보유자가 처분하고 싶을 때 판매할 수 있는 가능성이 높아진다.

카를 멩거가 강조했듯이 판매성은 화폐의 핵심 속성이다. 그리고 경도는 거래 가능한 유동성 풀의 상대적 가치를 지속적으로 높이는 역할을 하기 때문에 판매성의 핵심이다. 이 과정은 사람들이 판매성의 원리를 이해하고 가장 경도 높은 화폐를 합리적으로 선택할 때 자연스럽게 가속화된다. 시간이 지날수록 축적된 부가 더 경도 높은 화폐로 옮겨감에 따라 경화를 사용하려는 사람들도 더 많아질 것이다. 따라서 경화에 대한 수요가 증가하기 마련이다. 화폐 기능을 상실한 은과 팽창적 성질의 국가 통화의 무수한 실패는 이러한 거스를 수 없는 추세를 보여 주는 또 다른 예다.

그러면 앞서 비교한 비트코인과 「2020년 세계 결제 보고서」 통계로 돌아가 보자. 보고서에서 언급한 7085억 건의 거래를 '비현금 거래'라 고 부르는 이유가 있다. 중개 기관이 결제를 처리하기 때문이다. 오늘 날 이러한 거래는 대부분 디지털 형태지만 경제적 측면에서 비트코인 거래와는 전혀 다르다. 비트코인 거래는 디지털 방식이더라도 누구의 부채도 수반하지 않는다는 점에서 여전히 현금 결제다. 비트코인은 보 유자만이 처분할 수 있는 데다가, 중개하는 제삼자의 동의나 허가가 필 요하지 않으므로 일종의 현금이라 볼 수 있다. 디지털 현금으로서 비트 코인은 대면 현금 지불 같은 화폐의 물리적 이전, 혹은 거래의 결제 완 결성, 청산 은행이나 중앙은행 간의 금 결제와 비교해야 더욱 적절하 다. 비트코인과 비현금 거래는 둘 다 디지털 형태이기 때문에 비슷해 보이겠지만 실제로는 비교하기에 부적절하다. 비트코인의 본질은 디 지털이라는 형태가 아니라 거래 상대방 위험이 없다는 점이다.

비트코인이 중개 기관이 필요한 비현금 거래를 대체하며 성장할 것 으로 기대하는 사람들은 비트코인의 본질을 완전히 오해하고 있다. 비 트코인이 계속 성장한다면 주로 현금 거래 가치의 규모나 결제 완결성 이 증가함으로써 성장하는 양상이 될 것이다. 대신 거래 건수가 늘어나 는 성장 형태는 아닐 것이다. 결제 솔루션은 비트코인과 더불어 세컨드 레이어를 통해 구축되고 있다. 거래 가치의 우상향 추세는 이미 진행

중이다. 더군다나 사용자들이 비교적 가치가 낮은 거래에 대해서는 보안성과 검열 저항성을 어느 정도 포기하며 점점 세컨드레이어 기술을 채택할 것이므로 이 우상향 추세는 앞으로 가속화할 것이다.

## 고액 결제는 비트코인으로

비트코인이 탄생하고 지난 12년을 살펴보면 거래 가치 측면에서 우상향 추세를 분명히 알 수 있다. '도표 21'에서 볼 수 있듯이 일일 거래 건수도 증가했지만, 이러한 거래 가치의 증가세가 훨씬 가팔랐다. 가장 최근 데이터(2020년 5월 ~ 2021년 5월)를 초창기 데이터와 비교하면 비트코인 거래의 연평균 가치가 150배 증가한 것으로 나타났다. 일일 거래 건수는 2016년 중반부터 2021년 중반까지 지난 5년 동안 20만~40만 건의 범위에서 사실상 정체된 반면, 거래 가치는 같은 기간 약 15배 증가했다.

비트코인은 수요가 증가할수록 온체인 거래 건수가 아니라, 비트코인으로든 미국 달러로든 온체인 거래의 가치 측면에서 점점 확장되었다. 이러한 추세는 수요가 증가할수록 계속될 수밖에 없다. 블록 크기가 고정되어 있으면 블록체인에서 처리할 수 있는 거래 건수에 엄격한 제한이 생긴다. 하드포크로 블록 크기를 확실히 늘릴 수 있다고 치더라도 일반 사용자들이 자기 노드를 실행할 수 있는 능력을 희생하려 하지 않는 한 채택되지 않을 것이다. 그렇다면 블록 크기의 증가 속도가 느

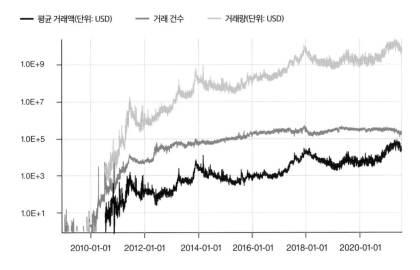

리고 점진적일 것이다. 반면 비트코인을 보유하려는 수요의 증가에는 이러한 제한이 없다. 공급량이 완벽하게 예측 가능한 경화라는 핵심 가치 제안에 계속 부합한다면, 비트코인의 수요는 개별 온체인 거래의 처리 능력이 향상하는 수준을 훨씬 능가하는 속도로 증가할 것이다.

비트코인 블록 공간의 경제학은 시장이 작동하는 역학을 아름답게 보여준다. 블록은 희소성 때문에 필연적으로 입찰 경쟁에서 블록 공간을 가장 높게 평가하는 사람들만이 얻을 수 있게 되어 있다. 시간이 지날수록 이러한 압력이 몇몇 유형의 온체인 거래를 비용 면에서 불리하게 작용하도록 한다. 이렇게 비용 경쟁력에서 밀려난 거래들은 대부분 현재 세컨드레이어 솔루션이나 내부 장부의 보관 등 오프체인으로 해결한다. 오늘날 많은 비트코인 기반 비즈니스는 내부 데이터베이스로 대부분의 거래를 수행한다. 그리고 거래의 최종 결제만 비트코인 블록체인을 사용한다. 예를 들어 도박 웹사이트는 내부 장부에 모든 베팅과 상금을 기록하고 사용자가 웹사이트에서 비트코인을 입금하거나 인출할 때만 비트코인 블록체인을 사용한다. 비트코인과 디지털 화폐의 투기장인 거래소도 마찬가지다. 각 온체인 거래마다 수천 건의 비트코인 거래가 발생하고 내부 및 개인 장부에서 처리된다. 이는 베팅 서비스가 비트코인 블록체인에서 매일 수천 건의 거래를 기록하곤 했던 비트코인 초창기의 상황과 대조된다. 네트워크의 거래 비용이 상승함에 따라 이러한 모델은 더 이상 지속 가능하지 않아, 최종 결제만 비트코인 블록체인에 의존하도록 변경되었다.

비트코인에 대한 수요가 크게 증가하면 더 많은 유형의 소액 거래가 불가피하게 비용 경쟁력을 잃을 것이다. 수요에는 제한이 없기 때문에 일일 거래의 총 가치는 현재 수준의 몇 배까지 오를 것이다. 그렇다면 비트코인 거래에 참여할 유동성 풀이 증가해 더욱 값나가는 거래가 비트코인으로 수행될 것이다. 따라서 고액 거래의 거래 비용과 필적할 수 없는 소액 거래는 불가피하게 온체인 밖으로 밀려날 수밖에 없다.

비트코인 장부에 기록될 거래 유형을 고려할 때, 그러한 거래에 사용할 수 있는 대체 수단을 생각하면 도움이 된다. 비트코인의 다양한 용례를 생각해 보고 각각의 경우에 온체인으로 거래하지 않을 때 기회비용이 얼마일지 계산함으로써 블록 공간에 가장 높은 입찰가를 제시할 가치가 있는 용례가 무엇인지 알 수 있다. 만약 시장 참가자가 우수한 보안성과 더 까다로운 통화정책을 원한다고 가정하면 그들은 신뢰할 만한 제삼자가 필요하고 보안성이 열등한 대안 결제 수단에 의존하느니 훨씬 비싼 거래 비용을 감당하고라도 비트코인을 사용할 의향이 있을 것이다. 반대로 이를테면 소액 거래 등 특정 용도에서 우수한 보안성과 까다로운 통화정책에 별로 신경 쓰지 않는 사용자라면 비트코인을 사용하지 않을 때의 기회비용이 낮아진다.

현재 개별 소비 결제는 다양한 결제 프로세서를 통해 0~3퍼센트의 거래 비용으로 처리된다. 이러한 비트코인의 소비 결제 용도에 시장 참여자들의 관심이 덜하다는 점을 감안할 때, 수수료가 기껏해야 센트 단위거나 최대한 한 자릿수 달러일 경우까지만 소비 결제에 비트코인을 사용하는 것이 합리적이다. 마찬가지로 용도가 국제 송금이라면 수수료가 보통 수십 달러이므로, 이때는 잠재적 거래 비용의 상한선 범위에 해당한다. 국제 송금 용도로 비트코인이 널리 사용되기 시작하면 거래 수수료는 결국 이 상한선을 넘어 상승할 것이므로, 송금 거래를 온체인에서 수행하기에는 사용자에게 더 이상 경제적인 선택이 되지 못할 것이다. 이 피드백 메커니즘을 통해 비트코인으로 온체인 거래를 하기에 부적합한 용도가 계속 걸러질 테니 결국 비트코인의 보장성이 특히 필요한 거래에서만 블록 공간이 사용될 것이다. 현재 비트코인 온체인 거래는 비트코인 투자 기업들이 수행하는 모든 방식의 세컨드레이어 거래뿐 아니라 거래소와 카지노에서의 거래까지 포함해, 비트코인 기반의 전체 거래 중 아주 작은 부분을 차지한다.

비트코인 거래 비용이 증가한다면 가장 마지막까지 사용자들의 비용 지불 의사가 남게 될 분야는 무엇일까? 그중 하나는 금융기관 간의 대규모 국제 결제가 될 것이다. 현재 국제 결제 분야가 본질적으로 가장 값어치가 나가고 보안이 중요한 거래로, 결제 완결성 측면에서 지금의 비트코인 거래와 가장 비슷하다. 현재 국제 결제는 완료하기까지 며칠 내지 몇 주가 걸린다. 비트코인은 신뢰성과 보안성을 무기로 이와 같은 결제를 수행할 수 있는 규모와 유동성을 이제 막 갖추기 시작했다. 그러나 비트코인이 더욱 성장해서 이러한 거래를 더 많이 끌어온다면 다른 많은 용도를 오프체인으로 밀어낼 것이다. 이 분야의 시장에서는 사용자들이 거래 비용을 감당할 수 없는 소규모 거래를 담당할 세컨드레이어 솔루션이 이미 등장하고 있다. 이러한 비트코인 기반 거래 프로토콜은 사용자의 온체인 거래 비용을 완화하는 동시에 비트코인의 보장성도 어느 정도 유지할 가능성이 있다.

## 레이어의 확장성

은화는 금으로 결제하기 곤란한 소액 거래의 필요성을 충족하기 위한 용도로 금과 공존했지만, 금본위제 도입 이후 필요성이 사라졌다. 마찬가지로 세컨드레이어의 비트코인 거래는 특히 비트코인의 채택과 유동성이 확대됨에 따라 현재 연화 형태의 화폐로 발생하는 거래를 대체할 가능성이 높다. 비트코인 절대주의자들은 세컨드레이어 거래가 온체인 거래와 맞먹는 보안성과 확실성을 갖추지 못할 것이라고 불평할지 모른다. 일리 있는 주장이긴 하지만 그들은 요점을 놓치고 있다.

세컨드레이어에서의 비트코인 거래의 경쟁 상대는 기본 레이어에서의 비트코인 거래가 아니다. 그보다 열등한 세컨드레이어에서의 연화 거래다.

절대주의자들은 이러한 세컨드레이어상 거래가 실제 비트코인 거래와 같은 수준의 보안성을 갖출 수 없다고 불평할 것이다. 하지만 앞에서 논의했듯 블록체인의 용량 확장에 제한이 있는 만큼, 비트코인이 세컨드레이어 없이 개별 소비 결제를 처리할 만큼 확장할 수 없다는 점은 분명하다.

또한 비트코인 거래는 네트워크에서 건당 승인을 받는 데 약 10분이 소요되므로 결제를 훨씬 더 빨리 완료하기를 바라는 개인에게는 매우 부적합하다. 한 번 거래하는 데 몇 번의 승인을 거쳐야 하는 비트코인의 보안성과 확실성 수준은 소액 거래의 경우에는 낭비다. 게다가 비트코인 절대주의자들은 개인들이 세컨드레이어에서 연화로 결제하기보다 세컨드레이어에서 경화로 결제하기를 더 선호할 것이라는 경제 논리를 못 이긴다. 현존하는 한계점들은 다른 유형의 화폐의 세컨드레이어 결제 솔루션에도 역시 나타날 것이다. 중요한 차이가 있다면 경화로 된 결제 솔루션이 보유자로 하여금 미래에 가치를 더 잘 보존할 수 있게 한다는 것이다. 경화와 연화가 결제 솔루션으로서 경합하면 시간이 지날수록 공간적 판매성이 높은 경화가 필연적으로 승리하게 된다.

비트코인의 세컨드레이어 솔루션을 평가할 때 많은 비트코인 사용자가 이를 비트코인의 온체인 거래와 비교하는 실수를 범한다. 더 정확히 살펴려면 법화를 이용한 소비 결제 기술과 비교해야 한다. 개념상 비트코인은, 가령 중앙은행이 이번 주에 지급준비금을 전부 비트코인으로 대체하면 다음 주에 전 세계의 모든 거래를 처리할 만큼 확장될 수 있다. 비트코인 블록체인이 중앙은행 간의 대규모 거래를 처리하는 데만 사용된다면(완전한 비트코인 본위 화폐를 발행하면서), 세계의 모든 거래는 사실상 세컨드레이어상에서의 비트코인 거래가 될 것이다. 이 시나리오에서는 정부가 발행한 지폐, 요구불예금계좌, 신용카드, 페이팔 계정이 모두 비트코인의 세컨드레이어 결제 솔루션이 된다.

비트코인 보유자의 수가 증가해 결제 솔루션에 대한 수요가 늘어남에 따라 결제 솔루션의 공급자도 늘어나기 마련이다. 결제 솔루션은 비트코인 자체에 가장 잘 작동하도록 최적화되고 맞춤화될 것이다. 그렇다면 오늘날 우리가 사용하는 대부분의 결제 메커니즘을 재창조해야 할지 모른다. 세컨드레이어 거래는 온체인 거래와 동급 수준의 보안성을 갖추지는 못하지만, 일상적 소비의 소액 거래에까지 그렇게 엄격한 수준의 보안성이 굳이 필요할 것 같지는 않다. 거래소나 온라인 카지노에 계정을 가지고 있는 고객은 이미 여러 단계에서 상대방을 신뢰하고 있는 셈이다. 상대방에게 자신의 예치금을 내주고 그들의 장부에 거래가 기록되도록 하면서도 전혀 위험하게 여기지 않기 때문이다. 상대방이 고객 돈을 들고 도주하기로 마음먹었다면 내부 거래를 온체인으로 기록했건 오프체인으로 기록했건 어차피 도주할 것이다. 따라서 자기 자금을 진정으로 통제하고 싶은 사용자라면 제삼자의 서비스를 이용하지 말고 직접 관리하는 수밖에 없다.

비트코인에 대한 수요가 증가함에 따라 이러한 세컨드레이어 확장

솔루션은 확산할 것이다. 결과적으로 용도가 다양해질수록 그에 따른 위험과 안전성도 다양한 수준으로 나타날 것이다. 오픈다임Opendimes이 또 다른 좋은 예다. 이러한 물리적 USB 키는 위조를 방지하도록 설계되었으며, 저장된 비트코인 잔액을 매우 빠르게 확인할 수 있다. 블록체인에 기록할 필요 없이 대면 거래가 가능하니 소액 거래, 혹은 서로 친분과 신뢰가 두터운 사람들끼리 하는 거래의 경우에 특히 유용한 메커니즘이다. 오픈다임은 백업용 개인키 복원 문구를 생성하지 않기 때문에 고액 거래에는 안전하지 않지만, 일종의 무기명 기술로 비트코인 거래에서 현저히 많은 건수의 소액 거래를 처리하고 더 많은 유동성을 확보할 수 있다.

다중 서명 보관 솔루션은 저렴한 세컨드레이어 결제를 가능하게 하는 역할도 할 것이다. 코인 소유자는 다중 서명 계정에 코인을 예치할 수 있어, 코인은 보유자와 은행의 두 개인키로 온체인상에서만 이동할 수 있다. 그런 다음 이 은행은 내부 데이터베이스에 해당 계정 소유자를 위한 결제 네트워크를 만들어 개인이 소유권을 서로 이전하게 할 수 있는데, 이는 일, 주, 월과 같은 단위로 일괄적으로만 온체인 거래로 결제된다.

## 라이트닝 네트워크

어쩌면 가장 흥미롭고 전망이 밝은 레이어 확장 방안은 라이트닝 네트워크일 것이다. 라이트닝 네트워크는 다중 서명, 채널 기반 결제 네트워크를 빠르고 저렴하고 자동화된 노드로 구현한 새로운 생태계다. 라이트닝 노드는 온체인 거래로 다중 서명 주소에 자금을 전송해 당사자 간 서로 채널을 개설한다. 각 당사자는 다중 서명 계정에 개별 잔액을 유지하고, 업데이트된 각 잔액을 반영하는 라이트닝 오프체인 거래에 서명함으로써 서로 간에 지불을 할 수 있다. 둘 중 한 명이 채널을 닫으면 온체인 거래(모든 오프체인 잔액의 업데이트 결과를 반영한)이 다중 서명 채널 주소에서 두 당사자에게 각자의 미결제 잔액과 함께 전송된다.

그러나 채널을 공유하지 않는 두 당사자를 연결할 때 다른 다양한 노드와 채널을 통해 결제가 라우팅routing(패킷의 전송 경로가 지정되는 과정) 될 수 있으므로 라이트닝 네트워크 사용자는 거래하려는 모든 사람과 채널을 구축할 필요가 없다. 채널의 수와 유동성이 증가할수록 사용자 간 결제 라우팅 가능성이 높아진다. 노드 간에 결제를 라우팅하는 개별 노드는 유동성 제공에 대한 보상 차원에서 라우팅 수수료를 청구할 수 있다.

비트코인의 확장성에 대한 이러한 접근 방식의 강점은 채널을 여닫는 데 총 두 개의 온체인 거래만 필요하다는 것이다. 이를 통해 양 당사자는 한계비용 없이 사실상 무한히 오프체인 거래를 수행할 수 있다. 또한 온체인 거래 수요가 적을 때 채널을 열고 닫을 수 있으므로 온체인 거래의 타이밍이 유연하다. 사용자는 멤풀mempool(아직 확정되지 않은 상태의 거래가 저장되는 공간)에 대해 공개적으로 이용 가능한 정보를 관찰해 블록 공간의 경쟁도에 따라 수수료가 오르거나 내리고 있는지를 확인할 수 있다. 거래 패턴이 반복적인 사람들은 비트코인 장부에 모든 거래를 기록할 필요 없이 자신의 채널이나 다른 채널을 통해 국지적으로 거래하고 결제할 수 있다. 이러한 이점이 있기는 하지만 라이트닝 네트워크의 오프체인 거래는 온체인 거래만큼 안전하지 않다는 점을 기억하는 것이 중요하다. 그러나 이 둘의 가장 중요한 차이점은 유동성에 있다.

라이트닝 네트워크의 실제 한계는 보안이나 거래 건수가 아니라 유동성 풀의 깊이에 있다. 네트워크에 더 많은 사용자가 있고 더 많은 돈이 결제 채널로 보내질수록 각 개인끼리 거래가 성사될 가능성이 높아진다. 그러나 그 반대의 경우도 생길 수 있다. 즉, 유동성이 낮으면 수수료가 올라가고 대기 시간이 길어질 것이다. 이처럼 네트워크의 유동성 공급은 개인의 경제적 결정, 즉 사람들이 미래의 불확실성과 시간에 가치를 얼마나 매기느냐와 아주 복잡하게 얽혀 있다.

루트비히 폰 미제스는 미래의 불확실성이 현금을 보유하려는 수요의 핵심 동인이라고 설명했다.[101] 미래의 불확실성이 없다면 인간은 모든 수입과 지출을 예상할 수 있을 테니 현금을 보유하지 않아도 되도록 최적의 계획을 세울 수 있다. 그러나 불확실성은 피할 수 없는 삶의 일부이기 때문에 사람들은 미래의 지출에 대비해 늘 돈을 들고 있어야 한다.

그러나 라이트닝 채널에 비트코인 잔액을 보관하는 것은 현금 잔액을 보유하는 것과는 다르다. 라이트닝 채널에 있는 돈은 채널의 상대방이나 라이트닝 네트워크에서 연결된 다른 사람에게 지불할 때만 유용하기 때문이다. 비트코인 네트워크에서 즉시 사용할 수 있는 코인의 유동성과는 전혀 관련이 없다. 또한 채널을 구축하려면 수수료, 시간, 조정에 관한 무시할 수 없는 비용이 포함되며 사용자의 채널에 있는 자금은 채널의 상대방이 유동성을 갖는 한도만큼만 유동적이다. 채널에 유동성이 충분하면 라우팅 수수료라는 수익을 창출할 수 있으므로 채널 잔액을 라우팅 수수료를 확보하기 위한 투자이자 옵션 계약으로 이해하는 편이 더 정확하다. 해당 채널이 열려 있는 경우 즉시 채널을 통해 코인을 전송할 권리는 있지만 의무는 없다.

유동성을 공급해 수익을 노리려면 유동성에 대한 개인들의 수요가 아닌 라우팅 수수료의 예상 수익에 중점을 두고 투자 결정을 해야 한다. 만약 사용자들이 현금 보유 목적만으로 라이트닝 네트워크에서 잔액을 관리한다면, 사용자 서로 간의 거래와 결제를 원활히 할 목적의 충분한 유동성은 필요 없다. 그러나 저렴한 결제 수단으로써 유동성에 시장 수요가 있을 경우 그 수요를 충족할 만큼 유동성을 공급하려면 이 분야에 별도로 특화해 수익성 있는 투자 사업 정도로 규모를 키워야 한다. 다시 말해 라이트닝 네트워크의 역학으로 보아, 영리 기반의 유동성 공급 서비스를 전문으로 제공하는 노드 운영자가 등장할 가능성이 강력하게 엿보인다. 은행의 업무 중 결제 처리 역할은 유동성 공급이라고 볼 수 있다. 전통적인 금융에서 은행들은 필요할 때 결제에 필요한 현금을 투입할 수 있는 주체다. 마찬가지로 라이트닝 네트워크의 성장은 전문적인 관리와 유동성 공급에 달려 있다.

거래 비용을 최적화하기 위해 채널의 유동성을 관리하는 일은 예금, 신용카드, 현금 사이에서 지출을 관리하는 개인보다 유동성을 관리하도록 특화된 영리 기업의 성질에 가깝다. 서로 채널을 여는 순전한 개인의 힘으로 유동성과 라우팅을 광범위하게 제공하는 네트워크가 발전할 가능성은 거의 없다. 그러면 채널 상대방이 보유한 유동성으로 인해 모든 사람에게 병목현상이 발생하기 때문이다. 개인이 라이트닝 네트워크에서 더 많은 채널을 열면 유동성은 더욱 풍부해지지만, 그만큼 수많은 채널을 여닫는 비용이 크게 발생한다. 반대로 유동성 공급에 특화된 단일 노드로 채널을 열면(그리고 다른 많은 노드와 함께 열리는 광범위한 채널 구조로) 유동성이 훨씬 풍부해지고 도달 범위가 확대될 수 있다. 특화된 노드 운영자는 비교적 새로운 시스템인 라이트닝 네트워크 사용자가 네트워크에 연결해 빠르고 저렴한 비트코인 기반 거래의 이점을 즉시 누릴 수 있게 한다.

사용자에게 안정적인 유동성과 라우팅을 제공함으로써 이익을 얻을 기회가 있다면, 라이트닝 네트워크가 계속 성장할 경우 유동성 공급은 수익성을 겸비한 고도로 정교한 비즈니스로 성장할 가능성이 있다. 경제적 효율성 논리로 보아, 유동성 공급이 기업이 소비자에게 전문적으로 제공하는 서비스가 된다면 네트워크가 훨씬 더 강력해질 것이다. 이러한 시나리오에서는 풍부한 유동성에 특화된 노드들로 구성된 글로벌 네트워크가 서로 채널을 여는 한편, 일반 사용자는 이러한 유동성 전용 노드로 몇 개의 채널만 이용하는 거점 집중 방식을 택할 것을 예상할 수 있다. 각각 유동성이 풍부한 강력한 노드 네트워크로써 개인은 더 풍부한 유동성을 통해 저렴하고 빠른 라우팅에 접근할 수 있다.

또한 앞서 보관의 필요성에 대해 설명했듯 사람들이 제삼자의 서비스를 신뢰한다고 가정하면, 여러 채널을 직접 처리하지 않는 쪽을 선호하는 사람이 많을 것이다. 대신 온체인 결제도 처리할 수 있는 라이트닝 노드 운영자에게 비트코인 보관을 맡길 것이다.

## 상충관계와 위험

세컨드레이어로의 확장은 개별 사용자뿐만 아니라 네트워크 자체에 대한 시스템적 위험도 수반한다. 첫 번째이자 가장 명백한 위험은 네트워크의 검열 저항성이다. 비트코인은 중개자에 의존하지 않고 가치를 이전할 수 있는 유일하게 믿음직한 기술을 탄생시켰으나, 하루에 수십만 건의 거래만 처리할 수 있다. 비트코인 거래 수요가 증가하고 결제를 청산해 줄 제삼자가 필요한 세컨드레이어 솔루션에 사용자들의 의존도가 높아질수록, 이러한 제삼자들은 거래를 검열하고 코인을 압수할 수도 있다. 따라서 사용자들이 이러한 유형의 레이어 확장을 선택하면 비트코인 네트워크의 주요 이점 중 하나를 잃게 된다.

두 번째는 전체 네트워크에 영향을 미치는 더 체계적인 위험으로, 네트워크의 프로토콜과 합의 매개변수를 위협한다는 점이다. 비트코인 거래가 많은 개인이 자신의 거래를 검증하고 네트워크 합의 규칙을 시행하기 위해 제삼자가 필요한 세컨드레이어 솔루션 방식으로 이동하면 P2P 시스템에서 벗어나는 셈이 된다. 결과적으로 거래를 처리하는 노드 간에 담합할 위험이 높아진다. 세그윗2x가 시도했던 '업그레이드'를 다시 떠올리며 훨씬 적은 수의 개별 사용자가 자신의 풀노드를 실행하는 세상을 상상하는 사람도 있을 것이다. 사용자들이 합의 규칙을 시행하기 위해 비트코인 기업들에 의존했다면 기업들은 비트코인의 합의 매개변수를 변경하는 데 성공했을 수도 있다. 노드 수가 감소하면 나머지 노드의 영향력이 더욱 커지고 공격자나 정부가 개입하기쉽다. 노드 수가 수백 개인 비트코인 네트워크가 수만 개인 네트워크보다 훨씬 불변성과 안전성이 덜하다.

검열 저항성의 상실이라는 위험은 각 개인이 다른 결제나 보관 수단의 비용 및 편익과 비교해 평가해야 하는 위험이다. 나머지 위험은 세컨드레이어 결제 자체의 직접적인 결과가 아니라 비트코인의 탈중앙화라는 특성을 위협할 정도로 노드 수가 감소해서 나타나는 위험이다. 그러나 비트코인 노드들이 묵시적으로 합의하는 주요 매개변수에는 모든 사용자가 완전히 검증된 노드를 실행해야 한다는 요구 사항은 들어 있지 않다. 소규모 그룹이 선택한 방향으로 이러한 매개변수를 변경하는 것을 방지하려면 합의 매개변수를 시행하기에 충분한 독립적이고 활성화된 풀노드가 필요하다.

비트코인이 확장될수록 제삼자에 대한 의존도와 그들의 거래 검열능력을 최소화할 세컨드레이어 솔루션을 도입하는 것이 우선 과제가될 것이다. 비트코인이 생존하려면 주요 합의 매개변수, 특히 경제적매개변수가 불변으로 유지되어야 한다는 것이 필수 조건이다. 그렇게되려면 비트코인에는 서로 담합할 수 없는 많은 독립된 노드가 필요하다. 노드 수가 많을수록 하위 그룹이 결탁할 가능성이 줄어든다.

그렇다고 해서 비트코인의 생존을 위해 모든 개인이 온체인에서 각 거래를 검증할 수 있어야 하는 것은 아니다. 세컨드레이어 솔루션의 성장으로 비트코인의 유동성 풀이 커지고 풀노드 운영이 은행 서비스를 수익성 있게 제공하는 방법이 생긴다면 독립 노드의 성장을 재촉하는 금전적 유인이 될 것이다. 이렇게 하면 비트코인 프로토콜은 더 굳건해지고 변경하기 어려워진다. 노드 수가 늘어나면 담합하기 어려워질 뿐 아니라 이윤 추구의 동기가 노드를 보수적으로 만들 가능성이 있다.

다행히도 비트코인이 전 세계의 온체인에서 확장될 필요는 없다. 비트코인은 글로벌 결제의 신뢰 불필요성, 자동화, 검열 저항성에 관한 한 적수가 없다. 그나마 유일하게 엇비슷한 다른 자산이 있다면 금이지만, 수송비가 훨씬 비싸고 빼앗기기 쉽다. 비트코인은 누군가에 의해 통제되거나 장악되지 않을 만큼 안전하고 탈중앙화되어야 한다. 또한 네트워크 규칙과 코인 공급량에 관해 명확하고 광범위한 불변의 합의가 필요하다. 커피 거래까지 온체인에서 할 필요는 단연코 없다.

14장

가장 믿을 수 있는
가치 저장소

이제 주택은 가치의 저장이나
투자 수단이 아닌
소비재로서 본래의 기능으로
되돌아갈 것이다.

은행 업무에는 두 가지 핵심 기능이 있으니, 바로 예금 보관과 투자 배분이다. 이 두 가지 특화 서비스가 필요한 이유가 비트코인으로 개선될 수 있는 정부 화폐의 기술적 단점 때문은 아니다. 자유 시장에서 예금 보관과 투자 배분 서비스에 수요가 존재하는 이유는 다른 재화에 수요가 존재하는 이유와 똑같다. 소비자는 이 두 가지 서비스를 가치 있게 여기고, 여기에 특화된 공급자는 각 개인이 스스로 서비스를 수행할 때보다 더 낮은 비용과 더 좋은 품질로 서비스를 제공할 수 있기 때문이다. 물론 정실 자본주의에 빠진 현대 은행업계에는 잘못된 관행이 많지만, 이는 주로 은행이 비생산적 관행으로 이익을 얻고 은행 활동의 손실 위험을 납세자에게 전가하게끔 정부가 은행을 보호한 결과다. 전통적인 은행 서비스에 대한 수요는 다른 형태의 화폐와 마찬가지로 비트코인 본위제에서도 계속 존속할 것이다. 비트코인 블록은 필수적인 두 가지 은행 업무를 대체하지 않는다.

유동성 높은 요구불예금을 가지고 있는 대다수 사람은 저축액을 더 안전한 보안성이 보장되는 전문 서비스 기업에 맡기기를 선호한다. 거액의 현금을 보관하려면 무장 경비가 상주하는 은행 금고가 침대 밑보다 확실히 더 유용하다. 개인은 평생 저축한 돈을 손실이나 도난의 위험과 그에 따른 스트레스를 감당해 가며 실물로 들고 있기를 원치 않는다. 가정집은 거액의 현금을 보관하기에 최적화된 구조가 아니지만, 은행 금고는 다르다. 인간이 거래하고 특화하다 보면 비축한 현금을 안전하게 지키기 위한 전용 시설을 지으려는 진취적인 개인이 불가피하게 등장하기 마련이다. 이러한 시설은 가정집에서는 적합하지 않은 종류의 보안장치를 사용한다. 그러면 개인은 자신의 돈을 안전하게 지키기 위해 해당 시설에 약간의 비용을 지불하고 보관 서비스를 누릴 수 있다.

## 은행은 죄가 없다

비트코인은 검열 없이 전 세계로 돈을 송금할 수 있게 하지만, 사용자가 스스로 안전하고 믿음직하게 돈을 보관할 방법을 제공하지는 못할 수 있다. 이것은 현실 세계에서 피할 수 없는 문제다. 전 세계 어디로든 한번 송금하면 취소할 수 없는 비트코인의 검열 방지 기능을 도둑이 악용하면 누군가의 비트코인을 완전히 훔칠 수도 있다. 비트코인 네트워크의 노드는 개인키를 좌지우지하는 다른 사람들을 구별할 방법이 없으며, 합법적이든 불법적이든 이러한 개인키의 소유권 개념도 없다. 도난까지는 아니라도 하드웨어 지갑 암호를 잊어버리거나 백업 코드를 분실할 수도 있다. 그러므로 비트코인이 보관 솔루션에 대한 사람들의 수요를 사라지게 할 것이라는 예상은 전적으로 비합리적이다.

또한 비트코인 본위제에서 은행 업무가 계속 존재할 경우 비트코인에도 검열, 인플레이션, 부분 지급 준비제가 불가피하게 나타날 것이라는 가정도 옳지 않다. 어떤 산업이든 소비자가 공급자를 선택할 수 있는 자유 시장이 존재해야만 잘 작동한다. 이 소비자 선택으로 말미암아 공급자는 고객을 신경 쓸 수밖에 없게 되고, 그러지 않으면 매출이 줄거나 심지어 파산하기도 한다. 많은 사람이 은행이라 하면 떠올리는 악습은 중앙 집권식 정부와 자유 시장의 부재에서 비롯된 선택권의 부족으로 이해하면 더 정확할 것이다. 그렇다면 은행의 문제는 은행 자체의 본질이 아니라 독점을 만들어내는 정부의 정책에 있다. 따라서 자유 시장에서도 은행 업무는 계속 존재하겠지만 소비자의 선택과 만족에 따라 운명이 갈릴 것이다.

비트코인 사용자 중에는 모든 사람이 자신만의 은행 주인이 되는 세상을 꿈꾸는 사람이 많겠지만, 대다수는 정육점 주인, 건축업자, 자동차 제조업자, 제빵사 역할을 직접 하기를 원하지 않듯 이를 원하지 않는다. 이 모델을 모든 사람에게 적용하는 것은 제삼자의 허가가 필요 없는 비트코인의 특성상 불가능하다. 한 비트코인 사용자가 자신이 소유한 비트코인을 보관할 권리를 위탁하겠다고 해도 다른 사용자가 그를 막을 방법은 아무것도 없다.

보관 서비스를 위탁하기로 선택한 사람들에게는 비트코인의 이점이 없다는 것도 옳지 않다. 물론 사용자가 개인키를 스스로 관리할 때에 비해 검열 저항성과 통제권을 잃고 남의 허가를 받아야 하기는 하지만, 그래도 인플레이션을 방어하는 경화를 보유함으로써 얻는 이익을 무시할 수 없다. 전 세계의 비트코인 수요층 중에는 제삼자의 허가가 필요 없는 송금을 원하는 수요자도 분포하지만, 가장 경도 높은 화폐를 보유하고자 하는 더욱 광범위한 수요자에 비하면 그 규모는 말할 것도 없이 왜소하다. 이처럼 정부가 승인하지 않은 결제 수단을 모든 사람이 절실히 필요로 하는 것은 아니지만, 현실의 경제 법칙상 모든 사람이 시장에서 가장 견고한 경화로 모여들 수밖에 없는 날이 올 것이다. 시간이 흘러 현재 추세가 계속된다면 비트코인 기반 은행이 보유한 내부 장부에 오프체인으로 기록되는 거래가 더 늘어나더라도 비트코인을 경화로 보유하려는 수요는 증가할 것으로 예상할 수 있다.

은행 업무의 두 번째 핵심 기능은 투자 자본의 배분이다. 이 기능에 대한 수요 또한 비트코인 때문에 사라질 만한 성질이 아니다. 금융기관의 발전은 곧 자본축적의 발전으로, 훨씬 더 정교한 노동 분업과 생산성 향상을 가능하게 한다. 은행은 자본 할당을 전문으로 하기 때문에 개인이 각자의 분야를 특화하고 최대한 생산적인 일에 집중할 수 있게 한다. 그래서 개인은 다양한 투자를 분석하고 예상 수익과 위험을 평가할 수고에서 해방된다. 이 작업은 개인의 투자 목표와 위험 선호도에 맞게 적절한 투자 프로젝트를 연결하는 일에 특화된 전문가에게 위임된다. 투자 배분은 금융 거래에서 비트코인의 자동화와 불변성이 장점으로 먹히지 않는 영역이다. 그리고 블록체인 영역을 벗어나 인간의 판단이 필요한 활동이기 때문에 충분히 성숙한 자본주의 경제에서라면 사라지지 않을 것이다. 이러한 영역의 은행 업무는 비트코인 본위제에서도 존속할 것이다.

비트코인은 은행을 대체할 수 없지만, 그 화폐적 특성상 법화를 중심으로 구축된 은행과는 상당히 다른 은행 시스템을 탄생시킬 것이다. 다음은 화폐로서 비트코인의 속성이 비트코인 기반 은행 시스템에 미칠 것으로 예상되는 일곱 가지 영향이다.

### 1. 저축 기술

3장에서는 저축 기능을 수행하는 기술이 발전해 온 역사를 살펴봤다. 19세기까지는 사람들이 실물 금이나 은으로 저축을 했다. 그러다가 이후 저축 계좌가 생겨나, 예금자들은 금본위제로 가치가 보장되는 정부 화폐를 보유하게 되었다. 예금자는 이렇게 경화로 저축한 자산이 미래에도 가치를 유지할 것이라고 안심하고 기대할 수 있었다. 어린아이부터 연금 수령자에 이르기까지 누구나 미래에도 가치가 보장되고 전 세계 어디서든 통용되는 매체에 자신의 부를 저장할 수 있었다. 그러나 정부가 20세기 들어 금본위제를 어기기 시작하면서, 은행 저축은 인플레이션에 맞서 가치를 지킬 수 없게 되었다.

자기 재산의 가치를 미래에도 지키고 싶은 투자자들은 국채 매입으로 전환해야 했다. 저축 수단으로서 국채의 수요는 국가 신용도 수준을 훨씬 넘어서는 엄청난 규모로 전 세계 정부의 부채 버블을 몰고 왔다.

이후 국채 수익률은 계속되는 인플레이션도 따라갈 수 없을 만큼 떨어졌다. 저축자들은 겨우 재산 가치를 지키느라 더 많은 위험을 감수하고 투자해야 했다. 채권 수익률이 계속 폭락하고 마이너스 영역까지 진입하자, 2010년대에는 저축 수단의 선택지에 인덱스 펀드가 포함되었다. 2020년의 코로나19 사태를 비롯해 전 세계 정부와 중앙은행의 대대적인 통화정책 이후 국채 수익률은 대폭 하락했으며, 이에 따라 투자자들은 단지 가진 돈을 지키기 위해 더 많은 위험을 감수할 수밖에 없었다.

이상적으로는 시간적, 공간적 판매성이 가장 높은 저장 수단에 현금을 저축해야 좋다. 그러나 법화 인간은 자신에게 주어진 잠재적 선택지 중 시간적, 공간적 판매성이 좋은 저장 수단이 하나도 없으므로 복잡한 문제에 직면해 있다. 은행에 있는 달러는 공간적 판매성이 높아서 며칠 만에 전 세계로 송금할 수 있지만, 시간적 판매성은 형편없어 미래를 위해 큰 비중으로 보유하는 것은 현명하지 않다. 따라서 법화 인간은 공간을 가로질러 송금할 부분과 미래를 위해 저축할 부분을 나눠 현금을 능동적으로 관리해야 한다. 이러한 조정 행위는 미래의 계획을 세우는 능력을 방해하고 현재 가진 현금의 효용을 떨어뜨리므로 비용을 발생시킨다. 요즘은 저축에 대한 수요가 채권, 부동산, 금, 예술품, 주식 등 다양한 형태의 차선책으로 충족되고 있다. 사람들은 수중의 가용 현금과 저축예금의 비중을 어떻게 배분할지 결정하기 위해 복잡하게 계산기를 두드려야 한다. 금본위제하에서는 저축 수요가 한 가지 화폐로 충족되었다. 그러나 비트코인은 시간적, 공간적 판매성이 우수한 저축 기술을 제공한다.

　　　　3부 최후의 질서

## 2. 풍부한 지급준비금

부채가 없는 경질자산인 비트코인의 출현은 전 세계 모든 사람에게 저축의 강력한 대안 메커니즘을 제공한다. 공급량이 지속적으로 확대되고 있는 법화와 달리 비트코인은 공급 증가율이 이미 정해져 있는 데다가 꾸준히 감소하고 있다. 비트코인은 주식이나 채권과 달리 수익률이란 게 없기 때문에 화폐의 역할에 더 충실한 특성을 띤다. 주식과 채권이 수요 증가로 가치가 오르면, 각각 배당금과 수익률은 하락해 보유 매력이 떨어지고 평가 가치에 거품이 낀다. 그리고 결과는 그들의 명목 가치가 하락하거나, 평가절하가 계속되어 실질 가치가 하락하거나 둘 중 하나다.

그러나 수익률이 없는 비트코인은 가치가 오를수록 보유 매력도가 떨어지지는 않는다. 비트코인은 이 점에서 금과 비슷하지만 공간적 판매성은 금보다 우수하다. 따라서 정부나 대기업의 권력에 사로잡혀 중앙 집중화될 가능성이 작다. 또한 적은 시가총액에서 출발했기 때문에 유입되는 자본량이 비슷하더라도 비트코인의 가격 상승 속도가 금보다 훨씬 급격할 것이다. 이로써 비트코인은 가치를 보존할 뿐만 아니라 가치를 증가시킬 가능성이 있으므로 미래를 위한 더 매력적인 가치 저장의 수단이 된다.

비트코인의 뛰어난 공간적 판매성은 높은 수준의 지급준비금을 보유할 수 있게 한다. 개인이 예금이나 현금보다 훨씬 쉽게 자산을 인출할 수 있기 때문이다. 또한 실물 금을 거래하는 비용에 비해 아주 적은 금액으로 국제 결제를 수행할 수 있으므로 은행 독점과 결제 플랫폼 업체에 훨씬 덜 의존한다. 화폐의 공간적 판매성이 낮을수록 개인은 거래를 수행할 때 물리적 인프라와 정부의 감독에 더 의존해야 한다. 따라서 은행이 고객을 위험에 빠뜨리는 행동을 하더라도, 고객은 은행과 관계를 끊기가 어렵다. 비트코인이 모든 사람에게 매일 온체인 거래를 할 기회를 제공하지는 못해도 수백만, 어쩌면 수십억 건까지 처리하고, 몇 분 만에 잔액을 인출하고 코인을 완전히 소유할 수 있다는 점에서 믿음직하고도 위협적인 가능성을 제시할 수 있다. 코인 소유권의 명확한 합의점 역할을 하는 비트코인 블록을 네트워크의 모든 사용자가 철저히 감시하기 때문에 현재 비트코인과 미래 비트코인 사이에 경계가 명확하다. 따라서 사용자들이 현재 유동성이 어느 정도인지, 자신의 몫을 언제든 현금화할 수 있는지 쉽게 확인할 수 있다.

처음에 개인들은 단기적 투기를 노리거나, 어떤 은밀한 거래를 수행하거나, 새로운 결제 기술을 실험하는 등의 목적으로 비트코인을 구입할지도 모른다. 그중에는 단기적인 변동성으로 몰락하는 사람도 있을 테고, 중도에 포기하는 사람도 많을 것이다. 그러나 비트코인의 거침없는 상승 추세를 확인한 대부분 보유자는 비트코인을 현금 삼아 보유할 때 얻는 가치를 명확히 알아볼 것이다. 순자산 중 적은 비중으로 비트코인을 보유한 사람들도 시간이 지날수록 점점 포트폴리오에서 비트코인의 비중을 늘려갈 것이다. 다른 사람들도 비트코인의 진가를 알아차리고 이 추세에 합류할 것이다. 애널리스트들은 갈수록 비트코인의 엄청난 상승세를 목격하고 투자를 권장하기 시작할 것이다. 이러한 과정은 이미 지난 몇 년 동안 더욱 심화되어, 전 세계적으로 점점 더 많은 사람이 시세에 상관없이 규칙적으로 급여의 일부를 비트코인으로 저축하고 있으며 이와 관련된 전문 서비스 업종도 증가하고 있다.

기업들도 이 가치 제안을 인식하고 현금의 일부를 법화가 아닌 비트코인으로 대체해 보유할 가능성이 있다. 2020년 중반, 시가총액 10억 달러 규모의 상장 기업인 마이크로스트레티지가 비트코인을 현금 자산으로 보유하는 첫 번째 기업이 되었다. 마이크로스트레티지는 당시 2억 5000만 달러 상당의 비트코인 2만 1454개를 매입해 대차대조표에 현금 계정으로 보유했다고 발표했다. 이로써 자사의 대차대조표 현금 계정에 비트코인을 보유한 최초의 상장 기업이자 경영상, 사업상이 아닌 목적으로 비트코인을 현금으로 보유한 최초의 기업이 생겨났다.

마이크로스트레티지는 비트코인 중심의 사업을 하는 기업도 아니고, 비트코인을 꼭 보유해야 할 비트코인 거래소나 채굴 기업도 아니다. 비트코인과 아무 관련이 없는 업무를 수행하는 기업 전략 및 컨설팅 기업이다. 그들은 결제 네트워크로 사용하기 위해 비트코인을 구매한 것도 아니다. 마이크로소프트나 IBM과 같은 기업이 지난 몇 년 동안 해온 것처럼 비트코인을 포함하지 않는 '블록체인 기술' 애플리케이션을 사용하려는 헛된 목표를 추구하려고 돈을 낭비한 것도 아니다. 마이크로스트레티지가 비트코인을 매수해 대차대조표에 담은 이유는 비트코인이 미국 달러보다 우수한 현금 자산이라고 인식했기 때문이다.

마이크로스트레티지 측에서는 비트코인을 선택한 이유를 다음과 같이 밝혔다.

우리는 비트코인이 세계에서 가장 널리 채택된 암호화폐로서 믿음직한 가치 저장고이자 현금 보유보다 장기적인 가치 상승의 잠재력이 있는 매력적인 투자자산이라고 믿고 투자를 결심했다. 개인과 기관 모두에게 유용한 특성을 지닌 비트코인은 10여 년 전에 탄생한 이래, 글로벌 금융 시스템에 또 하나의 중요한 요소로 부상했다. 마이크로스트레티지는 비트코인을 현금보다 훌륭한, 하나의 엄연한 투자자산으로 인식하고 비트코인을 주요 자산 삼아 전략적으로 보유하기로 결정했다.

우리는 비트코인의 국제적 수용, 브랜드 인지도, 생태계 활력, 네트워크 지배력, 아키텍처의 회복탄력성, 기술적 유용성, 커뮤니티 정신이 장기적 가치 저장의 수단을 원하는 사람들에게 맞는 우월한 자산군임을 설득력 있게 입증하는 증거임을 발견했다. 비트코인은 이전의 어떤 화폐보다 더 경도 높고, 강하고, 빠르고, 스마트한 디지털 금이다. 우리는 기술의 발전, 비트코인 채택의 확대, 그리고 현대 시대에 수많은 카테고리 킬러의 부상을 촉발한 네트워크 효과와 함께 비트코인의 가치가 더욱 커질 것으로 기대한다.

우리는 한동안 대차대조표상 거액의 미국 달러를 가지고 있었고 지금도 마찬가지다. 시간이 지날수록 달러 가치의 하락으로 수익이 감소했지만 언젠가 더 높은 실질 수익률로 이를 만회할 것으로 예상했기 때문에 이 문제를 빨리 해결해야겠다는 절박함은 없었다. 그러나 우리는 지난 3개월 동안 기대치를 대대적으로 수정해, 이제는 미국 달러의 실질 수익률이 향후 마이너스로 갈 것이라 예상하고 있다.[102]

## 3. 부채의 화폐화와의 결별

스푼이 나이프의 역할을 대신하지 못하듯, 현금이 화폐의 역할을 만족스럽게 수행하지 못하기 때문에 법화 인간은 대안으로 반드시 비화폐성 자산이 필요하다. 채권과 주식은 더 이상 통화 공급 인플레이션을 능가하는 수익률을 제공하지 못하는 데다가 둘 다 큰 위험을 수반한다. 부동산은 환금성이 매우 떨어지고, 분할할 수 없으며, 유지 관리비가 많이 든다. 금과 은은 법화 시대 들어 귀금속을 태환해 줄 은행이 없어졌기 때문에 공간적 판매성이 낮다. 또한 매매할 때마다 많은 거래 수수료가 수반된다. 이처럼 저축 포트폴리오를 관리하려면 한없이 다양한 자산 시장에 각각 해당하는 잠재적 수익과 수많은 위험을 저울질해야 한다.

또한 실용적인 저축 수단이 없다 보니 다른 대체 화폐 시장에서 전부 왜곡이 발생한다. 가령 채권 수요가 과도하게 몰리면 부적격의 차용인, 특히 정부가 자본을 잘못 배분하고 종종 부도 위기까지 초래하는 결과가 생긴다. 부동산도 수요가 과하게 쏠리면서 부동산 가격이 상승한다. 그러면 젊은 세대는 수요층에서 밀려나고, 주택 시장은 주기적으로 붕괴한다. 무엇이든 희소성 있는 재화에 수요가 증가하면 가치 상승을 초래하고, 이는 예술품도 예외가 아니어서 애들 낙서와 거의 구별이 안 되는 작품이 엄청난 거품과 함께 고평가된다. 상품 시장과 주식시장은 화폐가치 하락을 피하려는 수요가 쏠리면서 크게 왜곡된다. 이처럼 시장 분야를 막론하고 사람들이 인플레이션에 맞서 재산 가치를 지키려고 노력할수록 가격이 정상적 수준 이상으로 등귀했다.

비트코인의 유동성이 크게 확대된다면 다른 자산보다 점점 더 강력하고 효율적인 대안으로 발전할 것이다. 다른 자산들은 금전적 목적보다는 순전히 산업적, 상업적 목적으로 수요가 형성될 것이다. 주택은 가치의 저장이나 투자 수단이 아닌 소비재로서 본래의 기능으로 되돌아갈 것이다. 그렇게 되면 주택 가격은 가치 저장의 수단이 아닌 거주 공간으로서의 수요만 반영하게 된다. 상품 가격도 상품 자체의 수요만 반영할 테고, 주가는 지금처럼 통화정책의 척도가 되기보다는 기업의 근본적인 내재 가치를 반영할 것이다. 예술가들은 작품을 팔려면, 희소한 재화는 뭐든 손에 넣고자 하는 소비자들의 취향만 따를 게 아니라 초심으로 돌아가 기술을 갈고닦고 작품에 더 심혈을 기울여야 할 것이다.

## 4. 채권과의 결별

비트코인의 화폐화는 법화 부채의 화폐화와 직접적인 경쟁 관계로, 이 사실은 전통적인 채권 시장에 광범위한 영향을 미칠 만큼 매우 중요하다. 비트코인이 계속 성장하면 저축 수단으로 채권을 찾는 수요는 감소할 가능성이 높다. 국가 통화는 상당히 평가절하될 것으로 예상되므로 투자자는 현금과 그에 준하는 현금성 자산의 비중을 줄일 것이다. 여기에는 금, 채권, 그리고 투자 리스크가 없는 신용 관련 상품이 포함된다. 마이크로스트레티지 같은 기업이나 개인이 고유동성, 저위험 자산으로 비트코인을 더 많이 매수할수록 채권과 신용 관련 상품의 수요는 줄어들 것이다.

이러한 추세가 계속되어 비트코인이 글로벌 금융자산에서 비중을 제법 차지하게 된다면 비트코인은 세계 자본시장, 은행 부문, 정부 지출의 형태에 중대한 변화를 가져올 것이다. 이 책의 1부에서 광범위하게 논의했듯이, 법화 본위제에서 사람들이 부채를 지고자 하는 엄청난 유인은 결국 부채의 화폐화가 주된 원인이다. 그래서 대출 기관은 더 많은 대출을 생성하려는 엄청난 동기에 이끌리고, 저축자들은 인플레이션에 침식된 구매력을 보상할 수익률을 기대하며 채권에 몰려 이 흐름을 부채질한다. 그러나 투자자들이 비트코인을 보유하기로 선택하면 이러한 채권 수요가 줄어들 테니 대출 수요도 감소할 것이다.

2장과 10장에서 쭉 훑어봤듯이, 법화 본위제는 은행업 허가와 해외 거래를 독점하는 중앙은행을 중심으로 돌아간다. 이처럼 모든 은행 계좌와 금융자산이 중앙은행의 관리하에 있으므로 중앙은행은 국민의 부를 담보로 정부에 대출을 할 수 있다. 그렇게 해서 국채를 발행해 통화량이 증가할수록 직접적인 정부의 채무 불이행 때문이든 간접적인 인플레이션 때문이든 화폐가치는 하락할 것이다. 이렇게 화폐가치가 하락하면 다시 국채 수요가 창출되고, 이는 결국 지난 20세기에 법화의 저주라는 영원한 악순환 속에서 화폐가치를 떨어뜨렸다. 이 악순환 때문에 지난 세기에 걸쳐 정부 부채가 국가 신용도를 훨씬 넘어서까지 증가하게 되었다. 이 글을 쓰는 현재 기준으로 국공채 발행 규모가 거의 100조 달러에 육박했는데, 이는 틀림없이 인류 역사상 가장 거액의 잘못된 투자다. 법화 본위제는 부채의 화폐화를 통해, 자산을 생산적인 사회 구성원에서 무책임한 지출을 일삼는 정부로 이전함으로써 자원을 계속 고갈시켰다.

저축자들이 국채보다 경화 현금을 더 선호하면 어떻게 될까? 물론 채권 시장이 붕괴할 정도로 무조건적이고 갑작스러운 파급력이 나타나지는 않을 것이다. 하지만 여기에 자국 통화가 점점 평가절하되기 시작하면 채권 시장의 명목 가치가 아무리 계속 상승하더라도 실질 가치는 서서히 하락할 수 있다.

비트코인은 채권, 금, 법화보다 시공간에 걸쳐 우수한 판매성을 자랑한다. 그러나 여전히 유동성이 비교적 작다는 것이 중요한 단점이다. 현재 시세로 약 4만 달러에서 유통되는 모든 비트코인의 시가총액은 약 8000억 달러다. 비트코인을 제1의 국가 통화 중 하나로 지정해도 될 만큼 충분한 수치지만, 총 시장가치가 약 140조 달러에 달하는 채권과 비교하면 여전히 새 발의 피다. 채권 시장은 여전히 대규모 기관 투자자들에게 유동성을 제공하며 상당히 중요한 역할을 한다. 그러나 비트코인은 성장할수록 화폐로서 대체재가 될 수 있다는 이점이 있으므로 비트코인 수요는 누구든 비트코인 판매자가 있는 한 충족될 수 있다. 반면 채권 시장은 전체 시장의 유동성이 상당히 풍부하지만, 개별 채권과 만기에서 사용할 수 있는 유동성은 전체 유동성의 일부에 불과하다. 비트코인은 균질성을 지니되 수익률 개념은 없으므로 화폐 역할을 하기에 채권보다 자연스럽게 우위를 점한다. 금이 시장에서 화폐로 선택된 이유도 수익률이 없기 때문이었다. 화폐의 역할이 위험과 수익보다 유동성에 최적화되어 있는 반면, 주식은 유동성보다 수익에 최적화되어 있다. 부채를 화폐화할 유인이 별로 없는 세계라면 채권 수요가 존재할지도 의심스럽다.

## 5. 견고성

경화 자산을 기반으로 구축된 금융 시스템은 부채 기반의 금융 시스템보다 기본적으로 훨씬 견고하다. 게다가 재정 위기나 유동성 위기를 훨씬 덜 야기한다. 미래의 지불 약속을 마치 수중의 현금처럼 화폐 자산으로 취급하는 부채의 화폐화는 법화 시스템에 태생적인 취약성을 일으킨다. 자금 조달 여건이 좋은 시기에는 은행도 대부분 대출 고객과 마찬가지로 채무를 잘 이행할 수 있다. 그러나 시장 여건은 긴축적 통화정책, 거액의 채무 기업이나 금융기관의 파산, 자연재해, 전쟁 등 여러 이유로 불리하게 변할 수 있다. 자금 조달 여건이 불리해지면 시장에서 부채 가치의 대부분 또는 전부가 할인되어 이를 금융자산으로 보유하고 있는 금융기관이 위태로운 상황에 놓이게 된다. 이는 20세기 법화 본위제의 고질병인 유동성 위기를 일으켰고, 주류 경제학자들은 통화 시스템에 유동성을 주입해야만 이를 해결할 수 있다는 합의에 이르게 되었다.

반면에 완전 지급 준비제로 구축된 금융 시스템은 이러한 유동성 위기를 겪지 않을 것이다. 은행들은 고객이 예금 인출을 원할 때 바로바로 내줄 수 있도록 모든 부채의 액면가와 동일한 현금 등가물을 보유하며, 신용 시장의 상황이 어떻든 상관없이, 예금자가 예금을 인출하거나 채권자가 채무 상환을 요구해도 즉시 내줄 수 있는 충분한 현금을 수중에 보유할 것이다. 따라서 비트코인의 화폐화가 점점 진행된다면 더 많은 사람이 주요 자산에 대출을 보유하지 않는 안전한 선택을 하고 미래의 현금 흐름이나 신용 위험에 가치가 좌우되지 않는 현금 자산을 가지게 될 것이다.

## 6. 완전 지급 준비제

결제 시스템은 규모의 경제가 발생하고 사람들의 거래 범위가 확대될수록 더욱 가치가 증가하는 시장재라고 보면 된다. 은행은 개인이 각자 결제를 처리할 때와 달리 무수한 거래를 청산, 상계, 정산할 수 있는 규모의 경제를 누리므로 결제 시스템의 가치를 증대한다. 몇 가지 예로 금본위제 시기의 은행권을 비롯해 환어음, 신용카드, 페이팔 계정 등이 있다.

어떤 통화 체제에서든 이러한 은행 업무와 결제를 위한 네트워크가 등장할 것이다. 이 네트워크들은 돈을 실물로 송금할 필요(혹은 비트코인의 경우, 코인을 온체인에서 전송할 필요)가 없는 대신, 사람들의 계좌를 대규모로 개설하고 이들 간의 거래를 상계함으로써 규모의 경제로 유리한 고지를 점할 것이다. 금본위제하에서 실물 금을 운송하려면 분실의 염려가 있고 비용이 많이 들었으므로, 실물 금을 축적할 역량이 있는 주체가 규모의 경제를 누리기 시작하면서 중앙 집중식 청산 메커니즘이 형성되었다. 결과적으로 소수 국가의 중앙은행만이 전 세계에 효율적인 비용으로 금을 거래할 수 있었다. 이 시스템을 토대로 부분 지급준비제가 등장한 계기는 은행의 신용확장 능력 때문이라고 볼 수 있다. 은행의 뒤에는 운영에 필요한 자본과 청산 업무를 도와줄 믿음직한 금융 결제망이 있었다.

부분 지급 준비제는 고객이 은행과의 거래를 포기하는 기회비용이 너무 비싸고 은행의 지급준비금이 위기 시에도 뱅크런을 염려하지 않아도 될 만큼 충분하다면 어느 정도 지속 가능하다. 실물 현금으로 결제하는 비용이 비싸고 은행 네트워크가 고객에게 없어서는 안 될 경우 은행은 예금을 전부 보유하지 않아도 뱅크런을 겪지 않고 무사히 버티리라 짐작할 수 있다. 이를테면 지역에 은행이 하나뿐인 경우, 즉 은행이 정부로부터 독점권을 부여받아 주민들이 은행에서 돈을 인출하고 싶을 때 다른 곳으로 갈 대안을 찾기 어려운 경우에 부분 지급 준비제는 계속 운영될 수 있다. 이는 특히 당국이 부실 은행을 구제하기에 적합한 연화 체제에서 더 수월하다.

은행이 부분 지급 준비제를 무사히 운영할 수 있는지 여부는 화폐 자산의 결제 완결 비용이 어느 정도인지, 그리고 화폐 자산을 평가절하하기가 얼마나 쉬운지와 양의 상관관계에 있다. 금본위제하에서 금수송은 비교적 비용과 시간이 많이 든다. 그래서 금 수송 업무를 중앙 집중화해 규모의 경제가 발생하면, 기존 은행들은 예금자들이 모르거나 알아도 어쩔 도리가 없는 가운데서 신용 대출을 느슨하게 확대 제공할 여력이 생긴다. 그러나 이러한 시스템이 지속 가능하지 않은 이유는 19세기에도 그랬듯 은행들이 오래 버틸수록 스스로 더 안심하고 더 많은 위험을 감수하다가 파산할 수 있기 때문이다. 금본위제하에서는 필요할 때 금 공급을 늘리기가 쉽지 않고, 어떤 최종 대부자도 부분 지급 준비제를 운영하는 은행을 구제하겠다고 금에 가치가 묶여 있는 돈을 마음껏 찍어내지 못한다. 그러므로 부분 지급 준비제는 금본위제의 탈선을 슬금슬금 유도하는 버그와 같았다. 결국 부분 지급 준비제는 금본위제를 희생양 삼아, 달러 기반 결제가 본위로 자리 잡으며 살아남을 수 있었다. 이로써 은행들의 화폐 수요에 탄력적으로 대응할 수 있으면서 정부 독점으로 완전히 중앙 집권화된 결제 시스템이 탄생했다.

여기서 비트코인이 금보다 이점이 크다는 것을 알 수 있다. 하루에 수십만 건의 결제를 수행할 수 있기 때문이다. 실물이 오가는 금과 비교할 때 결제 완결 비용이 훨씬 낮은 비트코인은 중앙 집중식 청산 방식을 적용해 규모의 경제를 달성하더라도 이점이 크지 않다. 그만큼 비트코인 네트워크는 중앙은행이 등장해야 할 필요성이 훨씬 적은 생태계다. 비트코인의 청산 시스템은 어떤 형태가 됐든 본질적으로 금보다 훨씬 분산되어 있다. 대신 규모의 경제로 인한 이점은 금만큼 뚜렷하지 않다. 그래서 훨씬 많은 기관이 참여해 서로 결제를 처리할 여지가 있다. 공간적 판매성이 높을수록 더 많은 거래를 처리할 수 있는 여력은 확대되는 반면, 무분별한 부채는 줄어든다.

### 7. 주식 투자

비트코인 기반 금융은 은행 업무를 신용 증권이나 대출 이자 수익보다 주식 투자로 전환하도록 촉진할 것이다. 이러한 추세를 이끌 원동력으로 세 가지를 들 수 있다. 첫째, 비트코인이 계속 성장하면 사람들이 경질자산을 화폐로 쓰기 때문에 부채의 화폐화에 따른 시뇨리지 혜택이 사라질 것이다. 이 사실 자체만으로 채권을 발행할 유인이 감소할 것이다.

둘째, 최종 대부자가 없기 때문에 이표채를 발행할 유인이 더 줄어든다. 통화량이 엄격하게 고정되고 완벽한 감시가 가능하므로 중앙은행을 비롯한 어떤 주체도 부채를 화폐화하고 화폐 공급을 늘릴 수 있는 여지가 거의 없다. 반면 법화는 화폐에 공간적 판매성을 부여하는 인프라를 은행과 특히 중앙은행이 독점적으로 통제함으로써 부채를 화폐화할 여건을 형성한다. 또한 금본위제하에서도 금은 공간적 판매성에 한계가 있고 실물 태환에 수고와 비용이 들었기 때문에, 특히 대형 은행을 중심으로 은행들이 부채를 화폐화하고 최종 대부자로 등판할 수 있는 힘을 점점 키우게 되었다. 최종 대부자가 없으면 은행도 대출 고객도 지급 불능에 직면하지 않으리라는 보장이 전혀 없으므로, 은행으로서는 고정 금리 대출 상품을 팔아 수익을 장담하기가 매우 어려워진다. 어떤 기업이든 완전히 파산할 위험이 상존하며, 은행들은 오로지 요구불예금을 밑천 삼아 기업에 대출해 줘야 하니 큰 위험을 감수해야 한다. 사업 활동에 관한 한, 투자 수익이 무조건 보장된다는 메커니즘은 결코 있을 수 없다. 보험을 들더라도 보험으로 보상받지 못하는 전쟁과 천재지변이 일어날 수 있고, 보험사 자체가 파산하기도 한다. 은행이라고 예금자에게 원리금을 돌려주겠다는 약속을 항상 지킬 수 있는 것도 아니다. 그들은 위험을 감수하고 투자한다. 예금 고객도 언제든 돈을 전부 잃을 위험을 감수해야 한다. 인플레이션으로 기존 화폐 보유자에게 손실을 분산함으로써 예금자의 손실을 보상해 줄 최종 대부자가 없으니 말이다.

높은 공간적 판매성과 신속한 결제 완결성을 자랑하는 비트코인이 있다면, 은행이 요구불예금에 고정된 이자 수익을 제공할 가능성은 거의 없다. 또 비트코인이 수많은 글로벌 거래를 처리할 수 있다면, 접근할 수 있는 결제 플랫폼을 법화의 독점적 결제 플랫폼처럼 특정 은행한 군데가 도맡아서 생기는 장점이 별로 없을 것이다. 자기 예금이 다른 곳에 대출되고 있다고 의심하는 예금자는 얼른 인출해 은행을 파산 위기에 몰아넣을 수 있다. 부분 지급 준비제를 바탕으로 은행이 요구불예금을 대출함으로써 얻는 추가 수익은 은행과 고객을 손실 위험으로부터 보호할 최종 대부자가 없는 경화 경제에서는 얻기가 쉽지 않을 듯하다. 비트코인은 공급량이 고정되어 투명하게 운영되고 공간적 판매성이 높아 효율적인 경화인 만큼, 이러한 체제에서의 은행 업무는 두 가지 본질적 역할인 예금 보관과 주식 투자로 뚜렷이 나뉠 것이기 때문이다. 그동안 신용 증권과 고정 금리 대출을 취급하는 애매한 영역의 은행 업무는 법화의 불투명한 공급량과 공간적 판매성의 한계 때문에 가능했다.

비트코인과 같이 판매성이 높은 화폐의 주인이 자기 돈을 쓰려면 이를 예금으로 기탁하고 보관 수수료를 지불해야만 안전하게 인출할 수 있다. 비트코인에서 양의 명목 수익률을 얻으려는 투자자는 높은 위험을 감수해야 한다. 하락폭이 무제한으로 뚫려 있으니 고정 금리 대출처럼 상승폭이 제한된 투자를 받아들일 이유가 거의 없다. 장기적으로 고정 금리 대출을 받아들인 투자자는 돈이 완전히 위험에 노출되어 있기 때문에 손해를 볼 것이다. 상승 여력은 제한적이지만 하방 압력은 무한하기 때문이다. 투자액이 커질수록 손실은 누적될 것이다. 그들은 하락폭이 무한한 만큼 상승폭도 무한한 주식에 투자해 더 나은 수익을 추구하는 투자자의 성과를 능가하지 못할 가능성이 크다.

주식 투자의 셋째 동인은 현금 보유량이 꾸준히 증가하리라는 점이다. 경화 체제에서 현금의 명목 수익률이 제로라는 것은 실질 수익률로는 양의 값이라고 해석할 수 있으므로 개인과 기업은 대차대조표상의 부채보다 현금을 더 매력적인 금융 상품으로 여기고 더 풍부한 현금을 보유하게 된다. 가치가 등귀하는 경화를 가용 현금으로 보유하면 대출로 안정된 수익을 확보하려는 유인이 줄어들고, 그 결과 현금이 풍부해지면 대출로 버는 수익도 감소한다. 인류가 문명화하고 화폐가 하나의 기술로서 발전함에 따라 인간은 점점 많은 현금을 축적하고, 그 결과 자본에 매겨지는 금리는 낮아진다.

인간의 문명화는 시간선호가 낮아지는 과정으로, 저축이 늘어나고 금리가 낮아지는 흐름 속에 진행되고 다시 이 흐름을 주도해 순환 구조를 일으킨다. 조지프 슘페터는 다음과 같이 오스트리아 경제학자 오이겐 폰 뵘바베르크의 말을 인용해 한 국가의 문화적 수준은 금리에 반영된다고 말했다.

말하자면 이자는 개인이 경제적으로 바람직한 수준을 넘어 생산 기간을 연장하지 못하게 한다. 이는 사실상 기업가의 주의를 불러일으키는 압력으로 작용해, 현재 필요한 만큼만 생산할 수밖에 없게 만드는 브레이크 내지 속도 조절기 역할을 한다. 그리고 이런 이유로 이자는 모든 경제에서 미래와 현재의 이익에 각자 스스로 느끼는 상대적 중요성을 반영하고, 따라서 국민의 지성과 도덕성도 반영한다. 그리고 국민의 지성과 도덕성이 높을수록 이자율은 낮아질 것이다. 그래서 이자율이 그 나라의 문화적 수준을 반영한다는 것이다. 이 문화적 수준이 높은 사회에서는 소비재의 가용 재고가 넉넉할수록, 그리고 생산 기간이 길어질수록, 우회생산*의 법칙에 따라 생산 기간의 연장으로 창출되는 초과 이윤이 작아져 결과적으로 이자율은 더 낮아질 것이다. 그리고 뵘바베르크의 이자율 하락 법칙이란 게 있다. 이 시대 최고의 학자들이 최선을 다했지만 역부족이었던 이 해묵은 문제에 그가 제시한 해법이다.[103]

5000년의 금리 역사에 관한 데이터를 기록한 시드니 호머와 리처드 실라의 저서 『금리의 역사』에서 자세히 설명했듯이, 금리의 하락세는 인류 역사를 통틀어 쭉 이어져 온 과정이다. 데이터를 보면 재난으로 몇 차례 흐름이 끊긴 적은 있지만, 대체로 오랫동안 금리가 하락 추세를 보이고 있음을 알 수 있다. 수십 년간 전 세계적 금본위제와 그에 따른 자본축적 이후 19세기 말까지 최저 금리는 약 2퍼센트였다. 그러다가 20세기에 법화의 도입과 뒤이은 세계대전으로 이러한 경향이 뒤집혔지만, 그렇다고 경화 체제로 돌아가지 못할 이유는 없다. 그리고 경화 체제로 계속 간다면 금리가 0퍼센트로 향할 것이라는 결론을 피하기 어렵다. 대출의 명목 수익률은 0이 되겠지만 실질 수익률은 0보다 클 것이다. 화폐 자산의 가치가 상승하는 데다가, 대출 기관이 현금 보관 비용을 절감했으며, 손실 및 도난 위험이 줄어든 결과다. 현금 취급은 항상 비용과 위험을 수반하며, 대출 기관은 대출을 통해 그 비용과 위험을 차용인에게 전가할 수 있으므로 0퍼센트의 금리도 전보다 이득이 될 것이다.

---

* 먼저 생산재를 만든 다음에 이 생산재로 소비재를 생산해 대량생산을 도모하는 것.

나는 탈중앙화되고, 대외결제를 빠르게 처리할 수 있고, 정부가 몰수하기 어렵고, 희소성이 강한 경화가 개발되었을 때 최종 결과는 자연스럽게 제로 금리가 될 것으로 생각한다. 이자가 붙는 대출은 더 이상 존재하지 않을 것이다. 화폐가치가 꾸준히 절상할 것으로 예상한다면 0퍼센트 금리는 실질 금리 기준으로 0퍼센트보다 크다. 그리고 예금을 보유하려면 일반적으로 비용이 발생하고 도난으로 손실을 볼 위험이 있다는 점을 감안하면 돈을 빌려주기보다 보유하는 쪽에 붙는 기회비용이 크다. 그러므로 대출 기관은 0퍼센트 금리로 대출함으로써 보관 비용과 대출 손실 위험을 연기해 0퍼센트 금리 대출로 양의 수익률을 거둘 수 있다. 여기에 저축이 증가하고 사람들의 시간선호가 낮아지는 등 이 모든 면이 합쳐져 명목 대출 금리가 거의 0퍼센트가 되게 할 것이다. 신용도는 이자를 지불할 의지가 아니라 대출 승인에 의미가 있을 뿐이다. 그러나 이러한 대출은 가족, 친구 등 서로 반복적으로 마주치는 지인들 간에 발생할 가능성이 더 크다. 낯선 사람끼리 혹은 직업적 관계에서는 단지 보관 비용을 절약하겠다고 모험을 감수하고 기꺼이 자본을 내주며 대출해 주기가 쉽지 않다. 따라서 대출 기관은 대출로 고정 수익을 바라는 대신, 주식 투자와 투자 기업의 실적에 따른 배당 수익을 추구할 것이다.

그렇다면 은행을 포함해 모든 기업은 무일푼으로 망할 가능성까지 열어두어야 할까? 부분 지급 준비제에서는 그러한 결과를 막기 위해 중앙은행이 연화를 새로 발행해 예금자를 보호한다. 반면에 경화 체제에서는 모험에 따른 자본 손실로부터 예금자를 보호할 수 있는 리스크 보호 기술이 없다. 은행은 분산 투자를 하겠지만 수익 하한선이나 손실 상한선이 얼마라고 보장할 수는 없다. 예금자의 손실을 보호할 장치가 없다면, 예금자로서는 상승 여력에 아예 한계가 없는 상황도 마다할 이유가 없다. 성공할 때 상승폭은 고정되어 있고 실패할 때 하락폭은 무한한 투자 수익에 안주할 이유가 있겠는가? 예금자들은 은행이 사업에 투자한 결과에 따라 이익과 손실을 공유하는, 실제 수익을 내는 모델을 더 매력적으로 여길 것이다. 은행의 역할은 만기 불일치 해소, 차용인과 대출 기관 간의 위험 평가, 올바른 투자 프로젝트의 선정에 집중될 것이다.

15장

만약 암호화폐로
에너지 문제를
해결할 수 있다면

비트코인은 다른 곳에서라면
팔리지 않을 전기를 판매한 생산자에게
보상을 제공함으로써
전 세계 여러 지역에서
가장 저렴한 에너지원을 이용할 수 있다.

이 책의 1부에서 논의했듯이, 법화 본위제는 실물화폐를 운반해야 할 필요성을 정부가 통제하는 법화 결제망으로 대체함으로써 실물화폐의 공간적 판매성 문제를 해결한다. 법화는 화폐 토큰을 발행하고 청산할 독점권을 확립함으로써 모든 화폐성 기초 자산을 중앙 법화 노드에 의해 임의로 할당되거나 삭제된 가상 토큰으로 변환한다. 법화는 그 자체로 모든 거래를 취소할 수 있고, 모든 잔액을 압수할 수 있으며, 없는 토큰을 대량으로 뚝딱 생성해서 특정 계정 항목에 집어넣을 수도 있다. 은행 시스템의 모든 가치와 진실은 결국 정치 논리로 결정되며, 시간이 지날수록 이런 식의 가치 배분은 법화 사회에서 경제적 생산을 제치고 부를 창출하는 원천으로 자리매김한다. 가치를 결정하는 요인이 자유 시장경제의 힘에서 정치적 연줄로 바뀌면 사회의 제도와 경제적 합의가 훼손되고 파괴된다. 법화 시스템이 오래 지속될수록 보상 제도가 논공행상의 특성을 띠게 된다. 금융 시스템의 정치적 통제가 권력과 부를 거머쥐는 통로라면 경제주체들은 정치인과 중앙정부의 대리인에게 영향을 미치려고 큰돈을 쓸 것이다. 국내 정치든 국제 정치든 승자가 이 메커니즘을 통제하며 부를 쌓고 파괴하기를 종잡을 수 없이 반복하면 격렬한 갈등이 일어날 가능성이 크다.

하지만 비트코인은 화폐 및 금융 시스템의 운영 방식에 완전히 다른 기술을 적용한다. 당국의 역할이 필요하지 않은 비트코인 시스템은 전적으로 검증을 기반으로 한다. 특정 개수의 코인에 대한 통제권을 한 주소에서 다른 주소로 이전하려면 네트워크상 보내는 주소와 해당 개인키의 명령만 있으면 그만이다. 관련 개인키 없이는 경제, 금융, 정치, 종교 등 어떤 특정 분야의 세력도 코인을 전송할 수 없고, 개인키를 통제하는 사람이 이미 전송된 코인을 되돌릴 수도 없다. 이 기술 때문에 비트코인은 화폐와 결제에 관한 한 중립성을 지키되 정치성을 배제할 수 있다. 비트코인은 제대로 사용하기만 하면 제 역할을 하는 기술이고 당국의 감독이 필요하지 않으므로 용법 측면에서 신용카드보다 칼이나 수레바퀴와 비슷하다. 한때 전화는 연락하고자 하는 상대방에게 전화를 걸려면 실제 교환수가 직접 수동으로 연결해 줘야 했다. 그러다 전화가 자동화되면서 수동 연결 때보다 비용이 극도로 줄었다. 비트코인은 이 개념을 국제 송금과 통화정책에서 구현했다.

작업 증명은 기록 보관의 자동화를 가능하게 한 엔지니어링 기술의 놀라운 위업이다. 이 독특한 기술은 감독 기관이 할 일을 완전히 없애준다. 작업 증명의 원리상, 중앙정부도 금융 대기업도 블록체인에서 검증된 거래를 변조하거나 변경할 수 없다. 비트코인의 탈중앙화 특성은 부자나 빈자나 모두 같은 규칙을 따르게 한다. 비트코인은 거래 기록과 소유권을 자발적 합의로 결정하는 노드들로 구성된 네트워크다. 작업 증명은 특정 권력의 뜻을 따르지 않고 미리 정해진 규칙 집합 내에서 자동화된 합의 공식을 허용하는 기술이다. 즉, 지배자가 없는 규칙 시스템이다.

## 비트코인 채굴: 무정부 기술

비트코인 시스템에서 모든 노드는 원하는 거래 기록이나 통화정책을 자유롭게 사용할 수 있으며, 여기서 사기 행위가 나타나더라도 못하게 막거나 처벌할 어떤 당국도 존재하지 않는다. 그러나 노드가 합의에 따라 작동하고 네트워크와 합이 맞으려면 작업 증명 수학 문제를 푼 채굴자가 제시한 블록체인에 거래를 추가할지만 고려하면 된다. 노드는 채굴자가 블록에 추가하려는 거래의 유효성과 작업 증명 솔루션의 유효성을 거의 즉시 아주 저렴한 비용으로 확인할 수 있다. 그러나 네트워크에 거래를 기록하려면 작업 증명 문제를 푸는 과정에서 채굴 장비를 가동하고 전력을 소비해야 하기 때문에 채굴자에게 비용이 매우 많이 든다. 그래도 난이도 조정 덕분에 그 비용은 항상 채굴에 주어지는 보상에 가깝다. 이처럼 작업 증명 문제를 푸는 비용과 답을 확인하는 비용 사이의 비대칭이 바로 비트코인 보안 모델의 핵심이다. 이러한 비대칭성 때문에 채굴자가 사기를 저지르거나 심지어 사기를 시도하기만 해도 비용이 많이 든다. 그리고 작업 증명을 해결한 채굴자가 제시한 아주 소수의 블록만 고려하고 감시하면 되므로 노드끼리 합의에 도달하기도 매우 쉬워진다.

기록에 사기 치는 비용은 많이 들되 이를 거부하는 비용은 저렴하다면 사용자들이 합의에 이르기가 쉽다. 새로운 블록을 각각 생성하는 비용이 항상 대략적인 보상 범위 내에 있도록 보장함으로써 비트코인 노드는 합의에 도달하는 연산력과 정치적 부담을 덜거나 간소화해 평화롭고 믿음직하고 명백하고 간단하게 합의를 달성할 수 있게 한다.

반면에 작업 증명이 없는 통화 체제에서는 사기, 허위 거래, 인플레이션에 따르는 비용이 크지 않다. 즉, 작업 증명이 없으면 큰 대가를 치르지 않고 사기를 치려 할 수 있으며 부정 이익을 취득하기가 비교적 쉽다. 금전적 소유권과 관련된 다툼이나 갈등은 경제 규모가 커질수록 당연히 증가하게 마련이고, 이러한 갈등을 풀려면 판결과 처벌이 필요하다. 그렇다면 결국 다른 사람의 결정을 무효화하거나 타당성을 판단할 권력 기구가 어떤 형태로든 등장할 수밖에 없다. 작업 증명이 없는 통화 체제는 결국 주관적이고, 인간의 이기적 본성과 역사적 기록을 감안할 때 중립성을 오래 유지하지도 못한다. 대신 정치적, 군사적 분쟁의 결과에 따라 작동한다.

거래 기록의 타당도를 평가하는 한 가지 방법으로서 작업 증명은 정치적, 전략·지정학적 충돌을 효율적으로 대체할 기술이 될 수도 있다. 법화와 이에 수반되는 화폐 인프라를 이용할 때는 시스템을 통제하는 정부 당국의 정직성과 권한에 의존해야 한다. 반면에 비트코인을 이용할 때는 특정 개인이나 권력에 의존할 필요가 없다. 비트코인 네트워크가 거래를 청산하고 통화정책을 유지할 수 있는 이유는 사용자들에게서 이익을 얻고 블록 보상을 받기를 원하는 사람만 있으면 어디서나 작동하는 기계적 과정이기 때문이다.

비트코인은 사실상 장부의 진실성을 가장 높은 값을 부르는 사용자에게 판매하지만 입찰 행위에 따르는 비용을 매우 높게 부과해 사기나 규칙 위반 행위를 네트워크의 다른 구성원들이 매우 쉽게 감지할 수 있는 메커니즘을 제공한다. 그 결과 사용자들은 정직하게 행동할 수밖에 없는 강력한 동기가 부여되고, 수천 명의 네트워크 구성원들이 약 10분마다 만장일치로 평화롭게 합의에 도달한다. 이 시스템이 작동하게 하는 열쇠는 입찰자가 자신의 소유권을 주장하려면 자원을 소비해야 한다는 것이다. 비트코인 네트워크 노드는 작업 증명 문제를 풀지 않으면 블록 생성을 절대 검토하지 않으며, 이는 '큰 비용과 맞바꾼 위조 불가능성'을 입증할 수 있는 활동을 수행한 사람들만 입찰하도록 보장하는 효과적인 메커니즘으로 판명되었다.[104]

법화 체제에서의 결제 플랫폼은 작동하는 데 작업 증명이 전혀 필요하지 않지만, 법화 체제에서도 사실상 작업 증명과 비슷한 일이 벌어지고 있다. 법화 장부를 업데이트하는 데는 비용이나 에너지가 거의 필요하지 않지만, 정치적 갈등과 전쟁을 일으켜 장부에 대한 통제력을 획득하는 데 많은 에너지가 소모된다. 법화는 권력자가 다른 모든 사용자의 몫을 몰수할 수 있는 기술이므로 각 민족과 국가가 이 권력을 얻고 지키기 위해 싸우느라 많은 에너지를 소모한다. 법화 체제에서 작업 증명 비용과 장부의 통제력은 결국 전쟁이라는 원시적인 패권 다툼으로 귀결된다. 짧은 시간에 압도적으로 많은 에너지를 쏟아부어 적에게 굴복을 강요할 수 있는 집단이 항상 장부를 손에 쥐게 된다.

군사적 충돌은 결국 가장 원시적인 권력 경쟁이다. 적을 해치우기 위해 더 많은 물자를 이동하고 더 많은 물리적 에너지를 투입할 수 있는 자가 승리하기 때문이다. 영국은 제1차 세계대전으로 법화를 탄생시켰고, 미국은 제2차 세계대전으로 세계 최강국이 되어 전후에 법화 시스템을 설계하고 인플레이션을 세계에 수출할 능력이 생겼다. 미국의 통화 패권은 오늘날 전 세계에 퍼져 있는 군사 기지 네트워크와, 단시간에 지구 전역에 압도적인 군사력과 파괴력을 자랑하는 대형 항공모함 등을 통해 뒷받침되고 있다. 이러한 패권의 과시와 함께 달러가 전 세계적으로 흘러들어 글로벌 통화 체제의 기본 레이어로 자리 잡았다. 미국이 대외적으로 군사 패권을 유지하기 위해 소모하는 국력과 전세계에서 수행하는 끊임없는 전쟁의 소용돌이는 바꿔 말하면 미국 달러와 통화 당국이 전 세계적인 자본의 이동을 촉진하는 글로벌 금융 시스템의 역할을 유지하기 위해 소모하는 노력과 에너지이기도 하다.

이 분석의 요점은 미국의 외교정책을 비난하려는 것이 아니다. 물론 비난받아 마땅하긴 하지만, 그보다는 전 세계 200여 개국에 흩어져 있는 수십억 인구가 모두 똑같은 정치권력에 굴복하지 않고서는 하나의 통화 체제로 서로 무역을 할 쉬운 방법이 없다는 것을 밝히려는 것이다. 미국이 20세기 내내 고립주의 외교 노선을 따랐더라도 어차피 다른 나라 정부가 세계의 중앙은행 역할을 맡았을 것이다. 법화의 세계에서는 모든 거래 당사자에게 규칙을 부과할 글로벌 중앙 권력 기구가 필요하며, 그 권력을 쥐었을 때 얻는 보상은 더할 수 없이 매력적이다. 법화가 화폐 기술의 정점에 있는 상황에서 미국의 글로벌 제국주의에 대한 대안은 다른 국가의 제국주의이거나 분할된 통화 체제로 인한 각국의 끝없는 갈등이 될 것이다. 그 결과 국제무역에서 분업의 원리가 축소될 가능성이 높고, 인류에게나 경제에나 파멸적 결과를 초래할 것이다. 어떤 정치권력 집단이 통화 체제를 장악하든 간에, 법화의 작업 증명 메커니즘은 지나치게 큰 비용이 들고 비효율적이다.

비트코인은 법화 체제에서 나타나는 특징인 정치적 갈등을 독창적이고 효율적으로 해결할 대안 기술이다. 비트코인은 작업 증명을 전쟁터에서 수행하는 대신 고효율 기계인 비트코인 채굴기에 작업 분량을 전진 배치한다. 누구든 나서서 글로벌 거래 장부를 업데이트할 수 있다. 이 명예를 누리려면 현재 시세를 지불하면 그만이다. 이는 법화 체제의 현실과 유사하다. 중앙정부와 중앙은행의 지위를 차지하면 누구나 자국의 결제 시스템과 법화 토큰의 분배를 통제할 수 있고, 전쟁에서 미국을 무찌를 수 있는 세력이 있다면 누구든 글로벌 통화 체제를 장악할 가능성이 있기 때문이다. 기술 진보와 세계무역 덕분에 법화는 금으로 대변되는 순수한 화폐 모델을 사실상 무너뜨리고 힘이 곧 정의인 모델로 대체할 수 있었다.

비트코인도 장부를 통제하려면 힘이 있어야 한다. 대신 그만큼 힘을 소모해야 하고 그렇게 행사한 힘을 모든 네트워크 구성원에게 극히 저럼한 비용으로 검증받아야 한다는 규칙을 천명한다. 비트코인 사용자는 네트워크에 참여함으로써 이러한 상충관계를 전제로 한 보안 모델을 암묵적으로 수락한다. 무엇이 진짜이고 사기인지 판단할 권력 기구는 없다. 또 누구든지 원하면 거래 기록을 제시할 수 있지만, 그러려면 자신이 기록하려는 블록에서 얻을 수 있는 이득에 대략적으로 상응하는 비용을 지출해야만 한다. 비트코인은 사용자가 권력을 행사하는 법을 현실적이고 냉철하게 인식할 것을 조건으로, 이 권력이 남용되지 않도록 진실과 평화를 수호하기 위한 자발적 검증 방식의 독창적인 엔지니어링 기술을 토대로 한 해결책이다.

## 비결은 난이도 조정

비트코인은 블록 생성을 위한 합의에 앞서, 먼저 채굴자가 자원을 소비해야 작동하는 보안 모델이다. 그러려면 스팸 공격을 막을 수 있을 만큼 작업 증명의 가치가 높아야 하지만 정직한 채굴자의 채굴을 방해할 정도로 높아서는 안 된다. 이를 보장하기 위해 비트코인은 채굴 난이도, 즉 작업 증명 문제를 해결하는 예상 시간을 조정할 알고리즘을 이용한다.

비트코인 채굴자들은 정답을 찾기까지 반복적으로 추측하고 확인함으로써 작업 증명 문제를 푼다. 이는 확률적 과정으로, 추측에 더 많은 처리 능력을 쏟아부을수록 단위 시간당 더 많은 추측이 이루어지고 정답을 더 빨리 찾을 수 있다. 비트코인 채굴 난이도는 정답을 추측하기 얼마나 어려운지를 나타내는 척도다. 비트코인 네트워크는 현재의 연산 처리 능력으로 정답을 찾기까지 걸리는 시간을 10분으로 정밀 조정하기 위해 2주마다 난이도를 조정한다.

처음에 비트코인 난이도는 1로 설정되었는데, 이는 네트워크의 컴퓨터들이 평균 10분 내에 작업 증명 문제를 풀 것으로 예상된다는 의미다. 그러다가 네트워크에 컴퓨터가 증가할수록 문제를 푸는 시간이 단축되기 시작해 블록이 더 빨리 생성된다. 그러다가 네트워크의 처리 능력이 다시 떨어지면 블록 생성을 완료하는 데 10분 이상이 걸린다. 블록 2016개당, 즉 약 2주마다 블록 생성 시간을 최적 수준인 10분과 비교하고, 직전 2주 동안의 평균 처리 능력으로 시간을 10분으로 맞추기 위해 난이도를 조정한다. 중요한 것은 이것이 명확한 과정이 아니라 2주에 걸쳐 차차 수행되는 정밀 조정이라는 점이다. 블록 생성 시간이 딱 10분으로 맞아떨어지는 경우는 거의 없지만 장기적으로 평균치는 10분에 가깝다.

비트코인 아키텍처의 대부분 요소는 비트코인에만 있는 기술이 아니라 사토시 나카모토가 백서를 발표하기 이전부터 존재했던 것들이다. 공개키 암호화, P2P 네트워크, 작업 증명, 해싱, 머클트리는 모두 비트코인보다 몇 년 전에 개발되었다. 비트코인의 기발함은 이 모든 것을 결합했다는 점에 있었고, 이 레시피를 가능하게 한 마법의 재료는 채굴 난이도를 조정하는 알고리즘이었다.

채굴 난이도 조정은 비트코인 네트워크와 현실 경제 간의 연결 고리다. 난이도 조정이 있기에 비트코인은 새로운 마이크로칩 기술이 등장하거나 지정학적 변화로 주요 채굴장에서 작업이 중단되더라도 개의치 않고 평상시처럼 돌아간다. 그래서 수요가 얼마나 됐든, 구조를 변경할 필요 없이 정상 작동할 수 있다. 약 10분의 블록 생성 시간을 정밀히 맞추기 위해 난이도를 조정한다는 것은 네트워크상 정해진 일정에서 벗어나지 않게 코인이 생산되고, 통화정책을 계속 유지하며, 앞서 언급한 보안 모델이 그대로 유지된다는 의미다. 네트워크에 블록을 생성하기 위해 소모하는 비용은 그로 인해 얻는 보상 금액과 항상 비슷하다. 비트코인의 가치가 증가할수록 난이도를 조정해서 거래를 네트워크에 기록하는 비용을 증가시킴으로써 사기, 과잉 공급, 분쟁 등의 형태로 네트워크를 공격할 때 치러야 할 비용이 높아지게 한다. 난이도 조정으로 새 블록을 채굴하는 비용과 보상이 서로 비슷해지므로 네트워크의 보안성이 보장된다. 또 비트코인 가치가 상승할수록 채굴에 들어가는 에너지 자원이 증가하고, 과잉 공급이나 사기로 네트워크를 공격해 성공할 경우의 가치도 상승한다. 난이도가 상향 조정되면 네트워크 노드에 추가 블록을 제시하는 비용도 그에 비례해 증가한다.

난이도 조정은 단순히 현실 경제에 있는 모든 요소를 비트코인 네트워크에 가져와 블록 생성 시간이라는 하나의 지표로 구현한 축소판이다. 프로토콜이 블록 생성 시간을 목표치인 약 10분으로 맞추기 위해 난이도를 조정하므로 네트워크는 수요가 얼마든 상관없이 계속 예정대로 작동한다. 따라서 비트코인은 유동적 재화 중 유일하게 공급 탄력성이 완전히 비탄력적이다. 즉, 비트코인의 공급량이 엄격히 제한되어 수요가 증가해도 대응할 수 없다. 네트워크에 비트코인을 채굴하는 컴퓨터가 아무리 많이 참여하더라도 비트코인의 공급량은 증가하지 않고 채굴을 위한 작업 증명의 난이도만 높아진다. 이 자동 조정 과정이 바로 비트코인이 다른 모든 화폐 자산과 차별화되는 점이다. 어떤 금속이든 수요가 증가하면 해당 금속의 생산에 박차를 가하게 되므로 공급량이 이전보다 빠른 속도로 증가한다. 다른 모든 시장 재화나 화폐 자산도 수요가 증가하면 공급량이 많아진다. 그러나 비트코인은 수요가 증가하면 네트워크 보안이 향상될 뿐이다.

비트코인 채굴은 스포츠 경기와 같다. 우승 트로피가 단 하나인데 더 많은 사람이 경쟁에 참여한다고 트로피 개수가 늘어나지 않기 때문이다. 그래서 트로피를 차지하기가 더 어려워질 뿐이다. 이 점이 사실상 비트코인 생산에 투자된 비용이 비트코인 가치와 거의 동일하다는 것을 보장하는 동시에 비트코인이 경화임을 입증한다. 채굴자가 비트코인을 생산하는 비용이 저렴하다면 그만큼 수익성이 좋을 것이므로 다른 채굴자들도 합류할 것이다. 그러면 난이도가 높아져 생산비가 증가할 테고, 결국 이윤이 사라지든지 전기료 부담이 덜한 채굴자만 남든지 둘 중 하나가 된다.

난이도 조정은 이전에 시도된 디지털 화폐에서 볼 수 없었던 비트코인의 중요한 성공 요소다. 비트코인은 난이도 조정으로 생산 비용을 항상 가격에 근접하도록 함으로써 경화의 특성을 계속 유지할 수 있다. 시장가격과 큰 차이가 나는 비용을 들여서까지 끈질기게 화폐를 생산할 사람은 아무도 없다. 또한 '도표 22'에서 볼 수 있듯, 난이도 조정은

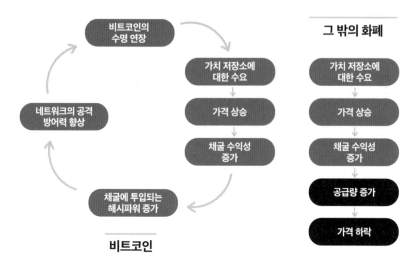

**도표 22 화폐로서 비트코인의 고유 특성**

비트코인에 타의 추종을 불허하는 견고한 경제적 인센티브를 부여해 긍정적인 피드백 루프를 형성한다. 이 난이도 조정의 원리를 모르고서는 비트코인 가치의 엄청난 상승세를 이해할 수 없다.

시간이 지남에 따라 비트코인 시세가 상승하고 네트워크에 참여하는 채굴자가 늘어나 해시레이트hashrate(전 세계 네트워크에서 비트코인 채굴에 동원된 연산 능력)가 계속 거침없이 증가하는 가운데서도, 비트코인 생산은 평상시와 같은 속도로 진행되고 있다. 보안이 향상될수록 네트워크에 저장된 가치도 증가했다. 난이도 조정은 더 많은 비트코인을 생산하려는 채굴자의 욕구를 네트워크의 보안성 강화로 전환하는 동시에 공급량은 계속 예정된 속도로만 증가하게 한다.

비트코인은 보안을 위해 정해진 전기량이나 해시레이트가 필요하지

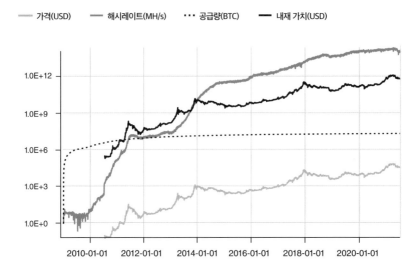

않다. 그 대신 채굴 하드웨어를 생산할 막대한 자본 인프라를 지속적으로 끌어올 전기와 해시파워의 유동성 시장을 마련해야 한다. 전기와 연산 처리 능력의 소모에 대한 보상으로 단순히 풍부한 유동성을 제공함으로써 비트코인은 자원을 화폐화하기 위해 전기와 연산 처리 능력을 가장 효율적으로 사용하는 생산자를 계속 끌어들인다. 이러한 독특한 시장이 앞으로도 계속 존재하고 가치 있는 보상을 제공하는 한, 비트코인을 아무리 공격하려 해도 비용만 많이 들 뿐 성공 가능성은 거의 없을 것이다. 특히 비트코인이 전력 시장에 미치는 영향에서 보자면, 비트코인은 전 세계 어디가 됐든 값싼 전력을 열심히 먹어치우는 소비자다. 누구든 네트워크를 공격하려면 중앙에서 값비싸고 막대한 양의 에너지를 동원해야 하지만, 비트코인은 다른 곳에서라면 팔리지 않을 전기를 판매한 생산자에게 보상을 제공함으로써 전 세계 여러 지역에서 가장 저렴한 에너지원을 이용할 수 있다.

비트코인이 결국 기술 설계의 결함으로 무너질 최후의 날이 오리라는 시나리오는 비트코인이 시스템의 성공적인 실행을 위해 제공하는 경제적 인센티브를 고려하지 않은 가정이다. 디지털 경화에 대한 수요가 존재하는 한, 전 세계의 수백만 사용자는 비트코인의 명맥을 잇기 위한 해법을 찾으려는 동기를 계속 부여받는다. 비트코인은 작동에 필요한 기술 사양이 매우 간단명료하다. 그 대신 막대한 인센티브라는 아주 단순한 구조가 있기에 기술적인 정교함을 거의 필요로 하지 않는다.

## 비트코인이 생산할 연료

에너지에 관한 가장 흔한 오해 중 하나는 에너지 부존량이 부족하거나 한계가 있다는 것이다. 사람들은 우리가 무엇을 가열하거나 이동할 때마다 소비하는 에너지를 지구가 충분히 공급하기에는 한계가 있다고 인식한다. 이러한 희소성의 관점에서 에너지를 소비하는 모든 행위는 지구의 한정된 에너지 공급량을 고갈시키는 나쁜 것으로 간주된다. 주류 언론계와 학계는 에너지 시장을 마치 에너지를 소비하는 모든 개인이 다른 사람들이 쓸 에너지를 빼앗는 제로섬 게임인 것처럼 취급한다. 그러나 에너지는 인간이 자연에서 추출하는 생산물이므로, 에너지를 소비할수록 더 많은 생산이 촉진될 뿐이다. 에너지의 희소성 개념은 절대적 양이 아니라 원하는 시간과 장소에 고출력으로 전달하는 능력을 바탕으로 한다.

인간이 소비는 물론 개발할 수 있는 에너지 자원의 총량은 계량화할 수 없을 정도로 사실상 무한하다. 매일 지구에 도달하는 태양에너지는 전 세계 에너지 소비량의 수백 배에 달한다. 매일 매시간 흐르는 강물도 전 세계 에너지 소비량보다 더 많은 에너지를 포함하고 있다. 풍력에너지와 땅 밑에 묻혀 있는 탄화수소 연료, 그리고 이제 막 실용화 단계에 들어선 핵연료는 말할 것도 없다.

가장 명백한 에너지원인 태양광부터 거론하자면, 태양만으로 매년 385만 엑서줄의 에너지가 지구에 쏟아진다. 이는 인간이 매년 소비하는 에너지의 7000배가 넘는 양이다. 실제로 '한 시간' 동안 지구에 떨어지는 태양에너지의 양은 전체 인류가 1년 동안 소비하는 에너지보다 많다. 전 세계에 있는 풍력 에너지의 양은 세계 인구가 소비하는 총 에너지의 약 네 배. 일부 추산에 따르면 수력발전의 잠재적인 연간 전력 용량은 약 52PWh, 즉 전 세계에서 소비되는 전체 에너지의 3분의 1에 해당한다. 지구의 탄화수소 연료 매장량은 인간의 소비가 증가함에 따라 매년 계속 증가하고 있다. 소비가 증가할수록 석유 탐사와 굴착, 수압 파쇄 등 신기술도 발전하기 때문이다. 그래서 에너지 기업들은 언제나 화수분처럼 계속 매장량을 발견한다.[105]

해가 뜨고, 강이 흐르고, 바람이 부는 한 에너지는 고갈될 수 없고, 땅 밑에 있는 탄화수소 연료와 핵연료는 우리가 측정할 수 있는 양보다 훨씬 많기 때문에 인류가 에너지 부족 문제를 겪을 리 없다. 에너지는 인간이 원하는 대로 사용할 수 있도록 꾸준히 공급된다. 에너지 가용성에 유일한 제약이 있다면, 인간이 이러한 에너지원을 공급지에서 수요지로 운반하기까지 얼마나 많은 시간을 할애하느냐. 적기와 적소에 적정 수준으로 에너지를 공급하는 비용을 따지지 않는다면, 결국 모든 에너지는 공짜다. 에너지 비용은 이 에너지를 가용 상태로 특정 시간 내에 특정 양만큼 수요지까지 수송하기 위해 공급망에 비용을 지불해야 하므로 발생한다. 에너지를 희소 자원이라고 보는 관점은 인간이 수동적으로 소비할 수 있는 불변의 자원량이 정해져 있다고 가정하므로 옳지 않다. 가용 상태의 에너지는 인간이 자연력을 필요한 곳으로 운반해 생성한 산물이다. 비트코인을 제외한 모든 경제적 재화가 그렇듯, 이 재화의 생산량에 자연적인 한계는 없다. 유일한 한계는 인간이 그 재화를 생산하기까지 할애하는 시간이고, 이 시간은 생산자에게 도달하는 가격 신호 메커니즘을 통해 결정된다. 에너지 수요가 증가하면 사람들은 더 많은 에너지 비용을 지불할 의향이 생기며, 그 결과 생산자는 다른 재화를 생산하는 대신 해당 에너지 생산을 늘리려는 자극을 받는다. 즉, 원하는 사람이 많아질수록 생산량도 늘어난다. 비트코인 이전 시대의 모든 유형의 희소성과 마찬가지로 에너지의 희소성은 다른 재화의 기회비용에 따른 상대적 희소성이다.

비트코인 채굴은 에너지 집약적이고 수익성 높은 방법으로 에너지를 소비하며, 어디서나 생산할 수 있는 산출물을 디지털 방식으로 판매할 수 있다는 점에서 독특하다. 당국에 의지하지 않고 비트코인 사용자끼리 합의에 도달하는 과정에서 전력 소비량은 점점 불어난다. 그리고 그 전력을 확보하기 위해 채굴자들이 전 세계에서 가장 저렴한 에너지원을 찾고 전산 장비를 가장 효율적으로 사용할 수 있도록 끊임없이 경쟁하게끔 네트워크가 설계되었다. 비트코인은 위치와 생산 방식에 상관없이 값싼 에너지를 찾아 소모한다. 그리고 그 과정에서 고가의 파이프라인, 트럭, 유조선, 열차도 필요하지 않고, 에너지원이 출력하는 전기로 연결된 인터넷만 있으면 된다. 비트코인은 전기를 디지털 방식으로 구매하는 완전히 새로운 기술로, 전기를 생산하고 판매하는 방식을 더 대안적, 유동적으로 만들어 전력 시장에 중대한 변화를 일으킬 것이다. 전기를 사용하는 다른 모든 방법과 달리 비트코인은 전력을 전송할 필요가 없다. 전기를 구할 수 있고 저렴하고 안정적인 전력 수요가 끊이지 않는 곳이면 어디서든 전력을 구매할 수 있다. 이러한 비트코인의 핵심적 특성이 지닌 의미는 이제야 막 주목받기 시작했다.

### 1. 폐기물 에너지

비트코인 채굴의 난이도 조정과 지리적 이동성을 이해하고 나면 비트코인은 필연적으로 저렴하면서 낭비될 소지가 있는 잉여 전력, 즉 기회비용이 0인 에너지를 소비한다는 결론에 도달할 수밖에 없다. 그래서 세계 대부분 지역의 전기료보다 훨씬 저렴하게 전기를 확보해 채굴하는 채굴자만 항상 수익을 거둘 수 있다. 전 세계 평균 전기료는 kWh당 약 14센트로 추산된다.[106] 그렇다면 비트코인 가격이 어느 선에서 형성되든, 전 세계 인구 중 수십억 명이 kWh당 14센트 이하의 비용으로 전기를 공급받아 비트코인을 채굴할 수 있다. 그러다 채굴에 참여하려는 사용자가 늘어남에 따라 채굴 난도가 높아지면 채굴자들의 기대 수익이 줄어들고, 더 높은 전기료로 채굴하는 채굴자들의 수익성은 잠식된다. 난도가 상향 조정되면 전기를 저렴하게 공급받을 수 없는 채굴자들은 손실을 보기 시작한다. 그들은 손실이 누적될수록 결국 작업을 중단하므로, 전기료 부담이 훨씬 덜한 채굴자만 남게 된다.

채굴을 통해 안정적 수익을 확보하려면 kWh당 5센트 미만으로 전기를 확보할 수 있으면 된다. 그보다 높은 전기료로는 채굴자들이 비트코인 가격이 급상승하는 기간에는 수익을 내겠지만 가격이 하락하거나 난도가 상향 조정되면 수익성을 잃게 된다. 비트코인의 난이도 조정은 본질적으로 채굴자들 간에 가차 없는 경쟁을 유발하겠다는 취지다. 이 경쟁은 매우 저렴한 가격으로 전기를 확보할 수 있는 사람들만 성공할 수 있다는 의미다.

주거, 상업, 산업 시설 어디든 에너지 수요가 높은 곳에서는 일상의 필요를 충족하기 위해 돈을 지불하며 그 에너지를 사용하려는 사람들이 있기 때문에 비트코인을 생산하려고 에너지를 소비하면 상당한 기회비용을 수반하게 된다. 반면에 낭비되기 쉬운 잉여 에너지원은 다른 용도로는 수요가 없으므로 기회비용이 0이다. 또 에너지를 안전하게 폐기하려면 번거롭고 위험한 만큼 비용이 많이 들기 때문에 지역에 따라 에너지 가치가 음의 값을 갖는 경우도 많다. 예를 들어 수압 파쇄 현장에서 잉여 가스는 대개 연소되어 소실된다. 또 수력발전 댐은 물이 범람하기도 하고, 화산은 폭발하면 위험한 연기와 용암을 분출할 수 있다. 이들 에너지는 주거지와 산업 중심지로 수송하는 비용이 많이 들기 때문에 활용하기 어렵다.

에너지의 운송과 저장에 드는 높은 비용을 감안할 때, 생산된 전력은 공급자에서 소비자로 이동하는 동안 매우 많은 양이 손실된다. 2019년 전 세계 전력 생산량은 약 17만 3000TWh였다. 그중 약 3분의 1이 사용되지 못하고 소실되어, 인류가 실제 소비한 양은 약 11만 7000TWh였다. 비트코인의 전체 네트워크는 현재 약 120TWh로, 전 세계에서 사용되는 총 에너지의 약 0.1퍼센트를 소비한다. 그러나 비트코인은 다른 곳에 쓰였더라면 소실되었을 에너지를 소비할 잠재력이 있으며, 분명 현재도 그렇게 소비하고 있을 것이다.

비트코인은 연소할 뻔한 메탄, 범람할 뻔한 강물, 방치될 뻔한 유전, 폭발 후 그대로 소실될 뻔한 화산 에너지 등 낭비되기 쉬운 모든 에너지를 화폐화하고 전송하고 소비할 수 있게 한다. 난이도 조정은 기회비용이 가장 낮은 전원에서만 비트코인이 채굴되게 하고 많은 채굴자가 저렴한 에너지를 찾아 사용하도록 자극한다.

비트코인은 지금보다 1000배 성장하더라도 지금껏 인류가 허투루 낭비한 에너지보다 더 많은 양의 에너지를 소비하지는 않을 것이다. 게다가 앞으로도 기회비용이 0이거나 설령 0보다 크다 해도 비트코인 채굴 용도가 아니고는 잠재 수요가 거의 없는 에너지를 주로 소비하며 성장할 것이다. 전력 수요가 많은 지역에서 높은 전기료를 부담해야 하는 소비자들과 달리, 비트코인 네트워크 사용자들은 더 저렴하게 전력을 소비할 수 있다.

## 2. 에너지 발전을 장려하는 비트코인

자본재의 본질적 속성은 생산자의 한계 생산성을 높이는 것이다. 맨손으로 고기 잡는 사람보다 낚싯대를 사용하는 사람이 시간당 생산성이 높고, 또 낚시꾼보다 작은 배와 그물을 갖춘 어부가 생산성이 높으며, 또 어부보다 현대식 저인망 어선이 생산성이 훨씬 높다. 자본축적량이 증가하면 노동자의 한계 생산성이 증가하기 때문에 자본축적량이 많은 나라가 빈약한 나라보다 소득수준이 높다. 인간의 진보와 문명화가 진행되는 과정은 인간이 투입하는 노력 단위당 더 많은 산출물을 생산할 수 있게 자본을 축적하는 과정이다. 더 많은 자본이 축적될수록 노동생산성이 더 향상되고 생산물의 한계비용은 낮아진다.

이 분석을 비트코인의 전력 소비 문제에 적용하면 놀라운 의미를 발견할 수 있다. 비트코인은 세계의 에너지를 '소비'하는 게 아니라, 값싼 에너지 생산을 증진하기 위해 전 세계 에너지 생산자에게 강력한 시장 인센티브를 제공한다. 비트코인은 시세보다 낮은 전기 비용으로 채굴할 수 있는 사람에게 커다란 금전적 인센티브를 제공함으로써 전 세계 어디서나 저렴하고 안정적인 전력 공급원을 개발하는 자에게 매우 큰 가치를 보상한다. 이어서 이 금전적 보상이 저렴한 에너지원을 위한 자본 인프라에 대한 투자를 촉진해 에너지 생산을 증가시키고 비용은 떨어뜨린다. 이는 9장에서 논의했듯, 법화가 불안정하고 간헐적인 에너지원의 사용을 의무화하고 장려함으로써 저렴하고 안정적인 에너지원의 개발을 방해했다는 점과 비교하면 특히 흥미롭다. 비트코인의 성장은 저렴하고 안정적인 전기를 생산할 수 있는 모든 사람에게 계속 커다란 보상을 제공하기 때문에 법정 연료의 성장이 그동안 초래한 피해를 바로잡을 해결책이 된다. 정부가 이 믿음직한 에너지에 세금을 부과하고 규제해 가격을 훨씬 높일지도 모른다. 하지만 비트코인은 거꾸로 정부로부터 시뇨리지를 빼앗아 전 세계에 저렴한 에너지 생산 자금으로 사용함으로써 인과응보 정신을 보여주고 있다.

비트코인의 성장은 전기로 생산된 디지털 재화의 화폐화이고, 비트코인 수요가 증가하면 전력 수요도 증가할 것이다. 비트코인이 이 세계를 얼마나 강력하게 업그레이드할 수 있는지 최대한도를 상상하고 싶다면 첫째로 비트코인의 화폐화가 인류가 발명한 가장 중요한 경제재인 전력 생산을 주도하리라는 점, 둘째로 부채와 법화의 화폐화로 국채 남발과 정부 권력의 확대를 초래한 법화 시스템이 권좌에서 밀려날 것이라는 점을 깨달으면 확실한 답이 나온다. 비트코인은 정부, 관료, 대출 기관, 차용인, 호전적인 군대에 시뇨리지의 혜택을 제공하는 대신 기적의 상품을 생산하도록 유도해 전 인류가 번영하고 암흑, 추위, 질병, 자연재해를 극복할 수 있게 한다.

### 3. 안정적인 에너지

컴퓨터 장비는 비트코인 채굴에 필요한 또 다른 중요한 비용으로, 비트코인을 효과적으로 채굴할 수 있는 컴퓨터 산업은 이제 고도로 전문화되고 경쟁력 있는 수십억 달러 규모의 업종으로 성장했다. 이러한 장비 비용도 비트코인 가격이 상승함에 따라 시장가격이 올라가며, 이 비용을 지불할 여유가 있는 채굴자들이 가장 수익성 있게 작업할 것이다. 채굴자가 주어진 전력에서 최대한 수익을 내려면 항상 안정적으로 전원을 공급받아야 한다. 어떤 채굴자가 전기를 이용하지 못하면 컴퓨터 가치는 하락하고 기대 수익을 내지 못하므로 365일 24시간 장비를 사용할 수 있는 다른 채굴자에 비해 불리해진다. 채굴 가동 시간은 비트코인 채굴자로서 수익을 내기 위해 필수적이다.

비트코인 전력 수요의 특성을 감안할 때 비트코인 채굴에 전력을 공급할 수 있는 에너지원의 추세 중 몇 가지가 눈에 띈다. 태양광과 풍력은 24시간 안정적인 에너지 흐름을 생성하지 못하는 간헐적인 에너지원이기 때문에 비트코인 채굴에서 중요한 역할을 하지 못할 것이다. 이러한 에너지로 가동되는 기계는 상당한 시간 동안 가동할 수 없으므로 비트코인의 가차 없는 난이도 조정을 고려할 때, 지속적이고 안정적인 에너지를 공급받는 채굴자들 사이에서 생존할 가능성이 희박하다. 많은 보조금을 지원받는 태양광과 풍력발전도 단기적으로는 비트코인 채굴에 사용될 수 있지만 장기적으로도 성공적으로 작동할 수 있을지는 의문이다. 이들 에너지원이 에너지를 저장할 배터리 기술로 보완될 것이라는 기대는 배터리가 잡아먹는 전기 때문에 비용이 몇 배 증가할 것이므로 완전히 비현실적이다. 대신 현재 사용 가능하고 저렴하고 신뢰할 수 있는 탄화수소 연료가 채굴 에너지원에서 차지하는 비중이 커질 것이다.

### 4. 비트코인과 에너지의 미래

석유, 석탄, 천연가스도 발전소 가동에 따른 기회비용과 연료 공급으로 인한 운영비가 상당해서 비트코인의 주요 에너지원이 될 가능성이 낮다. 탄화수소 발전소는 안정적인 전력에 대한 수요가 높은 지역에 건설되는데, 이들 지역에서는 전기료가 수익성 있게 비트코인을 채굴하기 위해 필요한 kWh당 5센트보다 훨씬 높다. 이처럼 탄화수소 발전소로 구축된 전력망에서는 기회비용이 큰 까닭에 수익성 있는 채굴이 대규모로 수행될 가능성이 거의 없다. 즉, 유휴 전력이 있어야 채굴할 수 있다. 비트코인은 전력 수요가 증가하기 전까지는 유휴 전력으로 채굴함으로써 비용을 어느 정도 충당할 수 있으므로 미래 성장을 이끌 대규모 발전소 건설 자금을 조달하는 데 보탬이 될 수 있다. 또한 비상사태가 발생하거나 다른 에너지원이 먹통이 되었을 때 필요한 예비 전력을 구축하는 비용 조달에도 도움이 될 수 있다. 정부들이 안정성이 떨어지는 연료 사용을 의무화해 세계의 전력망이 갈수록 취약해짐에 따라, 채굴용 발전소를 건설한다면 가끔 풍력과 태양광이 불가피하게 먹통이 되어도 사용할 수 있는 유휴 전력을 확보할 수 있을 것이다.

탄화수소는 수력발전보다 운송비가 훨씬 저렴하다. 따라서 인간이 정주하는 곳이라면 어디든 수요가 높다. 차량용, 가정용, 도시용, 그 외 모든 용도로 사용할 수 있다. 그러나 항상 매우 생산적인 용도로 사용할 누군가가 있기 때문에 탄화수소는 비교적 기회비용이 클 것이다. 반면에 수력발전은 범람 위험을 고려할 때 일반적으로 기회비용이 매우 작거나 음수가 되기도 한다. 탄화수소와 달리 수력발전 에너지는 주로 수요가 많은 지역에서 멀리 떨어진 곳에서 생산되고, 연료가 필요 없어 운영비가 거의 들지 않는다. 태양광이나 풍력과 달리 수력발전은 24시간 내내 안정적이고 예측할 수 있다는 장점이 있다. 수력발전소의 평균 전기 비용은 통상 kWh당 3~5센트로 채굴자에게 이상적인 수준이다.

인구 밀집 지역에서 멀리 떨어진 곳에서 수력발전소를 운영하면 비트코인 채굴에 매우 성공적인 장기 전략이 될 것으로 보인다.

원자력은 대개 매우 저렴하고 안정적인 데다가, 여러 발전소에서 현지 수요를 초과할 만큼 많은 전력을 생산할 수 있기 때문에 비트코인 채굴에 적합할 가능성이 높다. 그리고 앞서 언급했듯이 또 하나의 매우 중요한 잠재적 채굴 원천은 유전에서 발생하는 메탄가스다. 석유를 생산하려면 다량의 메탄가스를 배출할 수밖에 없는데, 유전에서 메탄가스를 원거리 수송하려면 수익성이 없다. 석유는 일반적으로 태워서 에너지를 얻지만, 비트코인은 장비와 채굴자만 있으면 현장에서 에너지를 구매할 수 있다. 폐기물 소각 시설은 일반적으로 인구 밀집 지역에서 멀리 떨어져 있어서 또 다른 잠재적 에너지원이 된다.

매년 연소로 소각되는 메탄의 총량에는 1500TWh의 에너지가 포함되어 있는데,[107] 이는 비트코인 네트워크 전력 소비량의 약 10배에 해당한다. 수력발전은 2019년에 4306TWh의 에너지를 생산했으며, 이는 비트코인 전력 소비량의 30배 이상이다. 주요 전력망과 인구 중심지로부터 멀리 떨어진 지역에 채굴용 수력발전소를 추가로 짓는다면 수력발전 용량은 훨씬 더 증가할 수 있다. 비트코인은 탄화수소 발전과 핵발전의 잉여 및 예비 전력과 같이 오로지 어차피 낭비되기 쉬운 유휴 에너지원에만 기대어 매우 저렴한 비용으로 성장할 여지가 충분하다. 비트코인이 지구의 에너지를 다 써버린다는 어용 언론계와 학계의 강박적 주장에는 전혀 근거가 없다. 비트코인의 에너지 소비는 채굴 난이도 조정을 통해 주로 기회비용이 매우 낮은 에너지원에 의존하기 때문이다.

3부 최후의 질서

# 16장

## 비트코인은 인간이 발명한
## 또 다른 전기 제품일 뿐이다

비트코인의 시장 보상을
매일 달러 가치로 환산해 합하면
지난 12년 반 동안 평균 투자 수익률이
약 2200퍼센트다.

앞의 13~15장의 분석을 바탕으로 이제 비트코인 화폐 시스템의 진정한 비용과 편익이 얼마이고, 11장에서 살펴본 법화 시스템과 어떤 면에서 비교되는지 논의할 수 있다. 인간 행동과 관련된 문제들이 항상 그렇듯, 탁상공론으로는 인간 행동이 초래한 결과를 바꾸거나 뒤집기 불가능하다. 개발자, 경제학자, 정치인은 어떤 통화 체제가 유용하거나 쓸모없는지 저마다 확고한 의견이 있겠지만, 유일한 정답은 인간이 이러한 기술들을 바탕으로 시장 현실에 반응해 드러내는 행동, 혹은 소비하고 생산하는 재화를 통해 구현한 통화 체제가 바람직하다는 것이다. 학문적 토론은 돈이 별로 안 들지만, 그 후 실행에 옮겼을 때 나타난 결과에는 매우 큰 대가가 따른다.

사람들이 비트코인 네트워크에서 가치를 찾지 못하면 네트워크가 계속 운영될 만큼 비용을 지불하지 않을 것이다. 이 경우 경제학자의 전형적인 반응은 사용자에게 어떤 가치가 있는지 분석하는 것이다. 그들이 비트코인 네트워크가 아무 쓸모도 없고 가치가 없다고 단언해도 대부분 법화에 익숙한 경제학자들이 으레 그렇게 반응하므로 발끈할 필요 없다. 이 장에서는 어용 교과서 이론에 근거해 비트코인 네트워크의 가치를 무시하는 낡은 접근법을 택하기보다, 법화에서 비트코인으로 업그레이드할 때 예상되는 비용과 편익을 살펴봄으로써 비트코인에서 진가를 발견하는 사용자가 갈수록 늘어나는 이유를 설명하고자 한다. 어용학자들은 정부가 지원하는 교과서 속 이론과 일치하지 않는 현실이 비정상이라고 여긴다. 그러나 더 간단하고 논리적으로 설명하자면 비트코인의 급상승세는 자유 시장 화폐로의 회귀를 뜻하며, 우리는 열등재를 몰아내는 우등재의 부상을 목격하고 있다.

## 비트코인에는 얼마의 비용이 들까

### 전기 비용

비트코인이 소비하는 에너지의 양은 이론적으로 해시레이트에서 추정할 수 있다. 이는 네트워크를 유지하기 위해 채굴 기계들이 소비하는 에너지 양의 직접적인 출력값이다. 비트코인 채굴 장비는 얼마나 많은 전력을 소비하고 얼마나 많은 해시를 생성할 수 있는지 사양이 정해져 있다. 해시레이트는 난이도와 블록 생성 시간을 통해 추정할 수 있다. 비트코인 채굴 장비 구성에 대한 합리적 가설과 해시레이트를 통해 특정 시점에서 비트코인 네트워크상 전력을 얼마나 많이 소모하는지에 대한 거의 정확한 추측이 가능하다. 현재 최상의 추정치에 따르면 비트코인의 에너지 소비량은 연간 100~150TWh 범위로 추정된다. 이 엄청난 양의 에너지가 사용자끼리 자발적인 노력으로 이용된다는 사실은 그들이 자산으로서 비트코인과 그 네트워크에 부여하는 가치가 어느 정도인지를 보여주는 증거다.

앞 장에서 논의한 바와 같이 이 에너지의 대부분은 비트코인이 아니었으면 어차피 낭비되었을 것이다. 전기료는 전 세계 평균과 비교하면 거의 항상 매우 저렴해, 아마도 kWh당 2~5센트 범위일 것이다. 여기에 현재 해시레이트에서 전력 소비 비용은 매년 약 20억~60억 달러 상당으로, 비트코인에 쓰이지 않았다면 대부분 소실되었을 에너지에 해당한다. 비트코인은 어디서나 전기를 구할 수 있고 가장 수익을 많이 내는 채굴자만 남을 수 있게 함으로써 수요가 많은 값비싼 전기 공급원을 놓고 경쟁하지 않고 가장 저렴한 전기만 소비한다.

## 네트워크의 총 보안 비용

비트코인 채굴은 경쟁이 아주 치열한 산업이다. 채굴자가 비트코인을 채굴하느라 하드웨어와 전기에 소비하는 비용은 네트워크에서 얻을 수 있는 대략적인 보상 범위 내에 있다. 비트코인을 획득하기 위해 소모하는 비용은 채굴자들이 얻은 전체 보상과 비슷하다고 추정할 수 있다. 이는 채굴자가 블록 보조금block subsidy(각 블록에서 발행되는 신규 코인)과 수수료를 포함해 블록 보상으로 받은 비트코인의 합계다.

채굴에 주어지는 일일 보상은 비트코인 클라이언트에서 정확히 확인할 수 있다. 채굴자가 비트코인 네트워크가 존속하도록 기여하는 대가로 그날그날 받는 보상의 달러 기준 시가는 비트코인의 일일 시세를 통해 확인할 수 있다. 이 글을 쓰는 현재 기준으로 비트코인은 약 6만 6000달러(2024년 4월 23일 기준)에 거래되고 있으며 일일 채굴 보상은 하루에 약 1000비트코인이니 매일 4300만 달러의 네트워크 보안 비용을 지출하는 셈이다. 2021년 7월 말까지 비트코인의 전체 수명을 조사한 결과 네트워크 보안 비용으로 294억 2000만 달러가 소비된 것으로 나타났다. 이 금액이 비트코인 네트워크가 안전하게 유지되도록 채굴자가 지출한 총액의 합리적 추정치라 보면 된다.

## 비트코인은 얼마의 이익을 가져다줄까

### 안전한 저축

비트코인은 전기를 기반으로 경제적 가치를 저축하는 기술이라고 볼 수 있다. 전기와 하드웨어를 투입해 생산된, 인플레이션과 사기 조작으로부터 안전한 저축 수단이다. 저축 메커니즘으로서 비트코인의 효율성은 생산 과정에서 소비된 가치와 생산 후 저장된 가치를 비교해 측정할 수 있다. 비트코인에 저장된 경제적 가치는 비트코인 총 공급량의 시장가치를 최소한도의 근사치로 삼아 계산할 수 있다. 그 가격에 비트코인을 보유한 사람은 다른 화폐나 자산을 보유하거나 소비재를 구매해 가치를 소비하기보다 비트코인을 보유하는 편이 더 가치 있다고 시장에 신호를 보내는 셈이기 때문이다. 비트코인을 보유하는 비용은 채굴자의 보상과 동일하다.

채굴 보상은 사용자가 지불하는 수수료와 각 블록에서 새로 생성된 코인을 포함한 블록 보조금으로 구성된다. 지금까지 수수료는 현존하는 비트코인 대부분에 대해 총 블록 보상의 5퍼센트 미만이었다. 즉, 그동안 전체 블록 보상이 블록 보조금과 비슷했다는 의미다. 채굴 보상 대신 시가총액을 운영 효율성의 중심 지표로 삼고 블록 보상과 블록 보조금이 비슷하다고 본다면, 비트코인 공급량의 증가율, 즉 저량/유량 비율의 역수에 매우 근접해진다. 이쯤 해서 저량/유량 비율로 다시 돌아가 보자. 여기서 저량/유량 비율이 화폐의 지위를 계량화하는 아주 중요한 지표라고 주장한 바 있다. 저량/유량 비율이 낮은 재화는 어떤 이유로든 가격이 오르면 유동적 비축량이 크게 증가한다. 반면에 이 비율이 높은 재화는 기존의 유동적 비축량에 약간만 증가한다. 저축 수단으로서 비트코인의 운영 효율성을 계산하면 저량/유량 비율에 가깝다는 것을 알 수 있다. 이것은 화폐 역할의 본질을 기술 공학적으로 풀이한 것이다. 화폐의 효능은 가치가 하락하지 않도록 버틸 수 있는 정도에 비례한다. 즉, 평가절하 압력에 잘 저항할수록 가치가 높아진다. 비트코인은 공급 증가율이 감소하면서 화폐로서 운용 효율성이 높아져, 비트코인으로 유입되는 가치가 증가했다.

비트코인이 탄생한 이래 현재까지는 채굴 보상과 블록 보조금의 가치가 밀접하게 연동되어 있었지만, 블록 보조금이 감소할수록 전체 블록 보상에서 수수료가 차지하는 부분이 반드시 커질 것이다. 그리고 비트코인의 운영 효율성은 저량/유량 비율에서 벗어나, 전체 시가총액 대비 수수료의 비율로 수렴할 수 있다. 그러다 블록 보조금이 0이 되면 전체 시가총액 대비 수수료의 비율이 얼마나 될지, 그리고 이 비율이 특정 선에 안착하게 될지 지켜보는 것도 흥미로울 것이다.

### 저축 가치의 증진

비트코인의 효율성을 평가할 또 다른 방법은 비트코인이 저축 기술로서 사용자들에게 얼마나 효율적인지를 고려하는 것이다. 현재 모든 비트코인의 시가총액과 코인 생산에 투자된 가치 간의 비율을 기준으로 이를 추정할 수 있다. 비트코인 생산에 투입된 경제가치는 네트워크에서 일일 생산된 비트코인 달러 가치의 합으로 근사치를 구할 수 있다. 언제 어디서든 항상 새로운 비트코인이 생성되고 시장에서 시세대로 판매되고 있다. 채굴자가 한번 채굴한 코인은 그것을 팔지 않아도, 사실상 시장가격으로 매입해 보유하고 있는 것과 결과적으로 같기 때문에 마찬가지로 여기에 포함된다. 주어진 비트코인 시세에서 새로운 코인이 생성되면 그 시세가 유지되도록 비트코인 잔액에 담겨 있는 가치가 증가한다. 이 증가분은 비트코인 가격에 그날 채굴된 비트코인 수를 곱한 것과 같다. 비트코인 시장가치의 비교적 큰 비중을 보유한 기존 비트코인 사용자든 새 비트코인을 구매하는 신규 매수자든, 채굴 비용은 매일 새로 생성되는 코인의 시장가치와 거의 같은 수준으로 갱신된다.

— 내재 가치(USD), 오른쪽 축     —— 시가총액/ 네트워크 보안 비용, 왼쪽 축

비트코인의 시장 보상을 매일 달러 가치로 환산해 합하면 지난 12년 반 동안 시가총액은 6200억 달러, 지출된 총비용은 273억 3000만 달러에 달한다. 평균 투자 수익률이 약 2200퍼센트다. 사실상 비트코인 네트워크의 기본 토큰은 생성 이래 원래 가치의 평균 23배 올랐다. 이처럼 미래의 부를 저축하기 위한 메커니즘으로서 비트코인의 효율성은 보통을 훨씬 능가했다. 우수한 저축 기술이라는 인식과 함께 비트코인에 점점 더 많은 부가 몰리고 있으며, 비트코인의 확실한 희소성 덕에 기존 보유자의 비트코인 가치도 갈수록 오르고 있다.

## 글로벌 가치 확장

비트코인은 단순히 저축을 안전히 지키는 역할에 그치지 않고, 전 세계로 경제가치를 이전하기도 한다. 2021년 7월까지 비트코인은 6억 6000만 건의 거래를 수행했다. 가치를 이전하기 위한 메커니즘으로서 비트코인의 효율성을 추정하려면 거래 가격과 그만큼의 가치를 이전하기 위해 지불한 수수료의 비율을 계산하면 된다. 2010년 10월부터 2021년 7월까지 일평균 수수료는 거래 가격의 약 0.02퍼센트에 달했다. 비트코인의 수명 동안 지불된 대부분 수수료는 거래 가격의 0.05퍼센트 미만이었다. 매일 새로 채굴되는 비트코인의 블록 보조금이 감소할수록 거래 가격 대비 수수료의 백분율이 함께 상승하는 추세임이 분명하다.

이러한 추세는 비트코인의 신규 발행량이 증가하면서 계속될 것이다. 비트코인을 보유하고 거래하려는 수요를 창출하는 요인은 사람들이 비트코인의 가치를 주관적으로 평가한다는 점이다. 비트코인은 블록에서 확정된 거래를 통하지 않고서는 소유할 수 없기 때문에 필연적으로 이 희소한 블록 공간에 대한 시장이 생성된다. 비트코인의 난이도 조정 알고리즘은 채굴 역량을 높이고, 이어서 이러한 블록 생성에 필요한 비용을 높여 이 블록 공간(및 비트코인 토큰 자체)의 희소성을 보장한다. 비트코인 블록을 생성하는 비용은 단순히 시장에서 평가하는 비트코인의 가치를 반영한 값이며, 이는 곧 사람들이 시장에서 비트코인으로 다른 화폐나 재화, 서비스와 교환할 때 부여하는 주관적인 가치다.

비트코인 블록의 시장가치는 채굴자들이 이 블록 공간을 안전하게

**도표 25 발행액 및 거래 비용(미 달러), 보상 대비 비용 비율**

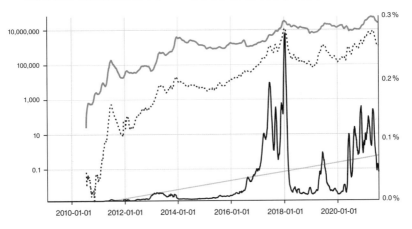

공급할 수 있는 경제적 인센티브로 작용한다. 어떤 시장이든 수요는 소비자들이 원하는 상품을 기업가가 가장 효과적으로 공급하는 방법을 찾도록 자극하는 역할을 한다. 비용과 결제 방법은 저마다 차이가 있겠지만 수요가 있는 곳에는 항상 상품이 공급된다. 결과적으로 비트코인을 보유하려는 수요가 있으면 비트코인을 거래하려는 수요도 생기게 마련이고, 사람들은 온체인 거래에 참여하기 위해 수수료를 지불할 것이다. 블록에 대한 수요가 존재하지 않는다면 막대한 네트워크 보안 비용을 지출해서까지 비트코인 수요가 높게 형성될 일은 없다. 비트코인에 수요가 있는 한, 비트코인 전송에도 수요가 필요하므로 거래 비용은 올라간다.

현재 각 비트코인의 평균 블록 용량은 약 1MB이지만, 이에 대한 경

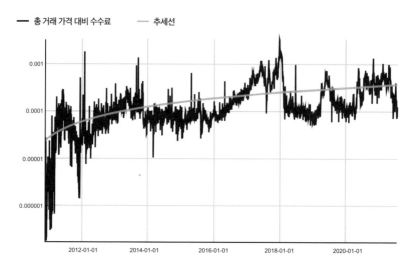

제적 보상은 약 25만 달러에 달한다. 이는 공급 과잉이나 거래 비용 등의 이유로 네트워크 사용자가 최종 부담하는 비용이다. 사용자들은 전혀 인식하지 못하겠지만, 현재 약 900개의 새로운 코인이 매일 시장에 들어오면서 채굴자에게 블록 보조금을 지급하느라 기존 비트코인이 평가절하되고 있다. 비트코인 공급량이 증가할수록 이 블록 보조금이 감소함에 따라, 채굴자들에게 인센티브로 제공하는 보상은 블록을 생성하기 위한 수수료에서 나올 것이다. 비트코인이 계속 작동하기 위해 지불해야 하는 보안 비용은 정해져 있지 않다. 다만 이중 지불이나 블록 재조정 공격을 걱정할 필요가 없을 정도는 되어야 한다. 이러한 공격이 사용자들에게 문제를 일으키면 사용자들은 거래를 확정받기 위해 수수료를 지불해야 할 테니 비용이 더 오를 것이다. 이러한 인센티브 구조 때문에 채굴자와 사용자는 네트워크 유지에 필요한 거래 비용이 얼마가 되어야 하는지 쉽게 알 수 있다. 비트코인의 경제적 인센티브에는 충분한 회복탄력성이 있어서 사람들이 네트워크의 보안을 유지하는 방향으로 자원을 사용하게끔 동기를 부여하는 것으로 입증되었다. 혹시 비트코인의 수명이 다하더라도 수요가 감소해서지, 잘못된 경제적 인센티브(높은 거래 비용) 때문은 아닐 것이다.

비트코인 사용자들이 더 높은 거래 비용도 기꺼이 지불할 것임을 강력하게 시사하는 증거는 이미 나와 있다. 2017년 12월에는 수수료가 거래당 약 50달러로 올랐다. 그만큼 사람들이 경화를 보유하려는 의지가 있는 한, 앞으로도 수수료가 오를 여지는 많다는 의미다. 사람들이 비트코인을 매수하기 위해 통상 지불하는 교환 수수료를 살펴보면 대체로 온체인 거래 수수료보다 훨씬 비싸다. 사용자들이 여전히 이러한 추가 비용을 지불하는 데 거리낌이 없으므로 온체인 거래 비용이 비싸졌다고 해서 비트코인을 포기할 가능성은 희박하다. 비트코인을 장외거래로 구매하기 위한 프리미엄은 훨씬 높아서, 예컨대 P2P 비트코인 구매 서비스 업체인 로컬비트코인LocalBitcoins에서는 매수자가 10퍼센트의 웃돈을 얹어 값을 부르는 일도 드물지 않다.

비트코인의 수요가 감소하거나 사라지면 공급 과잉이나 거래 비용여부에 관계없이 가격이 폭락해 비트코인은 붕괴하거나 공격을 받을 것이다. 그러나 비트코인 가치가 향후 20년 동안 꾸준히 오른다면, 행여 성장 속도가 지난 10년 동안 역사적 수준의 10분의 1에 불과하더라도 현재 물가로 수십조 달러의 가치에 달하는 글로벌 결제 네트워크를

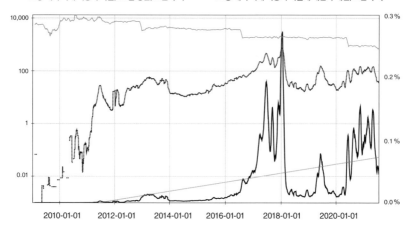

형성할 수 있다. 그 정도면 전 세계적으로 수조 달러에 달하는 일상적인 거래에서도 사람들이 비트코인으로 결제하는 비용을 기꺼이 지불하지 않을까?

이러한 비용을 사람들이 지불할 의사가 있는지 판단할 가장 좋은 방법은 오늘날 국제 결제 비용을 살펴보는 것이다. 비트코인의 가치, 판매성, 유동성이 증가함에 따라 네트워크에서 비트코인으로 거래되는 가치의 규모도 더욱 커질 것이다. 국채 발행 없이 경화 형태의 현금 결제 방식 중 비트코인의 유일한 실질적 대안이 있다면 막대한 비용을 감수하고 금보유고로 결제하는 것이다. 거래 가격의 약 1퍼센트에 달하는 국제 금 거래 수수료와 비교할 때 비트코인 거래 수수료는 거래 액면가의 약 0.02퍼센트로 여전히 무시할 만한 수준이다. 비트코인에서 얻을 수 있는 특유의 이득을 감안해 보면 네트워크의 성장은 물론 거래 수수료의 상승 여지도 엄청나다. 이처럼 네트워크와 유동성이 계속 확대되면 거래 비용은 거래 가격 대비 비율로 보나 시가총액의 절대치로 보나 상승할 것이다.

## 비트코인은 전쟁을 막는다

기능적 측면에서 비트코인은 기존의 저축과 국제 송금 기술을 대체한다. 비트코인이 중앙은행의 역할에 가져오는 개선점을 일종의 기술 업그레이드로 생각하면 도움이 된다. 비트코인과 법화의 전체 비용과 편익을 놓고 보면 확연히 비교된다. 법화는 수동 기술이어서 인간의 실수와 악용에 매우 취약하다. 반면에 비트코인은 디지털 자동 기술이어서 매우 높은 신뢰성을 자랑하고 예측 가능하다. 정부 화폐가 평균 14퍼센트의 공급 인플레이션율과 씨름하는 반면, 비트코인은 예측 가능하고 갈수록 감소하는 공급 인플레이션율로 공급량이 고정된다. 또 비트코인은 정치인과 특수 이익 단체가 결정하는 통화정책과 달리 완벽한 예측 가능성과 투명성을 제공한다. 그리고 무책임하고 무한한 정부 지출 자금을 조달하는 대신 전 세계적으로 저렴하고 안정적인 에너지 개발 자금을 조달한다. 또 무거운 금덩어리를 바다를 가로질러 운송하고 녹여서 다시 주조하는 대신 작업 증명을 사용하므로 노동력이 훨씬 덜 들어가고 보안 위험은 훨씬 적다. 비트코인은 통화 체제를 지배하기 위해 국내외로 폭력적이고 악의적인 권력 투쟁을 조장하는 대신, 폭력을 배제하고 전력을 이용해 장부의 유효성 검증을 자발적으로 해결한다. 비트코인이 전쟁을 끝내지는 못해도 인플레이션을 이용해 전쟁 자금을 마련하는 정부의 능력은 크게 약화할 것이다. 그러나 그보다 더 중요한 것은 전쟁과 통화 체제의 연결 고리를 끊음으로써 전리품을 현저히 줄일 수 있다는 것이다. 이처럼 비트코인은 화폐가 지닌 힘의 쓰임새를 갈등과 지배가 아닌 인류를 위한 저렴하고 풍부한 에너지 개발로 전환할 수 있게 한다.

전기에너지를 이용하는 세탁기는 빨래 시간을 절약하고 세탁 효과도 우수해서, 사람들이 비용보다 편익이 더 크다고 여기고 여기에 기꺼이 비용을 지불한다. 자동차도 마찬가지로 많은 에너지를 소비해야 하지만 사람들은 말똥 치우는 수고 없이 더 빠르고 안전하게 이동하기 위해 기꺼이 그 비용을 지불한다. 철근 콘크리트 주택을 지으려면 석탄을 많이 소모하는 용광로에서 철강을 먼저 생산해야 하지만 사람들은 비바람으로부터 보호해 줄 튼튼한 주택에서 살기 위해 기꺼이 비용을 지불한다. 컴퓨터를 작동하려면 주판보다 훨씬 많은 에너지가 필요하지만 전 세계적으로 컴퓨터 구매량은 계속 증가하고 있다. 손빨래와 세탁기, 장거리 도보와 운전, 주판과 컴퓨터 사이에서 선택해야 한다면 지구상의 거의 모든 사람이 더 에너지 집약적인 쪽을 선택할 것이다.

마찬가지로 비트코인 네트워크에 있는 8000억 달러 이상의 경제가치 중 일부를 차지하기로 선택한 수백만 명의 사용자는 현대의 에너지 집약적 기술을 선택한 소비자와 분명 비슷한 판단을 내린 것이다. 에너지를 생산하고 그 에너지를 더욱 빠르고, 질 좋고, 안전하고, 정교하고, 안정적인 기계를 작동하기 위해 사용하는 것은 인간의 기술 진보와 문명 그 자체의 본질이다. 인류가 전기를 사용하면서 수많은 제품을 상당히 개선했듯이, 비트코인도 우리가 재빠르게 채택하고 있는 또 다른 전기 제품일 뿐이다. 비트코인의 에너지 소비량이 아무리 많아도 그만큼 현실 세계에서 비트코인의 편익에 대한 수요가 있기에 소비량이 증가하는 것일 뿐이다. 비트코인의 에너지 소비에 반대하는 것은 현대판 러다이트 운동이자, 감정적이고 무의미한 이유를 들어 다른 사람들에게 유용한 최신 기술을 포기하라고 요구하는 것이나 다름없다. 다행히 비트코인 사용자들이 보기에 러다이트들은 비트코인을 막을 힘이 없다.

The Fiat Standard

# 초인플레이션의
# 유일한 피난처

비트코인은 그 가치를 입증하려
정부 당국을 설득할 필요가 없다.
사용자에게 가치를 제공함으로써
자유 시장에서 계속 살아남으면 그만이다.

어용 경제학자들이 비트코인에 대해 가장 흔히 오해하는 점은 네트워크가 계속 기능하려면 공인을 받아야 한다는 것이다. 여러 세대에 걸쳐 경제학자들은 정부가 통화 체제와 과학 연구 자금을 통제하는 것을 보고 자라서, 현실이 법화와 법령으로 형성된 산물이라는 확신 속에 세계를 완전히 상의하달식 접근법으로 바라보게 되었다. 어용 경제학자의 관점에서 관료, 과학자, 정치인, 언론인, 그 외 정부 당국은 평범한 대중이 어떻게 살아야 하는지 결정하는 계몽의 선봉장이다. 오늘날까지도 경제학자들은 비트코인이 자신들이 선호하는 화폐의 정의에 부합하는지, 소모하는 에너지만큼 가치가 있는지, 계속 존속하도록 놔둬야 하는지 장황한 이론적 논의에 여념이 없다. 그러나 비트코인의 역사가 쌓여갈수록 이러한 우려는 마치 현대 문명을 처음 접하는 원시 부족의 미신처럼 별스러워 보인다.

비트코인이 계속 승승장구하고, 정부의 감독 없이도 국제 거래에서 결제 완결성을 수행하며, 12년 동안 독자적인 통화정책으로 신뢰성을 유지하자, 정부 명령과 법화가 현실을 결정한다고 믿어온 사람들의 세계관은 큰 타격을 받았다. 비트코인은 그 가치를 입증하려 정부 당국을 설득할 필요가 없다. 사용자에게 가치를 제공함으로써 자유 시장에서 계속 살아남으면 그만이다.

비트코인은 세계 최초의 디지털 희소 자산이자 엄격히 검증 가능한 희소성을 지닌 최초의 유동자산이다. 수익률 개념이 없으므로 주식처럼 수익 목적으로 보유되지 않는다. 대신 사람들은 현금처럼 비트코인이 그 자체로 가치가 있기에 보유한다. 오스트리아학파에서는 사람들이 현금을 보유하는 이유가 불확실성 때문이라고 설명한다. 불확실성이 없어서 미래의 모든 수입과 지출을 완벽하게 예측할 수 있는 세상이라면 현금을 보유할 필요가 없다. 투자 수익을 위해 언제든 자본시장에 돈을 넣어뒀다가 돈이 필요하면 때에 맞춰 현금화하면 되기 때문이다. 그러나 불확실성이 큰 현실 세계에서는 예측할 수 없는 미래를 대비해 현금을 보유해야 한다. 수익률을 노리고 자산을 투자하려면 항상 위험을 감수해야 한다.

4장에서 논의한 바와 같이, 법화는 인플레이션 특성상 현금으로서 기능이 약화되었고, 그 결과 사람들은 다양한 현금 대체물을 찾았다. 사람들은 미래에 대비해 가치 저장의 수단으로서 현금의 기능을 되찾고자 주로 국채는 물론 실물 금, 부동산, 주식을 보유한다. 이제 비트코인도 이 목록에 추가할 수 있는 또 하나의 자산이다. 그러나 비트코인이 이들 자산과 다른 점은 전통적인 법화 은행 시스템과 완전히 다른 방식으로 접근할 수 있고, 국제 결제 수단으로 쓰이기 위해 법적, 정치적 감독이나 규제가 필요하지 않다는 것이다. 또 수요에 따라 공급량을 늘릴 수 없다는 점에서도 다른 자산과 차별화된다. 법화 신용, 채권, 주식, 부동산, 예술품, 원자재, 기타 모든 종류의 현금 대체물은 수요를 따라잡기 위해 공급량이 증가하기도 한다. 그래서 화폐로서의 역할이 본질적으로 제한되어 있다. 가격이 상승하면 필연적으로 공급 과잉과 대폭락을 초래할 것이다. 반면에 비트코인은 가격이 떨어져도 희소성 때문에 항상 과거 가격보다는 제법 높은 수준을 유지한다. 지난 12년 동안 비트코인은 4년 내리 하락한 적이 한 번도 없다. 하루를 제외하고는 항상 4년 전 가격의 5배 이상의 가격을 유지했다. 비트코인의 4년치 가격은 평균 365배 상승했다. 지난 5년간의 데이터만 살펴보면 4년 전 가격에 비해 평균 26.05배 상승했다.

비트코인 블록은 약 10분마다 하나씩 생성된다고 예상할 수 있다. 프로토콜상 21만 블록, 즉 약 4년마다 각 블록에서 생성되는 코인 수는 절반으로 줄어든다. 한마디로 비트코인의 반감기가 4년이라는 의미다. 비트코인이 앞으로의 4년 동안에도 무사히 운영되면 비트코인에 대한 사람들의 인식과 지속적인 생존 가능성이 높아져 주관적인 평가 가치가 오르고 수요도 증가할 것이다. 따라서 비트코인이 계속 작동하고 공급량은 4년마다 절반으로 감소하는 한, 비트코인의 한계 수요는 직전 4년보다 높아지고 한계 공급은 낮아질 가능성이 크다. 경제학자들은 새로운 블록이 생성될 때마다 반감기를 향해서 시한폭탄처럼 계속 재깍

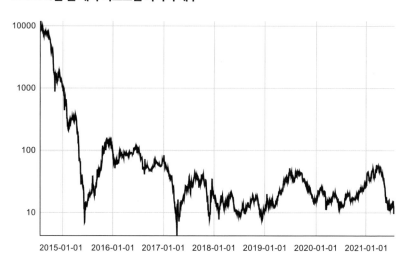

거리기 시작하는 비트코인을 통해 이러한 메커니즘이 세계의 화폐 및 금융 시스템에 어떤 의미를 시사하는지 진지하게 생각해야 할 때다.

비트코인은 대차대조표의 현금 항목에 4년 이상 들고 있을 자산으로 매우 매력적인 선택이다. 법화 당국이 원하든 원치 않든, 비트코인은 이제 세계의 현금 계정을 두고 다른 여러 자산과 자유 시장에서 경쟁을 펼치고 있다. 경제학자, 정치인, 관료의 명령이 아닌 시장 논리에 따라 이기고 지는 경쟁이다. 비트코인이 세계의 현금 계정에서 차지하는 비중이 계속 증가한다면 앞으로도 쭉 성장할 것이다. 현재 비트코인이 현금의 기능 측면에서 접근할 만한 시장은 매우 크게 형성되어 있다. 전 세계에는 약 90조 달러의 광범위한 법화 통화량, 90조 달러의 국채, 40조 달러의 회사채, 10조 달러의 금이 있다. 비트코인은 대차대조

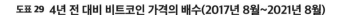

**도표 29  4년 전 대비 비트코인 가격의 배수(2017년 8월~2021년 8월)**

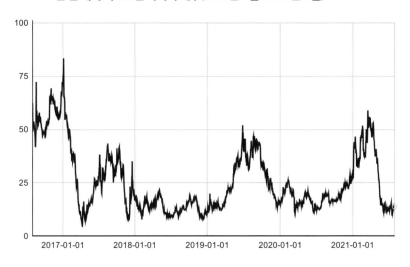

표에서 이 모든 자산을 대체할 수 있으며, 이는 총 230조 달러의 시가 총액에 해당한다. 이 글을 쓰는 현재 비트코인의 시가총액은 약 7000억 달러로 접근 가능한 전체 시장 대비 약 0.3퍼센트다.

또한 비트코인은 사람들이 미래를 위한 저축의 한 형태로 사용하는 다른 준경질자산의 시가총액을 일부 가져갈 수 있다. 여기에는 약 90조 달러의 가치가 있는 주식을 포함해 280조 달러 상당의 글로벌 부동산, 수조 달러 상당의 예술품 시장도 포함된다. 주식, 부동산, 예술품 투자 수요는 계속 존재하겠지만, 이들 자산은 자본재나 소비재로서의 가치 외에 가치 저장의 수단으로 보유하려는 목적도 들어 있기 때문에 현재 가치에 거품이 꽤 끼어 있다. 다시 말해, 인플레이션을 피해 법화로부터 이탈한 현금이 주식, 부동산, 예술품으로 쏠리면서 이들 자산의 평가 가치가 정상적인 수준 이상으로 왜곡되었다. 가치 저장소를 찾는 투자자가 점점 많아지면서 비트코인의 우수한 시간적 판매성이 두각을 드러내고 있는 만큼, 비트코인은 전 세계 인구의 현금 보유분에서 계속 점유율을 확대할 것이다.

화폐의 지위는 화폐성 자산 중 시장이 선택한 결과로 나타나는 것이지, 경제학자들이 이론적으로 평가해서 나온 결과가 아니다. 현대 경제학자들은 자신들이 받는 급여의 원천이자 현대 법화 정부의 가장 신성한 특권인 화폐에도 자유 시장 경쟁이 적용될 수 있다는 가능성을 생각해 본 적이 없다. 비트코인에 만족하는 사용자가 나날이 수백만 명씩 늘어나는 가운데서도 비트코인을 계속 공격하는 비방자와 공직에 있는 경제학자들을 보면 소비자가 각자 좋아하는 브랜드의 신발을 구입하며 만족을 추구하지도 못하게 막으려 혈안이 된 음모론자들처럼 보인다.

비트코인은 지난 12년간 전 세계 대차대조표에 거의 1조 달러의 시장가치로 기록될 만큼 성장했다. 게다가 주도 세력도 부패 세력도 없이, 정부도 막지 못한 채 이뤄낸 성과다. 지난 10년 동안 기하급수적인 연평균 성장률 215퍼센트를 달성했다. 미래에도 비슷한 성장률을 보인다면 2026년까지 230조 달러 선을 뚫을 것으로 보인다. 연평균 성장률을 지난 10년간 추세의 10분의 1 수준인 '겨우' 20퍼센트로 잡아 계산해도 2050년경이면 명목 가치 기준으로 230조 달러에 달할 것이다. 이제 경제학자들은 비트코인 이전의 '자힐리야jahiliyya(무지의 시대)'의 낡은 교과서식 정의를 논쟁하기보다 다음과 같은 실용적인 질문들을 생각하는 편이 훨씬 나을 것이다. 비트코인이 앞으로 얼마나 계속 성장할 수 있을까? 그리고 이러한 지속적 성장의 의미는 무엇일까? 이 장에서는 비트코인이 잘못된 길로 빠지게 할 수 있는 가장 일반적인 위협 요인을 몇 가지 살펴본 다음, 이 위협을 무사히 피한다면 어떻게 발전할 것인지 논하고자 한다.

## 정부의 공격

비트코인의 종말 가능성으로 가장 유력하게 거론되는 시나리오는 정부가 비트코인을 공격하리라는 것이다. 20세기를 살았던 사람들은 정부의 눈 밖에 난 것은 무엇이든 금지될 것이라는 사고방식에 익숙해진 상태여서 처음에는 비트코인도 예외가 아닐 것이라고 믿었다. 정부의 공격은 다양한 형태로 나타날 수 있다. 따라서 여기서는 각 공격의 기술적 실현 가능성을 논하기보다는 비트코인이 공격에서 살아남을 기회로 작용할 더욱 심층적인 경제적 인센티브에 초점을 맞출 것이다.

기능적 측면에서 비트코인은 극도로 기본적인 기술을 구현해 아주 간단하고 쉬운 작업을 수행한다. 대개 약 10분마다 크기가 1MB(최대 3.7MB)인 블록에 거래 데이터를 기록해 전 세계 네트워크 사용자 수천 명에게 전파한다. 이처럼 합의된 프로토콜에 따라 자신의 거래를 검증하는 P2P 네트워크에 참여하려면 10분마다 최대 3.7MB의 데이터를 수신할 수 있는 장치만 있으면 된다. 노드 없이 단순히 거래를 전송하거나 수신하기만 하려면 각 거래당 수백 바이트의 데이터를 보낼 수 있는 장치만으로도 충분하다.

비트코인은 아마존, 트위터, 페이스북, 넷플릭스 등 더욱 광범위한 상호작용과 작업을 포함하는 유명 온라인 서비스보다 훨씬 간단하고 가벼운 프로그램이다. 기술이 발전하고 컴퓨터 및 통신 산업의 자본이 축적됨에 따라 전 세계에 수 메가바이트의 데이터를 전송할 수 있는 기술 사양이 갈수록 저렴하고 간결해지고 있다. 현재 개인용 컴퓨터, 스마트폰, 태블릿 등 데이터를 주고받을 수 있는 장치를 거의 다 합치면 전 세계적으로 수백억 대에 달한다.

많은 비트코인 비사용자가 인터넷 작동 방식에 대해 흔히 하는 오해는 인터넷에 연결하려면 모든 컴퓨터가 중앙 서버를 거쳐야 한다는 것이다. 그러나 실제로는 그렇지 않다. 인터넷에는 콘텐츠를 배포하는 중앙 허브가 없다. 그저 모든 컴퓨터에 다른 컴퓨터에 연결하기 위한 프로토콜이 있을 뿐이다. 두 장치가 물리적으로 혹은 다양한 메커니즘을 통해 서로 연결되어 데이터를 전송할 수 있는 한, 인터넷은 멈추지 않고 비트코인도 마찬가지다. 인터넷이 중앙 집중화된 기관이라면 인터넷을 폐쇄하기가 쉬울 것이다. 비트코인의 컴퓨터 요구 사양은 낮으면서도 그 안의 가치는 사용자들이 최선을 다해 네트워크를 지키도록 동기를 부여할 만큼 충분히 크기 때문에 어떤 형태의 금지가 행해지더라도 비트코인 거래와 블록 생성은 계속될 가능성이 높다.

비트코인이 계속 성장하고 기술업계의 더 많은 관심을 끌수록, 개발자들은 비트코인 데이터를 더 빠르고 저렴하게 전송하는 방법을 계속 혁신할 것이다. 특히 흥미로운 두 가지 예로, 메시 네트워크mesh network와 무선 전파 기술은 인터넷에 연결하지 않고도 네트워크를 사용할 수 있게 한다. 데이터를 송수신할 수 있는 온갖 장치가 있고 네트워크에 연결하기도 더 쉬워졌기 때문에 이제는 인터넷 연결 장치가 없어도 별문제가 되지 않는다.

비트코인은 과거의 현금 대체재인 금보다 훨씬 저렴한 비용으로 전세계에 널리 쓰일 수 있는 경화로 발전할 가능성을 열었다. 또한 경화는 매우 중요하고 유익한 화폐 기술이기 때문에 사람들에게는 비트코인을 경화로 사용하려는 동기가 강력하다. 시간이 지남에 따라 비트코인의 유동성과 유용성이 증가하면서 비트코인을 사용하려는 사람이 늘어날 것이다.

궁극적으로 비트코인이 사용자에게 가치를 제공한다면 사용자가 비트코인에 접근할 길은 열릴 수밖에 없다. 비트코인을 공격하고자 하는 정부 입장에서는 그 어떤 기술 사양보다 바로 이러한 동기부여가 실질적인 장애물이다. 역사를 살펴보면 경제적 인센티브가 정부 규제를 극복할 능력과 힘이 있다는 것을 반복적으로 입증한 예가 많다. 이를 잘 설명한 책인 『4000년간의 임금 및 가격통제의 역사Forty Centuries of Wage and Price Controls: How Not to Fight Inflation』를 보면 알 수 있다.[108] 정부 규제로는 경제현실을 뒤집을 수 없기 때문에 금지와 통제는 대개 실패한다. 정부가 할 수 있는 일은 특정 행동의 경제적 비용과 편익을 변경하고 사람들에게 변경된 비용과 편익의 범위 내에서 행동을 조정하도록 유도하는 것이 전부다. 바로 이런 이유로 가격통제는 공급 부족, 암시장, 대기 비용, 격렬한 갈등 등 온갖 종류의 비뚤어지고 의도하지 않은 결과를 초래할 뿐, 본연의 목표는 거의 달성하지 못한다.

정부의 단속은 비트코인을 없애는 확실한 방법과 거리가 멀다. 도리어 비트코인의 진정한 잠재력과 가치를 전 세계에 광고함으로써 네트워크를 강화할 가능성이 크다. 정부가 비트코인을 공격하려면 개인적, 금전적 자유를 제한하는 수밖에 없다. 하지만 개인적, 금전적 자유의 추구야말로 사람들이 비트코인을 구매하는 가장 주된 이유다! 국가 통제주의자들은 단순히 '정부가 X재를 금지하면 X재는 존속할 수 없다'라는 식으로 현실이 정부 명령에 종속된다고 가정한다. 그러나 실제로는 정부 개입이 X재의 공급을 훨씬 수익성 있게 만들고 사람들이 X재를 공급하기 위해 기꺼이 감수할 위험도를 높인다.

예를 들어 정부가 은행들에 비트코인을 구매할 목적으로 예금 잔액을 인출하려는 고객을 막으라고 명령하면 단기적으로는 비트코인 수요에 타격을 주겠지만, 결국 사람들은 이를 비트코인이 제공하는 재정적 자주권과 검열 저항성의 가치가 매우 높다는 신호로 받아들일 것이다. 비트코인을 금지하려는 시도는 은행에 예금한 돈을 원하는 대로 사용할 수 없다는, 즉 정부가 용도를 지정한 정부의 돈이라는 메시지를 사람들에게 명확하게 전달할 것이다. 이러한 현실을 인식하는 사람들이 점점 많아질수록 정부의 선호와 변덕에 상관없이 가치를 유지하는 화폐 자산을 보유하려 할 것이므로 비트코인 수요는 (공급의 수익성과 함께) 증가할 것이다.

마약과의 전쟁을 선포한 미국이 대표적인 사례다. 미국 정부가 마약과 전쟁을 치른 거의 50년 동안 미국, 멕시코, 콜롬비아, 아프가니스탄 등 세계 각지에서 수백만 명이 목숨을 잃거나 투옥되었지만, 여전히 어느 도시에서나 길거리에서 쉽게 마약을 구할 수 있을 만큼 별 효과를 보지 못했다. 마약은 일반적으로 햇볕을 잘 받고 자란 식물에서 추출한 다음 정제된 후 긴 공급망을 거쳐 전 세계의 최종 소비자에게 도달한다. 물리적 공급망이 필요 없고 가장 간단한 데이터 기술을 사용하는 비트코인 전송보다 마약 유통이 훨씬 복잡하고 까다롭다. 마약에도 사용자가 소비하고 비용을 치를 커다란 인센티브가 있지만 동시에 많은 사람의 생사 문제가 걸린 만큼, 비트코인 사용자가 체감하는 금전적, 경제적 인센티브만큼 강력하지는 않다. 그렇다면 마약보다 강력한 인센티브와 배분하기가 무척 쉬운 메커니즘을 갖춘 비트코인을 어떻게 금지할 것인가. 정부는 까다로운 숙제를 안고 있다.

정부가 비트코인을 공격하기 위해 극복해야 할 또 다른 중요한 장애물은 이미 비트코인이 정치, 금융 시스템에 뿌리를 내리기 시작했다는 점이다. 신시아 루미스 와이오밍주 상원의원은 비트코인을 공개적으로 옹호했고, 워런 데이비슨 오하이오주 하원의원도 마찬가지다. 그 밖에도 비트코인을 보유하고 있다고 밝힌 의원이 많다. 지난 5년 동안 비트코인은 미국과 해외에서 기반을 넓혔다. 비방자들로서는 통탄할 일이지만, 비트코인에 만족하는 사용자는 계속 증가하고 있다. 의회 의원들이 자신의 동료, 가족, 친구들의 이익에 반할 법안을 통과시킬 가능성은 매우 낮아 보인다. 비트코인이라는 말만 들어도 격렬히 손사래를 치는 은행가들조차 자녀들이 비트코인에 점점 큰 관심을 보이는 모습을 속수무책으로 바라보고 있다. JP모건의 CEO 제이미 다이먼은 수년 동안 비트코인을 조롱하며 무시했지만, 그의 딸은 비트코인을 매수해 JP모건 주식을 능가하는 수익을 올렸다. 심지어 이제는 JP모건도 고객에게 비트코인 상품을 제공하고 있다. 유명한 상장 기업들도 규제 당국의 승인을 받아 비트코인 보유량을 축적하기 시작했다. 미국 증권거래 위원회SEC의 신임 위원장 게리 겐슬러는 비트코인을 광범위하게 연구했고 MIT 슬론 경영대학원에서 관련 강의까지 했다.

요즘에는 비트코인에 관심 있는 집단 중 특히 의욕 넘치고 목소리 큰 소수가 생겼다. 미국에서는 의욕적인 소수파가 조직적으로 결집하면 단순히 특정 사안에 자신들이 다른 집단보다 더 관심 있다는 이유로 정계를 쥐락펴락할 가능성이 높다. 흔히들 민주주의를 다수의 지배라고 생각하지만, 조직화한 소수의 지배라고 보는 게 더 정확하다. 예를 들어 미국 옥수수 농장주들은 전체 인구 중 극히 일부에 불과하지만 여전히 막대한 보조금을 받고 있다. 이 보조금은 미국 내 다른 모든 인구가 치러야 할 비용이지만 1인당으로 나누면 적은 비용이다. 반대로 옥수수 농장주에게 돌아가는 혜택은 엄청나서 그들은 어떻게 해서라도 옥수수를 중요한 선거 의제나 로비 문제로 삼을 유인이 있다. 정치인 입장에서는 옥수수 농장주들을 지원하면 표심과 정치 자금을 얻을 수 있지만, 그들과 대립해서는 얻을 게 아무것도 없다. 전 세계 정치권에서도 비트코인을 위해 똘똘 뭉친 소수가 이와 비슷한 유형의 세력으로 성장하고 있다. 따라서 정치권에서 비트코인을 단속하려 해봤자 대다수 인구는 무관심할 테고 소수의 비트코인 사용자에게서 강력한 반대만 직면하게 될 것이다. 이렇게 전개되는 모든 상황으로 보건대 정부가 마약 단속과 유사한 방식으로 비트코인을 단속할 가능성은 매우 낮아 보인다.

2021년 중국 정부가 발표한 비트코인 채굴 금지는 비트코인이 정부의 공격에 얼마나 회복탄력성이 있는지 가늠할 흥미진진한 시금석이 되었다. 당시 비트코인 채굴자들은 대부분 중국에서 활동하고 있었는데, 특히 이는 항상 비트코인의 취약점으로 여겨졌다. 중국의 금지 조치는 비트코인 네트워크에 눈에 띄는 영향을 미쳐, 해시레이트 추정치가 2021년 5월 14일 약 180억사해시/초에서 2021년 7월 3일 약 85억사해시/초로 거의 50퍼센트 감소했다. 가격도 4월 중순 사상 최고가 6만 4000달러에서 7월 말 3만 달러 이하로 50퍼센트 이상 떨어졌다. 이는 중국 채굴자들이 채굴장을 이전하기 위해 비트코인 보유량을 청산했기 때문일 가능성이 크다. 해시레이트의 하락으로 블록 생성 시간은 프로토콜 목표치인 10분이 아닌 평균 13분 53초로, 비트코인 역사상 가장 느려졌다. 결과적으로 7월 3일 난이도가 -27.94퍼센트 조정되면서 비트코인 역사상 가장 큰 폭으로 하향 조정되었다. 이 과정은 비트코인의 적응성과 견고함을 여실히 보여준다. 작업 증명에 참여하려는 채굴자 수가 줄면서 네트워크 속도가 느려졌지만 난이도의 하향 조정으로 블록 생성 간격이 10분에 가깝게 되돌아갈 수 있었다. 전 세계적으로 비트코인 네트워크의 생산력 중 약 절반이 재배치된 결과, 3개월 후 블록 생성 속도가 느려지고 불과 6개월 전 사상 최고치를 기록한 가격이 폭락한 것으로 보인다. 물론 비트코인 가격이 폭락하면 많은 비트코인 투자자에게 피해를 입히겠지만, 시세가 여전히 전년 대비 약 세 배 수준을 유지하고 있어서 장기 보유자에게는 별로 치명적이지도 않다.

따라서 중국의 채굴 금지령조차도 가격이 단기간 폭락하고 블록 생성 시간이 몇 주간 느려지는 데 그쳤을 뿐, 그 후 비트코인은 다시 정상 가동되었다. 또한 채굴자가 가장 집중된 국가인 중국의 채굴자들이 채굴 금지 이후 여러 국가로 분산되어서 네트워크가 향후 이러한 공격에 덜 취약하게 되었다.

비트코인은 정부가 램프에 다시 넣을 수 없을 만큼 성장한 지니에 비유할 수도 있다. 비트코인의 비결은 이제 온 세상이 다 안다. 전 세계 수백만 명이 이 인터넷 기반의 경화를 발견했고 사용에 관심을 보인다. 만족하는 사용자 수는 나날이 계속 증가하고 있다. 그들은 앞으로도 비트코인을 사용하기 위해 시간과 노력을 투자할 용의가 있다. 정부의 단속이 사용자 개개인에게 고통을 주고 단기적인 가격 하락을 유발할 수는 있지만 전체 시스템을 무너뜨릴 수 있을지는 미지수다.

## 소프트웨어 버그

2018년 9월에 비트코인 코어Bitcoin Core 버전 0.14~0.16.2의 코드에서 버그가 발견되어 비트코인의 총 공급량이 2100만 개 이상으로 증가할 뻔했다. 악의적인 사용자가 버그를 발견했다면 이를 이용해 네트워크를 공격할 수 있었을 것이다. 이 사건을 훌륭히 분석한 비트코인 코어 개발자 지미 송(한국명 송재준)은 이 버그를 악용하면 네트워크에 악영향이 발생하겠지만 치명적이지는 않을 것이라는 의견을 밝혔다.[109] 그렇기는 하지만 이 사건은 코드 오작동이나 소프트웨어 버그라는, 비트코인에 드리운 또 다른 위협을 생생히 각인시켰다. 악의 없는 코딩 실수로든 악의적인 해커의 계획으로든, 비트코인 코드에 문제가 생겨 오작동이 일어날 수 있다는 가능성이 전혀 없다고는 볼 수 없다.

비트코인의 가치 제안은 불변성, 신뢰성, 완전한 예측 가능성에 달려 있기 때문에 비트코인에 버그와 오작동이 발생하면 다른 대부분 컴퓨터 프로그램보다 타격이 훨씬 더 심하다. 비트코인이 디지털 금으로 진화하기 위해 금의 특성 중 닮아야 할 가장 중요한 점은 변함없는 신뢰성과 공급량의 예측 가능성이다. 버그가 소프트웨어 작동을 방해하거나 일부 사용자가 코인을 더 많이 생성하게 하면 네트워크는 심각하게 손상되고 비트코인이 디지털 금으로 계속 성장할 가능성도 작아진다. 여기서는 이 버그의 기술적 세부 사항과 해결 방법(지미 송의 기고문에서 설명)보다는 비트코인의 오픈 소스 개발이 이 위협에 대처하는 방법에 초점을 맞추고자 한다.

리눅스 운영체제의 창시자인 리누스 토발즈는 "지켜보는 눈이 충분하면 어떤 버그든 탐지할 수 있다"라고 말했다. 이는 오픈 소스 소프트웨어의 중요한 가치 제안을 훌륭히 설명한 한마디다. 대개 오픈 소스 소프트웨어는 소프트웨어 개발에 완전히 전념하도록 고용된 풀타임 개발자가 아닌 자발적 개발자의 노력에 의존하지만, 그 특성은 협업적이어서 많은 사람이 코드를 검토하고 개선하도록 유도하므로 중요한 버그 발생을 방지하는 데 도움이 된다. 이 모델은 놀라우리만치 성공적이고 강력한 것으로 입증되었다. 독점적 소프트웨어 개발 방식은 해당 작업에 풀타임으로 몰두하는 개발자 몇 명을 고용하는 반면, 오픈 소스 개발은 누구나 개발에 공헌할 수 있게 길이 열려 있고 모든 사용자에게 어떤 개발자의 공헌을 채택할지 선택권을 준다. 끊임없는 혁신, 변화, 사용자 선택의 과정은 코드가 개선되도록 진화를 이끄는 강력한 압력으로 작용한다.

또한 오픈 소스 개발은 프리드리히 하이에크가 말한 자생적 질서, 즉 개인들의 의도적 계획이 아닌 인간 행동을 통해 나타나는 질서 개념의 좋은 예다. 대부분 시장과 사회제도는 한 개인에 의해 하향식으로 설계되지 않았다. 대신 수년에 걸쳐 수많은 개인의 행동과 상호작용을 통해 형성되었다. 하이에크는 언어, 관습, 경제, 윤리, 풍속 등 우리 삶을 형성하는 대부분 제도가 인간 행동의 창발적 산물이지, 인간이 의도한 의식적 노력이 아니라고 주장한다.

이 간단하고도 강력한 개념은 사토시 나카모토가 아무에게도 책임을 넘기지 않고 프로젝트를 홀연히 떠난 후에도 비트코인이 어떻게 계속 진화할 수 있었는지 이해하는 데 도움이 된다. 그가 손을 뗀 지 10년 동안 비트코인 소프트웨어는 크게 향상했지만, 이러한 발전에 누구 한 명이 기여했다고 꼭 집어 말할 수는 없다. 소프트웨어의 변경 사항 그 자체는 한두 명의 프로그래머가 이성적으로 설계한 결과물로 볼 수 있지만, 사용자가 어떤 변경 사항을 채택할지, 그 변경이 또다시 어떤 변경으로 이어질지, 오픈 소스 개발의 큰 방향은 어디로 나아갈지 등은 개인의 선택과 변화의 상호작용이 복잡하게 얽혀 나타나는 창발적인 결과다.

비트코인에는 담당자나 책임자가 한 명도 없다. 자의에 따라 오픈 소스 소프트웨어를 실행하기로 선택한 자발적 사용자가 있을 뿐이지, 스스로 시간을 내어 소프트웨어를 구축한 개발자는 책임을 지지 않는다는 얘기다. 이성적, 구성적 접근법을 탈피한 프로그래밍 방식과 탈중앙화 성격은 비트코인의 단점이 아니다. 탈중앙화는 예측 가능한 중립성을 유지하는 가장 효과적인 방법이다. 즉, 중앙 제어 방식이 아니라 전 세계의 여러 사용자가 코드를 검사하고 오류를 찾으려 노력하므로 소프트웨어 버그에 대처하기에 커다란 이점이 있다. 이 절차는 토발즈가 언급했듯이 모든 방식의 오픈 소스 소프트웨어가 계속 실행될 수 있는 이유다. 비트코인의 경우 이 절차는 성공 시 이득을 차지할 수 있다는 점에서 수천 명의 기술 인재에게 강력한 경제적 인센티브로 작용한다. 소프트웨어 개발 분야에서 최고의 인재들 중 일부에게는 자신들이 보유한 비트코인의 가치를 보호하기 위해 버그를 찾으려는 동기가 형성되기도 한다.

즉, 비트코인을 소프트웨어 버그로부터 궁극적으로 보호하는 것은 버그가 발생하는 즉시 사용자가 이를 제거하고 처리하게 유도하는 경제적 인센티브다. 2018년 발생한 버그가 그 좋은 예다. 자금이 넉넉한 해커가 이 버그를 악용하는 것이 이론적으로는 가능했겠지만, 모든 비트코인 사용자가 그전에 미리 감지할 수 있는 경제적 인센티브가 있기에 실제로는 거의 불가능했다. 비트코인을 공격해도 돌아오는 경제적 보상이 별로 없기 때문에 공격을 노리는 사용자를 충분한 인원수만큼 유인하기 어려울 것이다. 누군가가 비트코인을 공격한다면 고도로 숙련된 소수의 개인이 집중적 공격을 실행하는 하향식 방법이 될 공산이 크다. 하지만 비트코인은 네트워크에 불상사가 일어나지 않도록 방어하고 끊임없이 경계하는 수천 명의 사용자와 프로그래머들이 지키고 있다.

지미 송은 다음과 같이 결론짓는다.

> 버그는 항상 존재하지만 중요한 것은 버그를 처리하기 위한 강력한 프로세스를 갖추는 것이다. 오픈 소스 소프트웨어는 장기적으로 봤을 때 더욱 안정적인 개발 방식으로 입증되었다. 비트코인은 개발자에서 기업에 이르기까지 많은 경제주체가 이 프로세스에 막대한 투자를 하도록 강력한 경제적 인센티브를 보탠다.[110]

그 외에도 비트코인에는 극도로 보수적이고 꼼꼼하게 설계되어 중요한 소프트웨어 오류를 확실히 처리하기 위한 또 다른 레이어가 안전판으로 존재한다. 즉, 체인을 무효화해 버그가 발생하기 전의 과거 상태로 돌려놓는 기능이다. 그러므로 중요한 버그가 있더라도 영구적이 아니라 일시적이라고 간주할 수 있다. 항공기 정비에 비유하자면 추락사고 위험이 높은 비행기에 승객을 이미 태웠을 때 그들이 죽더라도 운항을 강행하기보다, 승객의 불편을 무릅쓰고 비행기를 되돌려 정비할 수 있는 기능과 같다.

비트코인이 계속 성공적으로 작동한다면 그 성장세는 날이 갈수록 더 순탄해질 것이다. 모든 기술은 확산하기까지 시간이 걸린다. 어떤 기능의 미묘한 차이를 전부 이해할 만큼 기술에 능숙해지는 사용자는 별로 없다. 사람들은 어떤 기술을 사용하기 전에 상당한 시차를 두고 그 기술이 성공적이고 안전하고 믿음직하고 꾸준하게 작동하는지 지켜 봐야 직성이 풀린다. 대다수의 사람이 마침내 비행기를 처음 이용하기 시작한 것은 그들이 제트 항공기를 연구하고 나서가 아니라 몇 년 동안 비행기가 무사히 작동하는 모습을 접했기 때문이다. 이와 마찬가지로 사람들은 비트코인과 암호화 기술에 관한 광범위한 연구 결과를 읽어 서가 아니라 다른 사람들이 수년 동안 비트코인을 안정적으로 사용하 는 모습을 확인한 후에 이 디지털 형태의 가치 저장소를 신뢰하게 될 것 이다.

## 금본위제

비트코인에 가장 커다란 타격을 입힐 만한 정부 정책은 19세기 말처 럼 금본위제가 부활하는 것이다. 비트코인에 정부가 가하는 모든 제한 은 곧 재정적 자유에 대한 제한이며, 정부의 제한에서 벗어나고자 하는 열망이 바로 비트코인 수요를 창출한다. 비트코인 운영의 기술 사양이 점점 단순해지고 있다는 점을 감안할 때, 비트코인을 제한하려는 정부 조치는 필연적으로 사람들이 이러한 제한을 극복하려는 동기에 더욱 불을 지필 것이다.

정부 눈에 거슬리는 것은 뭐든 금지하려는 국가통제주의적 본능 대신 정부가 비트코인을 무력화할 더 효과적인 방법은 사람들이 비트코인을 사용할 만한 인센티브를 약화하는 것이다. 그러나 그렇게 되면 개인의 재정적, 금전적 자유는 증진될 것이다. 정부가 자유 시장의 여지를 최대한 허용하는 동시에 어떤 형태로든 화폐를 계속 통제할 수 있는 통화 체제를 채택하겠다면 답은 금본위제가 될 것이다. 이론적으로는 정부가 정부 화폐로 경화 본위제를 도입하고 통화량을 특정 비율 이상으로 늘리지 않겠다고 약속할 수 있다. 그러나 이 약속은 정부 화폐를 실물 금으로 태환할 수 있게 하고, 모든 사람에게 금과 화폐가치의 등가 관계를 검증할 능력을 부여하고, 정부가 화폐에 손댈 여지를 원천 봉쇄하는 것에 비하면 신뢰할 수 없다.

금본위제로 이동한다면 비트코인을 채택할 모든 유인이 약해질 것이고, 그런 후에도 비트코인 수요가 네트워크 공격을 방지하고 보호하기에 충분할 정도로 형성될지는 아직 알 수 없는 문제다. 금은 현재 비트코인보다 유동성 풀이 훨씬 풍부하다. 현재 지상에 있는 모든 금의 가치는 약 10조 달러로 비트코인 네트워크에 저장된 가치의 10배 이상이다. 이처럼 매우 광범위한 유동성 풀은 현재 금이 비트코인보다 판매성이 우월하다는 의미다. 다시 말해 무언가를 사고팔려는 사람이 금으로 지불하거나 받을 의사가 있는 거래 상대방을 찾을 확률이 비트코인으로 지불하거나 받을 의사가 있는 거래 상대방을 찾을 확률보다 크다. 금본위제로 회귀하면 금이나 금으로 보장되는 화폐 둘 중 하나를 소유할 수 있으므로 세계 인구의 대다수는 비트코인보다 금이 훨씬 만족스러울 것이다.

금본위제로 이동하면 정부가 금융 시스템에 개입하고 기존 기업을 외부로부터 보호할 권력이 줄어들 것이다. 그러면 인류 역사를 통틀어 그랬듯이, 금융 시스템의 혁신과 실험이 촉발되고 금을 본위로 하는 매우 편리한 결제 기술이 개발되리라고 어렵지 않게 상상할 수 있다. 법화와 디지털 화폐에 맞춰 개발된 현대 결제 기술의 혁신이 100퍼센트 금본위 지급 준비제에도 구현되지 못할 이유가 없다. 금의 결제 완결 비용은 법화 부채를 청산할 때보다 정부에 훨씬 큰 부담이어서, 오늘날 정치권에서 정부 예산에 적용하려 시도하기에는 너무 파괴적인 영향을 미칠 것이다. 오늘날의 법화 정부가 애초에 낮은 시간선호를 지녔더라면 당장 자발적으로 금본위제를 채택하는 고통이 훗날 비트코인에 화폐의 지위를 완전히 내주는 고통보다 덜 심각할 것이라고 결론지을 수 있다. 그러나 이 시나리오는 현대 정부를 관찰해 본 사람이라면 누구든 비현실적이라는 것을 알 것이다.

금본위제를 채택할 가능성은 정치, 문화, 학문적 이유 등으로 희박해 보인다. 현대의 정치 제도, 학계, 언론, 여론이 주로 케인스주의자들과 국가통제주의자들에 의해 형성되었기 때문이다. 특히 학력 높고 영향력 있는 사회 구성원들은 금의 화폐적 기능에 냉소와 경멸의 시선을 보내고 있다. 또한 연화로 이익을 얻는 기업들이 정치권에 워낙 막강한 영향력을 행사하고 있으니, 정치인들이 어떤 건설적인 화폐 개혁을 실행하리라고 기대하기는 어렵다.

그러나 비트코인은 연화에 확고한 이해관계가 걸린 기득권층의 찬

반에 상관없이 채택될 수 있는 경화 시스템이다. 그리고 금본위제를 다시 채택하더라도 공간적, 시간적 판매성이 더 뛰어난 인터넷 기반 화폐로 이동할 추세를 늦추기만 할 뿐 막지는 못할 것이다. 금의 저량/유량비율은 조만간 비트코인보다 더 낮아질 테고 계속해서 훨씬 비싼 수송비를 치러야 할 것이다. 비트코인의 채택이 상당히 늦춰지고 가격이 몇 차례 크게 하락하더라도 공급량 증가 속도가 느리다는 이점이 이를 상쇄해, 장기적으로 비트코인 가치는 오르고 금보다 더 나은 가치 수준을 유지할 것이다.

이상의 위협에 비트코인 생태계가 어떻게 대응할지는 장담할 수 없다. 다음은 비트코인이 법화 세계에서 어떻게 살아남을지에 대한 나의 예상 시나리오다.

## 하나, 중앙은행의 비트코인 채택

중앙은행이 비트코인을 지급준비금으로 채택할 수 있을까? 비트코인에 내재된 어떤 특성을 봐도 불가능할 이유는 없다. 반면에 채택이 가능한 이유는 명백하다. 비트코인의 가격이 오르면 이를 지급준비금으로 사용하는 모든 국가에서 대외준비자산 계정의 가치가 상승해 정부나 중앙은행이 결제나 국제수지 문제로 곤란해질 가능성이 줄어든다. 지급준비금의 가치가 절상될수록 정부는 대내 지출과 대외결제에 더욱 여유가 생긴다. 또한 비트코인을 채택하면 각국 중앙은행이 미국 연준의 글로벌 결제 인프라에 의존하지 않고도 다른 국가의 중앙은행, 금융기관, 외국 수출업체에 대금을 지급할 수 있어 제재나 몰수 위험을 피할 수 있다. 이는 특히 미국의 외교정책에 반대하는 국가들에 매력적일 것이다. 정부들은 비트코인 보유량을 먼저 선점하는 다른 국가에 위협을 느끼고 발 빠르게 움직이려 할 것이다. 지정학적으로 경쟁 관계에 있는 국가들이 경화를 축적하면 그들의 구매력이 향상할 것이기 때문이다.

2021년 엘살바도르는 비트코인을 법화로 채택한 최초의 국가가 되었다. 미국 달러를 통용하던 엘살바도르는 비트코인을 채택한다고 시뇨리지 이익을 잃을 이유가 없었다. 게다가 미국에서 일하는 많은 국민이 비트코인을 앱으로 송금하면서 엘살바도르는 이익을 얻을 것이다. 이 움직임이 엘살바도르 국민과 정부에 얼마나 성공적일지, 그리고 다른 국가들도 이를 따르도록 자극할지는 앞으로 지켜봐야 할 것이다.

이 움직임을 주요국의 중앙은행들이 금방 따라 하지는 않을 것으로 보이는 이유가 몇 가지 있다. 첫 번째 이유는 만약 비트코인을 중앙은행의 대안으로 간주한다면 분명 비트코인을 가장 원하지 않는 기관이 바로 중앙은행일 것이기 때문이다. 중앙은행은 비트코인에 가장 근접한 서비스를 제공하므로 그들의 역할을 대체할 수 있는 비트코인의 진가를 인정할 가능성이 가장 희박하다.

두 번째 이유는 중국, 러시아, 이란, 북한 등이 미국 달러 기반의 글로벌 금융 시스템을 싫어할지는 몰라도, 달러를 싫어하는 정도보다 자국의 법화를 갖는 것을 선호하는 정도가 훨씬 크다. 이처럼 중앙은행들이 자국 통화량의 팽창력을 중시한다는 점은 비트코인 본위제로 전환하는 데 강력한 제약으로 작용할 것이다. 중국, 러시아, 이란은 미국 달러 통화 체제의 불공정성과 그로 인해 미국이 국제적으로 행사하는 특권에 불만이 많겠지만, 이들 정부가 19세기 금본위제로 회귀하기를 원하고 건전화폐에 찬성하는 경제학자들로 구성된 것도 아니다. 서구 국가들조차 수십 년간 문화 제국주의에 빠져 인플레이션을 모든 일상의 만능열쇠로 떠받드는 일종의 좌익, 사회주의, 케인스주의 성향의 경제학자들에 의해 지배되었다. 이들 정부는 다른 정부의 법화를 싫어할 뿐이지, 법화 자체에 반대하지 않는다. 이들은 시민들의 삶을 광범위하게 통제하고 자신과 측근들에게 이익이 되는 대규모 산업을 독점하며 극진히 쌓아 올린 정부 체제와 관료제를 유지해야 앞으로도 계속 돈을 찍어내고 이에 의존할 수 있다는 것을 알고 있다.

이 사실을 우리도 모두 잘 아는 이유는 이 국가들이 대외결제 수단과 지급준비금을 금으로 전환하는 방안을 오랫동안 이야기해 왔지만 한 번도 실행에 옮긴 적은 없기 때문이다. 그들은 달러로 된 외환보유고의 손실에 대비하고자 금을 축적했지만 자신들의 교역에서도 금으로 결제하기를 거부하고 계속 법화 네트워크에 의존한다. 이들 정부가 금본위제로 전환하지 않는 이유가 단지 금 결제 비용 때문인지 의심스럽다. 금에 마음을 열지 않은 이들이 과연 비트코인의 우수한 공간적 판매성과 가치 상승 가능성에는 마음을 열게 될지 여전히 두고 볼 일이다.

이들 국가 지배층의 사리사욕을 차치하더라도 미국의 패권이 금본위제의 채택을 막을 법한 또 다른 중요한 요소로 작용한다. IMF는 회원국들이 자국 화폐가치를 금에 결부하는 것을 오랫동안 금지했다. 미국은 여전히 세계에서 가장 강력한 군사력과 통화를 보유하고 있기에, 2008년에도 그랬듯 어떤 글로벌 금융 위기가 발생하더라도 정작 위기의 근원인 달러는 약화하지 않을 것이다. 달러도 결함이 있긴 하지만 여전히 모든 국가 통화 중에서 가장 유동성이 좋고 디폴트 위험이 가장 낮은 통화다. 게다가 다른 모든 국가의 중앙은행은 달러 표시 채권을 갖고 있다.

중앙은행이 비트코인을 채택하리라 기대하기 어려운 또 다른 이유는 현대 중앙은행 관료들이 워낙 철저하게 케인스주의와 국가통제주의 경제학의 교육을 받았고 그렇게 해서 요직을 얻을 수 있었기 때문이다. 그만큼 그들은 자신이 하는 일의 대안으로서 비트코인의 생존 가능성과 중요성을 끝까지 인정하지 않을 가능성이 크다. 중앙은행은 법화에 대한 미련 때문에 화폐에 정부 개입이 필요하지 않다는 생각에 절대 동의하지도, 비트코인의 중요성을 인식하지도 못할 것이다.

마지막으로 비트코인의 가치 제안 중 하나가 종종 단기적 변동을 겪기는 해도 장기적 가치 저장의 수단이 될 수 있다는 사실을 감안하건대, 현대 정부 관료에게서 보기 드문 낮은 시간선호가 어느 정도 필요하다. 민주주의 통치의 불확실성과 단기성은 관료들에게 근시안적 방향성을 심어주고 있으며, 정치란 단기간에 부와 권력을 쟁취하는 과정에 가깝다. 따라서 정치인이나 관료는 유권자의 장기적 미래보다 재임기 동안에 자신이 챙길 이익을 당연히 우선시할 것이다. 한스 헤르만

호페는 명저 『민주주의는 실패한 신인가』의 1장에서 이 점을 훌륭하게 논의했다.[111]

이 책에서 분석한 법화의 부채 메커니즘을 생각하면 비트코인이 중앙은행에 매력적인 것으로 입증될 수 있는 또 하나의 이유를 알 수 있다. 현물 화폐의 사용으로 인해 개인과 기업이 신용 대출 시장의 위험으로부터 안전한 유동자산을 대차대조표에 보유할 수 있게 되고, 그로써 중앙은행의 통화정책에 덜 의존하게 된다는 점이다. 오늘날 중앙은행들의 딜레마는 급할 때는 정부와 민간 부문의 지출을 촉진하는 통화정책으로 경제를 조정하는 동시에 저축과 투자 가치가 지나치게 절하되지 않도록 해야 한다는 것이다. 그렇다면 저축 수요의 일부를 신용 시장의 역학에 구애되지 않는 중립적, 비정치적인 비트코인 네트워크에 아웃소싱할 중앙은행이 과연 등장할까? 아니면 평가절하로 정부 지출 자금을 마련하기 위해 자신들의 네트워크에 부를 최대한 지키려고 노력할까?

엘살바도르는 강력한 반증 사례지만, 그래도 전작의 부제 '중앙은행을 넘어 탈중앙화로A Decentralized Alternative to Central Banks'에서 시사하듯이 비트코인이 계속 발전할 가능성이 있다고 볼 몇 가지 이유가 있다.

## 둘, 화폐의 업그레이드와 부채의 해방

비트코인 경제가 어떻게 발전할지 예측하는 가장 일반적인 방법은 오늘날 베네수엘라의 사례에서 확인했듯이 초인플레이션의 비극으로 붕괴하는 전 세계경제를 참고하는 것이다. 달러, 유로, 스털링, 그 외 모든 글로벌 통화는 보유자가 해당 통화를 포기하고 비트코인이라는 우수한 가치 저장소로 갈아타기로 선택하는 순간부터 가치가 붕괴할 것이다. 이어서 정부도, 은행도 무너져 세계무역의 공급망이 파괴될 것이다. 그러나 이것이 현실이 되지 않을 수도 있다는 낙관적인 이유도 몇 가지 있다.

첫 번째로 초인플레이션 시나리오가 자국 통화에 대한 수요가 붕괴하면 그 결과로 화폐가치도 붕괴한다고 가정하기 때문이다. 그러나 역사적으로 초인플레이션은 항상 화폐 수요량의 급감이 아니라 화폐 공급량의 급증이 원인이었다. 돌, 유리구슬, 조개껍데기, 소금, 소, 은, 여러 국가 통화, 기타 다양한 화폐 매체는 시장 참가자가 경화로 이들을 대체하기 시작하면서 시간이 지날수록 수요가 떨어졌다. 그러나 통화량이 급증하지 않는 한 그러한 수요 감소는 점진적일 것이다. 현대의 초인플레이션 사례를 면밀히 연구한 모든 결과에서 알 수 있듯이, 초인플레이션은 정부와 중앙은행이 통화량을 늘린 결과로만 발생한다.

최근 베네수엘라의 통화인 볼리바르는 불과 몇 년 전 대비 100만분의 1 미만으로 가치가 하락했다. 그래도 베네수엘라라는 국가는 아직 존재하며 인구 규모도 변함없다. 베네수엘라 국민들은 여전히 돈이 필요하며, 화폐 수요는 커지고 있다. 볼리바르를 보유하려는 수요가 현저히 감소하긴 했으나 자국 통화 단위에 대한 수요가 전보다 100만분의 1 수준까지 떨어질 수는 없었다. 베네수엘라 사람들은 여전히 경제의 사회주의화로 계속 늘어나는 모든 국책 사업을 벌이기 위해 화폐가 필요하다. 볼리바르의 가치가 하락한 이유를 이해할 유일한 단서는 급증한 통화량이다. 화폐 수요의 감소는 화폐가치 하락의 원인이 아니라 결과였다. 베네수엘라 통화량 통계에 따르면 2007~2017년 사이에 볼리바르 공급량이 100배 증가했지만, 이 시점에서 베네수엘라 정부가 통화량 수치 발표를 중단해 실제 증가세는 통계보다 훨씬 컸으리라는 짐작이 가능했다. 마찬가지로 레바논도 중앙은행이 지난 2년 동안 실물 지폐와 동전 공급량을 약 650퍼센트 늘린 사이, 화폐가치는 미국 달러와 비교해 90퍼센트 이상 급락했다.

초인플레이션 붕괴가 일어날 가능성을 파악하려면 법화가 창출되는 본질에 초점을 맞출 필요가 있다. 1부에서 논의했듯이 신용화폐가 계속 작동하고 대출이 채굴과 대등한 가치를 지닌다면 초인플레이션의 가능성은 두 가지 요인 때문에 감소한다. 첫째, 신용을 초인플레이션 수준으로 빠르게 확대하기가 쉽지 않으며, 둘째, 신용 팽창은 금융 버블을 일으켜 다량의 통화량을 일거에 청산하기 때문에 저절로 수정된다. 법화 체제에서의 경기순환은 비트코인의 난이도 조정에 비견할 만하나, 그 과정이 혹독하고 몹시 비효율적이다. 신용이 너무 빨리 확장되면 주식시장, 부동산, 첨단 기술 부문 등 경제의 특정 부문에서 투기 버블이 발생한다. 이들 부문에 투자가 증가할수록 자산은 대차대조표상 나타나는 펀더멘털 이상으로 고평가된다. 그러면 금융자산의 쏠림 현상을 더욱 부채질해 결국 자산 가격을 떨어뜨리고 많은 대출이 청산되어 통화량이 축소된다. 이러한 역학이 계속되는 한, 비트코인의 부상만으로는 초인플레이션 붕괴를 일으키지 않을 것이다. 오늘날 베네수엘라와 레바논에서처럼 만약 초인플레이션이 일어난다면, 이는 정부가 신용 창출 과정을 무시하고 주로 실물 지폐나 그 디지털 등가물인 중앙은행 디지털 화폐를 발권해서 본원 통화를 늘리는 방법에 의존한 결과일 것이다. 비트코인이 화폐 수요 중 점점 많은 부분을 계속 차지하더라도 법화의 신용적 특성이 유지되는 한 초인플레이션 붕괴는 피할 것이다.

두 번째 이유는 비트코인의 부상이 법화가 공급되는 과정에 미치는 영향을 생각하면 이해하기 쉽다. 현금 자산 수요 중에서 비트코인의 경쟁 상대로는 법화 현금뿐 아니라 법화 부채도 있다. 법화는 시간이 흐를수록 가치가 절하되는 특성이 있으므로, 주식 등의 투자 리스크는 피하면서 인플레이션을 상쇄할 수익을 기대하는 투자자들은 채권으로 몰린다. 가치 저장의 수단에 대한 수요는 막대한 채권 발행을 유도하는 원인이다. 대차대조표에 부채 대신 비트코인을 보유하는 개인과 법인이 점점 늘어나기 시작하면 신용 창출에 대한 수요와 법화 통화량이 감소해 초인플레이션 가능성이 줄어든다. 비트코인은 채권을 보유하려는 인센티브를 약화해 통화 공급 인플레이션을 적극적으로 예방한다.

세 번째로는 대출을 받으려는 유인에도 비트코인이 비슷한 영향을 미치기 때문이다. 인위적인 저금리와 꾸준히 평가절하될 것이 뻔한 연화 체제에서 살아가는 개인은 저축보다 대출을 선호하는 경향이 있다. 비트코인은 개인과 기업이 장기적으로 가치가 오르는 경질자산에 부를 저축할 기회를 제공하므로, 사람들이 중요한 지출을 위해 대출받는 일은 줄어들 것이다.

비트코인의 부상이 초인플레이션 붕괴를 일으키지 않으리라고 기대할 수 있는 네 번째 이유는 초인플레이션은 한 사회의 통화 체제 전체가 붕괴할 때 발생하기 때문이다. 통화 체제 전체가 붕괴한다면 현대의 거대한 사회에서 개인의 경제활동을 조정하는 경제적 계산과 상호작용의 복잡한 연결망이 마비될 것이다. 현대사회는 가격을 표시하는 수단으로 화폐에 의존하고 있으며, 이 가격이 경제활동을 조정하고 개인이 무엇을 생산하고 소비할지 계산할 수 있게 한다. 현대사회는 아무리 정교한 인프라를 갖췄더라도 경제활동을 조정할 가격 메커니즘과 경제적 계산에 의존하는 고도로 복잡한 분업이 없다면 존립할 수 없다. 그런데 화폐가 붕괴하면 이러한 분업의 원리가 망가지고 경제적 조정이 불가능해져 현대인의 삶이 원시 수준으로 되돌아가는 재앙이 펼쳐진다. 그러나 이 모든 일은 한 사회의 유일한 통화 체제가 붕괴할 때 발생하며, 법화 본위제하에서 각국의 정부 화폐는 자국민이 사용할 수 있는 유일한 통화 체제다. 역사적으로 국가 통화가 붕괴했을 때 시민들에게는 대개 시공간을 초월한 판매성을 갖춘 대안 화폐가 없었다. 초인플레이션을 겪더라도 정부는 은행이 외화로 금융 서비스를 제공하도록 절대 허용하지 않는다. 만약 허용한다면, 달러를 통용하는 에콰도르에서처럼 초인플레이션이 끝나고 경제는 경화 체제로 전환해 생산과 성장이 정상적으로 재개된다.

비트코인은 공간적 판매성이 우수하므로 외국 통화보다 훨씬 금지하기 어렵다. 또한 초인플레이션의 원인이 아니라 오히려 초인플레이션으로부터 피난처를 제공한다. 국가 통화가 붕괴하면 국민은 누구나 거래가 가능하면서 유동성이 확대되는 자산으로 자신의 부를 옮겨 생산 활동과 경제적 타산을 이어가고 인도주의의 파국을 피할 수 있다. 비트코인이 국가 통화 수요를 파괴할 만큼 널리 확산된다면 네트워크도 증가하는 조정, 거래, 투자를 감당할 만큼 충분히 커질 것이다. 초인플레이션 시나리오와 달리 법화 통화량을 크게 늘리지 않고 비트코인으로 이동한다고 재앙이 발생하지는 않을 것이다. 오히려 사회의 화폐인프라 기술이 평화롭게 업그레이드된 글로벌 업그레이드가 나타날 수 있다. 누구든 법화를 쓰고 싶으면 계속 써도 되겠지만, 비트코인이 수요와 공급을 둘 다 잠식하면 법화의 버블이 꺼지기 시작하면서 비트코인 경제가 성장할 것이다.

비트코인은 법화를 파괴할 위협이 아니라 법화를 평화롭게 놓아주는 깔끔한 기술 솔루션으로 판명될 것이다. 비트코인은 법화 수요는 물론, 더 많은 법화 공급량을 창출하고자 하는 인센티브를 동시에 줄인다. 마치 법화의 수요 카드와 공급 카드를 쌓아 올려서 지은 집에서 누군가가 카드를 능숙하고 교묘하게 한 장씩 제거해 서서히 무너뜨리듯이 말이다.

지난 수십 년 동안 자국 통화를 준수하게 관리해 온 선진국 정부들이 이 과정을 현명하게 수행한다면 신용과 통화수축이 자연스럽게 일어나도록 할 것이다. 더 많은 사람이 더 우수하고 속도 빠른 경화 자산으로 업그레이드할수록 법화 경제는 비트코인 경제에 비해 계속 축소될 것이다. 법화 체제는 지난 50년 동안 작동한 방식 그대로 향후 50년 동안 작동할 수 있다. 그러나 50년 후 그 규모는 비트코인 통화 체제의 아주 작은 부분만 차지하고 있을지도 모른다. 현행 글로벌 통화 체제는 박수 칠 때 떠나기보다는 비트코인과 비교해 법화의 가치와 시장 점유율 면에서 존재감을 잃으며 자연스럽고도 서서히 축소될 것이다.

비트코인은 법화 시스템을 공격하기보다는, 이 시스템에서 모든 사람을 괴롭히는 법화 부채의 가치를 떨어뜨림으로써 점점 불어나는 부채에 예속되는 법화 경제에서 빠져나올 탈출구를 제공한다. 더 많은 사람이 비트코인으로 갈아타고 법화 표시 부채가 실질 가치로 평가절하된다면 세계경제의 대다수 인구는 채무의 평가절하로 막대한 이익을 얻는다. 비트코인 경제로 더 빨리 업그레이드할수록 법화 부채는 더 빨리 가치를 잃는다.

저축에서 다시 희망이 보이는 세상에서는 점점 많은 인구가 부채 없이 비용을 충당하고 사업 자금을 마련하기에 충분히 저축할 수 있을 것이다. 자동차, 주택, 생필품을 사느라 대출에 의존하는 사람은 거의 사라질 것이고, 대신 경화로 돈을 모아 이들을 구매할 것이다. 더 흥미로운 점은 더 많은 사람이 은행 신용이 아닌 저축으로 자신의 사업 자금을 조달할 만큼 충분한 부를 쌓아 기업 자금 조달 방식이 변화하리라는 것이다. 비트코인은 현재의 많은 채무자를 기업가로 변화시킬 잠재력이 있으며, 그렇게 된다면 인간의 번영과 발전에 상상 이상의 영향을 미칠 것이다.

건전화폐 체제에서는 중앙정부의 화폐 계획 대신 자유 자본시장이 두드러진다. 생산적인 개인은 자본을 축적하고 그 자본의 가치 상승을 경험할 수 있으므로 자신의 살림과 사업에 필요한 자금을 조달할 수 있다. 시간이 지날수록 자본 가치가 기하급수적으로 증가하는 만큼 생산성도 향상하므로, 더 많은 자본이 자본가의 손으로 이동하기 시작하면서 점점 생산적인 자본가에게 자본이 집중된다.

반면에 법화 체제와 같이 중앙 계획식 대규모 신용 시장에서는 생산적인 사회 구성원이 축적한 자본의 가치를 평가절하하고 누가 새로운 자본을 얻을지 결정하는 중앙정부 관료에 의해 자본이 할당된다. 그러면 시간이 갈수록 생산성이 저하하고, 중앙은행의 관료제를 지탱해 줄 여유가 있는 사람들이 신용 대출을 받을 가능성이 더 높아진다. 대기업들은 거래 은행에 자신들이 건실하다고 설득할 변호사와 홍보 대행사를 영입할 만큼 규모가 커지는 한편, 중소기업은 생존력이 떨어지고 있다. 이것이 금본위제하에서 비교적 중소기업이 많았고 그들이 번성했던 이유다. 영국이 주요 산업에서 세계 강국이었을 때 공장당 노동자 수는 평균 20명이었다고 한다. 마찬가지로 자유 자본시장은 지대를 추구하는 거대 기업이 아닌 다양한 중소기업의 발전을 촉진할 것이며, 이러한 중소기업은 수많은 발명과 혁신의 실험실 역할을 할 것이다. 19세기 혁신의 황금기인 벨 에포크가 경화 체제였다는 것은 놀랄 일이 아니다. 경화 덕분에 많은 발명가와 손재주 달인이 자본과 기이한 아이디어를 실험할 수 있는 자유를 얻었다. 라이트 형제는 처음에 자전거 가게를 운영했으나 저축을 통해 비행을 실험하고 결국 세상을 변화시킬 수 있었다.

비트코인 경제로의 전환을 낙관적으로 보는 시나리오에서는 비트코인이 화폐 및 금융 시스템의 발전을 나란히 이끌어 비트코인으로 전환한 진취적인 사용자들이 상당한 이점을 누릴 것으로 예상한다. 개인, 기업, 지방정부들은 점차 새로운 통화 체제로 이동할 가능성이 있다. 결국 경제에서 법화와 결부된 상태로 남아 있을 유일한 부분은 가치 생산에 기여도가 거의 없는 두 집단인 정부 자체와 법화에 의존하는 경제 부문이 될 것이다. 그러나 이 낙관적 시나리오가 꼭 실현되리라는 보장은 없다.

## 마지막 위협, 투기 공격

앞 단락의 분석과 대조적 측면에서 고려할 점은 달러를 대출해 비트코인을 매수하는 전략이 미칠 영향이다. 법화 부채에서 완전히 빠져나와 비트코인 저축으로 전환하고 싶은 사람들이 많아지겠지만, 법화 부채가 계속 존속하고 널리 이용 가능한 이상, 법화를 대출해 비트코인을 축적하는 데 사용하려는 유인이 강력할 수 있다. 비트코인과 관련해 가장 현명하고 선견지명 있는 분석가 중 한 명인 피에르 로차드는[112] 이미 2014년에 이런 시나리오를 예견했다. 그는 조지 소로스와 저금리의 수혜자들이 수십 년 동안 약세 통화를 이용한 환차익으로 놀라운 성공을 거두었듯, 비트코인이 어떻게 전 세계 투자자들로 하여금 전 세계 국가 통화에 투기 공격을 감행할 수 있게 하는지 설명했다.

투기 공격은 연화가 경화와 부딪히면 당연하고 자연스럽게 전개되는 과정으로, 법화가 지닌 신용의 힘 때문에 증폭된다. 투기적 공격 전략은 약세 통화를 빌려 강세 통화를 매수하는 것이다. 약세 통화를 대출하면 해당 통화의 공급량이 증가하고, 강세 통화를 매수할 목적으로 이를 매도하면 수요량이 감소해 결국 강세 통화와 비교해서 가치가 하락한다. 그래서 환투기 공격자가 갚아야 할 약세 통화의 가치를 낮추는 동시에 자신이 보유한 경화, 즉 강세 통화의 가치를 높여 수익성에 아주 유리한 조합이 된다. 비트코인은 모든 국가 통화보다 더 경도 높은 화폐이기 때문에 국가 통화를 공격하기에 완벽한 수단이 될 수 있다.

요즘 대기업과 금융기관들이 거액의 법화를 차입해 가며 비트코인을 모으고 있는 만큼, 비록 사용자들은 인식하지 못할지라도 투기 공격은 이미 진행 중이다. 자금력이 상당한 이들 상장 기업은 비트코인의 명목 가치가 상승할수록 대차대조표가 더 건전해져서 더 많은 법화 부채를 감당할 수 있다. 그 결과 법화 공급량이 더 늘어나고 그 돈으로 더 많은 비트코인을 매수할 구매력도 커지게 된다. 이 순환 구조가 수익성이 있다는 사실은 더 우월한 화폐 자산으로 이행하는 움직임에 대한 시장의 보상으로 해석해도 무방하다. 그렇다면 이러한 투기 공격은 어느 정도까지 가능할까?

투기를 억제할 만한 몇 가지 요소를 꼽을 수 있다. 기업은 이제 비트코인을 축적하면서 자본시장에서 쉽게 돈을 빌릴 수 있다는 것을 깨달았지만, 이는 단지 주식과 달리 리스크가 별로 없는 채권 투자 수요가 매우 많기 때문이다. 대출 기관들이 기관 투자자로서 비트코인 투자에 더 쉽게 접근할 수 있게 되면서, 이들 중 다수는 비트코인을 매수하려는 금융 기업에 대출하는 대신 비트코인을 직접 매수하는 쪽을 택할 것이다. 그러면 투기 공격을 개시할 목적에 사용될 신용에 제한이 걸릴 수 있다.

비트코인의 부상으로 민간 대출 시장이 위축되면 신용은 더욱 중앙 집중화되고 정부 통제가 강화된다. 대출 시장이 더욱 정치화되어 법화 정부가 비트코인을 자산으로 보유하는 기업에 대출을 제한하더라도 놀랄 일이 아니다. 정부의 수중에 있는 신용이 중앙 집중화 및 정치화되면 투기 공격의 가능성은 약해지겠지만 동시에 법화의 신용적 본질도 퇴색할 것이므로 초인플레이션의 전형적 특징이었던 국채의 만연화를 디지털 버전으로 구현하는 것에 불과할 것이다.

## 복병: 중앙은행 디지털 화폐

이 책을 쓰기 시작하고 완성하는 사이에 비트코인을 향한 각국 중앙은행의 태도는 완전히 바뀌었다. 2018년만 해도 각국의 웬만한 중앙은행들은 17세기 암스테르담의 튤립 버블에 관한 뜬소문과 통설을 들먹이며 비트코인을 주저 없이 깎아내리곤 했다.[113] 그러나 2021년 중앙은행들은 법화 네트워크의 50년 역사상 가장 중요한 업그레이드를 실행하기 위해 경쟁하고 있다. 바로 비트코인에서 영감을 받은 중앙은행 디지털 화폐CBDC다.

중앙은행들은 CBDC를 더욱 빠르고 안전한 디지털 결제를 가능하게 하는 기술의 진보 단계로 제시한다. 그러나 그들이 감시, 정치적 후원, 중앙 계획경제 등으로 변형을 가할 가능성이 있다는 점은 충분히 홍보되지 않고 있다. 또 CBDC가 도입되면 중앙은행은 모든 시민의 소득과 지출을 완전히 실시간으로 감시할 수 있다. 게다가 정부는 국민들에게 더욱 직접적이고 효과적으로 세금을 부과하고 징수할 수 있어 정부가 시장경제의 작동을 효율적으로 방해할 수 있게 된다. 팬데믹 이후 전 세계에서 정부 지원금의 인기가 급증한 만큼, CBDC는 국민에게 많은 돈을 나눠주려는 정부에게 안성맞춤인 화폐와 시장을 제공한다.

현재의 법화 시스템이 모든 대출 기관으로 하여금 대출을 생성해 법화를 채굴할 수 있게 한다면, CBDC는 이 과정에서 중앙은행의 손에 집중할 것이다. 대차대조표의 모든 계정이 중앙은행에 유지되고, 신용은 점점 정치화되고 중앙 집중화되면서 법화 시스템은 틀림없이 권위주의적, 사회주의적 사회로 전환할 것이다. CBDC는 대출을 통해 생성된 신용화폐로서의 법화의 종말을 예고하는 대신 법화를 중앙은행에서 발행하는 순수한 디지털 실물화폐로 변환할 것이며, 이는 비트코인의 부상에 적잖은 영향을 미칠 것이다. 비신용 성질의 화폐인 CBDC 체제로 이동한 후, 법화의 신용 버블이 붕괴할 때 이를 수정할 자체 메커니즘의 작동 범위가 좁아지면 통화 공급 인플레이션에 제동을 걸 수 없을 것이다. 법화 시절의 지출 습관에서 벗어나지 못한 정부가 CBDC 공급량을 계속 늘릴 테지만, 이 흐름을 막을 만큼 신용이 붕괴하는 일은 없을 것이다. 따라서 통화 체제의 질서 있는 업그레이드 시나리오는 실현될 가능성이 낮다.

2008년 금융 위기로 금융, 신용, 부동산 등 다방면의 시장에 중앙은행의 개입이 증가한 이후, 중앙은행은 통화량 조절의 실패를 바로잡을 수 있는 시장의 자체 메커니즘을 무시해 왔다. 이제 세계 채권 및 주식 시장에서 중앙은행이 보유하는 몫이 점점 커지고 있으며, 무한한 양적 완화로 신용 사이클의 정상적인 작동이 무력화되면서 채권과 주식 가치도 갈수록 중앙은행의 법화에 의해 좌우되고 있다.

2020년 전 세계의 팬데믹 위기로 대부분 정부가 국민들에게 다양한 형태로 지원금을 늘린 결과, 이제는 이를 보편적 기본소득으로 전환하자는 목소리가 커지고 있다. CBDC는 이와 같은 통화팽창적 계획을 고강도로 시행할 수 있게 하므로 시장 활동에서 중앙 계획의 비중을 확대할 수 있다. 현재 신용 대출 시장에서는 규율이 거의 있으나 마나 한 수준이기 때문에 정부 지출은 계속 줄어들지 않을 것이다. 현실 세계에서 물가는 상승할 가능성이 크며, 그 결과 물가를 잡기 위해 경제 생산에 대한 통제는 강화될 것이다.

CBDC는 아마 은행 부문에 가장 치명적일 것이다. 정부와 백성 사이에 만연한 예속 관계에서 은행 부문의 중개 기능은 점점 소멸할 것이기 때문이다. CBDC의 운영 방식과 가장 가까운 유사한 예를 찾자면 1930년대부터 1987년까지 소련의 유일한 은행이자 국영 은행이던 고스방크가 있다. 소련의 모든 국민은 이용할 수 있는 은행이 이곳 하나뿐이었고, 이 은행이 모든 경제적 결정권을 도맡았다. 순수한 정부 화폐인 법화를 고수하기 위해 민간은행의 역할을 제한하거나 시장에서 밀어내면 경제생활의 모든 측면을 정부가 엄격히 통제하는 고도로 중앙 계획적인 경제체제로 이어질 가능성이 높다.

3장에서 설명했듯이 인플레이션이 벡터라면, CBDC는 수요가 매우 많은 희소재 가격의 빠른 상승을 유도할 가능성이 큰 반면, 산업재들은 가격이 소폭 하락할 것이고, 디지털재들은 계속 저렴해질 것이다. 1970년대에도 비슷한 술수가 정치적으로 바람직한 범위에서 인플레이션을 유지하도록 도움을 주었다. CPI 측정에 사용되는 상품 바스켓에 가격 상승폭이 작은 재화를 집중적으로 포함해 구성을 왜곡하고, 소비자들이 이들 재화를 선택하게끔 유도했다. 우리가 1970년대 이래로 경험해 왔듯이, 물가가 상승하면 국민들은 영양가 있는 음식과 고출력 에너지원의 소비를 줄이도록 정치적 압력을 받을 것이다. 최근 몇 년 동안 이 같은 화법이 학계와 언론계에서 호응을 얻음에 따라 정부와 중앙은행의 정책에 반영될 가능성이 매우 높을 것으로 보인다.

정부의 CBDC 법화는 육류, 탄화수소, 그리고 가장 신뢰할 수 있는 영양학과 전력 기술, 즉 가격 민감도가 가장 높은 재화의 흠집을 잡기 위해 어용 과학에 더 많은 자금을 지원할 가능성이 높다. 인플레이션으로 식량과 에너지 가격이 오르면서 에너지와 식량에 대한 낡은 교리가 점점 대중 속으로 퍼져가는 과정을 우리는 이미 2부에서 확인했다. 화폐와 은행에 대한 접근권이 중앙 집중화되면 이 권한을 매우 편리하게 사용할 수 있어 세금 인상, 배급제, 특정 재화 구매 금지 등을 통해 공식 CPI 수치가 안 좋게 나오는 것을 방지할 수 있다. 법정 식량과 법정 연료를 홍보하려는 노력도 CBDC의 시행과 함께 한층 강압적인 방향으로 나아갈 것이다. 또한 2020년은 공중 보건 위기가 이러한 전체주의적 화폐 통제에 어떻게 기여할 수 있는지 보여주었다. 봉쇄령이 점점 현대 법화 경제의 고질적 특징을 닮아가면서 중소기업은 몰락하고, 저축은 평가절하되고, 국민과 기업은 생존을 위해 재정지출에 점점 더 의존하고 있다.

소련은 1980년대 후반까지 수치상으로는 매우 인상적인 경제성장을 이룩했지만, 국민들은 물자난으로 인해 굶주리고 있었다. 마찬가지로 현대 정부가 운영하는 중앙은행은 어려운 현실과는 반대로 사회가 잘살고 있는 듯한 환상을 투영할 수 있다. 전후기에 미국에서 가장 영향력 있는 경제학자이자 둘 다 노벨 경제학상(스웨덴 중앙은행이 제정했으나 노벨 재단에서 제정했다고 흔히 오해된다) 수상자인 폴 새뮤얼슨과 윌리엄 노드하우스는 1989년 공저한 교과서 『새뮤얼슨의 경제학』에서 "과거 많은 회의론자의 믿음과는 반대로 소련 경제는 사회주의식 통제 경제가 작동할 수 있고 나아가 번영할 수 있음을 보여주는 증거다"라고 서술했는데, 이는 전 세계 대부분 경제학부 학생에게 공통된 문젯거리다.[114] 현대 거시경제학은 박사 학위 소지자들이 앞장서서 모델, 지표, 통계 분석을 통해 경제의 작동을 예측하고 최적화할 능력이 있다는 소련식 거시경제적 믿음을 전파한다.

중앙은행은 경제 문제와 통계를 독점적으로 통제해 대다수 인구가 처한 경제 현실을 은폐하게끔 그럴싸한 수치를 꾸밀 수 있다. 정부의 고집과 선전으로 점철된 경제는 소련 경제가 경험했듯 서서히 보잘것없이 쇠퇴하는 결과를 맞이하기 쉽다. 결국 이토록 무질서한 제도는 뼈대는 남을 수 있어도 알맹이는 공허해지고 매력을 잃어, 자신의 사익을 좇아 새로운 경제를 추구하는 사람들에게 외면받을 것이다. 정부와 연계된 기업은 비록 존속하더라도 존재감과 가치를 잃게 된다.

이런 종류의 시나리오에서는 비트코인 기반의 경화 경제가 성장하고, 더 많은 경화 보유자가 자신의 재산 가치가 상승하는 모습을 목격하게 될 것이다. 동시에 사회의 생산 계급이 대규모 이탈로 중앙 계획 경제를 응징함에 따라 정부 기반 경제는 절대적, 상대적 부라는 양쪽 측면에서 축소될 것이다. 법화 경제는 사람들에게 계속 수익성 있는 일자리와 법화로 찍힌 쏠쏠한 급여를 제공하겠지만 질 좋고, 희소하고, 만족스러운 재화는 점점 줄어들 것이다. 경제적으로 가치 있는 재화의 생산자가 경화 본위제로 이행하면, 사람들은 자신의 소중한 노동의 결실을 더욱 경도 높은 화폐와 교환하려 하므로 이러한 법화 표시 화폐는 구매력이 떨어질 것이다. 법화로 표시된 화폐단위는 대량생산된 재화를 구매할 때만 외견상으로나마 가치를 계속 유지할 것이다.

앞으로 출현할 것으로 상상할 수 있는 두 가지 형태의 새로운 글로벌 경제가 있다. 첫째로 정부, 언론, 학계에서 모든 국민의 동참을 촉구하는 중앙 계획적 연화 경제가 있다. 여기서는 모든 사람이 수고롭게 인플레이션 압력을 견디며 정부에서 권장하는 콩, 싸구려 제품, 고과당 옥수수 시럽을 배급받고, 소형 주택에 안주하고, 에너지를 적게 소비하고, 지구에 부담을 주지 않도록 저출산이나 무자녀로 생활한다. 그리고 물가가 통제된 가운데 경쟁에 시달리지 않아도 되는 안정된 일자리를 제공받는다. 반대로 둘째, 세계에서 가장 야심 차고 창의적이며 생산적인 기업가들이 사람들에게 가치 있는 재화를 제공하기 위해 열심히 노력하며 성장을 주도하는 혁신적, 비정치적인 경제가 있다.

정부가 법화 채굴 과정을 점점 중앙 집중화하고 독점화함에 따라 경제적, 정치적 권력은 계속해서 중앙화될 것이다. 수요가 몰려서 가격이 가장 가파르게 상승하는 재화는 화폐 발권기에 쉽게 접근할 수 있는 사람들만 구매할 수 있을 테지만, 반대로 대다수는 구매력, 임금, 투자 가치가 물가 상승률을 따라잡지 못하는 현실에 처할 것이다. 결국 중앙 집중화된 인플레이션이 사회주의 체제에 존재할 법한 화폐 계급제를 초래할 것이다.

이 디스토피아 같은 세계에서 비트코인은 암시장으로 내려가 정부가 하찮은 백성에게 하사하는 화폐보다 우수한 화폐 자산을 공급할 것이다. CBDC는 비트코인의 대안으로 흔히 거론되지만 이 둘의 특성을 자세히 살펴보면 CBDC가 도리어 비트코인의 장점을 부각하는 최고의 수단임을 알 수 있다. 둘 다 디지털 화폐라는 점에서 표면상 유사하지만 근본적 특성이 정반대라는 점이 중요하다. 비트코인은 중개 기관이 통제할 수 없는 수학적, 기계적 프로세스로 결제를 청산하는 반면, CBDC는 모든 거래가 중앙은행의 승인 또는 취소 대상이 된다. 또한 비트코인은 수학적으로 확실하고 인간의 어설픈 개입이 없는 통화정책을 구현하는 반면, 중앙은행은 존재 이유가 통화정책을 지시하는 것이다. 법화로는 연료와 육류 등 필수재를 구매하기가 점점 어려워지고, 기업 운영비에서 금융 서비스를 이용하기 위한 규제 준수 비용이 큰 비중을 차지함에 따라 앞으로 비트코인의 매력은 더욱 커질 것이다. 확장적 통화정책으로 인해 CBDC의 가치가 하락하면 반대로 비트코인의 가치가 빛을 발할 것이다.

CBDC가 순전히 법화로서 성장한다면 경화 체제로 질서 있게 이행하는 업그레이드는 요원해질 것이다. 대신 비트코인과 법화라는 극과 극의 두 통화 체제 사이에 마치 아파르트헤이트 같은 경제적 격리 정책이 초래될 것이다. 법화 경제는 완전한 규제와 감시 속에 꾸준히 인플레이션 압력을 가하며 하층민 백성의 구매 결정을 통제하는 점점 난폭한 독재 정부에 자금이 흘러가게 할 것이다.

반면에 비트코인 경제는 전 세계적으로 저렴한 에너지 산업이 성장하도록 자금을 조달하면서 자주적 구성원이 자유롭게 저축하고 거래하고 미래를 계획할 수 있는 경화 중심의 자유 시장이 될 것이다.

이때 당신이 어느 편에 설지는 물론 자유다. 비트코인 생태계가 참여자들에게 그 무엇도 강요하지 않듯이 말이다.

# 감사의 글

이 책은 온라인 학습 플랫폼 Saifedean.com 회원들과 독자들의 지원과 후원 덕분에 독립적으로 출판되었다. 이 책이 출판되기 전부터 사전 주문을 하고, 연재 순서대로 각 장을 구독하고, 온라인 과정에 등록하고, 주간 세미나에 참석해 준 모든 분께 진심으로 감사드린다. 어용 학계로부터 재정적으로 독립하면서 날카로운 사상가들과 교류할 플랫폼이 있다는 것은 결코 과소평가하거나 당연시할 수 없는 영광이다. 나의 연구 활동에 여러분이 꾸준히 보내주신 관심과 건설적 피드백이야말로 이 책이 탄생하는 기반이 되었다.

또한 이 작업에 응원을 보내준 Saifedean.com과 〈The Bitcoin Standard〉 팟캐스트의 후원자들인 닉네임 NYDIG, OKCOIN, Cyphersafe, CoinBits App, Nodl, Coldcard 님에게도 매우 감사하게 생각한다.

　　　　　　감사의 글

이 책을 편집하는 고된 작업은 스티브 로빈슨, 알렉스 맥셰인, 체이앨런의 아낌없는 노력과 Principia@grokology, 오스카 웹, 마이클 데와의 도움 덕분에 마무리할 수 있었다. Saifedean.com의 우리 드림팀에게도 감사를 전한다. 삽화를 제작한 타마라 미클러, 자료 조사를 도와준 피터 영, 그 외 파바오 파흐지나, 마르코 파흐지나, 도리안 안테시치 등 나머지 팀원은 이 책을 제작하고 독립 출판하느라 구슬땀을 흘렸다. 또 스크라이브 미디어를 통해 이 책을 매우 즐겁고 효율적으로 출판할 수 있었다. 그리고 출판 매니저 비 라 비앙카와 편집자 타라 테일러, 아레일 서튼에게도 매우 감사하다고 전하고 싶다.

이 책을 집필하기까지 중요한 역할을 해준 다음 분들에게도 진심으로 감사드린다. 로스 스티븐슨은 이 책의 초안에 폭넓은 피드백을 제공해, 내가 아이디어를 정리하고 전체적인 표현을 개선하는 데 도움을 주었다. 그리고 지아코모 주코가 알트코인을 옹호하는 꿋꿋한 연설은 이 책에 영감을 주었다. 피에르 로차드의 저축과 투자에 대한 분석, 그리고 비트코인을 저축 기술로 이해하는 그의 사고는 이 책의 아이디어를 전개하는 데 중요한 역할을 했다. 마이클 세일러는 법화 인플레이션을 독창적으로 분석하는 필수 불가결의 임무를 맡았을 뿐 아니라, 이 책의 초안을 읽은 후 내가 고쳐야 할 문제를 훨씬 잘 이해하고 책을 한결 개선하도록 피드백을 보내주었다. 마이클 골드스타인은 항상 비트코인, 경제, 영양학에 관한 귀한 지식을 제공했다. 맥스 기마랑이스는 Saifedean.com 주간 세미나에서 깊이 있고 세심한 질문을 던져 법화를 큰 틀에서 이해하기 위한 공간적 판매성의 중요성을 분명히 깨닫게 해

주었다. 그렉 포스와 션 컴비는 채권 시장의 작동에 관한 매우 귀중한 통찰력을 제공했다. 애덤 차고니스는 이 책의 재료가 될 기존의 논문을 정리하고 유익한 피드백을 보내주었다. 디미트리 몰라는 현대 건축과 고전 건축을 이해하기 위한 유용한 배경지식으로 힘을 보탰다.

이 책의 데이터와 도표 작업을 담당한 마누엘, 마리아, 스테판에게 감사하며, 이 책의 예고편 동영상을 아주 멋지게 제작한 아이오니 애플버그에게도 감사드린다. 리눅스 우분투와 리브레 오피스의 모든 개발자들에게도 감사의 마음을 전한다. 그들 덕분에 가장 법화다운 소프트웨어 회사를 창립한 세계 최고의 법화 수혜자의 깨진 유리창*을 사용하지 않고도 이 책 전체를 집필할 수 있었다.

이 책을 집필하는 대부분 시간을 정통 아랍 음악을 들으며 보낸 만큼 존경하는 음악가 움 쿨숨, 리아드 순바티, 무함마드 압델와하브, 발리히 함디, 사바 파크리, 아랍 내셔널 오케스트라에게도 감사 인사를 빠뜨린다면 결례가 될 것이다. 그들은 미국에서 보석 같은 정통 아랍 음악을 되살리는 놀라운 업적을 이룩한 분들이다.

끝으로 글을 쓸 영감을 주고 지난 3년 동안 글쓰기에 매진할 수 있게 인내해 준 아내와 아이들에게 고마운 마음을 전한다.

---

* 경제학에서 '깨진 유리창 이론'은 유리창이 깨지면 주인이 이를 수리하느라 유리창 업체에 돈을 지불할 것이고 유리창 업체들의 소득이 다시 소비로 이어지는 식으로 경기가 부양되지만, 애초에 유리창 수리비를 다른 용도로 지출할 수 있었을 기회비용 측면에서 보면 결과적으로 낭비라는 논리다.

# 주

## 서문

**1** Chesterton, G.K. The Thing: Why I Am a Catholic. New York: Dodd, Mead, & Co.,1929. Print.

**2** Hanke, Steve. "Lebanon Hyperinflates." Cato Institute. 23 Jul. 2020. Web.


## 1부 섣부른 탄생

### 1장 불가피한 지정학적 선택

**3** Osborne, John. "Gold and Silver." The Bank of England 1914-21 (Unpublished War History). Vol. 2. Bank of England Archive, 1926, p.148. Web. https://www.bankofengland.co.uk/-/media/boe/files/archive/ww/boe-1914-1921-vol2-chapter5a.pdf.

**4** Nakamoto, Satoshi. "Bitcoin P2P E-Cash Paper." The Cryptography Mailing List. 31 Oct. 2008. Web. https://archive.is/20121228025845/http://article.gmane.org/gmane.comp.encryption.general/12588.

**5** Officer, Lawrence. "Gold Standard." EH.Net Encyclopedia. 26 Mar. 2008, Web.

**6** "Gold, Banknotes and Money Supply in the First World War." NatWest Group Remembers. Web. 3 Oct. 2021.

**7** McClean, Paul. "A Correction 103 Years Late: How the BoE Covered Up Failed War Bond Sale." Financial Times. 8 Aug. 2017. Web.

**8** Anson, Michael, et al. "Your Country Needs Funds: The Extraordinary Story of Britain's Early Efforts to Finance the First World War." Bank Underground. 8 Aug. 2017. Web.

**9** Osborne, John. "Gold and Silver." The Bank of England 1914-21 (Unpublished War History). Vol. 2. Bank of England Archive, 1926. Web. https://www.bankofengland.co.uk/-/media/boe/files/archive/ww/boe-1914-1921-vol2-chapter5a.pdf.

10  Osborne, John. "Gold and Silver." The Bank of England 1914-21 (Unpublished War History). Vol. 2. Bank of England Archive, 1926, p. 149-51. Web. https://www.bankofengland.co.uk/-/media/boe/files/archive/ww/boe-1914-1921-vol2-chapter5a.pdf.

11  Officer, Lawrence. "Gold Standard." EH.Net Encyclopedia. 26 Mar. 2008, Web.

12  Rothbard, Murray. America's Great Depression. 5th ed. Auburn, AL: Ludwig von Mises Institute, 2000, p. 143.

13  Rothbard, Murray. America's Great Depression, p. 146.

14  Kemmerer, Edwin Walter. Gold and the Gold Standard: The Story of Gold Money, Past, Present and Future. New York: McGraw-Hill, 1944, pp. 163-64. Print.

15  Nixon, Richard. "Address to the Nation Outlining a New Economic Policy: 'The Challenge of Peace'." The American Presidency Project. 15 Aug. 1971. Web.

## 2장 오늘을 살기 위해 내일을 죽인다

16  "Triennial Central Bank Survey: Foreign Exchange Turnover in April 2019." Bank for International Settlements. 16 Sep. 2019, p. 10. Web.

17  Hoppe, Hans-Hermann. Democracy: The God That Failed. Rutgers, NJ: Transaction Publishers, 2001, pp. 16. Print.

## 3장 이제 물가 폭등은 우리 삶의 일부가 된다

18  von Mises, Ludwig. The Theory of Money and Credit. 2nd ed. Irvington-on-Hudson, NY: Foundation for Economic Education, 1971, p. 22. Print.

19  Friedman, Milton, and Anna Schwartz. A Monetary History of the United States, 1867-1960. Princeton, NJ: Princeton University Press, 1963. Print.

20  Hanke, Steve H. and Charles Bushnell. "Venezuela Enters the Record Book: The 57th Entry in the Hanke-Krus World Hyperinflation Table." Studies in Applied Economics 69 (Dec. 2016), Johns Hopkins Institute for Applied Economics, Global Health, and the Study of Business Enterprise. Web.

21  Roach, Stephen. "The Ghost of Arthur Burns." Project Syndicate. 25 May 2021. Web.

22    Ammous, Saifedean, host. "Michael Saylor & Microstrategy Adopt The Bitcoin Standard." The Bitcoin Standard Podcast, episode 5, Saifedean Ammous, 24 Sep. 2020, https://saifedean.com/podcast/the-bitcoin-standard-podcast-seminar-5-september-24-2020.

23    Livera, Stephan, host. "SLP213 Michael Saylor—Bitcoin Dematerializes Money." Stephan Livera Podcast, episode 213, Stephan Livera, 21 Sep. 2020, https://stephanlivera.com/episode/213.

## 4장 저축은 어떻게 붕괴되고 부채는 어디까지 확산되는가

24    일반적으로 어떤 경제주체의 신용도를 측정하는 방법은 EBITDA(이자, 세금, 감가상각비 차감 전 영업이익) 대 이자 비용의 비율이다. 그런데 정부는 이 비율이 자유 시장에서 평가되었을 때 예상되는 수치보다 훨씬 과대평가한다. 예를 들어 EBITDA/이자 비용이 2.5인 기업의 채권 등급은 BB-이지만 미국 정부의 국채 등급은 같은 비율에 AAA다. 법화의 특권을 제외하고 AAA 등급을 정당화하려면 미국 정부가 지급하는 이자 비용보다 EBITDA가 20배 더 많아야 한다. 그러려면 세입이 현재보다 8배 많거나 지출이 8분의 1로 줄어야 한다.

25    Hoppe, Hans-Hermann. "'The Yield from Money Held' Reconsidered." Mises Daily Articles, Mises Institute. 14 May 2009. Web.

26    Levine, Matt. "The Fed Versus the Narrow Bank: Also Martin Shkreli, Elon Musk, LaCroix, Stock Buybacks and Private Jets." Bloomberg Opinion. 8 Mar. 2019. Web.

## 5장 부정할 수 없는 존립 근거

27    Menger, Karl. "On the Origins of Money." The Economic Journal, vol. 2, no. 6, Jun. 1892, p. 239. Print. Crossref, doi: 10.2307/2956146.

28    Osborne, John. "Gold and Silver." The Bank of England 1914-21 (Unpublished War History). Vol. 2. Bank of England Archive, 1926, p.262. Web. https://www.bankofengland.co.uk/-/media/boe/files/archive/ww/boe-1914-1921-vol2-chapter5a.pdf.

29    Osborne, John. "Gold and Silver." The Bank of England 1914-21 (Unpublished War

History), p. 170.

**30**  Damant, G C. "Notes on the "Laurentic" Salvage Operations and the Prevention of Compressed Air Illness." Journal of Hygiene, vol. 25, no. 1, Feb. 1926, pp. 26-49. Print. Crossref, doi:10.1017/s0022172400017198.

**31**  Jones, Claire. "How Germany Got Its Gold Back." Financial Times. 10 Nov. 2017. Web.

**32**  Hayek, Friedrich. Monetary Nationalism and International Stability. London: Longmans, Green, and Company, 1937: 12. Print.

**33**  Hülsmann, Jorg Guido. "Banks Cannot Create Money." The Independent Review, vol. 5, no. 1, Summer 2000, pp. 101-10. Web. 부분 지급 준비제에 대한 자세한 내용은 다음 자료를 참고하라. de Soto, Jesus Huerta. Money, Bank Credit, and Economic Cycles. 3rd ed. Translated by Melinda A. Stroup. Auburn, AL: Ludwig von Mises Institute, 1998. Print; H de Soto, Jesus Huerta. "A Critical Analysis of Central Banks and Fractional-Reserve Free Banking from the Austrian School Perspective." The Review of Austrian Economics, vol. 8, no. 2, Sep. 1995, pp. 25-38. Print. Crossref, doi:10.1007/BF01102290; Hülsmann, Jorg Guido. "Free Banking and the Free Bankers." The Review of Austrian Economics, vol. 9, no. 1, 1995, pp. 3-53. Print. Crossref, doi:10.1007/BF01101880.

**34**  Stern, Gary, and Ron Feldman. Too Big to Fail: The Hazards of Bank Bailouts. Washington, DC: Brookings Institution Press, 2004. Print.

## 2부 붕괴의 패턴

## 6장 법화가 우리에게 한 거짓말

**35**  Hoppe, Hans-Hermann. "On Time Preference, Government, and the Process of Decivilization." Democracy: The God That Failed. Rutgers, NJ: Transaction Publishers, 2001. Print.

**36**  Ammous, Saifedean. "Principles of Economics." Saifedean Ammous. Web. 3 Oct.

2021.

37    Homer, Sidney, and Richard Sylla. A History of Interest Rates. Hoboken, NJ: John Wiley & Sons, 2005. Print.

38    Hoppe, Hans-Hermann. The Great Fiction: Property, Economy, Society, and the Politics of Decline. 2nd ed. Auburn, AL: Ludwig von Mises Institute, 2021, p. 174. Print.

39    Willis, Catherine. Images of America: Boston Public Library. Mount Pleasant, SC:Arcadia Publishing, 2011, pp. 8-10. Print.

## 7장 돈은 어떻게 인류의 식탁을 오염시키는가

40    마이클 골드스타인(Michael Goldstein)이 운영하는 매우 유익한 웹사이트 〈Just Eat Meat〉, justmeat.co를 참고하라.

41    "Food and Nutrition through the 20th Century: Government Guidelines." University of North Carolina, Health Sciences Library. 20 Aug. 2021. Web.

42    Samuelson, Robert. The Great Inflation and Its Aftermath: The Past and Future of American Affluence. New York: Random House, 2010. Print.

43    Shurtleff, William and Akiko Aoyagi. "The Seventh-Day Adventists and Ellen G. White: Diet, Health & Vegetarianism." History of Soybeans and Soyfoods, 1100 B.C. to the 1980s. Lafayette, CA: Soyinfo Center, 2004. Web. 3 Oct. 2021.

44    Smith, Adam and Bruce Yandle. Bootleggers and Baptists: How Economic Forces and Moral Persuasion Interact to Shape Regulatory Politics. Washington, DC: Cato Institute, 2014. Print.

45    Fallon, Sally, and Mary G. Enig. "The Skinny on Fats." The Weston A. Price Foundation. 1 Jan. 2000. Web.

46    Sanda, Bill. "The Double Danger of High Fructose Corn Syrup." The Weston A. Price Foundation. 19 Feb. 2004. Web.

47    "Soy Alert!" The Weston A. Price Foundation. Web. 3 Oct. 2021.

48    "The Surprising Reason Why Dr. John Harvey Kellogg Invented Corn Flakes." Forbes, 17 May 2016. Web.

**49** "Flour." Goldkeim, Systains. Web. 3 Oct. 2021.

**50** Whipps, Heather. "How Sugar Changed the World." Live Science. 2 Jun. 2008. Web.

**51** Thompson, Susan. Bright Line Eating: The Science of Living Happy, Thin, and Free. Carlsbad, CA: Hay House, 2017. Print.

**52** Price, Weston. Nutrition and Physical Degeneration: A Comparison of Primitive and Modern Diets and Their Effects. Great Barrington, MA: Keats, 1939, p. 311. Print.

**53** Price, Weston. "Studies of Relationships Between Nutritional Deficiencies and (a) Facial and Dental Arch Deformities and (b) Loss of Immunity to Dental Caries Among South Sea Islanders and Florida Indians." The Dental Cosmos: A Monthly Record of Dental Science, vol. 77, no. 11, Nov. 1935, p. 1038. Print.

**54** Price. Nutrition and Physical Degeneration, p. 311.

**55** "Breaking Land: The Loss of Organic Matter." Soil Quality for Environmental Health. 19 Sep. 2011. Web.

**56** "Holistic Management." Savory Institute. Web. 3 Oct. 2021.

**57** "Farm Runoff in Mississippi River Floodwater Fuels Dead Zone in Gulf." PBS News Hour. 18 May 2011. Web.

**58** Barzun, Jacques. From Dawn to Decadence: 500 Years of Cultural Life, 1500 to the Present. New York: HarperCollins, 2000. Print.

## 8장 돈은 어떻게 과학과 교육을 종속시키는가

**59** "District of Columbia Private Schools by Tuition Cost." Private School Review. Web. 3 Oct. 2020.

**60** Sokal, Alan D. "Transgressing the Boundaries: Toward a Transformative Hermeneutics of Quantum Gravity," Social Text, no. 46/47, 1996, p. 217. Print. Crossref, doi: 10.2307/466856.

**61** Kealey, Terence. The Economic Laws of Scientific Research. London: Macmillan Press, 1996. Print.

**62** Ioannidis, John P. A. "Why Most Published Research Findings Are False." PLoS Medicine, vol. 2, no. 8, 30 Aug. 2005, p. e124. Print. Crossref, doi:10.1371/journal.

pmed.0020124.

63  Nosek, Brian. "Unreliable Research: Trouble at the Lab." The Economist. 18 Oct. 2013. Web.

64  Eisenhower, Dwight. "Farewell Address." Dwight D. Eisenhower Presidential Library, Museum & Boyhood Home. 17 Jan. 1961. Web. 3 Oct. 2021.

65  Teicholz, Nina. The Big Fat Surprise: Why Butter, Meat, and Cheese Belong in a Healthy Diet. New York: Simon & Schuster, 2014. Print.

66  O'Connor, Anahad. "How the Sugar Industry Shifted Blame to Fat." New York Times. 12 Sep. 2016. Web.

67  Hess, John. "Harvard's Sugar-Pushing Nutritionist." The Saturday Review (Aug. 1978): 10-14. Print.

68  "Frederick J. Stare," Wikipedia. 27 Jul. 2021. Web. 4 Oct. 2021.

## 9장 돈은 어떻게 존재하지 않는 공포를 조장하는가

69  에너지 경제학에 대한 자세한 내용을 확인하거나 이 장을 예습하는 차원에서, 필자의 교과서 『경제학 원론(Principles of Economics)』을 참고하라. https://www.saifedean.com/principles-of-economics.

70  Ball, Ben, Richard Tabor, and Thomas Lee. Energy Aftermath: How We Can Learn from the Blunders of the Past to Create a Hopeful Energy Future. Boston: Harvard Business School Press, 1990, p. 78.

71  Ball, Ben, Richard Tabor, and Thomas Lee. Energy Aftermath: How We Can Learn from the Blunders of the Past to Create a Hopeful Energy Future. Boston: Harvard Business School Press, 1990.

72  Epstein, Alex. The Moral Case for Fossil Fuels. New York: Portfolio / Penguin, 2014. eBook.

73  독립 과학자인 스티브 매킨타이어Steve McIntyre는 자신의 개인 블로그인 ClimateAudit.org에서 이 에피소드의 전체 내막과 어용 기후 과학과 관련된 다른 수많은 문제를 훌륭하게 정리했다.

74  Enserink, Martin. "Sea of Doubts: Dozens of Papers Linking High Carbon Dioxide to

Unsettling Changes in Fish Behavior Fall Under Suspicion." Science. 6 May 2021. Web.

**75** "A (Not Quite) Complete List of Things Supposedly Caused by Global Warming." What Really Happened. Web. 3 Oct. 2021.

**76** Jones, Chris D., et al. "The Climate Response To Emissions Reductions Due To COVID-19: Initial Results From CovidMIP." Geophysical Research Letters, vol. 48, no. 8, Apr. 2021. Print. Crossref, doi:10.1029/2020GL091883.

**77** Koonin, Steven. Unsettled: What Climate Science Tells Us, What It Doesn't, and Why It Matters. Dallas: BenBella Books, Inc., 2021. Print.

**78** Shellenberger, Michael. Apocalypse Never: Why Environmental Alarmism Hurts Us All. New York: HarperCollins, 2020. Print.

**79** "Germany." Environmental Progress. 22 Sep. 2011. Web.

**80** "California." Environmental Progress. 30 Aug. 2021. Web.

**81** Bailey, Ronald. "Renewable Energy Mandates Are Making Poor People Poorer." Reason. Jun. 2018. Web. 3 Oct. 2021.

**82** Constable, John. "The Brink of Darkness: Britain's Fragile Power Grid." The Global Warming Policy Foundation. 10 Jun. 2020. Web.

**83** Shellenberger, Apocalypse Never.

**84** Hall, J. Storrs. Where Is My Flying Car? A Memoir of Future Past. Self-published, 2018. eBook.

**85** Ammous, Saifedean. "Slowdown: Aviation and Modernity's Lost Dynamism." SSRN Electronic Journal, Elsevier BV. 25 May 2017. Web. Crossref, doi:10.2139/ssrn.3036275.

## 10장 돈은 어떻게 국가를 붕괴시키고 식민지를 양산하는가

**86** Rothbard, Murray. America's Great Depression. 5th ed., Auburn, AL, Ludwig von Mises Institute, 2000, p. 152.

**87** Hayek, Friedrich. Monetary Nationalism and International Stability. London: Longmans, Green, and Company, 1937: 4+. Print.

**88** Hayek, Friedrich. Denationalisation of Money—The Argument Refined: An Analysis of the Theory and Practice of Concurrent Currencies. London: Institute of Economic Affairs, 1976: 35. Print.

**89**  Bartholomew, James. "Degrees in Disaster." The Spectator. 25 July 2015. Web.

**90**  지적재산권법에 대한 반대 논거를 찾고 싶다면 다음을 참고하라. Kinsella, Stephan. "Against Intellectual Property." Journal of Libertarian Studies, vol. 15, no. 2, 2001, pp. 1-53. Web.

**91**  이 장은 윌리엄 이스털리의 작품 중 특히 저서 『세계의 절반 구하기』 『성장, 그 새빨간 거짓말』 『전문가의 독재』 그리고 논문 「The Cartel of Good Intentions」을 참고했다.

**92**  이에 대한 자세한 내용은 필자가 집필한 교재 『경제학 원론』을 참고하라. https://www. saifedean.com/principles-of-economics.

**93**  해로드-도마 모형은 다음 두 편의 논문으로 구성되어 있다. Harrod, R. F. "An Essay in Dynamic Theory." The Economic Journal, vol. 49, no. 193, Mar. 1939, pp. 14-33. Print. Crossref, doi:10.2307/2225181.

**94**  Rosenstein-Rodan, P. N. "Problems of Industrialisation of Eastern and South-Eastern Europe." The Economic Journal, vol. 53, no. 210/211, 1943, pp. 202-11. Print. Crossref, doi:10.2307/2226317.

**95**  Perkins, John. Confessions of An Economic Hitman. New York: Plume, 2004. Print.

**96**  Todaro, Michael, and Stephen Smith. Economic Development. London: Pearson, 2014. Print.

# 3부 최후의 질서

## 11장 법화의 비용편익 분석

**97**  주요국 통화는 통틀어 80퍼센트의 가중치를 부여하고, 나머지 국가는 20퍼센트의 가중 치를 부여해 물가 상승률을 계산한다. 단순산술평균은 163개국을 대상으로 구한다. 반 면에 주요국 통화의 가중평균은 세인트루이스 연방준비은행에서 발표한 2000년 데이 터를 바탕으로 전체 국가의 M2 대비 주요국의 M2 비중으로 각 통화를 가중해 구한다. 출처: fred.stlouisfed.org.

**98**   Barnichon, Regis, Christian Matthes, and Alexander Ziegenbein. "The Financial Crisis at 10: Will We Ever Recover?" Federal Reserve Bank of San Francisco. 13 Aug. 2018. Web.

## 13장 연화는 결코 경화를 이길 수 없다

**99**   "World Payments Report 2020." Capgemini. Web. 3 Oct. 2021.

**100**   See Torpey, Kyle. "The Failure of SegWit2x Shows Bitcoin is Digital Gold, Not Just a Better PayPal." Forbes. 9 Nov. 2017. Web; see also: Bier, Jonathan. The Blocksize War: The Battle Over Who Controls Bitcoin's Protocol Rules. Self-published, 2021. Print.

**101**   von Mises, Ludwig. Human Action: The Scholar's Edition. Auburn, AL: Ludwig von Mises Institute, 1998, p. 250. Print.

## 14장 가장 믿을 수 있는 가치 저장소

**102**   "MicroStrategy Adopts Bitcoin as Primary Treasury Reserve Asset." BusinessWire. 11 Aug. 2020. Web.

**103**   Schumpeter, Joseph A. Ten Great Economists: From Marx to Keynes. London: Routledge, 1997, p. 182. Print.

## 15장 만약 암호화폐로 에너지 문제를 해결할 수 있다면

**104**   Szabo, Nick. "Shelling Out: The Origins of Money." Satoshi Nakamoto Institute. 2002. Web. 3 Oct. 2021.

**105**   이에 대한 자세한 내용은 필자가 집필한 교과서 『경제학 원론』을 참고하라. https://www.saifedean.com/principles-of-economics

**106**   "Electricity Prices." GlobalPetrolPrices.com. Web. 3 Oct. 2021.

**107**   "Flaring Emissions." International Energy Agency. Jun. 2020. Web. 3 Oct. 2021.

## 결문

**108**   Schuettinger, Robert L., and Eamonn F. Butler. Forty Centuries of Wage and Price Controls: How Not to Fight Inflation. Washington, DC: Heritage Foundation, 1978.

Print.

**109** Song, Jimmy. "Bitcoin Core Bug CVE-2018-17144: An Analysis." Hackernoon. 21 Sep. 2018. Web.

**110** Song, Jimmy. "Bitcoin Core Bug CVE-2018-17144: An Analysis." Hackernoon, 21 Sept. 2018, hackernoon.com/bitcoin-core-bug-cve-2018-17144-an-analysis-f80d9d373362.

**111** Hoppe, Hans-Hermann. Democracy: The God That Failed. Rutgers, NJ: Transaction Publishers, 2001, pp. 1-43. Print.

**112** Rochard, Pierre. "Speculative Attack." Satoshi Nakamoto Institute. 4 Jul. 2014. Web.

**113** Boissoneault, Lorraine. "There Never Was a Real Tulip Fever." Smithsonian Magazine. 18 Sept. 2017. Web. See also: French, Doug. "The Truth About Tulipmania." Mises Daily Articles, Mises Institute. 26 May 2007. Web.

**114** Samuelson, Paul A., and William D. Nordhaus. Economics. 13th ed. New York:McGraw-Hill, 1989. Print.

옮긴이 임경은

부산대학교 경제학 학사 및 서강대학교 경제대학원 석사를 마쳤다. 법무부, 관세청 등에서 공직
생활을 했으며 현재 바른번역 소속 번역가로 활동하고 있다. 옮긴 책으로는 『엄청나게 중요하고
믿을 수 없게 친근한 경제』 『90년대』 『회복탄력 사회』 『생각을 바꾸는 생각들』 『100만 팔로워
마케팅』 『레이 달리오의 금융 위기 템플릿』(공역) 등이 있다.

# 더 피아트 스탠다드

**초판 1쇄 발행** 2024년  5월 24일
**초판 2쇄 발행** 2024년 12월  9일

**지은이** 사이페딘 아모스
**옮긴이** 임경은
**펴낸이** 김선식

**부사장** 김은영
**콘텐츠사업본부장** 임보윤
**기획** 문주연 **책임마케터** 배한진
**콘텐츠사업1팀장** 성기병 **콘텐츠사업1팀** 윤유정, 문주연, 조은서
**마케팅본부장** 권장규 **마케팅2팀** 이고은, 배한진, 양지환, 지석배
**미디어홍보본부장** 정명찬
**브랜드관리팀** 오수미, 김은지, 이소영, 박장미, 박주현, 서가을
**뉴미디어팀** 김민정, 고나연, 홍수경, 변승주
**지식교양팀** 이수인, 염아라, 석찬미, 김혜원, 이지연
**편집관리팀** 조세현, 김호주, 백설희 **저작권팀** 성민경, 이슬, 윤제희
**재무관리팀** 하미선, 임혜정, 이슬기, 김주영, 오지수
**인사총무팀** 강미숙, 이정환, 김혜진, 황종원
**제작관리팀** 이소현, 김소영, 김진경, 최완규, 이지우, 박예찬
**물류관리팀** 김형기, 김선민, 주정훈, 김선진, 한유현, 전태연, 양문현, 이민운
**외부스태프** 표지 및 본문 디자인 유어텍스트 교정 김정현

**펴낸곳** 다산북스 **출판등록** 2005년 12월 23일 제313-2005-00277호
**주소** 경기도 파주시 회동길 490
**대표전화** 02-704-1724 **팩스** 02-703-2219 **이메일** dasanbooks@dasanbooks.com
**홈페이지** www.dasan.group **블로그** blog.naver.com/dasan_books
**용지** 아이피피 **인쇄** 정민문화사 **코팅 및 후가공** 제이오엘엔피 **제본** 정민문화사

ISBN 979-11-306-5273-3 (03320)